SALUD Y SAZÓN

200 RECETAS DE LA COCINA DE MAMÁ

¡TODAS BAJAS EN GRASA, SAL Y COLESTEROL!

POR STEVEN RAICHLEN

PRÓLOGO POR CRISTINA

INTRODUCCIÓN POR LA DRA. HANNIA CAMPOS,
ESCUELA DE SALUD PÚBLICA DE HARVARD

Rodale Press, Inc.
Emmaus, Pennsylvania

La Pirámide Dietética Latinoamericana en la página 5 fue facilitada por gentileza del Fideicomiso Olways de Preservación e Intercambio, Cambridge, Massachusetts. Copyright © 1996 por el Fideicomiso Olways de Preservación e Intercambio.

Impreso en los Estados Unidos de América sobre papel reciclado ♻ y neutro ∞

Editor de *Prevention Health Books* en español: Abel Delgado
Traducción al español: Angelika Scherp
Corrección de estilo: Professional Translating Services, Miami
Investigación de datos: Jennifer Kaas, Sandra Lloyd y Kathryn Piff Castaño
Fotografía de la portada e interiores: Beatriz DaCosta
Ilustración de la portada e interiores: Randy South

Library of Congress Cataloging-in-Publication Data
Raichlen, Steven
   [Healthy Latin Cooking. Spanish]
   Salud y sazón: 200 deliciosas recetas de la cocina de mamá ¡todas bajas en grasa
sal, y colesterol! / por Steven Raichlen; prólogo por Cristina Saralegui; introducción por
Hannia Campos; traducción al español, Angelika Scherp.
       p.   cm.
   Includes index.
   ISBN 0–87596–474–5   hardcover
   1. Cookery, Latin American.   2. Low-fat diet—Recipes.   I. Title.
TX716.A1R4218 1998
641.5'638—dc21   98–22948

Distribuido por St. Martin's Press

    10 9   hardcover

A Betsy y Marc
quienes se casaron
y
a Jake
quien abrió un restaurante

AGRADECIMIENTOS

Me divertí muchísimo escribiendo este libro. Sin embargo, no se vaya a creer que me pasé todo el tiempo probando margaritas refrescantes o disfrutando unos tostones o un mole poblano tranquilamente. En realidad, conté con el apoyo de un equipo magnífico para producir la obra que ahora tiene en sus manos. Quisiera expresar mi más sincero agradecimiento a las siguientes personas:

A mi esposa Bárbara, por el amor y apoyo que siempre me ha sabido brindar, tanto en el caso de este proyecto como en el de todos los demás.

A mi hijastro Jake, un *chef* de primera, y a sus socios del restaurante Jada, John Hunt y Roger Thrailkill, quienes me ayudaron a probar las recetas. ¡Suerte con su nuevo restaurante, muchachos!

A David Joachim, editor de libros de cocina en Rodale Press, por todo su apoyo y aportaciones, además de su experto trabajo de edición.

A Elida Proenza, amiga y extraordinaria probadora de recetas.

A Cristina Saralegui, por el prólogo y las buenas obras que la caracterizan en la comunidad latina, tanto en Miami como en otras partes.

A la Dra. Hannia Campos, por su escrupulosa introducción basada en una investigación exhaustiva.

A Angelika Scherp, por su agraciada traducción al español.

A Beatriz DaCosta, por distinguir el libro con sus magníficas fotografías.

A Selene Yeager, por el esfuerzo que dedicó a los recuadros de los superalimentos latinos.

A Donna Morton de Souza, por los análisis nutricionales.

A Kim Werner, por su incansable trabajo de revisión del manuscrito.

Al Fideicomiso Oldways de Preservación e Intercambio, por el permiso para reproducir la pirámide dietética latinoamericana.

A Efraín Vega, fundador del restaurante Yuca en Miami y uno de los dueños de restaurante más innovadores de los Estados Unidos; a Billy Bean, gerente del Yuca, y a su *chef* Luis Contreras.

A Douglas Rodríguez, padre de la cocina "Nuevo Latino" de los Estados Unidos, quien trabajó en el restaurante Yuca y ahora es el *chef* y dueño de Patria en la ciudad de Nueva York.

A Maricel Presilla, historiadora y escritora especializada en alimentos.

A Pat Corpora, Peter Igoe y Debora T. Yost de Rodale Books, a quienes se les ocurrió la idea de escribir este libro y me pidieron hacerlo.

A Anne Egan, editora en jefe de los libros de cocina en Rodale.

A Abel Delgado, quien editó la versión en español del libro.

Y a todos mis amigos en Rodale, quienes trabajaron duro para que este libro se convirtiera en una realidad: Tania Attanasio, JoAnn Brader, Kathy D. Everleth, Jennifer L. Kaas, Sandra Salera Lloyd, Dennis Lockard, Jen Miller, Susan Massey, Tom Ney, Cindy Ratzlaff, Melinda B. Rizzo, Jean Rogers, Donna G. Rossi, Sharon Sanders, Darlene Schneck, Debra Sfetsios, Patrick T. Smith y Nancy Zelko.

Coconut Grove, Florida,
9 de enero de 1998

ÍNDICE

PRÓLOGO

POR CRISTINA SARALEGUI, PERIODISTA Y
CONDUCTORA DE <u>EL SHOW DE CRISTINA</u>

Como cuento en mi autobiografía *¡Cristina! Confidencias de una rubia* (Warner Books, 1998), desde muy chiquita yo siempre he sido una aventurera. Es decir, siempre he andado buscando nuevas experiencias con la idea de seguir aprendiendo y superándome personalmente. En los años 70, traje esta idea a *Cosmopolitan en español*. Como editora de esa revista, establecí mi Nueva Chica Cosmo como una mujer independiente, capaz de explorar nuevas ideas y usar éstas para realizar sus metas.

Este concepto formó una parte integral de mi show, en el cual exploramos diversos temas diariamente. A diferencia de muchos otros presentadores, prefiero usar *El Show de Cristina* como un vehículo para tanto entretener como educar a la audiencia, y sobre todo, quiero que sea un foro donde se puedan presentar y explorar nuevas ideas e información.

Por lo tanto, cuando el renombrado *chef* Steven Raichlen me habló sobre este libro de cocina latina saludable, en seguida despertó en mí el instinto de exploradora y educadora. Lo que más me intrigó fue el concepto de cocina latina saludable. ¿Saludable? Parecía una contradicción. ¿Cómo se podría hacer plátanos maduros u otras frituras sin empaparlos en galones de aceite? Además, suponiendo que se eliminara el aceite, pensé que seguramente la comida iba a quedar sosa, porque todos sabemos que el aceite y la manteca son los ingredientes que aportan el sabor a muchos de nuestros platillos típicos. Por otra parte pensé, qué bueno sería si fuera posible preparar la comida latina en forma saludable, dado que millones de hispanos padecen de enfermedades causadas en parte por nuestra dieta alta en grasa y colesterol. Y si fuera posible cocinar comida latina saludablemente, yo sabía también que tenía que cumplir con mi deber como educadora e informar a la gente.

Bueno, por eso es que aquí les estoy escribiendo estas palabritas, para que sepan que Steven sí lo ha logrado, ha combinado los requisitos de la salud moderna con nuestra sazón de siempre. Con sólo darles unas cuantas vueltas aquí y acá, él ha creado versiones saludables de nuestros platillos tradicionales como arroz con pollo, flan y mole —sin perder ese rico sabor. Y en este libro, Steven explica todos estos truquitos de cocina saludable con lujo de detalles.

Pruebe un poco de su lechón asado, sus frijoles refritos o maduros, y usted encontrará que estos platillos, al igual que los que se hacen al estilo tradicional, son un placer para el paladar. Pero más allá de su sabor, estas recetas están creando una nueva tradición de mantenerse esbelto, saludable y lleno de energía sin tener que privarse de nuestras comidas favoritas.

Por lo tanto, le invito a participar en esta tradición, y espero que usted y sus seres queridos tengan mucha salud —y sazón— en sus vidas.

Cristina

todas las demás formas proteínicas (carne, pollo y productos lácteos, por ejemplo). En el repertorio alimenticio latinoamericano son muy comunes estas combinaciones de frijoles con granos, desde los típicos moros y cristianos de Cuba hasta la unión de frijoles y tortillas en el burrito mexicano y las tortillas rellenas de frijoles (habichuelas) colorados que se conocen como baleadas en El Salvador y Honduras.

Las calabazas de invierno constituyen la tercera contribución saludable de la dieta latinoamericana. El vegetal se aprovecha completito. La flor aparece en sopas y quesadillas mexicanas, mientras que la cáscara muchas veces se ahueca para ser usada como "olla" comestible, como en la carbonada criolla de Argentina. Las calabazas anaranjadas constituyen una valiosa fuente de betacaroteno y de vitamina A. Se ha demostrado que estos nutrientes lo combaten todo, desde las enfermedades cardíacas hasta el cáncer.

No obstante, si hubiera que identificar el elemento más característico de la cocina latinoamericana, serían esos amigos picantes de la familia *Capsicum* mejor conocidos como chiles. Los chiles, (tambien conocido como ajíes o pimientos picantes) fueron uno de los primeros artículos exportados por el Nuevo Mundo al Viejo. Un siglo después de ser "descubiertos" por Colón ya habían recorrido al mundo. Diversas regiones tan lejanas y dispersas como la India, China, Hungría y el África Occidental se entregaron con gusto a su intenso sabor.

Se utilizan en todos los países de Latinoamérica, pero de maneras muy diferentes. Constituyen el alma misma de la cocina mexicana. En Argentina y Uruguay, por su parte, se agregan pedacitos de pimiento picante a la salsa omnipresente, el chimichurri. Los puertorriqueños y cubanos jamás se acercarían a la estufa sin sus ajíes verdes y rojos, pero por lo general evitan el picante extremo de las cocinas mexicana y centroamericana. A los peruanos, por el contrario, les gustan los alimentos muy condimentados e incluyen mucho ají mirasol o ají amarillo en sus platos.

Los chiles representan el ingrediente clave en uno de los regalos más grandes que México ha brindado al mundo de la comida saludable: las salsas. Llenas de sabor y sin nada de grasa, estas mezclas picantes de vegetales se utilizan para condimentar todo, desde el pibil yucateco (un adobo de achiote usado para sazonar carne de cerdo y pollo, entre otras) hasta las fajitas de la cocina *Tex-Mex* de los Estados Unidos. Sin embargo, a pesar del dominio mexicano en esta área, el amor por los condimentos en forma de salsas se extiende por todo el continente, desde Centroamérica hasta el Cono sur. Algunos ejemplos son las cebollas en escabeche del encurtido costarricense, el cilantro y los ajíes dulces del ají-li-mójili puertorriqueño, la salsa de tomate conocida como chirmol en Guatemala y el pebre o ajo al perejil de Chile. En toda Latinoamérica se utilizan condimentos en forma de salsas para agregar sabores explosivos a los alimentos sin necesidad de grasa.

Pese a estos hilos comunes, ha habido poca comunicación culinaria entre las distintas regiones de Latinoamérica. Esto está empezando a cambiar en los Estados Unidos, donde una nueva generación de *chefs* latinos están explorando las tradiciones gastronómicas de todo el territorio latinoamericano en busca de inspiración para su cocina "Nuevo Latino". Saben aprovechar esas pequeñas diferencias que distinguen el trabajo de los cocineros en los distintos países.

LA MÍSTICA DE MÉXICO

De todas las cocinas latinoamericanas, la mexicana probablemente es la mejor conocida en los Estados Unidos. También es la más distintiva y compleja de todo el continente. El motivo de tal sofisticación es sencillo: en el momento de la Conquista, México poseía la cultura indígena más desarrollada de América. Los españoles se encontraron con ciudades enormes dotadas de una arquitectura muy elaborada, avanzados sistemas de comunicación y transporte y una rica y variada gastronomía. En la actualidad existen más de 150 diferentes tipos de tortilla en México, más de 80 variaciones de tamal, más de una docena de atoles de maíz y más de 120 formas de preparar el maíz en elote, o, como dicen fuera de México, en mazorca.

Los mexicanos usan docenas de hierbas y condimentos y más de 50 chiles frescos y secos distintos para crear estructuras intrincadas de sabor. Existen cientos de salsas, por ejemplo, desde las más conocidas, como la pico de gallo o la salsa ranchera, una salsa de tomate asado con un toque de lima (limón verde), hasta la exótica x'nipec, una salsa bravísima de chile habanero que ha permanecido prácticamente idéntica desde la era de los antiguos mayas. En cuanto a los moles del México central, algunos contienen más de 25 ingredientes y su preparación tradicional requiere todo un día, a veces hasta dos. La cocina mexicana ofrece mucho más que los platos sencillos (en comparación) de la cocina *Tex-Mex* que la representan en la mente de muchos estadounidenses.

PARAÍSOS TROPICALES —¡Y GASTRONÓMICOS!

El Caribe de habla hispana cuenta con sus propios sabores distintivos, determinados de igual manera por la historia de la región. Cuba, Puerto Rico y la República Dominicana fueron las primeras colonias españolas. En aquel tiempo, la cocina indígena era relativamente sencilla. Por lo tanto, la gastronomía del Caribe de habla hispana es la más apegada a la de España.

Los españoles sin duda reconocerían el sofrito de cebolla, ajo, pimiento y tomate que forma la base de las cocinas cubana, dominicana y puertorriqueña. También les serían familiares los contrastes agridulces (logrados mediante la adición de pasas, ciruela pasa, alcaparras y aceitunas) que caracterizan tantos platos de la región. Muchos de los condimentos que predominan en la cocina de esta parte del Caribe —comino, orégano, canela y anís— provienen de España (o del mundo árabe vía España),

al igual que la acidez refrescante de los jugos de naranja y limón verde (lima) y los ancestrales sabores mediterráneos del vino y el aceite de oliva. Los asopaos de Puerto Rico y la República Dominicana y el arroz con pollo de las tres islas caribeñas de habla hispana son descendientes directos de la paella española.

Sin embargo, no pretendo afirmar que en el Caribe de habla hispana no esté presente también la influencia de la cocina indígena. Considere un plato como el Ajiaco (página 152), un guiso (estofado) sustancioso lleno de vegetales nativos como la yuca, la malanga (yautía), la calabaza (ahuyama) y el maíz. El achiote (bija), un condimento rojizo de sabor característico, muchas veces reemplaza el azafrán español, que es más caro. El culantro (recao), una hierba indígena de sabor parecido al cilantro, se une a la hoja de laurel y al perejil para formar el trío de hierbas culinarias imprescindibles en la cocina del Caribe de habla hispana. La papaya (fruta bomba, lechosa) y la guanábana, entre otras frutas tropicales, se aprovechan para preparar mermeladas, jaleas y helados.

La cocina del Caribe de habla hispana está entre las menos picantes de la gastronomía latina (con la excepción de algunos platos dominicanos). Es ideal para las personas que no se sienten atraídas por la bravura de los chiles mexicanos. Por otra parte, si le gusta lo dulce también encontrará muchos postres. Algunas de las primeras plantaciones de caña de azúcar del Nuevo Mundo se establecieron en las islas caribeñas, y la abundancia del azúcar dio lugar a postres muy elaborados.

CENTROAMÉRICA: UNA ENCRUCIJADA CULTURAL

La gastronomía centroamericana refleja algunas de las características tanto de la cocina mexicana como del Caribe de habla hispana. Sin embargo, ha sabido imprimirles una personalidad muy particular. Al igual que en México, las tortillas constituyen un elemento básico de la alimentación, pero las de Guatemala y Nicaragua son más gruesas. En El Salvador, se forma una especie de bolsa con masa de maíz que luego se rellena de frijoles, carne y queso y se aplasta (vea la receta de las Pupusas en la página 242). En lugar de las típicas salsas mexicanas, los platillos se aderezan con vegetales en escabeche, como el Encurtido costarricense (página 377), o se acompañan con ensaladas preparadas con vinagretas, como la de repollo (página 158). Estos condimentos acompañan las carnes asadas a la parrilla (a la barbacoa) o los platos de vegetales cocidos y carne, como el Vigorón nicaragüense (página 167) o el Churrasco centroamericano (página 328).

Los mariscos ocupan un lugar eminente en el paisaje culinario centroamericano, sobre todo en países como Panamá y Costa Rica, bañados en ambos costados por dos importantes cuerpos de agua, los océanos Atlántico y Pacífico.

Además, la tierra centroamericana es muy fértil. Gran parte de los plátanos amarillos (guineos, bananas) y plátanos (plátanos machos) del mundo se cosechan en las faldas de sus volcanes. Los plátanos constituyen un alimento básico en esta parte de Latinoamérica. Se sirven de diversas maneras, desde las tajadas u hojuelas de plátano de Nicaragua hasta los patacones (plátanos fritos, machacados y refritos) de Panamá y Colombia.

EL NORTE DE SUDAMÉRICA: DONDE LAS MONTAÑAS SE TOPAN CON EL MAR

El norte de Sudamérica, sobre todo las naciones andinas de Ecuador, Bolivia y Perú, nos brindan algunos de los alimentos más incitantes de Latinoamérica. La papa y la quinua, un grano muy nutritivo, son originarias de esta región y siguen desempeñando un destacado papel en su cocina. Tan sólo Perú cuenta con 100 tipos de papa diferentes, incluyendo una muy insólita, naturalmente deshidratada por congelación, y otra azul (más bien color lavanda) que se ha convertido en la favorita de los *chefs* de moda en los Estados Unidos.

La comida peruana se ubica entre las más distintivas y condimentadas de Sudamérica. El condimento predilecto es el ají mirasol (también conocido como ají amarillo), un chile muy picante que se hace notar en todo, desde el caucau, un guiso de mariscos, hasta los pinchos (alambres, brochetas) y las papas a la huancaina, una ensalada de papa con queso. La gran comunidad japonesa de Perú ha hecho sentir su influencia en la cocina tanto de su país como de los Estados Unidos, en este último caso a través de uno de sus *chefs* más célebres, Nobu Matsuhisa, quien se crió en Lima, la capital peruana.

En las cocinas colombiana y venezolana, por su parte, la influencia española es más aparente. Considere especialidades locales fieles al estilo ibérico como el sancocho, un guiso de carne y verduras, y la mariscada, preparada al estilo de la zarzuela española. Sin embargo, no se vaya a confundir, también esta región conoce muchos platos inspirados por la cocina indígena. Las hallacas venezolanas, unos tamales de maíz condimentados con achiote (bija) y envueltos con hojas de plátano, hasta la fecha gozan de enorme popularidad. Otro plato indígena son las arepas, una especie de pan de maíz que se come tanto en Venezuela como en Colombia. Se preparan con una harina de maíz precocida especial y recuerdan un poco la polenta italiana. La receta básica sólo consiste en harina de maíz y agua, pero hay formas más elaboradas de prepararlas, por ejemplo con queso o carne.

Las regiones costeras también han contribuido a formar el carácter específico de las cocinas del norte de Sudamérica. Los litorales de Colombia y Venezuela limitan la cuenca del Caribe hacia el sur. El pescado, el camarón y la leche de coco ocupan un destacado lugar en la cocina de estos países. Además, a Colombia, Ecuador y Perú corresponde casi la mitad del litoral pacífico de Sudamérica. Resulta lógico que el plato de pescado más famoso de Sudamérica, el ceviche, haya nacido en

Ecuador (aunque los peruanos también reclaman su autoría). Se trata de una mezcla sencilla de pescado o mariscos frescos picados en lonjas (lascas) delgadas y "cocidos" en un escabeche de jugo de limón verde o naranja agria, cebolla, ajo, sal y a veces chile. El ácido de los cítricos suaviza el pescado y le da un color blanco, como si se hubiera cocinado sobre una fuente de calor. Actualmente, el ceviche se prepara con un sinnúmero de diferentes tipos de pescado y mariscos. También se disfruta hacia el norte, en México y Centroamérica, y hacia el sur, en Chile.

EL CONO SUR: UN PARAÍSO PARA LOS AMANTES DE LA CARNE

La quinta región gastronómica de Latinoamérica corresponde al sur de América, ocupado por las naciones de Chile, Paraguay, Uruguay y Argentina. Aquí reina la res. Los uruguayos consumen carne entre 11 y 13 veces por semana en promedio. ¡Los argentinos llegan a ingerir hasta 2 libras (896 g) de carne por persona al día! La producción del bovino se localiza en las pampas, esas inmensas llanuras de pastos que se extienden desde las afueras de Buenos Aires hasta la ciudad de Asunción, Paraguay, y la provincia brasileña de Río Grande du Sul. A comienzos del siglo XX, el comercio de la carne de res hizo de Argentina la nación más rica de toda América.

En esta parte de Sudamérica, la carne se prepara en forma sencilla la mayoría de las veces, asada sobre el fuego abierto o a la parrilla sobre brasas de leña. Las guarniciones son igualmente sencillas: la salsa criolla, un aderezo fuerte de tomate, cebolla y pimiento, y una salsa de perejil, ajo y vinagre conocida como chimichurri. (Los chilenos disfrutan una salsa semejante llamada pebre.) La sopa nacional del Paraguay, so'o iosopy, consiste principalmente en carne de res molida fina. Otro plato típico son los cortes delgados de carne y pollo rellenos de verduras, que luego se enrollan y se asan a la parrilla. Algunos ejemplos son la sabrosa Pamplona de pollo uruguaya (página 300) y el matambre argentino, que definitivamente merece su fama de matar el hambre. Muy de vez en cuando —aunque yo quisiera que fuese más seguido— el embate implacable de la carne se ve interrumpido por verduras asadas, como berenjenas, pimientos y champiñones (hongos).

No me entiendan mal. La gastronomía regional ofrece algo más que sólo carne. Considere la sopa paraguaya, un pan de maíz parecido al pudín (budín) de maíz estadounidense. Los chilenos lo llevan un paso más allá en forma del popular pastel de choclo, un guiso extremadamente sustancioso de maíz, pollo, carne de res, sofrito, aceitunas, pasas y huevos duros, servido en la misma cazuela en la que se cocinó. Además, en Chile los amantes del pescado están en la gloria. El país es bañado por el Pacífico a lo largo de 2,600 millas (4,186 km) de litoral y cuenta con una variedad extraordinaria de mariscos. Los locos (la oreja marina o abulone chileno) ocupan un lugar muy importante en la cocina nacional, así como el Caldillo (página 262) preparado con congrio, un pescado muy apreciado del Pacífico.

SABOR A SAMBA: LA COCINA BRASILEÑA

La última parada en esta breve gira por la gastronomía latinoamericana nos lleva a Brasil. La cocina del país más grande de Latinoamérica es muy distinta de las demás regiones mencionadas aquí, debido al hecho de haber sido colonizado por Portugal en lugar de España.

La cocina brasileña es tan diversa como sus 156 millones de habitantes. Los portugueses aportaron un gusto especial por las aceitunas, la cebolla, el ajo, los mariscos y el bacalao. Los indígenas que habitaban las inmensas selvas amazónicas enseñaron a los europeos a disfrutar un sinnúmero de frutas y verduras tropicales, desde la *mandioca* (yuca) hasta el anacardo (cajú, nuez de acajú). A estos alimentos se agregó la influencia africana cuando los portugueses importaron esclavos para trabajar las plantaciones de caña de azúcar del Nuevo Mundo. Los recién llegados enriquecieron el crisol brasileño con el quimbombó (quingombó, guingambó, calalú), el camote o la batata dulce (*yam*, *sweet potato*), el cacahuate o maní, el camarón seco y el aceite de palma (manteca de corojo), por no mencionar una afición extrema a los muy picosos chiles malagueta. Su presencia también se aprecia en la Moqueca do peixe (página 292), un caldo de pescado sazonado con ajo, cilantro y leche de coco que se prepara en Bahía, una provincia ubicada al norte de Brasil.

El plato nacional de Brasil, la *feijoada* o guiso de frijoles negros, quizá sea la forma más suculenta de preparar frijoles que se conozca en toda Latinoamérica. Contiene más de una docena de cortes distintos de carne de cerdo, entre otras. A los brasileños les encantan los frijoles y los sirven en casi todas las comidas preparados de muchas maneras diferentes, todas ellas deliciosas. En vista de la tendencia local a usar cantidades abundantes de aceite de palma, tocino y otras grasas saturadas, quizá parezca algo aventurado calificar su cocina de saludable. No obstante, los menús también están llenos de platos de maíz, trigo, arroz y otros granos, además de una deslumbrante selección de frutas tropicales.

UNA SOPA DE NOMBRES

La increíble diversidad étnica y gastronómica de Latinoamérica ha producido una confusión de nombres digna de la Torre de Babel.

Según el lugar de que se trate, el mismo nombre puede referirse a alimentos muy distintos. En México y Centroamérica, por ejemplo, la palabra "tortilla" significa una especie de pan de maíz, mientras que en el Caribe de habla hispana se usa para describir una torta de huevos al estilo español, rellena con cebolla y papas. En México, las enchiladas son tortillas de maíz pasadas por una salsa y rellenas de queso o pollo, mientras que en Honduras el término se refiere a una especie de sándwich (emparedado) abierto preparado con tortillas fritas cubiertas de pollo cocido desmenuzado. Cuando un cubano, dominicano o puertorriqueño habla de "enchilado", por su parte, se trata de un condimentado caldo de mariscos.

Resulta igualmente confuso el hecho de que en muchas ocasiones el mismo alimento o plato se conozca por varios nombres distintos. Las empanadas cubanas o chilenas se convierten en pastelitos en Nicaragua y en salteñas cuando se pasa a Bolivia. La combinación de frijoles (habichuelas) colorados y arroz se llama "congrí" en la zona oriental de Cuba, "gallo pinto" en Costa Rica y "rice and beans" en la zona costera de Guatemala (quizá por influencia del patrimonio inglés patente en el vecino país de Belice). "Frijoles" es el término genérico manejado en la mayor parte de Latinoamérica, pero los puertorriqueños y dominicanos les dicen "habichuelas". La calabaza del Caribe de habla hispana se transforma en "huicoy" en Guatemala, "*abóbora*" en Brasil y "ahuyuma" o "zapallo" en algunos países de Sudamérica.

Es por eso que redacté este libro usando los términos más difundidos entre las comunidades latinas radicadas en los Estados Unidos, incluyendo en lo posible las alternativas más comunes entre paréntesis. Quise comunicarme con todos de la manera más clara posible, y a la vez respetar la gran y rica diversidad de las comunidades latinas. Además, hemos creado un glosario especial en la página 62 para definir los ingredientes y utensilios más ofrecerles sinónimos que abarquen todos los países de Latinoamérica.

LA SALUD Y LA COCINA LATINOAMERICANA

Ciudad Juárez es una población fronteriza mexicana ubicada literalmente a tiro de piedra de El Paso, Texas. Para llegar a Ciudad Juárez desde El Paso, sólo hay que cruzar el puente que atraviesa el río Bravo. A pie el recorrido dura unos 10 minutos. Con eso basta para trasladarse de un país a otro, de una cultura a otra y de una cocina a otra. La primera vez que yo crucé ese puente se me revelaron algunos de los puntos clave en la relación entre cocina latinoamericana y salud.

El primer lugar que visité en Ciudad Juárez (de hecho hago lo mismo en cualquier ciudad que visito) fue el mercado principal de alimentos. Mi alma de cocinero se conmovió ante la increíble riqueza de materias primas que ahí encontré, sobre todo por la calidad y variedad de las frutas y los vegetales. Había montañas coloradas de chiles de árbol, torres de nopales y cajones llenos hasta el tope de naranjas agrias y de las limas (limones verdes) mexicanas, todas tan llamativas que casi pude "saborear" su olor. Los cestos tejidos emanaban las fragancias de hierbas como el epazote y la hierba santa, cuyo sabor recuerda el del regaliz (orozuz). Las mesas se doblaban debajo de auténticos cerros de tomates suaves y jugosos de subido color rojo, cultivados y cosechados por su sabor, no por el hecho de que se pueden transportar de un lado del país al otro sin echarse a perder, lo que muchas veces es el criterio de cultivo para los tomates en los Estados Unidos.

Me encontraba, en breve, en el paraíso de los amantes de las frutas y los vegetales. El deslumbrante despliegue de suculentos manjares hubiera despertado la envidia de cualquier cocinero estadounidense interesado en cuestiones de salud.

Al acercarme al otro extremo del mercado, penetré también en el extremo opuesto de la alimentación, en una calle bordeada por puestos de fritangas. Un puesto tras otro exhibía sus grasosos montones de chicharrón. El aire (y al poco tiempo mi camisa también) estaba saturado del denso olor de la manteca. Pasé delante de pilas de tripas fritas de puerco y de pollo, de carnes fritas —o más bien ahogadas— en aceite y de tinas llenas de manteca sólida.

Así, fui testigo de una manifestación patente de las contradicciones que caracterizan a la cocina latinoamericana. Por una parte frutas y vegetales frescos, por otra chicharrón de puerco; verduras exquisitas al lado de carnes llenas de grasa; frutas dotadas de aromas sublimes y charcos de grasa saturada de origen animal. La gastronomía latinoamericana empieza con las materias primas ideales para una dieta saludable, pero termina usando las grasas animales y friendo los alimentos en grandes cantidades de aceite.

UNA OJEADA AL PASADO

La historia regional nos ayudará a entender esta contradicción de la cocina latina. En la actualidad se sostiene la teoría de que el continente americano fue poblado por nómadas procedentes de Asia que cruzaron el estrecho de Bering en fechas tan remotas como el año 38,000 a.C. En aquel entonces, un puente terrestre unía a Asia con Alaska. Según lo afirma Reay Tannahill, historiador especializado en alimentos, en su libro *Food in History* (Los alimentos a través de la historia), hace unos 9,000 años los habitantes de las cuevas de la sierra de Tamaulipas en el actual territorio mexicano, empezaron a cultivar dos alimentos esenciales de la América precolombina: la calabaza amarilla (*squash*) y el chile. Al llegar el año 3000 a.C., los pobladores de Perú empezaron a cultivar la papa.

Con el tiempo, la región presenció el surgimiento de grandes civilizaciones. Los aztecas establecieron su imperio en el México central, la cultura de los mayas se desarrolló en Centroamérica y los incas dominaron la parte occidental de Sudamérica. Todas estas civilizaciones construyeron ciudades prodigiosas y produjeron hazañas agrícolas y tecnológicas que rivalizaban con todos los logros obtenidos por Europa en la misma época. Para cuando llegaron los españoles, el continente americano ofrecía una gama asombrosa de ingredientes, así como unas cocinas sofisticadas y complejas.

Cuando uno se pone a pensar, es interesante notar que muchos de los alimentos principales del mundo se originaron en América. Entre los vegetales, se encuentran la papa, el maíz, la calabaza amarilla (*squash*), el aguacate (palta), el chayote, la batata dulce (camote, *sweet potato*), la jícama, la yuca, la malanga (yautía) y el nopal, por sólo mencionar unos cuantos. Y si hablamos de frutas y nueces, olvídese. Tenemos frutas y nueces americanas para rato, entre ellas el tomate, el tomatillo (tomate verde), la piña (ananá), la papaya (lechosa, fruta bomba), la guayaba, la chirimoya, la granadilla (parchita, maracuyá), la nuez de la India, la nuez, el coquito del Brasil (castaña de Pará) y el cacahuate (maní). El único inconveniente de todos estos alimentos es que en los distintos países latinoamericanos se le pone un nombre distinto a cada cual, por tanto tenemos casi tantos sinónimos entre paréntesis como tenemos vegetales, frutas y nueces originarios de América.

Los chiles también son nativos de América, al igual que condimentos como la pimienta de Jamaica (*allspice*) y el achiote (bija). Incluso el pavo es un alimento originario del Nuevo Mundo. (El ave fue domesticada por los pobladores de México.) Otro alimento natural de la región es el arrurruz que se usaba para espesar las salsas. En cuanto a las golosinas, el repertorio repostero de todo el mundo se vería gravemente afectado si careciera de dos ingredientes nacidos en Latinoamérica: la vainilla y el chocolate. Los historiadores de los alimentos sugieren que los mercados de los pueblos autóctonos del continente americano durante el siglo XV ofrecían una selección de alimentos mucho más interesante, variada y saludable que la de los mercados europeos durante la misma época.

Cientos de platos que gozan de gran popularidad en la Latinoamérica actual fueron creados por los aztecas, mayas e incas, desde las salsas, los moles y los platos de tortillas tan queridos por los mexicanos hasta los ajiacos (guisos o estofados de carne y vegetales) y las carnes a la barbacoa que se saborean en el Caribe de habla hispana. La palabra barbacoa proviene de los indios araucanos, y originalmente significaba una técnica de salar la carne para luego secarla con humo, colocándola sobre una rejilla de madera verde construida encima de un fuego. Los incas inventaron los pudines (budines) de granos y las sopas de papa tan apreciadas en la actualidad tanto en Perú como en Bolivia. La harina de *mandioca* tostada disfrutada por los brasileños, uruguayos y argentinos de la actualidad (quienes espolvorean con ella las carnes asadas a la parrilla) nació entre los indígenas de la región del Amazonas. Los tamales y sus primos, los nacatamales, pasteles, hallacas y humitas, gozaban de gran popularidad en toda la región. Estas variaciones sobre el tema de la masa de maíz envuelta con una hoja de maíz o de plátano y después cocinada dentro de la hoja, parecen haber surgido en todo el continente al mismo tiempo.

LA SABIDURÍA NUTRICIONAL DE LOS PUEBLOS ANTIGUOS

El hecho más asombroso es que sin pretenderlo siquiera la dieta precolombina era completamente saludable, basada en su mayor parte en vegetales, frutas y granos. La carne, el pescado y los mariscos se usaban más como condimento que como ingrediente principal. Prácticamente se desconocía la grasa. Los chiles, ricos en nutrientes, y condimentos indígenas como el achiote (bija), la pimienta de Jamaica (*allspice*), el epazote y la hierba santa aportaban la mayor parte del sabor. La ausencia de azúcar (la cual llegó más tarde con Cristóbal Colón) reducía las golosinas al mínimo. El café, el alcohol destilado y otros estimulantes simplemente no existían.

Los pueblos autóctonos de Latino-

américa también contaban con técnicas muy avanzadas de cocción. La forma tradicional de cocer el maíz era en agua con cal (un medio alcalino). Esto liberaba la niacina, una importante vitamina encontrada en el grano, para que el cuerpo lo pudiera aprovechar. Cocinando el maíz de esta manera, los pueblos prehispánicos se protegían contra enfermedades devastadoras como la pelagra. Científicos españoles fueron quienes identificaron esta enfermedad, y descubrieron que había una relación entre la pelagra y el consumo del maíz. Durante muchos años, los científicos no pudieron entender por qué había tan poca pelagra en México y Centroamérica, especialmente cuando se toma en cuenta que allá la gente come maíz casi todos los días. Finalmente se descubrió que la niacina, puesta a disposición del cuerpo al prepararse el maíz con agua de cal, protegía a los antiguos pobladores de la América Latina actual contra esta enfermedad.

Aparte de técnicas de cocinar como esta, lo que más hizo que la antigua dieta latinoamericana fuera tan saludable era que se basaba en alimentos sumamente nutritivos. La quinua, el grano básico de los antiguos incas, contiene 3 veces más proteínas que el arroz silvestre y 30 veces más fósforo que los plátanos amarillos (guineos, bananas). Media taza de amaranto, un grano azteca, aporta la impresionante cantidad del 28 por ciento del Valor Diario de proteínas, mientras que el trigo sólo cubre el 21 por ciento. El amaranto también contiene más de dos aminoácidos esenciales, la lisina y la metionina, que lo que contiene la cebada. El amaranto formaba parte de algunas ceremonias religiosas tradicionales de los aztecas, por lo cual Hernán Cortés y sus sucesores decidieron prohibir su cultivo con la intención de poner fin a la costumbre de los sacrificios humanos. Por lo tanto, este nutritivo grano prácticamente desapareció de la dieta latinoamericana durante muchos siglos.

Los frijoles (habichuelas) fueron otros de los 'superalimentos' que formaron parte de la dieta azteca. El continente americano dio origen a muchos de los frijoles más populares del mundo, como los negros, los colorados, los pintos y las habas blancas (*lima beans* en inglés; su nombre rinde homenaje a la capital peruana). Los frijoles son una de las mejores fuentes de proteínas del mundo. Media taza de frijoles cocidos contiene más o menos el 15 por ciento del Valor Diario de este nutriente (según la variedad). Además, tienen muy poca de la grasa saturada que se encuentra en las proteínas de origen animal. Eso nos conviene mucho, ya que la grasa saturada es una 'asesina de arterias' porque las obstruye y provoca enfermedades cardíacas. Otro beneficio que ofrecen los frijoles es la fibra, en su mayoría del tipo soluble, que baja el colesterol y controla el nivel de azúcar en la sangre. En particular, parece que nuestros mejores amigos entre los frijoles son los colorados, porque se relacionan con un riesgo menor de cardiopatías, derrame cerebral, y cáncer del colon. Además, los frijoles colorados son ricos en folato y polifenólicos. Estos son unos antioxidantes que, de acuerdo con varios estudios de laboratorio, son mejores que la vitamina C cuando se trata de prevenir la oxidación de la grasa en la sangre. La oxidación es el primer paso en el proceso de la formación de placa en las arterias, y si esta no se detiene, puede terminar obstruyéndonos las arterias. Todo esto quiere decir que los frijoles colorados son muy convenientes para el corazón.

La calabaza de invierno (*winter squash*) es muy rica en vitamina A y en betacaroteno, los cuales posiblemente ayuden a proteger el cuerpo contra el cáncer. Los chiles desbordan de vitamina C, la cual aporta un sinfín de beneficios a la salud, según las afirmaciones de muchos investigadores. Entre otras cosas, protege las encías y la piel, reduce el riesgo de sufrir enfermedades cardíacas y cáncer y defiende al cuerpo contra el resfriado (catarro).

Muchos de estos alimentos actualmente se recomiendan en todo el mundo como base para una dieta saludable con el fin de brindarnos la vitalidad durante toda la vida. Parece que la sabiduría innata de los cocineros precolombinos se adelantó por cinco siglos a los descubrimientos de los investigadores modernos de la nutrición. Lo bueno es que esta sabiduría no ha desaparecido. De hecho, en muchas áreas rurales de Latinoamérica, la gente tiene una dieta tradicional basada en las virtudes nutritivas de los frijoles, los granos y los vegetales —con sólo un poco de carne de vez en cuando.

EL ENCUENTRO DEL VIEJO Y EL NUEVO MUNDO

La llegada de los españoles al Nuevo Mundo revolucionó la gastronomía indígena y agregó el toque hispánico a la cocina latinoamericana. Por una parte, los conquistadores aportaron unos cambios favorables a dieta de la región, pero por otra, su influencia resultó en unos cambios un poco polémicos en términos nutricionales.

Empecemos por las buenas noticias. Los españoles introdujeron un sinnúmero de ingredientes europeos al continente americano. No se conocían las carnes de res, cordero, cerdo, cabra y pollo en esta parte del mundo. Los productos lácteos como la leche, la crema, la crema agria y el queso también eran una novedad. Las diversas frutas cítricas, como la naranja y el limón verde (lima) (que ahora es un ingrediente esencial de los cócteles y los adobos mexicanos y los del Caribe de habla hispana) no existían en tierras americanas. Algunos granos y sus derivados también eran nuevos, como la harina de trigo e incluso el arroz. Muchos condimentos aportaron sabores novedosos a las mesas del Nuevo Mundo, entre ellos el comino y el orégano (que hoy en día son imprescindibles en las cocinas caribeñas), el azafrán, la canela, el clavo, la nuez moscada y el anís.

En 1493, la caña de azúcar arribó a lo que ahora es la República Dominicana. Sin ella quizá nunca hubiera existido un clásico de la repostería latina, el flan. Otras importaciones fundamentales fueron bebidas como el café y el brandy.

Los portugueses también se entregaron al comercio intercontinental con

(continúa en la página 40)

CRONOLOGÍA HISTÓRICA DE LA ALIMENTACIÓN LATINOAMERICANA

1492

Cristóbal Colón "descubre" el continente americano. Ahí se topa con alimentos desconocidos para el Viejo Mundo, como el maíz, la batata dulce y el chile. La llegada de los europeos a su vez revoluciona la alimentación del Nuevo Mundo a lo largo de las décadas siguientes, pues los recién llegados aportan diversos animales domésticos (reses, ovejas, cerdos, pollos y caballos), vino, aceite, arroz y especias, así como nuevas tecnologías, como el horno y la costumbre de freír los alimentos en grandes cantidades de aceite.

6000 a.C.

El maíz empieza a cultivarse en el valle mexicano de Tehuacán y los frijoles (habichuelas) se siembran en Perú.

38,000 a.C.

Algunas tribus nómadas asiáticas cruzaron el estrecho de Bering y con el tiempo poblaron todo el continente americano.

1501

Los pobladores españoles de Santo Domingo llevan los primeros esclavos africanos a la isla de La Española en las Indias Occidentales. Para el siglo XVIII, el continente americano cuenta con una población de 7 millones de esclavos africanos, quienes llegan con sus propios alimentos. Entre estos figuran el quimbombó, el aceite de palma y el ñame.

7000 a.C.

Los habitantes de las cuevas ubicadas en la sierra tamaulipeca del actual territorio mexicano comenzaron a cultivar dos alimentos esenciales de la dieta precolombina: la calabaza amarilla (*squash*) y el chile.

3000 a.C.

La papa empieza a cultivarse en Perú.

1493

Colón trae caña de azúcar de las islas Canarias y los siembra en Santo Domingo, la capital de la República Dominicana. El terreno está preparado para que se establezca una economía basada en los cultivos extensos de las plantaciones y la esclavitud, como habría de caracterizar la zona del Caribe y Brasil. Otra consecuencia de esta innovación es la pasión latinoamericana por los postres y el dulce.

1502

Colón prueba el *xocoatl* en su nave anclada en el golfo de Honduras. La refrescante bebida, precursora del chocolate caliente actual, se prepara con granos de cacao machados y especias. A Colón no le llama mucho la atención, pero de todos modos se lleva una muestra de regreso a España.

1519–1521

Hernán Cortés emprende la conquista de México. Los europeos conocen algunos alimentos mexicanos como la tortilla, el mole, la salsa y el pavo.

1816

Argentina declara su independencia de España. México sigue su ejemplo en 1821. Brasil se libera del dominio portugués un año más tarde. La gastronomía de todos estos países comienza a separarse de la de la Madre Patria.

1930

De acuerdo con una versión de la leyenda de la margarita, doña Bertha, dueña del Bar de Bertita en Taxco, México, inventó este popular cóctel. Por la misma época, otros cantineros de ambos lados del río Bravo también reclaman su autoría.

1991

Por primera vez en la historia de los Estados Unidos, las ventas de salsas picantes rebasan las de *catsup (ketchup)* en los supermercados del país. La dieta estadounidense se latiniza a grandes pasos.

1529

Un misionero español informa que los aztecas le ponen chile a todo lo que comen, incluyendo el chocolate.

1912

El farmacólogo Wilbur Scoville inventa el primer sistema para medir el picante del chile, las unidades de Scoville, que abarcan del 0 al 300,000. El chile jalapeño se sitúa en unas modestas 2,500 a 5,000 unidades de Scoville, mientras que el abrasador chile habanero raya en el límite de las 250,000 a 450,000 unidades.

1973

Ninfa Laurenza, mexicana de origen, populariza las fajitas en los Estados Unidos a través de su restaurante en Houston, Ninfa's Restaurant. Comienza el auge de la cocina *Tex-Mex* en los Estados Unidos.

1996

El Fideicomiso Oldways de Preservación e Intercambio y la Escuela de Salud Pública de Harvard diseñan la pirámide dietética latinoamericana (vea la página 5). Esta pirámide pone énfasis en los saludables alimentos tradicionales de Latinoamérica y hace recomendaciones con respecto a la mejor dieta y estilo de vida para que la población de ascendencia latinoamericana tenga una vida más saludable.

gran entusiasmo y trajeron una amplia variedad de alimentos europeos, africanos y asiáticos al continente americano. Los esclavistas y buques de abastecimiento portugueses introdujeron dos frutas que habrían de convertirse en elementos imprescindibles de la dieta latina: el plátano amarillo (guineo, banana) y el mango. Millones de esclavos fueron sacados de África con el fin de trabajar las plantaciones de caña de azúcar que no tardaron en cubrir el territorio latinoamericano desde La Habana, Cuba hasta la ciudad de Bahía en la parte oriental de Brasil. Junto con ellos llegaron la manteca de corojo, el ñame, y el quimbombó (quingombó, guingambó, calalú).

Además de introducir nuevos alimentos, los europeos trajeron su tecnología culinaria a América, la cual ejerció una influencia poderosa. El rostro de la cocina latinoamericana se transformó gracias al horno (esencial para la preparación de panes y postres), las ollas y sartenes de metal, y a diversas técnicas, como las de sofreír (saltear), de freír los alimentos en grandes cantidades de aceite y de preparar manteca de cerdo. Los europeos también aportaron varias tecnologías nuevas de producción alimenticia que tuvieron un impacto profundo en la economía y la nutrición del Nuevo Mundo: las prensas de aceite y de uvas, el barril de vino, el alambique o destilador y el central azucarero.

Pero, al mismo tiempo los europeos introdujeron varios aspectos negativos a la dieta latinoamericana. ¿Cuáles son? Acabo de explicárselas, porque muchas de las innovaciones españoles que mencioné anteriormente eran un arma de doble filo. Por una parte representaban cierto avance y se combinaron con la cultura autóctona para crear una nueva cultura. Pero por otra, con el tiempo estas innovaciones también crearon una dieta poco saludable para los habitantes de América. A través de los siglos, la carne, la manteca, la crema, el queso, el azúcar y el alcohol han resultado en que los latinoamericanos tengan un riesgo elevado de obesidad, enfermedades del corazón, algunos tipos de cáncer y diabetes. Una innovación de consecuencias particularmente nefastas fue la de freír los alimentos con cantidades industriales de aceite. Desafortunadamente, esta técnica fue una de las que más se difundió.

La dieta latinoamericana tradicional se ha visto expuesta también a otra influencia externa de efectos igualmente ambiguos sobre la salud: los Estados Unidos de América. A medida que se han desarrollado países latinoamericanos como México y Brasil, sus habitantes han empezado a adaptarse a las costumbres malsanas de sus vecinos estadounidenses en cuanto a la alimentación y el estilo de vida. Por ejemplo, hoy en día mucha gente en Latinoamérica come menos verduras y realiza menos actividades físicas mientras que, al mismo tiempo, está consumiendo más carne roja, comida rápida, meriendas altas en grasa y tabaco. Lo mismo sucede cuando los hispanos emigran a los Estados Unidos.

"Nuestros estudios indican que las bebidas con gas (sodas) representan la fuente principal de calorías para los mexicanoamericanos radicados en el sur de Texas", indica Rebecca Reeves, dietista certificada, doctora de salud pública y dietista en jefe del Colegio Baylor de la Clínica de Investigación en Nutrición y Medicina de Houston. Los alimentos que siguen a las sodas en la lista de preferencias mexicanoamericanas son los frijoles (habichuelas), las tortillas de harina de trigo (que han suplantado a las de maíz) y la carne de res. "Los frijoles son un elemento dietético sano", dice la Dra. Reeves, "pero se preparan con cantidades excesivas de grasa."

Si quiere ver por sí mismo la transformación poco saludable de la dieta latinoamericana en los Estados Unidos,

tan sólo tiene que considerar ese plato popular de la cocina mexicana y tejana, los tacos. En México, el taco verdadero (o "taquito", como los mexicanos afectuosamente le suelen llamar) consiste en una tortilla de maíz fresca y suave que se rellena con unos cuantos trocitos de carne asada, varias cucharadas colmadas de repollo (col), cebolla picada en cubitos, rábanos y otros vegetales frescos, más una variedad de salsas rebosantes de sabor preparadas sin una sola gota de grasa, y tal vez, como toque final, una pizca de queso sabroso. Pues, en términos nutricionales, el plato tradicional principalmente consiste de granos (aportados por la tortilla) y vegetales, mientras que la pequeña porción de carne y queso sirve sólo como condimento. Ahora bien, comparemos este taco con el que encontramos en los restaurantes de comida rápida en los EE.UU. No se parece en nada al original. La tortilla se sumerge en aceite hirviendo hasta convertirse en una concha crujiente y dura. La carne asada magra es sustituida por carne de res molida y empapada en grasa. Se cambian los vegetales picados por un repollo aguado. Y ese poquito rico de queso fuerte se transforma en una capa pegajosa de un insípido queso amarillo procesado. La verdad es que esto es un destino humillante y poco saludable para uno de los alimentos callejeros más sanos de México lindo.

SALUD Y SAZÓN

Para concluir, ya hemos visto que la dieta tradicional latinoamericana sin duda ha cambiado con el tiempo. Empezó como una de las más sanas del mundo, poniendo énfasis en los granos, los vegetales y las frutas. Sin embargo, ahora una gran parte de la cocina latina puede causarle problemas de salud. Pero no se desespere. Aún es posible disfrutar de esta rica cocina sin que sufra su cintura o su corazón. El secreto está en unir ambos mundos —el Viejo y el Nuevo. Esto quiere decir que tenemos que combinar la dieta tradicional latina, que es muy saludable, con los sabores contemporáneos de la cocina latina.

Hay muchas formas de hacer esto. Por ejemplo, los plátanos (plátanos machos) son una comida favorita en las mesas centroamericanas y caribeñas. Actualmente se fríen en un montón de grasa para hacer Tostones (página 170), Maduros (página 172) o Patacones (página 171). A fin de reproducir los sabores familiares de todos estos platos usando menos grasa, recurro a un método que he bautizado "freír al horno". El alimento simplemente se unta con aceite y se hornea a altas temperaturas a fin de imitar el proceso de freír en freidora. Son impresionantes las cantidades de aceite que se ahorran de esta manera. En la página 50 encontrará más detalles acerca del proceso. Utilizo la técnica de "freír al horno" para preparar versiones sanas de platos tan diversos como las Masitas de puerco (página 329), los Chiles rellenos con elote (página 174) y las Carimañolas (página 106).

La carne es otro ingrediente favorito de la dieta latina. Tan sólo hay que pensar en las enormes cantidades de carne consumidas en Uruguay y Argentina, las cuales llegan a sumar hasta 2 libras (896 g) por persona al día. No obstante, es posible disfrutar de unos ricos platos de carne sin perjudicar a la salud. A fin de crear versiones más saludables de los platos, yo utilizo cortes magros en cantidades más moderadas, remitiéndome, de tal manera, a la dieta tradicional del territorio latinoamericano. Para una rica Parrillada argentina completa (página 326) sin las grandes cantidades de grasa de la versión original, reduje un poco la carne y aumenté la proporción de vegetales. La sustanciosa Ropa vieja (página 318) o la Carne guisada estilo salvadoreño (página 320) fueron sometidas a un proceso parecido. Todas estas recetas saben tan ricas como las tradicionales, pero contienen mucho menos grasa.

Otro aspecto típico de la dieta latinoamericana son las bebidas y los postres preparados con azúcar, los cuales se disfrutan de un extremo de Latinoamérica hasta el otro. La mayoría agrega un número increíble de calorías vacías a la dieta sin ofrecer ningún beneficio nutritivo. Sin embargo, esto tiene remedio. Sólo tuve que volver a la dieta tradicional latinoamericana en busca de respuestas. Apareció una amplia gama de bebidas clásicas basadas en fruta y preparadas sin cantidades excesivas de azúcar, como el Agua de horchata (página 422) y varios licuados o batidos (vea las recetas a partir de la página 412). Algunas bebidas tradicionales hasta incluyen granos tan saludables como la avena y el maíz, y su sabor es incomparable. Otras, como el Chocolate mexicano (página 415), requirieron muy pocos cambios para volverlas más saludables. El caso de los postres resultó

un poco más difícil, pero descubrí que basta con aplicar algunos ajustes menores para obtener versiones saludables de maravillas como el Flan (página 380) y el Dulce de tres leches (página 395). Pruébelas y verá que el sabor no sale perjudicado en absoluto por la reducción de grasa.

Al unir los platos tradicionales de la gastronomía latinoamericana con las técnicas contemporáneas de la cocina saludable, es posible darse el gusto de llenar la mesa con un sinnúmero de sabrosísimos manjares latinos. Muchas de las creaciones clásicas de la comida regional de por sí son saludables y desbordan de sabores llenos de frescura. Cuando no es el caso, basta con efectuar unos cuantos cambios menores en la lista de ingredientes y las técnicas de cocina para obtener beneficios tremendos para la salud. Con el tiempo, los pequeños cambios realizados aquí y allá disminuyen el riesgo de contraer muchas enfermedades, además de incrementar la energía y vitalidad general en forma palpable.

TÉCNICAS PARA COCINAR CON SALUD Y SAZÓN

No se requiere tanto para que la comida latina tradicional sea más sana. De hecho, muchos de los ingredientes tradicionales son saludables por naturaleza. Para asegurar que la dieta de su familia sea saludable, basta con agregar unos cuantos ingredientes nuevos, utensilios de cocina y técnicas nuevas, y finalmente, hacer unos cambios mínimos en cuanto a sus ideas sobre las recetas, las comidas, y sobre cómo se planea el menú.

SUPERE LA GRASA CON SABOR

El verdadero secreto para lograr la unión de salud y sazón en la comida latina se encuentra en la intensidad de sus sabores, no en el contenido de grasa. Recurra a la amplia gama de condimentos disponibles para mejorar los sabores sin agregar nada de grasa. Busque condimentos fuertes como el chile. Hay desde los jalapeños, con su sabor a hierba levemente picante, hasta los chiles pasilla secos de sabor ahumado. Quizá un sazonador como el vinagre o la salsa de soja sea suficiente para agregar ese toque especial a su receta favorita. O use ingredientes agrios como el tamarindo y el jugo de la naranja agria para contrastar el sabor de los ingredientes dulces de una receta. Y no se olvide de las hierbas y las especias. Ya sea en forma fresca o seca, son capaces de salvar un plato de la monotonía sin agregar una sola gota de grasa. Las hierbas como el cilantro y el orégano y las especias como el comino y el anís aportan sabores claves a un sinnúmero de platos latinos. Las hierbas frescas son las mejores, particularmente en el caso del cilantro y el perejil. El sabor de las variantes secas de estas hierbas culinarias ni se les acerca siquiera.

Si alguna receta le pide mucha grasa y pocos ingredientes de intenso sabor como estos, invierta las proporciones. Use más sazonadores e ingredientes aromáticos para asegurar la sazón mientras que elimina la grasa al mismo tiempo. También hay otras maneras de conjuntar la salud con la cocina latina, como las que enumero a continuación.

Escoja grasas con gusto. No pretendo sugerir que se tiene que eliminar la grasa por completo. Recomiendo, en cambio, que use menos. Una o dos cucharadas de aceite o de manteca por lo general bastan para sofreír (saltear) los vegetales, preparar aliños (aderezos) para las ensaladas, sazonar los adobos y engrasar los alimentos asados a la parrilla (a la barbacoa). Sin embargo, es importante encontrar una grasa que aporte sabor. Las dos que más se usan en las recetas de este libro son el aceite de oliva extra virgen y, aunque le parezca mentira por su anterior mala fama, la manteca. Ambas ofrecen beneficios nutricionales y mucho sabor.

Mezcle manteca con aceite. ¿Qué sería de la cocina latinoamericana, particularmente de la mexicana y la caribeña, sin la manteca tradicional? Se le aprecia no sólo por razones de economía y conveniencia, sino también por su rico sabor. Los más diversos platos, desde los pasteles puertorriqueños hasta los frijoles refritos mexicanos, simplemente no saben bien sin este ingrediente esencial.

Lo malo de la manteca es su contenido relativamente alto de grasa saturada, la cual puede subir la presión arterial y crear el riesgo de sufrir enfermedades cardíacas. Además, proporciona relativamente poca grasa monoinsaturada, la cual es más saludable para el corazón. A fin de aprovechar el incomparable sabor de la manteca sin arriesgar la salud, use una combinación de manteca y aceite en la cocina. Obra maravillas al crear versiones bajas en grasa de platos como los frijoles refritos. Sin embargo, recuerde que grasa es grasa, sin importar de dónde provenga. Trate de no usar más que 1 cucharadita de manteca por persona en cualquier plato.

Ponga la grasa donde se note. Al revisar las recetas de este libro, usted observará que las grasas como el aceite de oliva se untan en las tortillas o se les ponen a las ensaladas justo antes de servirlas. Al aplicar la grasa en la superficie de los alimentos se garantiza que el primer sabor percibido por el paladar sea el del aceite de oliva o la manteca. Esa primera impresión es la más importante. Los alimentos untados con grasa parecerán tener mucha. Sin embargo, la grasa sólo se encuentra en la superficie, lo cual es mucho más sano.

Cuente con el caldo. Los caldos de pollo y vegetales desempeñan un papel clave en la lucha por reducir la grasa de la cocina latina sin sacrificar su sabor. Las recetas de Tamales mexicanos (página 216) y el Nacatamal (página 220) agregan caldo a la masa como complemento para una cantidad mínima de manteca en comparación con la que normalmente se usa. El caldo mantiene la textura tradicional de la masa de maíz, pero elimina la grasa de la manteca. Puede usar caldo para sustituir una parte del aceite en los aliños para ensaladas o incluso para reemplazarlo por completo; póngalo a las sopas y cacerolas (guisos) en lugar de crema y sustituya por caldo la manteca o el aceite en diversos platos de harina de maíz.

El caldo tiene tanto sabor que no se extraña la grasa, sobre todo si es preparado en casa de acuerdo con recetas como las que empiezan en la página 434. Si no tiene tiempo para preparar el caldo en su cocina, úselo de lata. Asegúrese de comprar una marca que contenga menos sodio y grasa de lo normal. Si encuentra un caldo bajo en sodio pero no en grasa, hay una forma sencilla de desgrasarlo. Ponga la lata cerrada en el refrigerador. Cuando la abra, la grasa se habrá cuajado en la superficie. ¡Simplemente despréndala y listo!

Coma menos carne. A muchos latinos les encanta la carne y no tiene nada de malo. No obstante, la exageración puede producir muchísimos problemas de salud, incluyendo enfermedades car-

díacas y cáncer del colon. Para disfrutar de buena salud resulta clave comer menos carne y preferir los cortes magros. Considere las cifras: 5 onzas (140 g) de filete (*tenderloin*) de cerdo sólo contienen 5.6 gramos de grasa, 2 gramos de grasa saturada y 75 miligramos de colesterol. La misma cantidad de lomo de espaldilla de cerdo (*pork shoulder*) contiene 31 gramos de grasa, 11 gramos de grasa saturada y 90 miligramos de colesterol. En promedio, las recetas de carne de este libro toman en cuenta un corte de carne magra de entre 4 y 6 onzas (112-168 g) por porción. Cuando se sazona bien y se combina con granos y vegetales, eso es más que suficiente para saciar el hambre y dar gusto al paladar, sin consecuencias negativas para la salud.

Use la carne como condimento. La comida también se vuelve más sana si aumenta la proporción de granos y vegetales en relación con la carne. Los mexicanos lo hacen por instinto al comer Flautas (página 239). Este plato combina tortillas frescas con repollo (col) picado en tiras, tomate picado, una salsa picante y sólo una cantidad mínima de carne, pero eso sí, dotada de mucho sabor. Aplique esta estrategia a sus sopas y guisos favoritos. Las 4 onzas (112 g) de carne de res por persona que se incluyen en la Carne guisada estilo salvadoreño (página 320) son una cantidad moderada en comparación con la receta original. Sin embargo, el sabor de la nueva versión no le cede en nada a la original. La única diferencia es que aumenta la proporción de vegetales en relación con la carne, así como la cantidad de condimentos.

Use pavo en lugar de carne de res. Muchos cocineros optan por sustituir la carne por pavo en sus platos de carne molida favoritos. Es posible preparar picadillo y otros platos de carne de res molida reemplazando hasta la mitad de ésta con pechuga de pavo magra molida. El sabor no cambia mucho. Si está acostumbrado a comer mucha carne roja, realice el cambio poco a poco. Al principio reemplace sólo la cuarta parte de la carne de res con pechuga de pavo molida. Una vez que su paladar se haya acostumbrado, aumente la cantidad poco a poco, hasta que esté usando partes iguales de carne de res y de pavo. Tal vez al poco tiempo el plato le guste preparado sólo con pavo. Para entonces habrá eliminado muchísimos gramos de grasa de su dieta.

Despelleje el pollo. El pollo es uno de los alimentos más populares, sabrosos y económicos de la cocina latinoamericana. La mayor parte de su grasa se concentra en el pellejo. La parte que le sigue en contenido de grasa es la carne oscura. Para reducir la grasa en un guiso de pollo, use el corte más magro, la pechuga despellejada. Es cierto que cuesta un poco más, pero definitivamente vale la pena por toda la grasa que así se evita. Si la compra deshuesada, es más fácil de usar. Sin embargo, aunque opte por piernas de pollo o por el pollo entero, podrá reducir en algo la grasa. Simplemente quite el pellejo y la grasa visible antes de comérselo.

Cambie los huevos enteros por claras. La mayor parte de la grasa y el colesterol del huevo se encuentran en la yema. Las claras prácticamente son pura proteína, al igual que el sustituto de huevo, cuyo ingrediente principal son claras de huevo pasteurizadas a las que se agrega un poco de colorante. Use claras o sustituto de huevo para preparar desayunos mexicanos más sanos, como huevos rancheros o chilaquiles. A fin de animar el sabor agregue chiles y especias adicionales. Para los postres basados en huevo como el Flan (página 380), use claras de huevo o una combinación de huevos enteros y claras.

BUSQUE ALTERNATIVAS DULCES PARA EL AZÚCAR

Las grasas no son la única amenaza que la cocina latina plantea para la salud.

El azúcar representa una auténtica obsesión. Los postres latinos tienden a ser muy dulces en comparación con lo que se acostumbra en los Estados Unidos. A fin de satisfacer el gusto latino por lo dulce, los fabricantes de sodas (refrescos) a veces incluso agregan más azúcar a las bebidas producidas para el mercado latinoamericano.

Los expertos en cuestiones de salud concuerdan en que un elevado consumo de azúcar puede fomentar las caries y la diabetes y aumentar los niveles de triglicéridos (los cuales aumentan el riesgo de sufrir un ataque cardíaco), además de que se sube de peso. A lo largo de este libro reduje la cantidad de azúcar pedida por los postres tradicionales sin sacrificar el sabor. En muchos casos es posible disminuir el azúcar de la receta tradicional hasta en un 30 por ciento sin que cambie el sabor. Sin embargo, también hay otras formas de reducir el consumo de azúcar sin afectar los resultados culinarios.

Busque edulcorantes más saludables. Los postres se vuelven más saludables si se usan edulcorantes alternos, como miel, melado (melaza) o alguna de las azúcares sin refinar de Latinoamérica, como el piloncillo. Estos productos no han sido sometidos a tantos procesos químicos como el azúcar blanca, de manera que todavía contienen rastros de vitaminas y minerales. Una cucharada de melado proporciona 585 miligramos de potasio y 3 miligramos de hierro. Además, todos estos edulcorantes tienen más sabor que el azúcar. Ésta sólo endulza, mientras que la miel, el melado y el piloncillo aportan un sabor distintivo a caramelo o malta además de lo dulce. Ese saborcito adicional le permite reducir la cantidad que use en sus postres.

Deles dulzura con especias y extractos. A fin de enriquecer el sabor de sus postres sin aumentar el azúcar, aproveche todo el potencial de las especias, los condimentos y los extractos. Use la vaina entera de la vainilla y rajas (ramas) de canela enteras, el gusto intenso de la cáscara de naranja, limón verde (lima) y limón, rica en aceites, y aromatizantes perfumados como el agua de azahar y el auténtico extracto de vainilla. Estos ingredientes son muy eficaces para mejorar el sabor de postres hechos con productos lácteos, como pudines (budines) y flanes o natillas. Pruébelos también en salsas dulces y almíbares (siropes).

Endulce con fruta. Muchos postres latinoamericanos aprovechan el dulce de frutas como el mango, la piña, la papaya (fruta bomba, lechosa), la guanábana y el mamey, entre otras. La fructosa natural que contienen es mejor para el cuerpo, porque se digiere de manera más gradual que la sucrosa del azúcar blanca. En sus recetas favoritas preparadas con fruta, aumente la cantidad de ésta y disminuya la del azúcar. Así, los postres serán más saludables sin que se pierda su dulzor.

SUAVE CON LA SAL

De acuerdo con las autoridades en materia de salud, como la Asociación del Corazón de los Estados Unidos, una dieta alta en sodio posiblemente incremente el riesgo de tener la presión arterial alta. Sin embargo, este riesgo no involucra a todo el mundo, sino sólo a los individuos cuyo cuerpo es sensible a la sal. Si no sabe con certeza cuánta sal puede tomar sin problemas, pregúntele a su médico.

La tolerancia hacia la sal varía en cada persona, por lo cual muchas de las recetas de este libro indican que agregue sal "a gusto". Yo acostumbro usar sólo una pizca o dos. Use tanta como sea de su agrado. Por si está tratando de reducir su consumo de sal, hay varias formas de lograrlo.

Cámbiela por los condimentos. En lugar de depender de la sal para sazonar los alimentos, aproveche las hierbas culinarias, las especias y los condimentos. Los chiles son un recurso infalible para animar el sabor de los platos. Los vinagres aromáticos sirven para avivarlo en el último momento (vea el Vinagre de piña en la página 439). Y las hierbas frescas como el cilantro y el perejil están llenas de sabores intensos. Si una receta necesita una inyección de sabor, no sea tímido a la hora de usar las especias y los condimentos.

Lave los frijoles. Los frijoles (habichuelas) de lata son muy útiles para reducir el tiempo de cocción, pues le ahorran hasta 2 horas. No obstante, la mayoría de las marcas contienen una enorme cantidad de sodio. Al comprar los frijoles de lata, busque marcas que sean bajas en sodio. Escúrralos en un colador (coladera) y lávelos con agua fría. Al lavar bien los frijoles de lata, su contenido de sodio se reduce hasta en un 50 por ciento.

ROMPA ESA RUTINA REPLETA DE GRASA

Me he concentrado principalmente en los ingredientes, pero los métodos utilizados en la cocina también determinan si ésta beneficiará la salud o no, particularmente cuando se trata de grasas. Cambie algunos viejos hábitos por técnicas nuevas. Tengo varias sugerencias para crear versiones saludables de platos tradicionales.

Elimine la freidora y utilice el horno. La freidora es un utensilio muy popular en la cocina latina tradicional, pero también una de las fuentes más peligrosas de grasa. Sin embargo, parece difícil renunciarla a pesar del exceso de grasa que produce. Sin su ayuda, ¿cómo va a conservarse el apetitoso color dorado de los alimentos, esa deliciosa superficie crujiente? Muy simple. "Fría" sus alimentos al horno. Se trata de una de mis técnicas favoritas y reduce la grasa radicalmente. Además, es más económica que usar la freidora, y no hay que limpiar después todo ese aceite salpicado.

Un sinnúmero de delicias latinas pueden sacarse de su baño de aceite para "freírse al horno", desde los bacalaítos (bolinos de bacalao) o las carimañolas, hasta las empanadas, los tostones y las mariquitas. El método básico es el siguiente: precaliente el horno a 400° F (206°C). Rocíe una bandeja de hornear antiadherente con aceite antiadherente en aerosol, o úntela con un poco de aceite. Coloque el alimento sobre la bandeja de hornear y úntelo por encima con una ligera capa de aceite. (Algunos alimentos ni siquiera requieren el aceite, como los totopos/tostaditas/nachos.) Hornee el alimento hasta que esté "frito" y dorado, volteándolo una sola vez para que se cocine parejo.

El mismo método sirve para carnes y mariscos empanizados. Espolvoree el alimento con harina, páselo por claras de huevo batidas y luego por pan rallado (pan molido), sacudiéndolo para desprender el exceso de pan. Luego ponga el alimento sobre una bandeja de hornear antiadherente, úntelo con una ligera capa de aceite y horanéelo hasta que esté bien "frito" y dorado. La temperatura alta del horno y una pequeña cantidad de aceite sirven para imitar los efectos del proceso de freír en freidora. El resultado es una superficie crujiente sin tanta de esa grasa 'asesina de las arterias' que debemos evitar.

Encienda la parrilla. Asar a la parrilla (a la barbacoa) es una manera excelente de lograr sabores riquísimos con poca o ninguna grasa. Las altas temperaturas brindan un delicioso sabor a los alimentos asados. Si utiliza carbón o madera, la comida también absorbe el exquisito aroma del humo. Esta verdad culinaria indiscutible es dominada a la perfección por los maestros argentinos y uruguayos del asador, quienes han convertido esta técnica culinaria en un arte. Además, muchos platos latinos que tradicionalmente se fríen en la sartén o la freidora saben riquísimos preparados a la parrilla. Pruebe las Masitas de puerco

LOS FUNDAMENTOS DE LA LICUADORA

La licuadora (batidora) constituye un utensilio imprescindible en la cocina latinoamericana. Permite moler los vegetales en un instante, además de ayudar en la preparación de moles, salsas, licuados (batidos) y otras muchas especialidades latinas. Algunas de las recetas contenidas en este libro indican que se muelan líquidos calientes. Esto puede resultar peligroso si llena demasiado el vaso de la licuadora o no ajusta bien la tapa. Siempre siga estos sencillos pasos para evitar cualquier problema imprevisto.

✦ Nunca llene la licuadora a más de la mitad para evitar que se derrame.

✦ Al moler vegetales ponga hasta abajo los más jugosos, como los tomates y tomatillos (tomates verdes). Los demás ingredientes se molerán con mayor facilidad gracias al jugo de aquellos.

✦ Sostenga firmemente un trapo de cocina o una agarradera sobre la tapa y los costados de la licuadora.

✦ Asegúrese de que la tapa esté bien ajustada antes de empezar a moler.

✦ Prenda y apague el aparato repetidas veces antes de hacerlo funcionar a toda velocidad.

✦ Sólo use el procesador de alimentos en lugar de la licuadora si la receta lo señala como alternativa. En algunos casos, como por ejemplo con los licuados, el procesador de alimentos no funciona tan bien como la licuadora.

(página 329) o el Bistec a la criolla (página 319) para confirmar lo que estoy diciendo.

Mande señales de humo. El mejor combustible para un rico asado a la parrilla es la madera. Desde Ciudad Juárez hasta Buenos Aires, los maestros del asador preparan su carne a la leña para intensificar su sabor. El carbón vegetal comprimido (*charcoal briquets*) es más fácil de conseguir en los Estados Unidos. Sin embargo, hay una manera sencilla de lograr en su asador (*grill*) de carbón el mismo saborcito especial que sólo el humo de la leña da a los alimentos. Acuda a la ferretería, a la tienda de utensilios para la cocina o a la tienda *gourmet* más cercana y compre una bolsa de astillas de madera aromática. Para una carne igualita a como se estila en el norte de México, compre astillas de mezquite; para una carne tipo argentino, use el roble. Remoje las astillas durante 1 hora en suficiente agua fría para cubrirlas y escurra bien. Échelas a las brasas justo antes de poner la carne en la parrilla. Le harán falta unas 2 tazas de astillas de madera para 4 porciones de carne.

Ase para agradar a su paladar. El sabor característico de los vegetales y las nueces se acentúa más si se asan en una sartén sin aceite antes de cocinarlos. Los mexicanos acostumbran hacerlo con la cebolla, el ajo, el tomate y los chiles que integran el sabor pleno de sus moles y salsas. Los vegetales se asan en un comal, que es una sartén plana de hierro fundido, hasta que su piel queda negra y se cubre de ampollas. Esta técnica carameliza las azúcares naturales de los vegetales, otorgándoles un delicioso sabor ahumado.

También es posible intensificar el sabor de las nueces, las semillas (como la pepita o semilla de calabaza) y el pan rallado (pan molido) tostándolos en la sartén. Póngalos a fuego mediano en una sartén seca hasta que suelten su fragancia y se doren levemente. Luego reduzca la cantidad pedida por la receta hasta en la mitad. Al tostar estos alimentos, su sabor sube de tal manera que ya no es necesario emplear las mismas cantidades.

Sofría en una sartén antiadherente. La invención de los utensilios de cocina antiadherentes revolucionó la cocina saludable. En una sartén antiadherente es posible preparar un sofrito o un guiso con sólo una fracción de la grasa necesaria para hacerlo en las sartenes de acero inoxidable o de hierro fundido. La superficie lisa de los utensilios antiadherentes ayuda a evitar que la comida se pegue, de manera que sólo se necesita una pequeña cantidad de grasa para cocinar. (Por lo general basta con 1 cucharada por cada 4 porciones.) Al hornear los alimentos en una bandeja de hornear antiadherente, se obtienen los mejores resultados untando el alimento con aceite (en lugar de la bandeja).

Haga magia con los marinados. El adobo es una de las técnicas básicas de la cocina latinoamericana para acentuar el sabor de casi cualquier plato de carne,

EL ANÁLISIS DE LAS RECETAS

Bajo el título "Vistazo nutricional", cada receta de este libro incluye un análisis nutricional dividido en dos categorías, "Antes" y "Después". Las cifras correspondientes a "Antes" se calcularon de acuerdo con una versión típica de la receta, mientras que las apuntadas en la columna "Después" se obtuvieron tomando en cuenta los ingredientes y los métodos señalados en la receta presentada a continuación. En muchos casos, la receta original es saludable de por sí. Así sucede particularmente cuando se trata de una salsa. En estas ocasiones no se cambió la receta original y los análisis correspondientes a "Antes" y "Después" resultan idénticos. Los ingredientes opcionales no se incluyen en los análisis. Asimismo, estos sólo toman en cuenta la sal cuando la receta pide cantidades específicas del condimento. Cuando la lista de ingredientes señala alternativas, el análisis se basa en la primera opción. Las recetas con el título "¡Rapidito!" se pueden preparar en 30 minutos o menos.

pollo o pescado, y hay una variedad casi infinita de ellos. Los cubanos adoban (remojan) muchas carnes y mariscos con una mezcla que incluye comino, ajo y el jugo de la naranja agria. Es posible hallar adobos semejantes en Puerto Rico, la República Dominicana y Centroamérica. Los mexicanos frecuentemente agregan chiles guajillos o chipotles a sus adobos, mientras que los peruanos prefieren los ajíes amarillos. En Brasil los cocineros estarían perdidos sin el *tempeiro*, una combinación de ajo, jugo de limón verde (lima) pimientos (ajíes, pimientos morrones) y chiles picantes.

Pero además de formar parte de un rica tradición culinaria, los adobos tienen otro propósito casi desconocido —el de ser un arma secreta en la guerra contra la grasa. Ya que aportan tanto sabor a las comidas, si usamos bien a los adobos, resulta menos necesario usar aceite para darle más gusto a un platillo. Una vez que comience a experimentar con este y los otros trucos en este capítulo, no sólo agradará a los paladares exigentes de los miembros de su familia sino que también estará en el camino hacia una nueva tradición, la de mucha salud —¡sin perder el sazón!

GUÍA PARA UNA COCINA BAJA EN GRASA

No hay mucha diferencia entre una cocina latina saludable y la tradicional que tanto queremos. De hecho, unos cuantos pequeños cambios en la lista de compras bastan para hacer que la dieta latina sea más saludable. Con sólo adoptar las versiones bajas en grasa de varios ingredientes comunes, es posible reducir radicalmente el contenido de grasa de los platos que salen de su cocina, sin sacrificar en nada su sabor. Esta guía de ingredientes claves le servirá de orientación a la hora de tomar las decisiones más indicadas desde el punto de vista tanto de la salud como del sazón.

ELIJA PRODUCTOS LÁCTEOS BAJOS EN GRASA

Uno de los máximos desafíos que enfrenta el cocinero latino interesado en cuestiones de salud son los productos lácteos como la crema, la crema agria y el queso crema. Estos ingredientes constituyen una parte imprescindible de una amplia variedad de platos, desde entremeses picantes hasta postres dulces. Por

fortuna los supermercados modernos rebosan de una gran selección de opciones bajas en grasa.

Leche y crema. En mi familia acostumbramos tomar leche descremada, la cual nos ayuda muchísimo a reducir nuestro consumo de grasa. Fíjese en esto: 1 taza de leche descremada contiene sólo 90 calorías, 0.4 gramos de grasa y 4 miligramos de colesterol. La misma cantidad de leche entera suma 150 calorías, 8 gramos de grasa (5 gramos de grasa saturada) y 33 miligramos de colesterol. El uso de leche descremada ofrece una de las maneras más fáciles de empezar a reducir la grasa en su dieta desde hoy mismo. Si está acostumbrado a la leche entera, pruebe primero la leche baja en grasa (2%). Una vez que se haya acostumbrado a su sabor, cambie a la que contiene un 1 por ciento de grasa. Comprobará que las leches bajas en grasa, incluyendo la descremada, funcionan muy bien en la mayoría de los platos latinos que la requieren, particularmente los postres. El rico sabor de las natillas y los flanes se retiene fácilmente al agregar unos cuantos ingredientes como la vainilla, la canela o la cáscara del limón o de la naranja rallada. De esta manera se compensa con creces la grasa sacrificada por la ausencia de leche entera.

Uno de los postres latino-americanos más populares es el dulce de leche, que se prepara hirviendo leche con azúcar. Para preparar una versión fácil y baja en grasa, uso leche evaporada descremada y la hiervo dentro de la misma lata (vea la página 392).

Leche evaporada descremada. Antes de inventarse la refrigeración, la leche evaporada era un producto lácteo muy apreciado en Centroamérica y el Caribe de habla hispana, ya que se conservaba muy bien. Hoy en día, se sigue usando mucho. Ahora está disponible la leche evaporada descremada, la cual le ahorra 70 calorías, 10 gramos de grasa y 33 miligramos de colesterol por cada media taza (en comparación con la leche evaporada entera). En vista de que la leche evaporada casi siempre se combina con otros ingredientes para preparar postres horneados, si se cambia a la descre-

mada, prácticamente no se nota ningún cambio en cuanto al sabor.

Leche condensada azucarada. Este producto lácteo espeso y dulce se ha convertido en una piedra angular de la pastelería latina. Resulta esencial para preparar los exquisitos flanes, los suculentos dulces de leche y las bebidas cremosas como el coquito puertorriqueño, una especie de rompope (ponche de huevo) preparado con leche de coco. Pruebe la leche condensada azucarada sin grasa al cocinar. Contiene menos grasa, calorías y colesterol que la versión normal y se encuentra en la mayoría de los supermercados. La leche condensada azucarada sin grasa también sirve para sustituir la leche de coco alta en grasa, ya sea parcialmente o en su totalidad, en algunos postres como el Tembleque (página 388).

Crema agria. Muchos platos mexicanos se rematan con una sustanciosa cucharada de espesa crema agria. En Honduras y otros países centroamericanos se utiliza un producto parecido a la crema agria, la Mantequilla hondureña (página 241), para acompañar platos de tortillas como la Baleada (página 240). A fin de reducir la grasa en estas recetas, yo uso crema agria sin grasa o baja en grasa. Se ahorra una cantidad apreciable de grasa con este tipo de productos. Un cuarto de taza de crema agria normal contiene 123 calorías, 12 gramos de grasa (8 de estos son de la grasa saturada) y 26 miligramos de colesterol. La misma cantidad de crema agria sin grasa sólo tiene 34 calorías y casi nada de grasa, grasa saturada o colesterol. Sin embargo, la calidad de las diversas marcas de crema agria baja en grasa varía bastante, pues pruebe varias hasta encontrar la que más le guste.

Quesos. Algunos de los quesos producidos en Latinoamérica figuran entre los mejores del mundo, desde el queso blanco centroamericano hasta el provoleta argentino. No hay nada que iguale el rico sabor y la cremosa textura de este producto lácteo. No obstante, muchos tipos de queso están llenos de grasa saturada y colesterol.

Sin duda ya usted ha visto o probado los muchos quesos bajos en grasa o sin ella disponibles en el supermercado de su localidad. De una vez le confesaré que la textura y el sabor de estos productos no me convencen en absoluto. Tal vez se sorprenda con lo que voy a decir, pero ahí va: le recomiendo comprar el queso tradicional más fuerte y sustancioso que pueda encontrar. Su sabor debe ser lo más intenso posible, para que sólo tenga que usar muy poco. En mi refrigerador nunca falta una selección de buenos quesos como el blanco (si no lo consigue sustitúyalo por queso *feta* griego), el oaxaqueño (si no lo encuentra compre queso romano), un queso *Cheddar* fuerte, un gouda añejo, el parmesano y el romano. Gracias al fuerte sabor de estos quesos es posible usarlos en cantidades muy pequeñas. Una cucharada de queso blanco rallado es suficiente, por ejemplo, para rendir el pleno sabor a queso que la mayoría de la gente busca. Y la cantidad mencionada sólo contiene 52 calorías, 4 gramos de grasa, 3 gramos de grasa saturada y 13 miligramos de colesterol. De hecho, los cocineros mexicanos con frecuencia condimentan todo un plato con menos de 1 cucharada de queso blanco.

A fin de sacar el máximo provecho al sabor del queso, póngalo donde se tenga que notar desde la primera mordida: espolvoreado encima del plato o de la porción individual. Así, lo primero que se pruebe será el queso, lo cual creará la impresión de que todo el plato lo contiene.

Queso crema. Estoy a punto de contradecirme a mí mismo. La única excepción a mi consigna de usar un queso pleno de sabor y grasa en cantidades pequeñas es el queso crema. La textura del queso crema bajo en grasa es relativamente buena y su sabor se asemeja al del producto original. Yo lo uso, por ejemplo, para preparar la deliciosa Torta cremosa de queso y guayaba (página 394), la cual contiene sólo la mitad de las calorías y la cuarta parte de la grasa contenida en la versión tradicional. El queso crema bajo en grasa sabe mucho mejor que el que no la tiene, pero si usted debe reducir radicalmente la grasa que consume, puede usar este último para preparar las recetas de este libro, con un resultado aceptable.

EVITE LA MANTECA

El cambio a ingredientes bajos en grasa es muy importante cuando se pretende diseñar una dieta más saludable. Sin embargo, con eso no basta. Otro gran problema a resolver son las grasas de cocina. A continuación presento un repaso de las mejores grasas para lograr la unidad de salud y sazón en la cocina latinoamericana.

Manteca. La manteca de cerdo resulta totalmente imprescindible en la auténtica cocina mexicana. Se le ha hecho muy mala fama a través de los años y tal vez parezca ser la grasa menos saludable del mundo, pero en realidad guarda más beneficios para el cuerpo que la mantequilla.

Quizás le ha sorpendido un poco lo que acabo de decir, pero es así. La manteca contiene más o menos la mitad del colesterol y la tercera parte de la grasa saturada encontrados en la mantequilla. Una cucharadita de manteca tiene menos grasa que la misma cantidad de aceite de oliva o de *canola*, lo cual se debe a su mayor contenido de agua.

Tales afirmaciones parecen indicar que lo mejor sería cocinar sólo con manteca, pero antes de cambiar todos sus aceites por pura manteca, considere los siguientes hechos interesantes. Aunque la manteca contiene menos grasa total que los aceites de oliva y *canola*, ésta sí contiene más de la peligrosa grasa saturada y menos de la beneficiosa grasa monoinsaturada. Por lo tanto, tenemos que llegar a un arreglo beneficioso tanto para la salud como para el sabor de estos aceites. Por eso le recomiendo que combine la manteca con el aceite de *canola*. Si la receta de su abuelita pide determinada cantidad de manteca, use mitad de manteca y mitad de aceite de *canola*. De este modo, usted disfrutará del sabor de la manteca con todos los beneficios que el aceite de *canola* aporta para su salud. Además, con la combinación de ambos, la receta tendrá menos grasa total que si se usara sólo aceite de *canola*.

La manteca sabe más sabrosa cuando se compra fresca en la carnicería del barrio. Cuando está fresca, se pone blanda a temperatura ambiente y está llena de sabor. La manteca comercial, vendida en trozos de 1 libra (448 g), se encuentra en las tiendas de productos para la cocina latina y en muchos supermercados, aunque se está volviendo cada vez más difícil de conseguir fuera de las comunidades latinas.

Aceite de oliva y de canola. Estos dos aceites son los que más se utilizan en las recetas de este libro. El primero es un aceite sustancioso que se obtiene al exprimir la aceituna. El segundo es un aceite transparente sin sabor hecho de semilla de colza (nabina).

El aceite de oliva brinda dos grandes ventajas al cocinero interesado en cuestiones de salud. En primer lugar tiene un delicioso sabor en el cual el gusto de la nuez se combina con un distintivo toque aromático. Asimismo se trata del aceite con mayor contenido de grasa monoinsaturada, la cual ayuda a incrementar la cantidad de colesterol HDL "bueno" en la sangre a la vez que reduce el LDL "malo". Por lo tanto, según los expertos en nutrición, el consumo de este aceite reduce el riesgo de sufrir enfermedades del corazón.

Hasta ahí las razones científicas. Por otra parte, el uso del aceite de oliva en la cocina latinoamericana también tiene importantes antecedentes históricos. Es probable que haya sido el primero en ser traído por los españoles al continente americano y el primero, por lo tanto, en ser adoptado por la cocina del Nuevo Mundo. Incluso en la actualidad, algunos de los aceites de oliva más sabrosos del mundo provienen de España. Si bien tiende a ser sustituido en Latinoamérica por aceites vegetales más baratos, un sinnúmero de platillos todavía se preparan con el auténtico acento español proporcionado por este aceite.

Se venden dos tipos principales de aceite de oliva, de calidades distintas: el extra virgen y el puro. El aceite extra virgen tiene el mejor sabor. Se fabrica con las aceitunas más selectas y tiene una acidez muy baja (entre el 1 y el 1.5 por ciento). Está disponible en cualquier supermercado. El aceite de oliva puro es un aceite muy refinado que no se puede vender en su estado natural debido a una de las siguientes razones: o es demasiado ácido o tiene un sabor malo. Después de ser refinado, el aceite puro tiene menos de 1.5 por ciento de acidez. Con frecuencia sus fabricantes le agregan aceite virgen para mejorar el sabor. En comparación con el aceite extra virgen, el de oliva normal tal vez parezca insípido, pero es mucho más barato y sirve perfectamente en los platos donde no importa tanto el sabor aportado por el aceite. Cuando las recetas de este libro piden aceite de oliva extra virgen, se pretende aprovechar el intenso sabor de esta variedad. Cuando nada más indican aceite de oliva, éste sólo se necesita para cocinar, de modo que si usted quiere, puede utilizar una variedad más económica.

Use aceite de *canola* cuando necesite una grasa que no tenga un sabor distintivo propio. Con frecuencia lo aprovecho para la masa del pan y a veces para sofreír (saltear). El aceite de *canola* permite que los sabores naturales de los alimentos se manifiesten con mayor intensidad.

Aceite en aerosol. El contenido de grasa de la dieta latina tradicional presenta uno de los mayores retos para la cocina saludable. Muchas de las recetas de este libro piden aceite en aerosol o aceite antiadherente en aerosol, el cual se encuentra en cualquier supermercado. Busque aceite de *canola* o de oliva en aerosol. El aceite en aerosol tiene una gran ventaja: es posible aplicar una capa microscópica de aceite a las hojuelas de plátano, pechugas de pollo empanizadas y otros alimentos, para luego "freírlos" al horno. Al calentarse la delgada capa de aceite, la superficie de los alimentos se pone rica y crujiente sin necesidad de empaparlos en grasa. Además, el aceite en aerosol tiene otra ventaja nada despreciable: es muy fácil y rápido de usar y ahorra mucho tiempo en la cocina.

ALTERNATIVAS INGENIOSAS

El lugar más obvio y sencillo para reducir en gran parte la grasa de la dieta latinoamericana es en los productos lácteos y los aceites de cocina. Sin embargo, no hay por qué limitarse a eso. Varias alternativas ingeniosas permiten conservar el sabor de los platos de la cocina latina que más queremos sin agregar libras (o kilos) a la figura.

Tocino canadiense. Este tocino curado con humo se prepara con un corte magro de cerdo, el lomo (*loin*), en lugar de la grasosa panza. Reproduce el rico sabor ahumado del tocino normal agregando sólo una fracción de la grasa que éste contiene. Se trata de una excelente alternativa que puede usarse en lugar de cortes de cerdo llenos de grasa en diversas delicias del Caribe de habla hispana, como la Sopa de frijoles negros a lo cubano (página 140) o el Mofongo (página 90), además de otros muchos platillos.

Leche de coco. Este ingrediente aparece con frecuencia en las sopas y los postres que se disfrutan en Brasil, Colombia y Honduras. Se trata de un líquido sustancioso parecido a la crema que se extrae del coco recién rallado. Desafortunadamente también tiene un alto contenido de grasa. Un cuarto de taza de leche de coco contiene 138 calorías, 14 gramos de grasa y 13 gramos de grasa saturada.

En este caso existen dos alternativas. La primera es la leche de coco baja en grasa. (A veces la etiqueta indica "li-gera" o *"light"*.) Busque este producto en las tiendas de productos para la cocina asiática y latina, en tiendas *gourmet* y en el pasillo internacional de los super-mercados grandes.

Como segunda alternativa es posible combinar la leche de coco normal o ligera con agua de coco (el líquido turbio que se encuentra dentro del coco). El agua de coco prácticamente no contiene grasa, pero ofrece un intenso sabor a coco. El contenido de grasa de la popular bebida puertorriqueña conocida como Coquito (página 426) muestra una impresionante reducción en un 87 por ciento debido a esta combinación.

Masa de won ton y pasta para ravioles chinos. Un día que estaba en mi cocina, haciendo mis experimentos de siempre, se me ocurrió algo raro. Las empanadas y pastelillos tradicionales típicamente se preparan con una masa pastelera, pero ese día decidí cambiarlas con una masa china ya preparada llamada *won ton*. Bueno, mis empanadas "asiáticas" quedaron estupendas. Debido a la ausencia de manteca de cerdo o vegetal, esta delgada masa china, que se parece a los fideos, contiene sólo una mínima parte de la grasa y las calorías halladas en la masa que tradicionalmente se usa para estos platos. Una porción típica de empanadas o pastelillos de cerdo preparados con la o masa tradicional contiene más o menos 420 calorías, 28 gramos de grasa, 5 gramos de grasa saturada y 56 miligramos de colesterol. La misma cantidad de Pastelillos de cerdo a lo puertorriqueño (página 98) preparadas con masa de *won ton* suma sólo 201 calorías, 5.2 gramos de grasa, 1.6 gramos de grasa saturada y 32 miligramos de colesterol.

La masa de *won ton* y la pasta para ravioles chinos también tienen otra ventaja muy importante. Como ya vienen preparadas y extendidas, es posible armar unas ricas empanadas en cosa de minutos. Busque esta masa delgada en la sección de frutas y vegetales de la mayoría de los supermercados o en las tiendas de productos para la cocina asiática.

GLOSARIO DE INGREDIENTES Y UTENSILIOS

Cuando se trata de términos culinarios, hay muchas, pero muchas variaciones en Latinoamérica. He tratado de tomar esto en cuenta en la redacción de este libro, usando sinónimos para ciertas comidas como frijoles (habichuelas). Usted notará que con las recetas, yo trato de usar los términos culinarios preferidos en el país de origen de cada receta y empleo sinónimos para que todo quede claro. Sin embargo, es muy difícil incluir todos los sinónimos que hay para una palabra, y además, poner muchos sinónimos afecta la fluidez del texto. Por eso he creado este glosario de los términos principales usados en este libro. Defino la palabra primero, luego ofrezco sinónimos en español (si es que hay) y añado su nombre en inglés, si es que tiene uno. Espero que les sea útil.

Aceite de canola. Este aceite viene de la semilla de colza, la cual es bajo en grasas saturadas. Sinónimo: aceite de colza.

Achiote. Esta semilla rojiza dura de forma rectangular tiene un fuerte sabor terroso, casi a yodo. Originaria de Centroamérica y del Caribe, se usa mucho tanto en estas regiones como en México (sobre todo en la península de Yucatán). Sinónimos: bija, bijol, color, mantur, onoto, pimentón. En inglés: *annatto*.

Adobar. Sazonar un alimento con adobo. Sinónimos: marinar, macerar. En inglés, *marinate*.

Adobo. El adobo es un líquido utilizado para sazonar carne de res, de ave o pescado y así aumentarle el sabor. Adobo también se refiere a una mezcla de distintas especias, como ajo en polvo y cebolla en polvo, entre otras. Sinónimos: escabeche, marinado. En inglés: *marinade*.

Ají. Véase **Pimiento.**

Ajiaco. Este término se refiere a una clase de guisos parecidos a las sopas. El ajiaco es muy popular en el Caribe, Centroamerica y Colombia. Sinónimos: sancocho.

Ajonjolí. Véase **Sésamo.**

Alubias. Veáse **Frijoles.**

Alverja. Véase **Chícharos.**

Amaranto. Esta pequeña semilla redonda color café claro es originaria de

Centroamérica y se da en un arbusto de hojas distintivas y muy lustrosas. La espiga mide un pie (30 cm) de largo y contiene hasta 500,000 semillas, cada una del tamaño de un grano de arena. Desde el punto de vista de la nutrición, el amaranto es una mina de oro. Es una buena fuente de proteínas de alta calidad y contiene cinco veces más hierro y tres veces más fibra que el trigo integral.

Arándano. Una mora (baya) azul de plantas oriundas de Norteamérica. En inglés: *blueberry.*

Arándano agrio. Una mora roja de la misma familia que el arándano azul, usada en los EE.U.U. para hacer una salsa. Sinónimos: arándano rojo. En inglés: *cranberry.*

Arveja. Véase **Chícharos.**

Asar a la parrilla. Cocinar una comida sobre una parrilla o de gas, de brasas o eléctrica. Sinónimos: asar a la barbacoa. En inglés: *grill, barbecue.*

Asar al horno. Cocinar una comida en el asador (*broiler*) del horno, si el horno es de gas, o cocinarlo en la parrilla más cerca a la unidad de calor en el horno, con el horno en la posición "ASAR" o "*BROIL*". En inglés: *broil.*

Batata. Véase **Boniato.**

Batata dulce. Un tubérculo cuya cáscara y carne tienen el mismo color naranja-amarillo. Sinónimos: boniato, camote. En inglés: *sweet potato* o *yam.*

Berzas. Un tipo de repollo cuyas hojas no forman una cabeza. Son muy nutritivas y pueden aguantar tanto temperaturas muy altas como las muy bajas. Además de ser muy popular entre los latinos, las berzas son una parte integral de la cocina del sur de los EE.UU. Sinónimos: bretón, col, posarno, repollo, tallo. En inglés: *collard greens.*

Betabel. Veáse **Remolacha.**

Betarraga. Veáse **Remolacha.**

Bistec. Filete de carne de res sacado de la parte más gruesa del solomillo. Sinónimos: bife, churrasco, biftec. En inglés: *beefsteak* o *steak.*

Boniato. Este tubérculo duro de carne blanca y cáscara roja tiene un sabor parecido al de la castaña asada. Es rico en vitaminas A y C y también contiene algo de proteínas. El boniato es mucho menos dulce que la batata dulce estadounidense. Sinónimos: batata, buniato, camote, moniato, moñato.

Bretón. Véase **Berzas.**

Cacahuate. Los botánicos le llaman una nuez proveniente de una hierba leguminosa. Aunque no conozcamos todos sus sinónimos, todos sí conocemos esta nuez al verla y la disfrutamos en distintas formas, a veces cruda en su cáscara o untada en pan al estilo estadounidense. Años atrás, en Cuba los vendedores ambulantes lo vendían en las calles en 'cucuruchitos'; de ahí salió la famosa canción 'El Manicero', pues así le llaman a esta nuez en el Caribe hispano. Sinónimos: maní, cacahuete. En inglés: *peanut.*

Cacerola. Recipiente metálico de forma cilíndrica. Por lo general, no es muy hondo y tiene un mango o unas asas. Sinónimos: cazuela, olla. En inglés: *saucepan.*

Cachucha. Véase **Ají dulce** en el recuadro en la página 66.

Calabacín. Un tipo de calabaza con forma de cilindro un poco curvo y que es un poco más chico en la parte de abajo que en la parte de arriba. Su color varía entre un verde claro a un verde oscuro, y a veces tiene marcas amarillas. Su piel es color hueso y su sabor es ligero y delicado. Sinónimos: calabacita, hoco, zambo, zapallo italiano. En inglés: *zucchini.*

Calabaza. Cualquiera de las frutas de las viñas del genero *Cucurbita.* El color de su piel es muy variada, desde amarillo a verde. Su piel típicamente es color naranja. Su textura y sabor varía mucho según el especie. Hay evidencias de que se ha cultivado en Latinoamérica desde 5,000 a.C. y en Sudamérica desde 2,000 a.C. En este libro, 'calabaza' por sí solo se refiere a la variante caribeña que tiene la piel y carne amarilla. Cuando me refiero a otra variante, indico su tipo en inglés, como por ejemplo 'calabaza tipo *butternut squash*' para que quede claro a cuál tipo me estoy refiriendo. Sinónimos: abinca, ahuyama, alcayota, bulé, calabaza de Castilla, chibché, vitoria, zapallo. En inglés: *pumpkin.* También en inglés, puede ser, según cuál variante es, *acorn squash, butternut squash, summer squash,* o *winter squash.*

Camote. Véase **Batata dulce.**

Cebollín. Esta es una variante de la familia de las cebollas, que tiene una base blanca que todavía no se ha convertido en un bulbo y hojas verdes que son largas y rectas. Ambas partes son comestibles.

Son parecidos a los chalotes, y la diferencia es que los chalotes son más maduros y tienen el bulbo ya formado. Sinónimos: cebolla de rábano, escalonia, cebolla de cambray, cebollino. En inglés: *scallion*.

Cebollino. Esta hierba es pariente de la cebolla y el puerro, y tiene tallos verdes y brillantes. Los cebollines tienen un sabor suave parecido al de la cebolla y se consiguen frescos el año entero. Como algunos hispanos llaman 'cebollino' al cebollín, le recomiendo que vea la definición de ese vegetal si acaso tiene dudas. Sinónimos: cebolletas, cebollines. En inglés: *chives*.

Champiñón. Variedad del *fungi* de la clase *Basidiomycetes*. Hay muchas variedades, entre ellas *shiitake*, que es japonesa, y el *Italian brown* de Italia. Sinónimo: hongo. En inglés: *mushroom*.

Chayote. El chayote es una especie de calabaza tropical emparentada con el pepino. Oriundo de México, el chayote fue cultivado por los aztecas. Hoy en día su consumo se ha extendido al Caribe y a Brasil. El chayote tiene la misma forma que el aguacate y puede pesar desde 6 onzas (168 g) hasta 2 libras (896 g). El aspecto de la cáscara varía de acuerdo con la especie. Puede ser de color tostado, café o verde, lisa o arrugada e incluso cubierta de espinas. El chayote tiene un sabor delicado parecido al pepino cocido. Se cocina entero hasta que esté suave, ya sea con agua hirviendo o al vapor. Si va a emplear sólo la carne del chayote, pélelo con un pelador de papas antes de cocinarlo de 30 a 40 minutos, hasta que esté suave. Si lo quiere rellenar, déjele la piel durante el proceso de cocción. Sinónimos: cayote, guisquil, huisquil.

Chícharo. Esta es una semilla verde de una planta leguminosa eurasiática. Sinónimos: alverja, arveja, guisante, *petit pois*. En inglés: *pea*.

Chillo. Véase **Huachinango**.

Cilantro fresco. El penetrante e intenso sabor de esta hierba resulta indispensable para un gran número de salsas y se usa mucho en toda Latinoamérica. Seco, el cilantro pierde casi todo su sabor. Afortunadamente se encuentra fresco en la mayoría de los supermercados. Algunas personas lo aborrecen. Si al probar la hierba percibe un leve sabor a jabón, es posible que le esté causando una ligera alergia. Sinónimos: coriandro, chicoria, chillangua, chirara.

Col. Véase **Repollo**.

Comal. Esta plancha de hierro fun-

(continúa en la página 72)

EL PICANTE DE CADA DÍA: UNA GUÍA DE LOS CHILES LATINOAMERICANOS

De todas las dádivas que el Nuevo Mundo le entregó al Viejo, ninguna tuvo más impacto que el chile. No se necesitaron ni cien años a partir del "descubrimiento" de Colón para que diera la vuelta al orbe. China, la India, Tailandia, África y Hungría, entre otras partes, lo integraron a sus cocinas regionales con gran entusiasmo, gusto y provecho.

Sin embargo, fue en su tierra de origen, el continente americano, donde el uso del chile se difundió más, alcanzando insospechadas alturas de sofisticación. Todos los países latinoamericanos han adoptado al menos a un miembro de la familia de los picantes: el ají dulce distingue a la cocina puertorriqueña y el ají amarillo da sabor a la peruana, mientras que en Brasil se prefiere el ardiente chile malagueta. México quizá sea el país más identificado con el chile, y con mucha razón. Los cocineros mexicanos utilizan una enorme variedad de chiles frescos y secos para sorprender al paladar con un vasto repertorio de sabrosos efectos. En términos músicales, los tonos de la cocina mexicana con chiles abarcan todo, desde las sosegadas armonías del bolero hasta la sofisticación del tango o la capacidad explosiva de las mejores orquestas de salsa.

En las recetas de este libro se usan muchos tipos de chile. La mayoría de ellos se encuentran en su supermercado local o en tiendas de productos para la cocina latina. A veces he sugerido alternativas, pero si le interesa reproducir el sabor auténtico del plato le sugiero que intente localizar los chiles señalados. Si le cuesta trabajo encontrar alguno, vea los recursos para hacer pedidos por correo a partir de la página 80.

CHILES FRESCOS

Ají dulce. Este pimiento anaranjado, amarillo o color verde pálido parece una pequeñísima calabaza amarilla. No es más grande que la yema de un pulgar. El ají dulce se parece al habanero en su intensa fragancia y aroma, pero a diferencia de éste, no pica para nada. Es un ingrediente muy importante en la cocina del Caribe de habla hispana. Si no lo encuentra, sustituya cada 6 ajíes dulces por 2 cucharadas de pimiento (ají, pimiento morrón) rojo picado. También puede sustituir su pariente cercano, el ají cachucha de Cuba, en cantidades iguales. Otros sustitutos similares a los ajíes dulces son los chiles rocotillos o *rocotillo peppers*.

Anaheim. Este esbelto chile color verde oscuro mide entre 6" y 8" (15 cm a 20 cm) de largo y entre 1" y 1½" (3 cm a 4 cm) de ancho. Es entre leve y medianamente picante, con un sabor a hierba parecido al del pimiento. Por su tamaño, el chile de Anaheim se presta muy bien para rellenos. A veces se usa para preparar chiles verdes no muy picantes enlatados. Cuando se madura, este chile se conoce como chile rojo de California.

Habanero. El habanero es el chile más bravo del mundo. Pica 50 veces más que el jalapeño. Tiene más o menos el tamaño y la forma de una nuez. Es liso y de color verde, amarillo, anaranjado o rojo. Al morderlo se tiene la impresión de haber hincado los dientes en un cable de alto voltaje. Sin embargo, detrás de la acometida inicial se oculta un complejo sabor floral y ahumado al mismo tiempo, que lo ha convertido en un chile muy popular en todo México (particularmente en la península de Yucatán), Centroamérica y el Caribe de habla hispana.

El chile jamaiquino conocido como *Scotch bonnet* con frecuencia se confunde con el habanero. Si bien se le parece, el jamaiquino por lo común es amarillo. También su forma es un poco diferente. Como lo indica su nombre (*bonnet* es una especie de gorra de mujer), tiene más bien forma de gorra que de nuez.

Jalapeño (cuaresmeño). Este chile con forma de bala y de color verde oscuro es el más fácil de encontrar. Mide entre 2" y 3" (5 cm y 8 cm) de largo y entre ½" y 1" (1 cm y 3 cm) de ancho. Su picante con cierto sabor a pimienta se hace notar sobre todo al fondo de la boca y en la garganta. Los jalapeños más maduros tienen la piel estriada y por lo común pican más. El jalapeño ahumado y seco se llama chipotle (vea la descripción en la página 69). Los jalapeños también vienen preparados en escabeche con sal y vinagre. El jugo del escabeche agrega una agradable acidez que compensa el ardor del chile. Los jalapeños en escabeche se encuentran en el pasillo internacional

(continúa)

de la mayoría de los supermercados. Se conservan en el refrigerador durante tres meses como máximo.

Poblano. Este chile grande (4"/10 cm de largo y 2½"/6 cm de ancho) de color verde oscuro por lo común se prepara relleno. Su forma triangular se asemeja un poco a la del pimiento (ají, pimiento morrón), sólo que es más larga y aplastada. También se le parece en el sabor, aunque el poblano es más picante y aromático. Si no lo encuentra, use pimiento verde, agregando un poco de jalapeño picado en trocitos para reproducir el picante. El chile poblano seco se llama chile ancho (vea la descripción).

Serrano. El sabor de este chile de subido color rojo o verde se parece al del jalapeño. Tiene la forma de un pequeño cohete un poco más largo y delgado que el jalapeño. En la cocina son intercambiables.

CHILES SECOS

Ají amarillo. Este chile mide entre 3" y 4" (8 cm y 10 cm) de largo y sólo ½" a ¾" (1 cm a 2 cm) de ancho. Es el picante predilecto del Perú, donde se usa para condimentar todo tipo de platillos, desde el caucau de mariscos hasta una ensalada de papas conocida como papa a la huancaina. El ardiente y afrutado ají amarillo se vende en tres presentaciones básicas: seco, en polvo o en pasta. Las tres se pueden usar por igual. Busque el ají amarillo en los establecimientos que atiendan a una clientela peruana. Si no lo consigue, puede sustituirlo por pimienta de cayena o pimentón (paprika) picante mezclado con una pizca de cúrcuma (azafrán de las Indias) para dar color al plato.

Ají mirasol. Este chile se parece al ají amarillo, pero es de mayor tamaño, más oscuro y sólo medianamente picante. Su sabor afrutado es muy apreciado en México como ingrediente para el mole amarillo, mientras que en el Caribe de habla hispana se usa en diversas salsas.

Ancho. Esta versión seca del chile poblano es igualmente grande (3"/8 cm a 4"/10 cm de largo y 2"/5 cm a 3"/8 cm de ancho), de forma plana, color negro rojizo y arrugado como una ciruela pasa. Tiene un sabor complejo entre terroso y afrutado con toques de café, tabaco y fruta seca. No pica mucho, pero agrega cantidades de sabor a los platos. Es un ingrediente imprescindible en diversos moles mexicanos.

Cascabel. La razón para el curioso nombre de este pequeño chile color marrón rojizo con forma de cereza se vuelve evidente cuando se sacude: está lleno de semillas sueltas que suenan cuando se le agita. Su picante viene templado por un leve sabor dulce con cierto toque de madera fresca y se usa principalmente para preparar salsas.

Chipotle. Este chile es uno de los más interesantes del amplio catálogo mexicano. El sabor puede describirse como una compleja mezcla de picante y humo. (Se trata de la versión seca del jalapeño, pero aparentemente el proceso de ahumado también tiene el efecto de intensificar el picante.) La mejor variedad son los chipotles grandes, que tienen un color marrón tostado, una consistencia correosa y la superficie estriada; miden entre 3" y 5" (8 cm y 13 cm) de largo. El chipotle conocido como "moras rojas" es más pequeño (de más o menos 2"/5 cm de largo), más dulce y económico. Los chipotles se venden en dos presentaciones fundamentales: secos y de lata. En este último caso vienen preparados con adobo, una salsa condimentada de tomate. A mí me gustan los chipotles de lata por el sabor adicional aportado por la salsa. Es posible conservar los chipotles de lata y su adobo en el refrigerador en un frasco hermético, hasta un máximo de seis meses.

De árbol. Este chile pequeño de subido color rojo pertenece a la familia de la pimienta de cayena. Es tan esbelto como la habichuela verde (ejote, *green bean*) y sumamente bravo. Se usa mucho en el norte de México.

Guajillo. Este chile largo (entre 4"/10 cm y 6"/15 cm) y esbelto tiene la piel lisa y se distingue por su color marrón rojizo y un sabor dulce. Se trata de uno de los chiles más comunes de México y casi no pica nada en comparación con

(continúa)

algunos de sus primos. Sirve para agregar sabor a un sinnúmero de sopas, moles, salsas y pastas condimentadas. Su dulzor terroso recuerda un poco el del pimentón (paprika).

Hontaka. Este chile rojo pequeño, delgado y arrugado es originario del Japón. La cocina peruana saca mucho provecho de su intenso picante. Si no lo encuentra, sustitúyalo por pimienta roja molida.

Malagueta. El chile malagueta es imprescindible en la cocina brasileña. Este pequeñín acanalado rojo o verde por lo común se vende seco, pero a veces también se prepara en escabeche. Se utiliza para animar el sabor de las salsas de mesa.

Mulato. Este pariente del ancho también se obtiene secando el poblano. Mide entre 3" y 4" (8 cm y 10 cm) de largo y tiene la forma de un triángulo alargado. Su piel es muy arrugada y lustrosa, color marrón oscuro o negra. El sabor es terroso, rico y ahumado, con toques de tabaco y chocolate. No pica mucho, sobre todo si se le saca la semilla. Constituye un ingrediente clave del clásico Mole poblano mexicano (página 252).

Pasilla. La piel arrugada y oscura, casi negra, de este chile fue la que le dio su nombre por su parecido con la pasa. Se clasifica entre medianamente picante y muy picante. Su sabor es dulce y ligeramente amargo a la vez, con cierto toque de orozuz (regaliz) y pasas. Si no lo encuentra, puede sustituirlo por chile ancho o mulato.

Piquín. Este diminuto chile rojo confirma la regla de que entre más pequeño un chile, más pica. Se puede sustituir por pimienta de cayena molida.

Rojo de Nuevo México. Estos chiles también se conocen como "chiles de ristra", ya que muchas veces se atan unos con otros. Alargados, de piel lustrosa y lisa y no muy picantes, por lo común se muelen para preparar el chile en polvo de Nuevo México. También se venden enteros para salsas. En ciertas partes de Tejas se conocen como "chiles colorados".

CONSEJOS PICANTES

✦ El picante de los chiles se concentra principalmente en las semillas y las venas. Si prefiere un sabor menos agresivo, quíteselos. Es muy recomendable usar guantes de plástico o de hule al tocar los chiles, sobre todo si tiene la piel sensible o usa lentes de contacto. Otra forma de evitar el contacto con la piel es usando dos utensilios al mismo tiempo. Funciona muy bien la combinación de un cuchillo afilado con una cuchara para toronja (pomelo). Abra el chile a lo largo con el cuchillo. Luego sosténgalo con el lomo del mismo y ráspelo con la cuchara para extraer las venas y las semillas. Cambie las herramientas de mano y sostenga el chile con la cuchara mientras lo pica en tiras o trozos con el cuchillo. Así evita tocarlo con las manos.

✦ Si va a usar un chile seco, quítele el tallo, ábralo y tire la semilla. Remoje el chile en suficiente agua tibia para cubrirlo durante 20 minutos, hasta que esté suave y flexible. El sabor se realza si el chile se tuesta en una sartén seca o en el asador (*broiler*) del horno antes de remojarlo.

✦ El chile en polvo se prepara con chiles secos molidos a los que a veces se agregan especias como orégano, comino y sal. Para obtener el máximo sabor pretendido por las recetas incluidas en este libro, use chile en polvo puro, es decir, hecho sólo de chiles molidos. Lo podrá encontrar en el pasillo de las especias o en la sección internacional de la mayoría de los supermercados. Si no está disponible, vea las opciones para hacer pedidos por correo a partir de la página 80.

✦ En los Estados Unidos, los supermercados a veces se refieren a los chiles con términos como *hot peppers* o *chilies*. No haga caso de las diferencias ortográficas. Aunque se escriban de distintas maneras, se trata de la misma familia botánica de pimientos conocida como *Capsicum*.

dido provista de costados bajos se usa en México para asar tomate, cebolla, ajo, chile y tortillas. El proceso de asar agrega un rico sabor ahumado a los alimentos. Si no tiene comal, use una sartén de hierro fundido o antiadherente.

Cortadora de mariquitas. La cortadora de mariquitas es una tabla provista de una abertura y una cuchilla muy afilada. Se usa para cortar tiras delgadas de plátanos (plátanos machos), yucas y otros tubérculos antes de hornearlos o freírlos.

Corvina. Véase **Lubina.**

Culantro. Esta hierba caribeña tiene alargadas hojas dentadas de color verde oscuro. Su sabor se parece al del cilantro con un toque de apio y perejil. Se vende en los mercados de productos para la cocina latina. Si no lo encuentra, sustituya cada hoja de culantro por una ramita de cilantro fresco. Sinónimo: recao.

Durazno. Véase **Melocotón.**

Ejotes. Véase **Habichuelas verdes.**

Epazote. Esta hierba aromática tiene un sabor un poco amargo y un olor característico. Su sabor intenso muy especial es limpio, casi antiséptico. Se usa en Centroamérica y en todo México, donde se afirma que reduce la tendencia de los frijoles a producir gases. El epa-

zote se vende fresco o seco en las tiendas de productos para la cocina mexicana y latina en general y crece en forma silvestre en parques y lotes baldíos de todo el territorio estadounidense. No tiene sustituto. En inglés: *pigweed.*

Estofado. Véase **Guiso.**

Frijoles. Una de las variedades de plantas con frutas en vaina del género *Phaselous.* Vienen en muchos colores: rojos, negros, blancos, etc. Sinónimos: alubias, arvejas, fasoles, fríjoles, habas, habichuelas, judías, porotos, trijoles. En inglés: *beans.*

Fruta bomba. Véase **Papaya.**

Guascas. Esta aromática hierba colombiana tiene un sabor característico y forma parte del Ajiaco colombiano (página 154). Es muy difícil de encontrar en los Estados Unidos. Muchos colombianos residentes de este país la sustituyen por espárragos de lata.

Guiso. Para algunos hispanohablantes, esta es una comida horneada en un recipiente hondo. Otros latinos le llaman guiso a una comida, por lo general carne y vegetales, que se cocina a temperatura baja con poco líquido. Sinónimos: estofado. En inglés: *stew.*

Habas. Frijoles originarios del mediterráneo de color marrón claro y que son bastante planos. En inglés: *fava beans.*

Habas blancas. Estos son frijoles planos que originalmente fueron cultivados en Lima, Perú. Sinónimos: frijoles de lima, porotos blancos, judías blancas. En inglés: *lima beans. Véase* **Frijoles.**

Habichuelas. Véase **Frijoles.**

Habichuelas verdes. Estos son frijoles verdes, largos y delgados que forman parte de la dieta típica de los EE.UU. Sinónimos: ejotes, habichuelas tiernas. En inglés: *green beans* o *string beans.*

Hojas de plátano. Estas hojas verdes grandes y lustrosas se utilizan para envolver el Nacatamal nicaragüense (página 220) y otros platos parecidos al tamal. En el estado mexicano de Yucatán se emplean para asar alimentos en un hoyo en la tierra (vea el Pollo pibil en la página 302). Las hojas imparten un aromático sabor a nuez a los alimentos que se cocinan dentro de ellas. En algunas comunidades latinas es posible obtenerlas frescas, aunque es más común encontrarlas congeladas en las tiendas de productos para la cocina latina y asiática. Si no están disponibles, puede sustituirlas por papel aluminio grueso, al cual desde luego no es posible pedirle el mismo toque aromático.

Huachinango. Este pez rojo vive en las aguas cálidas del Golfo de México y es conocido por la calidad de su carne. Sinónimos: pargo, chillo. En inglés: *red snapper.*

Jícama. Esta raíz de carne blanca, fresca y firme y cáscara de color café tostado tiene forma de nabo y pertenece a la familia del frijol (habichuela). Se disfruta mucho en México, donde con frecuencia se come cruda y espolvoreada con sal y chile en polvo así como jugo de lima (limón verde). Algunos describen su sabor como una mezcla entre la manzana y la papa.

Judías. Véase **Frijoles.**

Leche de coco. Este líquido blanco y cremoso se extrae de las ralladuras frescas del coco. Se usa como un producto lácteo en la zona del Caribe, Centroamérica y Brasil. Desafortunadamente contiene mucha grasa saturada, pero es posible reproducir el sabor pleno de la leche de coco y evitar su grasa al mismo tiempo, mediante una combinación de agua de coco y una pequeña cantidad de leche de coco normal o ligera.

Lechosa. Véase **Papaya.**

Liquid smoke. Un condimento típicamente usado en la cocina estadounidense para sazonar los platos de frijoles (habichuelas) y darles un sabor ahumado sin tener que usar ingredientes altos en grasa como jamón o tocino.

Lubina. Un pescado que varía entre un color gris y un azul casi negro. Se encuentra en el Océano Atlántico, y tiene una carne firme y blanca de sabor suave. Sinónimos: robalo, corvina. En inglés: *sea bass* o *black sea bass*.

Malanga. Esta raíz alargada tiene el aspecto de una zanahoria deforme de cáscara color café. Su pulpa firme es rosada, amarilla o color crema, y su sabor evoca los de la papa y los frijoles (habichuelas). La malanga sabe mejor cocida con agua hirviendo, al vapor o en agua a fuego lento. Tradicionalmente sirve para acompañar carnes saladas, salchichas condimentadas o guisos (estofados) como el sancocho. Sinónimos: yautía.

Mamey. Esta fruta tan apreciada por los cubanos tiene el aspecto de un coco alargado. La pulpa, de un vivo color anaranjado, se encuentra envuelta por una áspera cáscara color café. El mamey maduro está tan blando que la cáscara cede al tacto. Se puede partir en dos a lo largo y comerse con una cuchara. También es posible preparar un flan con puré de mamey, huevo y leche condensada azucarada. Sinónimos: mamey sapote.

Maní. Véase **Cacahuate.**

Masarepa. Una harina de maíz fina y blanca usada para preparar Arepas (página 225) y Hallacas (página 222). Busque la masa de harina de maíz y la masarepa en las tiendas de productos para la cocina latina así como en el pasillo internacional de los supermercados grandes.

Melocotón. Esta fruta viene de la china y tiene un color amarillo rojizo con una piel velluda. Sinónimo: durazno. En inglés: *peach.*

Metate. Esta piedra volcánica plana provista de una mano también de piedra se usa para moler semillas y vegetales en México y Centroamérica.

Molcajete. Este mortero mexicano de piedra volcánica se usa para moler vegetales para salsas y moles. Es posible usar una licuadora (batidora) con el mismo fin, pero muchos mexicanos insisten en que el producto queda menos sabroso. Sinónimo: tejolote.

Molinillo. Este utensilio de madera tallada en forma intrincada se usa para preparar bebidas como el Chocolate mexicano (página 415) y el Pinolillo (página 418). El molinillo se sostiene en forma vertical y se hace girar rápidamente entre las palmas de las manos hasta que la bebida queda ligera y espumosa.

Ñame. El ñame es la raíz más grande del reino vegetal. Fue introducido al Nuevo Mundo por los esclavos africanos. Su cáscara es gris y su pulpa es de color blanco, marfil o amarillo pálido y cuando se corta suelta un jugo pegajoso. Su sabor evoca el de la papa, con un leve toque de castaña. Es posible cocinarlo en agua hirviendo, sofrito (salteado), al vapor o al horno, pero es mucho más seco que la batata dulce estadounidense. El ñame alcanza hasta 6 pies (183 cm) de largo y pesa hasta 600 libras (268.8 kg) Debido a su tamaño, por lo común se vende en trozos. Almacénelo en un lugar fresco y seco. Es rico en cinc, potasio y ácido fólico.

Olla para asar. Cualquier plato o cacerola de metal, cristal o cerámica con una superficie grande, costados bajos, y que no lleva tapa. Esta se usa para asar alimentos en el horno. Sinónimos: charola. En inglés: *roasting pan.*

Papaya. Fruta con forma de granada y semillas parecidas a la metralla. Llega a igualar el tamaño de un balón de futbol americano, y a veces incluso lo rebasa. En ocasiones se usa como vegetal cuando aún está verde. La papaya madura tiene un sabor almizcleño dulce que se resalta muy bien con un poco de jugo de limón verde. Deje que madure a temperatura ambiente hasta que esté suave y ceda al tacto. Corte la fruta a la mitad a lo largo, saque las semillas y coma con una cuchara. Sinónimos: fruta bomba, lechosa.

Pargo. Véase **Huachinango.**

Parrilla. Esta rejilla de hierro fundido se usa para asar diversos alimentos sobre brasas o una fuente de calor de gas o eléctrica en toda Latinoamérica, particularmente en Argentina y Uruguay. También puede ser un utensilio de cocina usado para poner dulces hasta que se enfríen.

Pastel. Masa de hojaldre horneada rellena de frutas en conserva. En Puerto Rico, esta palabra se usa para referirse a un tipo de empanada muy popular en la isla del Encanto. Sinónimos: pai, pay y tarta. En inglés: *pie.*

Pepitas. Las semillas verdes sin cáscara de la calabaza o de la calabaza amarilla tipo *squash* se usan en todo México y Centroamérica para preparar el Pollo en mole verde de pepitas (página 308). Sinónimos: semillas de calabaza. En inglés: *pumpkin seeds.*

Picadillo. Plato popular latinoamericano que generalmente consiste de carne de res molida que se fríe en una sartén con especies y ajíes (pimientos) picados. Sinónimos: carne molida frita.

Piloncillo. En México, esta azúcar morena oscura prensada y sin refinar por lo común se moldea en forma de pequeños conos. Se usa para preparar postres y almíbares (siropes). Si bien el piloncillo es más duro que el azúcar morena conocida en los Estados Unidos, es posible sustituirlo por ésta. Para usar piloncillo, rállelo con un rallador de mano antes de medirlo. Sinónimos: panela, rapadura.

Pimiento. Fruta de las plantas *Capsicum* que varía mucho en cuanto a su color, sabor y textura. Los chiles son las variantes picantes, y estos son imprescindibles en la cocina mexicana. Otras variantes incluyen el verde y rojo, los cuales se llaman "ajíes" en algunos países y tienen forma de campana. En este libro, la mayoría de las recetas que llevan pimientos básicamente usan tres tipos de pimientos: los chiles picantes (vea las variedades de estos en el recuadro en la página 66), los ajíes dulces (o su pariente, los ajíes cachuchas) o los pimientos rojos o verdes en forma de campana, que a veces les ponemos pimientos morrones como sinónimos pues es así que se conocen en algunas partes de México. Sinónimos: ají, conguito, pimiento morrón. En inglés: *chili pepper* para los chiles y *pepper* para los pimientos en general.

Plátano. Este término se usa en distintos contextos en este libro. Cuando hablamos de un plátano amarillo, se trata de la fruta con la cáscara amarilla y sabor dulce. Los sinónimos para este fruta son: banana, cambur, guineo, y topocho. Cuando hablamos de un plátano o plátano macho, estamos hablando de una fruta con la cáscara verde que tiene un alto contenido de almidón y azúcar. Este plátano se usa para hacer platos como los Tostones (página 170) o las Mariquitas (página 87). Después de que este tipo de plátano se madura, su cáscara se pone muy oscura, hasta negra. Este tipo de plátano se usa para platos como las Arañitas de plátano (página 89) o los Maduros (página 172). Otro tipo de plátano es el plátano pintón, correspondiente a la etapa semimadura en que la cáscara se pone amarilla o negra. Este sabe más dulce, como un plátano amarillo, pero conserva su agradable acidez. Esta fruta es una buena fuente de potasio y vitamina C y un tradicional remedio popular para las úlceras.

Plátano manzano. El plátano manzano es un plátano corto y grueso cuyo agradable sabor ligeramente ácido evoca el de la manzana. Mide de 4" a 6" (10 cm a 15 cm) de largo y de 1" a 1½" (3 cm a 4 cm) de grueso.

Porotos. Véase **Frijoles.**

Prensa para tortillas. La prensa para tortillas consiste en dos planchas de madera o de metal entre las cuales es posible aplanar una bola de masa para hacer una tortilla. Las tiendas de productos para la cocina mexicana y de utensilios de cocina ofrecen varios modelos económicos.

Quinua. Este diminuto grano redondo de color marfil es originario de los Andes. Cocido, crece hasta cuatro veces su tamaño original y parece un pequeño disco provisto de una "cola" en forma de "C" (el brote de la semilla). La quinua cocida tiene un delicado sabor a tierra y nuez y una consistencia suave y algo crujiente que recuerda un poco la del caviar. Antes de cocinarla, lávela en un colador (coladera) hasta que el chorro de agua salga limpio. Es necesario eliminar la capa algo amarga con sabor a hierba que recubre los granos y que al parecer constituye un repelente natural de insectos. El valor nutritivo de la quinua es increíble. Contiene más proteínas que cualquier otro grano y un alto contenido de calcio y potasio. Lo mejor de todo es que se cocina en la mitad del tiempo que el arroz normal.

Recao. En Puerto Rico, este es el nombre que se le da al culantro (véase la definición de este en la página 72). En algunos países latinoamericanos, el término recao (o recaíto) se refiere a una mezcla de especies y hierbas culinarias.

Remolacha. Esta es una raíz roja-morada de una planta frondosa. Sinónimos: betabel, betarrager. En inglés: *beet* o *sugar beet.*

Repollo. Una planta cuyas hojas se agrupan en forma compacta y que se comen en distintas formas: hervidas, rellenas o crudas. Sinónimos: col. En inglés: *cabbage.*

Robalo. Véase **Lubina.**

Sésamo. Esta planta asiática tiene semillas planas que se usan para hacer aceites y galletitas. Sinónimo: ajonjolí. En inglés: *sesame.*

Sofrito. El sofrito constituye la piedra angular de un sinnúmero de platillos latinoamericanos, como sopas, guisos, arroz, frijoles y tamales. El rico sabor de esta mezcla de vegetales por lo común incluye cebolla, ajo y pimiento (ají, pimiento morrón). Según el país se le agregan también ají dulce o cachucha, tomate, cebollín, tocino, culantro, cilantro e incluso *curry* en polvo.

Squash. Véase **Calabaza.**

Taro. Este tubérculo grande con forma de barril está cubierto por marcas concéntricas y una cáscara velluda, parecida a la corteza de un árbol. La carne puede ser blanca, color crema o incluso lavanda y se pone morada o gris al cocinarse. El sabor se parece al de la papa, con cierto toque de alcachofa y castaña. El taro se consume sobre todo en el Caribe de habla hispana y el norte de Sudamérica, donde constituye un ingrediente esencial de diversos guisos de carne y vegetales, como el ajiaco y el sancocho. En inglés: *dansheen*.

Tasajo. Esta carne de res salada es un ingrediente clave en los ajiacos o guisos latinoamericanos de carne y vegetales. Sinónimos: carnaje, cecina, chacina, chalona, charque, charqui.

Tazón. Recipiente cilíndrico sin asas usado para mezclar ingredientes, especialmente al hacer postres y panes. Sinónimos: recipiente, bol. En inglés: *bowl*.

Tejolote. Véase **Molcajete.**

Tomatillo. Este fruto pequeño y redondo de color verde pálido envuelto por una cáscara parecida al papel pertenece a la familia del capulí. El sabor agradablemente ácido pero afrutado a la vez, evoca el de un tomate rojo en estado aún verde. Es el ingrediente principal de la salsa verde mexicana, pero también se usa en toda Centroamérica en una diversidad de platillos. Sinónimos: tomate verde, fresadilla. En inglés: *husk tomato*.

Toronja. Esta fruta tropical es de color amarillo y may popular en los EE.U.U. como una comida en el desayuno. Sinónimos: pamplemusa, pomelo. En ingles: *grapefruit*.

Torta. Esto se refiere a un postre horneado que generalmente se prepara con harina, mantequilla, edulcorante y huevos. Sinónimos: cay, cake, pastel, tarta, bizcocho, panqué, ponque, queque. En inglés: *cake*.

Tostonera. Esta pequeña prensa de madera con bisagra se usa para convertir trozos fritos o hervidos de plátano (plátano macho) en Tostones (página 170). Está disponible en las tiendas de productos para la cocina del Caribe de habla hispana o de Centroamérica.

Totopos. Estos son pedazos de tortilla picados en forma de triángulo o de círculo que normalmente se fríen en mucha manteca para darles sabor. Son un entremés típico de la cocina mexicana y se sirven con salsa. Sinónimos: tostaditas, nachos. En inglés: *tortilla chips*.

Vaina de vainilla. Las vainas alargadas y esbeltas de una orquídea centroamericana proporcionan un sabor más intenso que el extracto de vainilla. Están llenas de un sinnúmero de aromáticas semillitas negras muy ligeras. Corte la vaina a la mitad y a lo largo y prepare una infusión con leche caliente o almíbar (sirope) de azúcar, la cual le servirá para dar sabor a los postres. También es posible sepultar una vaina de vainilla partida en un bote de azúcar granulada o para repostería durante varios días para preparar azúcar con sabor a vainilla.

Won ton wrappers. Esta es una masa china que uso como sustituto para la masa típicamente utilizada para hacer empanadas. Reducen la grasa notablemente y son muy fáciles de usar. Búsquelas en cualquier supermercado o tienda de productos chinos.

Yautía. Véase **Malanga.**

Yuca. Este tubérculo feculento es tan querido por los latinoamericanos que en Miami hasta se bautizó un restaurante en su honor. La cáscara se ve como una especie de corteza lisa color café. La pulpa es de color hueso y, aunque algo insípida, se distingue por su exquisito parecido a la mantequilla. Al igual que las demás raíces latinoamericanas, la yuca debe servirse lo más pronto posible después de cocerse. Se pone harinosa y pesada si se deja reposar durante demasiado tiempo. Sinónimos: *aipim,* guacamote, *mandioca.* En inglés: *yucca.*

Zapote. Esta fruta redonda o con forma de huevo tiene una cáscara delgada color café negruzco y una pulpa blancuzca. Su sabor a pera empapada en sirope de arce se disfruta en todo el Caribe de habla hispana y Centroamérica. Deje que madure a temperatura ambiente hasta que esté suave y ceda al tacto. Corte a la mitad y coma con una cuchara. Sinónimos: chicozapote, sapote.

Zucchini. Véase **Calabacín.**

RECURSOS

La mayoría de los ingredientes utilizados en las recetas de este libro se encuentran fácilmente en cualquier supermercado. Las tortillas, por ejemplo, se han convertido en un alimento de rigor en la sección de alimentos refrigerados. Casi todas las secciones de frutas y vegetales ofrecen una amplia selección de chiles frescos y secos. Busque otros alimentos latinos en la sección de productos internacionales de su supermercado, o bien en las de enlatados o de congelados. También puede acudir a una tienda especializada en productos para la cocina latina, si tiene alguna cerca. Si le cuesta trabajo conseguir algún ingrediente, utilice la lista de tiendas de venta directa o de empresas dedicadas a la venta por catálogo que presento a continuación. Abarcan casi la totalidad de los Estados Unidos y son mis lugares preferidos para obtener los alimentos y utensilios empleados por la cocina latina. Están ordenados por región para que usted pueda encontrar con facilidad el negocio que más cerca le quede. Los comercios que ofrecen el servicio de envío o de venta por catálogo están señalados con un asterisco.

CALIFORNIA

*Catalina's Market
1070 Northwestern Avenue
Los Angeles , CA 90029
Venta directa de alimentos mexicanos, centroamericanos y sudamericanos. También se venden prensas para tortillas. Oficialmente no se ofrece el servicio de ventas por catálogo, pero están dispuestos a enviar pedidos por correo.

El Camagüey Meat Market
10925 Venice Blvd
West Los Angeles, CA 90034
Productos latinoamericanos.

El Guapo
915 S. Mateo Street
Los Angeles, CA 90021
Chiles, hierbas, especias mexicanas y más.

El Mercado de Los Angeles
3425 E. First Street
Los Angeles, CA 90063
Productos mexicanos y centroamericanos.

*Frieda's, Inc.
4465 Corporate Center Drive
Los Alamitos, CA 90720
Productos agrícolas para la cocina latina, chiles y hojas de maíz, entre otras muchas cosas. Además, esta compañía le podrá indicar dónde usted puede encontrar en su área los productos que busca.

Grand Central Market
317 South Broadway
Los Angeles, CA 90013
Productos mexicanos y centroamericanos.

*Herbs of Mexico
3903 Whittier Blvd.
Los Angeles, CA 90023
Hierbas mexicanas como epazote y hoja santa.

La Palma
2884 24th St.
San Francisco, CA 94110
*Todo tipo de alimentos y especias latino-
americanas.*

*Melissa's/World Variety Produce
Mail Order Department
P.O. Box 21127
Los Angeles, CA 90021
*Productos agrícolas latinoamericanos frescos y
secos, chiles, granos, chiles jalapeños encurtidos y
mucho más. El catálogo es gratuito.*

Mi Rancho Market
3365 20th Street
San Francisco, CA 94110
Productos mexicanos y centroamericanos.

*Monterrey Food Products
3939 Cesar Chávez Avenue
Los Angeles, CA 90063
*Chiles secos, dulces, galletas, enlatados y otros pro-
ductos mexicanos.*

COLORADO

Colorado Spice
5030 Nome Street, Unit A
Denver, CO 80239
Achiote, chiles secos y salsas picantes.

FLORIDA

La Michoacana
2503 Indiana Avenue
Fort Pierce, FL 34947
*Productos agrícolas mexicanoamericanos y salsas
picantes; también se venden prensas para tortillas.*

Los Gauchitos
4315 N.W. 7th Street, #2125
Miami, FL 33126
Productos argentinos y uruguayos.

ILLINOIS

*Garden Row Foods
9150 W. Grand Avenue
Franklin Park, IL 60131
Chiles secos, chipotles de lata y salsas picantes.

Carnicerías Jiménez, Inc.
4204-16 W. North Avenue
Chicago, IL 60639
Productos mexicanos y centroamericanos.

La Casa del Pueblo
1810 S. Blue Island Avenue
Chicago, IL 60608
312-421-4640
Productos mexicanos y centroamericanos.

MISURI

*Tropicana Market
5001 Lindenwood Street
St. Louis, MO 63109
*Alimentos mexicanos, centroamericanos, sud-
americanos y del Caribe de habla hispana.*

NUEVO MÉXICO

Bueno Foods
Mail Order Department
2001 Fourth Street, S.W.
Albuquerque, NM 87102
*Chiles, salsas, condimentos, chimayo, pozole, y
más.*

*Coyote Cafe General Store
132 West Water Street
Santa Fe, NM 87501
*Chiles secos, chipotles de lata, masa de harina de
maíz, chocolate mexicano, especias, hierbas culinarias, frijoles (habichuelas) secos (incluyendo
variedades normalmente muy difíciles de conseguir)
y salsas picantes.*

*Leona's Foods , Inc.
P.O. Box 579
Chimayo, NM 87522
*Productor y venta por catálogo de tortillas, tamales,
chiles y otros ingredientes para la cocina del sud-
oeste de los Estados Unidos.*

NUEVA YORK

*Dean & DeLuca
Catalog Department
560 Broadway
New York, NY 10012
*Chiles secos, chipotles de lata, pozole, frijoles (habi-
chuelas) secos (incluyendo variedades normalmente
muy difíciles de conseguir), semillas de calabaza
(pepitas), chocolate mexicano, masa de harina de
maíz y especias para la cocina latina.*

Fairway Market
2328 12th Avenue
Harlem, NY 10027
*Productos agrícolas y especias colombianas y domi-
nicanas.*

Gotham
2519 Broadway
New York, NY 10025
Bebidas latinoamericanas, como pisco y cachaca.

Kitchen Food Shop
218 Eighth Avenue
New York, NY 10011
Chiles secos y frescos; productos mexicanos.

PUERTO RICO

*Isla
P.O. Box 9112
San Juan, Puerto Rico 00908-0112
*Venta por catálogo de condimentos tradicionales
puertorriqueños, café y salsas picantes.*

TEJAS

*El Paso Chile Company
909 Texas Avenue
El Paso, TX 79901
Chiles secos y encurtidos, nopalitos, salsas, dips, especias en polvo, condimentos y otros productos del sudoeste de los Estados Unidos.

Hernández Mexican Foods
2120 Alamo Street
Dallas, TX 75202
Productos agrícolas, carnes, especias, hierbas culinarias y platillos preparados mexicanos.

La Casa de Gourmet
514 West Commerce
San Antonio, TX 78207
Salsas, chiles secos, mole, chocolate mexicano, preparación para menudo y molcajetes.

Luna's Tortilla Factory
1615 McKinney Avenue
Dallas, Texas 75202
Masa preparada para tortillas y tamales.

ENTREMESES

Los mexicanos les llaman "botanas". En Nicaragua, son "antojitos". Sea cual sea su nombre, lo importante es que muchos de los aperitivos y entremeses más sabrosos del mundo son oriundos de Latinoamérica.

La mayoría de los entremeses latinoamericanos son saludables, y nos brindan mucho sabor con muy poca grasa. Considere el Ybez en la página 95 o el Ceviche a lo peruano en la página 111, por ejemplo.

Sin embargo, hay muchos entremeses que son unas trampas tentadoras, ya que usan cortes de carne con mucha grasa o se fríen en un montón de manteca. No obstante, no es tan difícil cuidar su salud y la de su familia y también disfrutar de las recetas tradicionales de abuelita, siempre y cuando se empleen unas técnicas sencillas para cocinar más saludablemente.

Por ejemplo, en vez de freír los alimentos en un cantidad enorme de aceite, yo uso una técnica llamada "freír al horno", la cual nos deja cocinar las frituras y hojuelas a una crujiente perfección —pero en el horno. Pruebe esta técnica para hacer los siguientes platos más saludables: Totopos (página 86); Mariquitas (página 87), y Bacalaítos (página 108). También puede freír al horno una gran variedad de empanadas como los Pastelillos de cerdo a lo puertorriqueño (página 98), los Pastelitos nicaragüenses (página 102), y las Salteñas bolivianas (página 104). Para reducir la grasa y el trabajo que cuesta cocinar con la masa tradicional de empanadas, yo uso una masa china llamada *won ton wrappers*, que se puede conseguir fácilmente en los supermercados. Con estos cambios sencillos, estas empanadas "modernas" no toman tanto tiempo para prepararse, tienen menos grasa y saben tan riquitas como las tradicionales.

RECETAS

TOTOPOS

México

Vistazo nutricional	Antes	Después
Por porción (6 totopos)		
Calorías	133	56
Grasa total g	9.1	0.6
Grasa saturada g	3.4	0.1
Colesterol mg	8	0

¿Quién dice que estos deleites de la cocina mexicana no son saludables? En esta receta, hacemos que los totopos, también llamados tostaditas o nachos, sean crujientes al hornearlos en vez de freírlos en manteca. El aceite antiadherente en aerosol les añade tan sólo un poquito de grasa. Para unos totopos más sustanciosos, "pinté" los totopos con aceite en vez de aplicarles una capa de aceite antiadherente en aerosol. Para darles un toque fuera de serie, pruebe hacer los totopos de tortillas hechas de maíz azul, lo cual es popular en el sudoeste de los Estados Unidos.

6   tortillas de maíz amarillo o azul de
     6" (15 cm) de diámetro, cortadas
     en seis triángulos cada una

Precaliente el horno a 350°F (178°C).

Coloque las tortillas recortadas en una sola capa sobre dos bandejas de hornear antiadherentes. Rocíe con aceite antiadherente en aerosol.

Hornee los totopos durante 10 minutos, hasta que estén levemente dorados y crujientes. Pase los totopos a una rejilla (parrilla) de alambre para que se enfríen.

Para 6 porciones (36 totopos)

Variación

Totopos condimentados: Mezcle en una taza ¼ de cucharadita de ajo en polvo, ¼ cucharadita de comino y ½ cucharadita de chile en polvo. Espolvoree los totopos con esta mezcla antes de hornearlos. También los puede espolvorear con una cucharadita de su mezcla de especias favorita del sudoeste de los Estados Unidos.

MARIQUITAS

Varios países

Vistazo nutricional	Antes	Después
Por porción (6 mariquitas)		
Calorías	228	139
Grasa total g	13.8	3.7
Grasa saturada g	51	0.6
Colesterol mg	0	0

Este sabroso aperitivo tiene una variedad de nombres casi infinita en Latinoamérica. Se llaman plata-nutres en Puerto Rico, tostoncitos en la República Dominicana, chifles en Ecuador, tostados de plá-tano en Colombia, chicharritas de plátano verde en Costa Rica y en Cuba mariquitas. Tradicional-mente, las hojuelitas de plátano verde se fríen en una cantidad enorme de aceite, pero he descubierto que se pueden hacer las mariquitas tan crujientes como siempre con tan sólo un poco de aceite: mi nuevo método de preparación reduce la grasa de este platillo en un 75 por ciento. A mi me gusta picar los plátanos a lo largo para hacer una hojuelita grande que se pone verticalmente en la salsa o en el puré de vegetales para realzar la presentación de este platillo. Usted también puede picarlos en dia-gonal para hacer mariquitas ovales. La forma más fácil de picar plátanos verdes es con un aparato de picar plátanos, el cual se vende en muchas tiendas hispanas. Pero si no cuenta con eso, puede picar el plátano sin ningún problema con un cuchillo afilado.

2   plátanos verdes (plátanos machos)
     pelados, picados en rodajas muy
     finas (vea el Consejo de cocina)

1   cucharada de aceite de oliva o
     aceite antiadherente en aerosol
     Sal (opcional)

Precaliente el horno a 350°F (178°C). Rocíe una bandeja de hornear anti-adherente con aceite antiadherente en aerosol.

Coloque las rodajas de plátano verde en una sola capa sobre la bandeja de hor-near ya preparada. Con una brocha, úntelas por encima con una ligera capa de aceite o rocíelas abundantemente con aceite antiadherente en aerosol. Sazone con sal (si la usa).

Hornee los plátanos durante 10 minutos, hasta que estén dorados y "fritos". Póngalos en una rejilla de alambre para que se enfríen.

Para 4 porciones (24 mariquitas)

Consejo de cocina

✦ La manera más fácil de pelar un plátano verde es la siguiente: corte las puntas y haga 3 ó 4 cortes a todo lo largo del plátano, atravesando apenas la cáscara. Co-loque el plátano en un tazón (recipiente) mediano y cubra con agua tibia. Déjelo remojar durante 10 minutos, hasta que se suavice la cáscara. Meta el pulgar cui-dadosamente por los cortes y con suavidad desprenda la cáscara del plátano.

SUPERALIMENTO LATINO: EL PLÁTANO

En la mesa latinoamericana, el plátano (plátano macho) sale a relucir a toda hora. Se sirve como complemento del bistec (biftec) o del pollo a la hora de la comida, o bien aparece como un sabroso antojito en forma de Tostones (página 170) o Patacones (página 171), entre muchos más. Sin embargo, la tradición culinaria no es lo único que habla a su favor. Los plátanos están llenitos hasta el tope de nutrientes útiles que nos ayudan a combatir todo tipo de enfermedades.

Al igual que los plátanos amarillos (guineos, bananas), los plátanos rebosan de potasio. Una sola taza del fruto cocido aporta más de 700 miligramos de este importante mineral, los cuales equivalen al 20 por ciento del Valor Diario de potasio. Más de 30 estudios indican que la ingestión de suplementos de potasio puede ayudar a bajar la presión arterial. Con base en estos resultados, diversos investigadores llegaron a la conclusión de que la presión posiblemente suba por falta de potasio en la dieta diaria. Por lo tanto, es probable que si uno consume más potasio, esto ayude a que su presión arterial vuelva a niveles normales. Por si eso fuera poco, la misma taza de plátano cocido contiene casi 50 miligramos de magnesio. El magnesio es otro nutriente que ayuda a controlar la presión arterial, sobre todo en personas cuyo cuerpo no acepta muy bien el sodio.

Los plátanos también contienen cantidades considerables de varios nutrientes que refuerzan el sistema inmunológico, como las vitaminas A, C y B_6. Cada taza de plátano cocido cubre más o menos el 28 por ciento del Valor Diario de las vitaminas A y C y el 18 por ciento del Valor Diario de la vitamina B_6.

Ahí está. Ahora cuenta con argumentos saludables y muy convincentes para respetar la rica tradición latinoamericana del plátano. Las muchas formas de prepararlo terminarán por convencer también a su paladar. Desde las más sencillas, como el plátano hervido o al horno, hasta sabrosas alternativas como los Maduros (página 172), el Mofongo (página 90) o la Sopa de plátano (página 118), los plátanos constituirán uno de sus platos favoritos.

ARAÑITAS DE PLÁTANO

Puerto Rico

Vistazo nutricional	Antes	Después
Por porción (unas 6 piezas)		
Calorías	237	147
Grasa total g	13.9	3.8
Grasa saturada g	1.9	0.6
Colesterol mg	0	0

A mí siempre me ha encantado este aperitivo muy borincano, tanto por su sabor como por su nombre gracioso. Tradicionalmente, este platillo se prepara con trozos de plátano maduro que se fríen en mucho aceite. En mi nueva versión, las arañitas se fríen "al horno" con un sólo un poco de aceite. Pero, para ser franco, todos sabemos que las comidas fritas saben mejor, por eso les agrego más ajo y jengibre a las arañitas para darles más sabor. Sírvalas con salsa de Ají-li-mójili (página 372).

2 plátanos verdes (plátanos machos) grandes, pelados (vea el Consejo de cocina en la página 87)

6 dientes de ajo, picados primero en rodajas finas y luego en tiritas muy finas

1 trozo de jengibre fresco de 1" (3 cm) de largo, pelado y picado primero en rodajas finas y luego en tiritas muy finas

Sal y pimienta negra molida

1 cucharada de aceite de oliva o aceite antiadherente en aerosol

Precaliente el horno a 400°F (206°C). Rocíe una bandeja de hornear antiadherente con aceite antiadherente en aerosol.

Ralle cada plátano por el lado más grueso de un rallador de mano o con el disco de rallar del procesador de alimentos. Ponga el plátano en un tazón (recipiente) mediano y agréguele el ajo y el jengibre. Sazone con sal y pimienta. Mezcle bien.

Ya sea con dos cucharas o con las puntas de los dedos, haga bolas de 1" (3 cm) de diámetro sin apretar mucho el plátano rallado. Debe formar una masa delicada, como de filigrana. Ponga las bolas en la bandeja de hornear ya preparada. Con una brocha, únteles una ligera capa de aceite o rocíelas abundantemente con aceite antiadherente en aerosol.

Hornee las bolas durante 12 minutos, hasta que estén doradas y "fritas". Póngalas en un platón grande y sazónelas con más sal y pimienta, si así lo desea.

Para 4 porciones (unas 24 bolas)

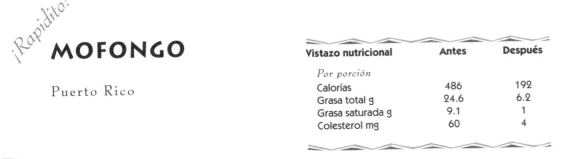

¡Rapidito!

MOFONGO

Puerto Rico

Vistazo nutricional	Antes	Después
Por porción		
Calorías	486	192
Grasa total g	24.6	6.2
Grasa saturada g	9.1	1
Colesterol mg	60	4

El mofongo es tan típico de este país como sus playas exquisitas, sus brisas refrescantes y el sonido de salsa en la radio. Se sirve en galletas como aperitivo o solo como un entremés. Pero, desde el punto de vista nutritivo, es devastador, ya que tiene un alto contenido de grasa. El mofongo típico se fríe con mucha manteca, y luego se mezcla con chicharrones. Para hacer un mofongo un poco más "magro", cocino los plátanos a fuego lento en caldo de pollo. Tiene un sabor a cerdo ahumado, pues lo hago con tocino magro canadiense en vez de los chicharrones tradicionales que son altos en grasa. Es interesante notar que mi versión más ligera del mofongo hierve los plátanos al igual que dos platos que son parientes del mofongo, el mangú de la República Dominicana y el fufú de Cuba.

2	plátanos (plátanos machos) verdes, pelados y picados en rodajas de ½" (1 cm) de grueso (vea el Consejo de cocina en la página 87)	3–4	dientes de ajo, picados muy finos
2	tazas de Caldo de pollo (página 434) o de consomé de pollo sin grasa de sodio reducido	1	cebolla pequeña, picada muy fina
1½	cucharadas de aceite de oliva	1	lasca de 1 onza (28 g) de tocino canadiense, picada en tiras finas
			Sal y pimienta negra molida
		2	cucharadas de cebollinos (*chives*) o de hojas de cebollín, picadas muy finas

Ponga los plátanos y el caldo de pollo a fuego mediano en una cacerola grande. Hierva a fuego mediano durante 10 minutos, o hasta que los plátanos estén muy suaves. Escurra y guarde el caldo. Deje los plátanos en el colador (coladera).

Caliente el aceite en la cacerola. Agregue el ajo, la cebolla y el tocino y fría durante 4 minutos, hasta que la cebolla comience a dorarse. Agregue los plátanos y aplástelos con una mano de mortero (molcajete) o la parte de atrás de un cucharón de madera. Vaya agregando poco a poco la cantidad de caldo necesaria para obtener un puré espeso y cremoso. Sazone con sal y pimienta.

Póngalos en un tazón (recipiente) o en un platón grande y añada el cebollino o el cebollín.

Para 4 porciones

Consejo de cocina

✦ A mí gusta usar el plátano pintón para esta receta. Este plátano medio maduro tiene un leve toque dulzón parecido al del plátano amarillo (guineo, banana), pero en realidad su sabor es más harinoso que dulce. El plátano pintón tiene la cáscara amarilla. Vea la explicación completa de los distintos tipos de plátano en la página 76.

Variación

Mofongo vegetariano: Sustituya el caldo de pollo por caldo vegetal y omita el tocino canadiense. Agregue unas cuantas gotas de *liquid smoke* y una cucharada de piñones levemente tostados. Para tostar los piñones, póngalos en una sartén antiadherente seca y cocínelos, revolviéndolos constantemente de 3 a 5 minutos o hasta que estén dorados y aromáticos.

GUACAMOLE

México

Vistazo nutricional	Antes	Después
Por porción (¹/₄ taza)		
Calorías	100	61
Grasa total g	8	4
Grasa saturada g	0	0.8
Colesterol mg	0	0

Es difícil imaginarse una comida mexicana sin el guacamole. El único inconveniente es que los aguacates son altos en grasa. Por eso cambié un poquito la receta tradicional, sustituyendo algunos de los aguacates con tomatillos mexicanos. El guacamole se puede servir con Totopos (página 86) o rodajas finas de jícama. Para un guacamole más picante, añada 2 chiles con las semillas.

4	tomates verdes/tomatillos (8 onzas/224 g), pelados y lavados
¼	cebolla mediana, picada en trozos grandes
¼	taza de cilantro fresco picado en trozos grandes
1–2	chiles jalapeños frescos (cuaresmeños) sin semilla (use guantes de plástico al manipularlos)

1	diente de ajo
2	aguacates (paltas) pequeños (12 onzas/336 g), pelados y sin semilla
1	tomate, picado
1	cucharada de jugo de lima (limón verde)
	Sal y pimienta negra molida

Muela muy bien los tomates verdes, la cebolla, el cilantro, los jalapeños y el ajo en un procesador de alimentos o licuadora (batidora). Agregue el aguacate y vuelva a moler.

Vierta el guacamole en un platón hondo mediano. Agregue el tomate y el jugo de limón verde y mezcle. Sazone con sal y pimienta.

Para 10 porciones (2½ tazas)

Consejo de cocina

✦ El guacamole sabe mejor si se come dentro de unas cuantas horas después de haberlo preparado.

✦ Para un guacamole a la antigua, ponga todos los ingredientes excepto el aguacate (palta) a un lado de un platón hondo mediano. Ponga el aguacate al otro lado del platón y aplástelo completamente con un tenedor. Incorpore los demás ingredientes y mezcle muy bien.

✦ Si desea bajar aún más el contenido de grasa, use aguacates de la Florida. Contienen aproximadamente un 30 por ciento menos de grasa que la variedad conocida como *California Haas*.

SUPERALIMENTO LATINO: EL AGUACATE

El aguacate (palta) se cultiva en México desde hace miles de años y ocupa un destacado lugar en la cocina latinoamericana. Comúnmente se prepara en forma de salsa, pero también llega a protagonizar la mesa como un plato principal, un relleno de camarón o uno de pollo. Hasta hace poco, la mayoría de los especialistas en nutrición recomendaban reducir el consumo de este fruto por su alto contenido de calorías y grasa. Muchos incluso sugerían que se evitara por completo. Sin embargo, las investigaciones más recientes indican que el aguacate merece, por el contrario, un lugar de honor en el menú de la comida latina saludable.

Es cierto que tan sólo medio aguacate contiene más de 150 calorías y 15 gramos de grasa. No obstante, la mayor parte de esta grasa es monoinsaturada, o sea el tipo de grasa que en realidad es buena para su corazón. Un pequeño estudio realizado en México comparó los efectos de una dieta baja en grasa normal con los de una dieta igualmente baja en grasa que incluía el aguacate, tanto en personas sanas como en personas con altos niveles de colesterol. Los niveles de colesterol de ambos grupos mejoraron. Sin embargo, lo mejor del asunto fue que las personas que comieron aguacate experimentaron bajas significativas en el nivel del peligroso colesterol LDL así como de triglicéridos (grasas sanguíneas que posiblemente contribuyan a las enfermedades del corazón). Además, aumentó la cantidad del colesterol saludable HDL en su cuerpo. Todo apunta a que un mayor consumo de grasas monoinsaturadas como las del aguacate ayuda a controlar el nivel de colesterol.

¿Y las vitaminas qué? El aguacate no se queda atrás tampoco en este renglón. Contiene grandes cantidades de potasio, lo cual es muy importante para las personas que deben cuidar su presión arterial. Además, su cremosa pulpa proporciona dosis respetables de vitamina C, conocida por sus cualidades antioxidantes.

Por lo tanto, agregue más aguacate en su plato, acompañando sus comidas con Guacamole (página 92) o Guasacaca (página 369).

RATITOS

Estados Unidos

Vistazo nutricional	Antes	Después
Por porción (1 ratito)		
Calorías	135	34
Grasa total g	11.3	1.4
Grasa saturada g	1.9	0.3
Colesterol mg	4	1

Estos chiles jalapeños son pequeños pero picantes. Normalmente se rellenan de queso, se rebozan y luego se fríen en mucha manteca. Para reducir la cantidad de grasa, relleno los chiles con queso crema con sabor a maíz y cebollines, y después los frío "al horno" hasta que estén crujientes. Otra cosita más para tener en cuenta: ¡estos chiquitines son de lo más picosos! Tenga lista su bebida favorita para apagar el fuego que encenderán en su boca. Las bebidas preparadas con leche son las más efectivas.

24	jalapeños grandes frescos (use guantes plásticos al manipularlos)
½	taza de queso crema bajo en grasa (1%) o sin grasa, a temperatura ambiente
¼	taza de queso *Cheddar* fuerte rallado
½	taza de granos de maíz cocidos
4	cebollines limpios, picados muy finos

3	cucharadas de cilantro fresco picado
3	claras de huevo
2	cucharadas de leche descremada
1	taza de harina sin blanquear o ½ taza de harina de trigo + ¼ taza de maicena
½	cucharadita de sal
½	cucharadita de pimienta negra molida

Precaliente un comal (una plancha para tortillas) a fuego alto; si no va a usar un comal, simplemente precaliente el quemador de su estufa de gas o eléctrica a fuego alto. Ponga los chiles que quepan sobre el comal o directamente sobre el quemador de la estufa de gas o eléctrica. Tuéstelos durante unos 2 minutos, volteándolos con pinzas, hasta que la mayor parte de la piel de los chiles se cubra de ampollas y se ponga negra. Póngalas en un plato y repita la operación hasta terminar de tostar todos los chiles. Cuando se hayan enfriado lo suficiente para tocarlos, ráspelos con un cuchillo de pelar para quitar la piel tostada. No se preocupe si quedan unos cuantos pedacitos chamuscados de piel, pues aportarán un agradable sabor a humo. Tire la piel.

Haga un corte poco profundo a lo largo de cada chile por el lado abultado. Una los extremos del chile suavemente para abrir el corte. Con la punta del cuchillo de pelar y una cuchara pequeña, saque las semillas y las venas.

Precaliente el horno a 400°F (206°C). Rocíe una bandeja de hornear antiadherente con aceite antiadherente en aerosol.

Bata el queso crema vigorosamente con una cuchara en un tazón (recipiente) mediano hasta que esté cremoso. Agregue el queso *Cheddar*, los granos de maíz, el cebollín y el cilantro y mezcle. Sazone con sal y pimienta. Rellene cada chile con unas 2 cucharaditas de la mezcla del queso y apriete la abertura para cerrarla.

ENTREMESES
94

Bata las claras de huevo levemente con la leche en un tazón (recipiente) poco profundo. En otro tazón poco profundo, mezcle la harina con sal y pimienta. Pase cada chile por la harina primero, quítele el exceso y luego páselo por el huevo batido y de nuevo por la harina. Colóquelos en la bandeja de hornear ya preparada. Rocíe los chiles por encima con aceite antiadherente en aerosol.

Hornee durante unos 20 minutos, hasta que los chiles estén "fritos" y dorados.

Para 24 ratitos

YBEZ

México

Vistazo nutricional	Antes	Después
Por porción (5 cucharadas)		
Calorías	92	92
Grasa total g	0.3	0.3
Grasa saturada g	0.1	0.1
Colesterol mg	5	5

En un mercado central en Mérida en Yucatán, México, descubrí esta botana extraordinaria. Las semillas de calabaza le da un sabor único, y en combinación con los frijoles blancos, le brinda a usted una fuente de proteínas completa. El tomate no forma parte de la receta tradicional, pero a mi me gusta porque le añade sabor y color al Ybez.

¼ taza de semillas de calabaza (pepitas) sin cáscara	¼ cebolla blanca, picada muy fina
1 lata de 15½ onzas (434 g) de frijoles (habichuelas) blancos, lavados y escurridos	¼ taza de cilantro fresco picado muy fino
1 tomate maduro, picado muy fino	3–4 cucharadas de jugo de lima (limón verde)
	Sal y pimienta negra molida

Tueste las semillas de calabaza a fuego mediano en una sartén pequeña, revolviéndolas con frecuencia durante 3 minutos hasta que se doren levemente. Póngalas en un tazón (recipiente) para que se enfríen. Muela las semillas en un procesador de alimentos o píquelas con un cuchillo afilado, cuidando de que los pedazos no queden muy pequeños.

Ponga las semillas de calabaza, los frijoles, el tomate, la cebolla, el cilantro, 3 cucharadas de jugo de limón verde, sal y pimienta en un platón hondo mediano. Mezcle muy bien. Sazone con más sal y jugo de limón verde, si así lo desea.

Para 8 porciones (2½ tazas)

Consejo de cocina

✦ Para darle todavía más sabor al Ybez, agregue 1 cucharada de aceite de oliva extra virgen junto con el jugo de limón verde.

¡Rapidito!

CAZUELITO DE FRIJOLES

Nicaragua

Vistazo nutricional	Antes	Después
Por porción		
Calorías	340	140
Grasa total g	24	3.8
Grasa saturada g	11.8	0.5
Colesterol mg	47	0

El cazuelito es un antojito nicaragüense muy popular. El platillo deriva su nombre de la cazuela de barro donde se cocina. Para que la receta tradicional quedara más baja en grasa y calorías, reduje la cantidad de aceite usada para freír los frijoles y sustituí la crema agria regular por crema agria sin grasa.

1 cucharada de aceite de oliva o de manteca

1 cebolla pequeña, picada muy fina

1 chile jalapeño fresco (cuaresmeño) sin semilla, picado en trocitos (use guantes de plástico al manipularlo)

1 diente de ajo, picado en trocitos

1 lata de 15½ onzas (434 g) de frijoles (habichuelas) colorados pequeños, lavados y escurridos

½ taza de Caldo de pollo (página 434) o de consomé sin grasa de sodio reducido

3 cucharadas de cilantro fresco picado

Sal y pimienta negra molida

1 taza de crema agria sin grasa

4 ramitas de cilantro fresco

Precaliente el horno a 400°F (206°C).

Caliente el aceite o la manteca a fuego mediano en una sartén antiadherente grande. Agregue la cebolla, el chile y el ajo y fría durante 5 minutos, moviendo la sartén con frecuencia, o hasta que las cebollas estén levemente doradas. Suba el fuego a alto. Agregue los frijoles, el caldo y el cilantro picado y cocine durante 5 minutos, o hasta que los frijoles hayan absorbido el líquido. Sazone con sal y pimienta.

Ponga los frijoles en cuatro pequeñas ollas de barro, cazuelitas o flaneras. Cúbralos con la crema agria. Hornee durante 5 minutos, o hasta que la crema agria esté bien caliente. Decore cada porción con una ramita de cilantro.

Para 4 porciones

Consejo de cocina

✦ Algunas marcas de crema agria sin grasa son mejores que otras. Pruebe varias hasta encontrar la que más le guste.

Variación regional

Cazuelitas mexicanas de frijoles colorados con crema agria: Agregue 1 onza (28 g) de tocino canadiense junto con la cebolla. Use 2 chiles jalapeños en lugar de uno.

ENTREMESES
96

EMPANADAS DE GUAYABA Y QUESO

Cuba

Vistazo nutricional	Antes	Después
Por porción (4 1/2 empanadas)		
Calorías	548	161
Grasa total g	41.4	0.6
Grasa saturada g	9.8	0.1
Colesterol mg	42	4

Su relleno rico de frutas y queso hacen que estas empanadas populares se consuman lo mismo en el desayuno que por la tarde como meriendas. Queso crema bajo en grasa asegura que ellas le brinden sabrosura sin afectarle la cintura. Buen provecho.

4   onzas (112 g) de pasta de guayaba, picada en 36 trozos pequeños

4   onzas de queso crema bajo en grasa, picado en 36 trozos pequeños

36   won ton wrappers de 3" (8 cm) o 36 piezas de pasta redonda para ravioles chinos, sin rellenar

1   clara de huevo, levemente batida

Precaliente el horno a 400°F (206°C). Rocíe una bandeja de hornear antiadherente con aceite antiadherente en aerosol.

Coloque unos cuantos *won ton wrappers* o piezas de pasta para ravioles sobre una superficie de trabajo. Unte muy levemente los bordes de cada uno con clara de huevo. La clara de huevo sirve para sellar la empanada. Ponga 1 trozo de pasta de guayaba y 1 trozo de queso crema en el centro de cada pedazo de pasta y dóblelo a la mitad para obtener una empanada en forma de triángulo o de media luna, si usa pasta redonda. Presione todo el borde con un tenedor para darle una forma ondulada. Coloque las empanadas terminadas sobre una bandeja de hornear ya preparada a medida que prepare las demás.

Rocíe las empanadas por encima con aceite antiadherente en aerosol. Hornee las empanadas de 6 a 8 minutos, volteándolas de vez en cuando con una espátula, o hasta que estén "fritas" y doradas.

Para 8 porciones (36 empanadas)

PASTELILLOS DE CERDO A LO PUERTORRIQUEÑO

Puerto Rico

Vistazo nutricional	Antes	Después
Por porción (4 1/2 pastelillos)		
Calorías	420	201
Grasa total g	27.5	5.2
Grasa saturada g	5.2	1.6
Colesterol mg	56	32

Las empanadas se disfrutan en toda Latinoamérica, y cada país tiene su versión única y sabrosa. En Puerto Rico, las empanadas se llaman pastelillos, dado que para los puertorriqueños, el adjetivo "empanada" se refiere a un alimento pasado por huevo y pan rallado, como un bistec o chuletas de puerco. Normalmente, la masa de los pastelillos se hace con manteca, agua y harina de trigo; entonces los pastelillos se fríen en una cantidad abundante de aceite. Bien rico, pero también bien alto en grasa y colesterol, lo cual no es saludable. Para resolver esto, me dirigí a China, la tierra de los won ton dumplings, *unas bolas de masa que se comen en sopas o guisos. La masa de* won ton, *conocido en inglés como* won ton wrappers, *es una opción buena para sustituir la masa tradicional de los pastelillos. Este cambio permite hornear los pastelillos con un poquito de grasa en vez del tradicional baño de aceite. Lo mejor de todo es que con los* won ton wrappers, *los pastelillos se hacen fácil y rápidamente. Busque esta masa china en la sección de frutas y vegetales en el supermercado. Para otros rellenos latinoamericanos, vea las Empanadas de res y papas (página 100) y las Empanadas de guayaba y queso (página 97).*

8 onzas (224 g) de lomo de cerdo (*pork loin*) magro sin hueso al que se ha quitado toda la grasa visible, picado en cubos de ½" (1 cm)

½ cebolla pequeña, picada muy fina

½ pimiento (ají) rojo, picado muy fino

½ tomate sin semilla, picado

2 cucharadas de pasas

4 aceitunas rellenas de pimiento, picadas en trozos grandes

1 cucharada de cilantro fresco o de perejil liso picado

1 diente de ajo, picado muy fino

1 cucharada de pasta de tomate

¼ taza de Caldo de pollo (página 434) o de consomé de pollo sin grasa de sodio reducido

½–¾ cucharadita de comino molido

Sal y pimienta negra molida

1–2 cucharadas de pan rallado (pan molido) sin sazonar (opcional)

36 *won ton wrappers* de 3" (8 cm) o 36 piezas de pasta redonda para ravioles chinos, también de 3", sin rellenar

1 clara de huevo, levemente batida

Caliente a fuego mediano en una cacerola grande la carne de cerdo, la cebolla, el pimiento rojo, el tomate, las pasas, las aceitunas, el cilantro o perejil, el ajo, la pasta de tomate, el caldo o consomé, ½ cucharadita de comino, sal y pimienta. Hierva durante unos 5 minutos, revolviendo con frecuencia, hasta que la carne pierda su color rosado. Pase la mezcla a un procesador de alimentos y muela hasta reducirla a trocitos gruesos. La mezcla debe quedar bastante seca; si está demasiado aguada, agregue el pan rallado. El relleno tiene que estar muy condimentado; añada más comino, sal y pimienta, si así lo desea. Páselo a un tazón y póngalo en el refrigerador hasta que se enfríe.

Precaliente el horno a 400°F (206°C). Rocíe una bandeja de hornear antiadherente con aceite antiadherente en aerosol.

Coloque unos cuantos *won ton wrappers* o piezas de pasta para ravioles sobre una superficie de trabajo. Unte muy levemente el borde de cada uno con clara de huevo. La clara de huevo sirve para sellar el pastelillo. Ponga una cucharada escasa de relleno en el centro de cada *won ton wrapper* y dóblelo a la mitad para hacer un pastelillo en forma de triángulo o media luna, si usa pasta redonda. Presione todo el borde con un tenedor para darle una forma ondulada. Coloque los pastelillos terminados sobre una rejilla (parrilla) de alambre a medida que prepare las demás.

Coloque los pastelillos en la bandeja de hornear ya preparada. Rocíelos por encima con aceite antiadherente en aerosol. Hornee los pastelillos de 6 a 8 minutos, volteándolos de vez en cuando con una espátula, hasta que estén "fritos" y dorados.

Para 8 porciones (36 pastelillos)

Consejo de cocina

✦ Si no tiene caldo o consomé a la mano, puede usar agua.

Pastelillos cuaresmeños: Durante la Cuaresma, sustituya el relleno de cerdo con 2 tazas de Bacalao a la vizcaína (página 284). Píquelo finamente y escúrralo bien para eliminar todos los jugos en exceso antes de usarlo.

EMPANADAS DE RES Y PAPAS

Argentina

Vistazo nutricional	Antes	Después
Por porción (4¹/₂ empanadas)		
Calorías	616	197
Grasa total g	48.1	2.6
Grasa saturada g	10.6	1.0
Colesterol mg	70	25

Estas sabrosas empanadas picantes se sirven como aperitivo gratuito en las churrasquearías (restaurantes especializados en bistecs) argentinas. Para reducir la grasa y el colesterol, sustituí un poco de la carne que tradicionalmente lleva por unas cuantas papas.

8	onzas (224 g) de carne de res (*sirloin*) a la que se le ha quitado toda la grasa visible, picada en cubos de ½" (1 cm)	¼–½	cucharadita de comino molido
1	papa pequeña, pelada y picada muy fina	¼–½	cucharadita de pimienta de Jamaica (*allspice*) molida
½	cebolla pequeña, picada muy fina		Pimienta negra molida
1	diente de ajo, picado muy fino	1	pizca de clavo de olor molido
1	taza de Caldo de pollo (página 434) o consomé de pollo sin grasa de sodio reducido (vea el Consejo de cocina)		Sal
		1–2	cucharadas de pan rallado (pan molido) sin sazonar (opcional)
2	cucharadas de perejil liso fresco picado	36	*won ton wrappers* de 3" (8 cm) o 36 piezas de pasta redonda para ravioles chinos, también de 3", sin rellenar
		1	clara de huevo, levemente batida

Caliente a fuego mediano en una cacerola grande la carne, la papa, la cebolla, el ajo, el caldo, el perejil, ¼ cucharadita de comino, ¼ cucharadita de pimienta de Jamaica, la pimienta negra, el clavo y la sal. Hierva durante 10 minutos, revolviendo con frecuencia, hasta que la carne y la papa estén suaves. Escurra el caldo que quede. Pase la mezcla a un procesador de alimentos y muela hasta que se reduzca a trocitos gruesos. Debe estar bastante seca; si le parece demasiado aguada, agregue el pan rallado. El relleno tiene que quedar muy condimentado; añada más comino, pimienta de Jamaica, pimienta negra y sal, si así lo desea. Ponga en el refrigerador hasta que se enfríe.

Precaliente el horno a 400°F (206°C). Rocíe una bandeja de hornear antiadherente con aceite antiadherente en aerosol.

Coloque unos cuantos *won ton wrappers* o piezas de pasta para ravioles sobre una superficie de trabajo. Unte muy levemente el borde de cada uno con clara de huevo. La clara de huevo sirve para sellar la empanada. Ponga una cucharadita colmada de relleno en el centro de cada *wrapper* y dóblelo a la mitad para obtener una empanada en forma de triángulo o de media luna, si usa pasta redonda. Presione todo el borde con un tenedor para darle una forma ondulada. Coloque las empanadas terminadas sobre una bandeja de hornear ya preparada a medida que prepare las demás.

Rocíe las empanadas por encima con aceite antiadherente en aerosol. Hornee las empanadas de 6 a 8 minutos, volteándolas de vez en cuando con una espátula, o hasta que estén "fritas" y doradas.

Para 8 porciones (36 empanadas)

Consejo de cocina

✦ Si no tiene caldo o consomé a la mano, puede usar agua.

✦ Los *won ton wrappers* son un tipo de masa china que normalmente se usan para hacer los *won ton*, o ravioles chinos. No son muy tradicionales que digamos, pero son fáciles de usar y reducen la grasa de manera significativa. Búsquelos en cualquier supermercado o tienda de productos chinos.

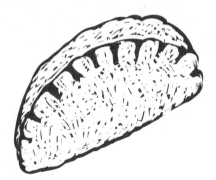

PASTELITOS NICARAGÜENSES

Nicaragua

Vistazo nutricional	Antes	Después
Por porción (unas 4 piezas)		
Calorías	448	225
Grasa total g	27.8	9.3
Grasa saturada g	5.4	2.1
Colesterol mg	18	16

En cualquier ocasión especial en que se reúnan los nicaragüenses, sea un cumpleaños, un aniversario o un día de fiesta, los pastelitos no pueden faltar. El azúcar espolvoreada en estos pastelitos de carne ofrece un contraste interesante para el paladar. Como siempre estoy en guerra con la grasa, uso menos margarina para hacer la masa y horneo los pastelitos en vez de freírlos.

MASA

2 tazas de harina sin blanquear

⅓ taza de margarina

½ cucharadita de sal

½–⅔ taza de agua helada

RELLENO

6 onzas (168 g) de lomo de cerdo (*pork loin*) sin hueso al que se le ha quitado toda la grasa visible, picado en cubos de ½" (1 cm)

½ tomate sin semilla, picado muy fino

½ cebolla pequeña, picada muy fina

½ pimiento (pimiento morrón, ají) verde, picado muy fino

½ tallo de apio, picado muy fino

4 aceitunas verdes sin hueso, picadas en trocitos grandes

2 cucharadas de pasas de Corinto

1 diente de ajo, picado en trocitos

1 cucharada de pasta de tomate

½ taza de agua

2 cucharadas de pan rallado (pan molido) sin sazonar (opcional)

Sal y pimienta negra molida

1 clara de huevo, levemente batida

¼ taza de azúcar

Para preparar la masa: Ponga la harina, la margarina y la sal en un tazón (recipiente) grande o en el procesador de alimentos al que se le ha montado una cuchilla de metal. Mezcle o procese durante 2 minutos, hasta que la masa se sienta arenosa. Agregue ½ taza de agua y mezcle o procese de 1 a 2 minutos, o hasta lograr una masa homogénea. La masa debe quedar suave y moldeable; agregue más agua, de ser necesario. Envuelva la masa en plástico y guárdela en el refrigerador durante 2 horas.

Para preparar el relleno: Caliente a fuego mediano en una cacerola grande la carne de cerdo, el tomate, la cebolla, el pimiento verde, el apio, las aceitunas, las pasas de Corinto, el ajo, la pasta de tomate y el agua. Hierva durante 10 minutos, o hasta que la carne esté suave. Escurra el líquido sobrante. Pase la mezcla a un procesador de alimentos o licuadora (batidora) y muela hasta que se reduzca a trocitos grandes. La mezcla debe quedar bastante seca; si está demasiado aguada, agregue el pan rallado. Sazone con sal y pimienta.

Precaliente el horno a 400°F (206°C). Rocíe una bandeja de hornear con aceite antiadherente en aerosol.

Extienda la masa hasta formar una capa lo más delgada posible sobre una superficie espolvoreada con harina y corte círculos de 2" (5 cm) con un molde para cortar galletas. Junte y vuelva a extender la masa sobrante hasta que la termine de usar toda. Ponga una cucharada pequeña de relleno en el centro de la mitad de los círculos de masa. Humedezca con agua el borde de la masa. Coloque encima los círculos restantes. Presione los bordes con un tenedor para darle una forma ondulada. Ponga los pastelitos en la bandeja de hornear. Bata a mano la clara de huevo y la sal. Unte la clara de huevo encima de los pastelitos y espolvoréeles azúcar. Hornee los pastelitos durante 20 minutos, o hasta que estén dorados.

Para 10 porciones (40 pastelitos)

Consejo de cocina

✦ A fin de ahorrar tiempo y de reducir aún más el contenido de grasa de este platillo, use 80 *won ton wrappers* redondos en lugar de la masa tradicional. Para preparar el pastelito, unte clara de huevo en el borde de cada *wrapper*. La clara de huevo sirve para sellar el pastelito. Ponga una cucharadita colmada de relleno en el centro del *wrapper* y cúbralo con otro *wrapper*. Presione los bordes con un tenedor para darle una forma ondulada y sellar el pastelito.

SALTEÑAS BOLIVIANAS

Bolivia

Vistazo nutricional	Antes	Después
Por pieza		
Calorías	141	99
Grasa total g	7.4	2.3
Grasa saturada g	2.5	0.4
Colesterol mg	19	6

Entre la variedad casi infinita de tamales, pastelillos y empanadas en Latinoamérica, estos antojitos bolivianos son mis favoritos. Las salteñas llevan una mezcla riquísima de pollo, chícharos, papas, aceitunas y alcaparras, y son excelentes como postres, meriendas, hors d' oeurves o como una comida por sí solas sin acompañantes. A mí me gusta usar una masa de levadura porque ésta tiene menos grasa que la tradicional, la cual se prepara con manteca.

MASA

1   paquete de ¼ onza (7 g) de levadura seca activa

1   cucharada de azúcar

3   cucharadas de agua tibia (entre 105°F/41°C a 115°F/46°C)

½–¾ taza de leche descremada tibia

3   cucharadas de aceite de oliva

1   clara de huevo

1¼ cucharaditas de sal

2¾ tazas de harina de trigo multiuso sin blanquear

RELLENO

½   cebolla mediana, picada muy fina

¼   pimiento (pimiento morrón, ají) verde, picado muy fino

2   dientes de ajo, picados en trocitos

1   tomate pequeño sin piel, picado

1   papa mediana, pelada y picada en cubos

6   onzas (168 g) de pechuga de pollo deshuesada y despellejada, picada en cubos

¼   taza de pasas

3   aceitunas verdes rellenas de pimiento, picadas

1   cucharada de alcaparras escurridas

1   taza de Caldo de pollo (página 434) o de consomé de pollo sin grasa de sodio reducido

    Sal y pimienta negra molida

¼   taza de guisantes (chícharos) cocidos o descongelados

2   cucharadas de sustituto de huevo líquido o 1 clara de huevo

1   pizca de sal

Para preparar la masa: Mezcle la levadura, el azúcar y el agua en un tazón (recipiente) pequeño. Déjela reposar durante unos 5 minutos, hasta que empiece a soltar espuma.

Ponga la mezcla de levadura en un procesador de alimentos. Agregue ½ taza de leche, el aceite, la clara de huevo, la sal y la harina. Procese la masa durante unos 3 minutos, prendiendo y apagando el procesador continuamente, hasta que esté suave y moldeable; agregue más leche, de ser necesario. (Si no tiene un procesador, puede poner los ingredientes en un tazón grande. Mézclelos con los dedos. Ponga la mezcla en una superficie de trabajo espolvoreada con un poco de harina y amásela durante unos 8 minutos, o hasta que esté homogénea.)

Engrase un tazón grande con aceite antiadherente en aerosol. Pase la masa al tazón y cúbrala con envoltura autoadherente de plástico. Deje crecer la masa durante más o menos 1 hora, hasta que crezca al doble de su tamaño original. Golpee la masa para que baje y guárdela en el refrigerador durante 1 hora.

Para preparar el relleno: Ponga en una cacerola grande la cebolla, el pimiento verde, el ajo, el tomate, la papa, el pollo, las pasas, las aceitunas, las alcaparras y el caldo. Sazone con sal y pimienta. Hierva a fuego mediano de 10 a 15 minutos, hasta que el pollo ya no esté de color rosado en el centro, las papas queden suaves y la mayor parte del caldo se haya absorbido. Sazone con más sal y pimienta, si así lo desea. Deje enfriar el relleno a temperatura ambiente, tápelo y póngalo en el refrigerador hasta que esté bien frío.

Para preparar y hornear las salteñas: Precaliente el horno a 350°F (178°C) y rocíe una bandeja de hornear con aceite antiadherente en aerosol.

Divida la masa a la mitad. En una superficie de trabajo espolvoreada con un poco de harina aplane cada mitad con el rodillo hasta que tenga ⅛" (3 mm) de grueso. Corte círculos de masa de 4" (10 cm) de diámetro, utilizando un tazón pequeño o un potecito individual como guía. Vuelva a extender la masa sobrante y siga cortando círculos hasta que termine de usarla toda. Deben salir 24 círculos.

Humedezca con un poco de agua el borde exterior de un círculo de masa. Ponga una cucharada colmada de relleno en el centro del círculo. Dóblelo a la mitad para obtener una salteña en forma de media luna. Ondule el borde con los dedos o presionándolo con un tenedor. Repita estos pasos hasta que termine de usar toda la masa y el relleno.

Coloque las salteñas en una bandeja de hornear antiadherente. Bata el sustituto de huevo o la clara de huevo con una pizca de sal en una taza y unte el huevo batido encima de las saltenas. Hornee durante unos 20 minutos, o hasta que las saltenas estén doradas.

Para 24 salteñas

Variaciones

Salteñas de cuaresma: En lugar de pollo, use 6 onzas (168 g) de bacalao remojado y cocido o de carne de cangrejo.

Salteñas vegetarianas: En lugar de pollo, use ¾ taza de garbanzos cocidos o de lata, lavados y escurridos.

CARIMAÑOLAS

Panamá

Vistazo nutricional	Antes	Después
Por porción (2 carimañolas)		
Calorías	608	418
Grasa total g	26.3	4
Grasa saturada g	4.9	0.6
Colesterol mg	24	24

*E*stas frituras en forma de zepelines siempre están presentes en cualquier fiesta panameña. La "masa" de la carimañola es la yuca hervida, con la cual se hace un puré que se rellena con picadillo de res. Hay frituras parecidas en el resto de Latinoamérica. En Cuba, por ejemplo, estas frituras se llaman "yuca rellena". Para reducir la grasa de la receta tradicional, sustituyo la carne de res del picadillo por pavo molido y después frío la masa "al horno" en vez de hacerlo en la sartén con mucho aceite. Como el pavo tiene un sabor muy distinto al de la carne de res, se puede empezar por hacer el picadillo con una mitad de pavo molido y otra mitad de carne de res, para que tanto usted como su familia se vayan acostumbrando poco a poco. Una vez que todo el picadillo esté hecho de pavo, reducirá el contenido de grasa de una forma impresionante. Las cifras que presentamos a continuación muestran la cantidad de grasa que se consume cuando sólo se usa pavo molido para hacer el picadillo.

RELLENO

- 1   cucharada de aceite de *canola*
- ½   cebolla mediana, picada muy fina
- ¼   pimiento (ají) verde, picado muy fino
- 1   diente de ajo, picado en trocitos
- 8   onzas (224 g) de pechuga de pavo magra molida y desmenuzada
- 1   hoja de culantro (recao) o ramita de cilantro fresco, picada muy fino
- ¼   cucharadita de comino molido
- ¼   cucharadita de *curry* en polvo
- ¼   cucharadita de pimienta negra molida
- 2   cucharaditas de pasta de tomate
- 2   cucharadas de agua
-    Sal y pimienta negra molida

CONCHA

- 2½   libras (1,120 g) de yuca, picada en diagonal en trozos de 2" (5 cm) y pelada (vea el Consejo de cocina)
- 14   tazas de agua fría
- 1   taza de harina sin blanquear
- ¾   taza de sustituto de huevo líquido o 6 claras de huevo, levemente batidas
- 1   taza de pan rallado (pan molido) sin sazonar, tostado levemente

Para preparar el relleno: Caliente el aceite a fuego mediano en una sartén antiadherente pequeña. Agregue la cebolla, el pimiento verde y el ajo, y fría durante unos 4 minutos, revolviendo de vez en cuando, o hasta que los vegetales estén suaves pero no dorados. Agregue el pavo, el culantro o cilantro, el comino, el *curry* y la pimienta, y fríalo durante 2 minutos, revolviendo y separando la carne con un cucharón de madera. Agregue la pasta de tomate y el agua; cocine durante unos 6 minutos, o hasta que el pavo se ponga blanco y todo el líquido se haya evaporado. La mezcla debe quedar bastante seca y muy condimentada. Añada sal y pimienta, si así lo desea. Quite la sartén del fuego y deje que la mezcla se enfríe a temperatura ambiente. Después, ponga la mezcla en un tazón (recipiente), cúbrala y guárdela en el refrigerador hasta que esté lista para usarla.

Para preparar la concha: Ponga 12 tazas de agua en una olla grande. Agregue un poco de sal y deje que rompa a hervir a fuego alto. Agregue la yuca a la olla y cocínela durante 10 minutos. Agregue 1 taza de agua fría. Deje que rompa a hervir de nuevo y cocine durante 5 minutos. Agregue la última taza de agua fría y deje que rompa a hervir una vez más. Cocine durante unos 5 minutos, hasta que la yuca esté muy suave. El agua fría ayuda a suavizar la yuca. Escurra, guardando ½ taza del agua en que se coció. Cuando la yuca se haya enfriado lo suficiente para tocarla, ráspela con un tenedor para quitar las fibras. Ponga la yuca en un tazón mediano y aplástela con un aplastador de papas o una mano de mortero (molcajete) hasta formar una pasta homogénea. Si la yuca está demasiado seca para aplastarla, agregue un poco del agua guardada. Sazone con sal y pimienta. Déjela enfriar a temperatura ambiente, tápela y póngala en el refrigerador durante un mínimo de 6 horas y un máximo de 24.

Para preparar y hornear las carimañolas: Divida la yuca en 16 porciones iguales y forme una bola con cada porción. Haga un hueco en el centro de cada bola con el pulgar. Llénelo con 1 cucharada de relleno y pellizque la bola con los dedos para cerrarla. Gire la bola suavemente entre las palmas de las manos, hasta que tenga una forma ovalada y alargada. Repita estos pasos hasta que se acabe toda la yuca y el relleno.

Precaliente el horno a 400°F (206°C). Rocíe una bandeja de hornear antiadherente con aceite antiadherente en aerosol.

Ponga la harina, el sustituto de huevo o la clara de huevo y el pan rallado por separado en tres tazones poco hondos. Pase cada carimañola por la harina, luego por el huevo y finalmente por el pan rallado. Sacúdalas un poco para que se desprenda el exceso de pan rallado.

Coloque las carimañolas en la bandeja de hornear ya preparada. Rocíelas por encima con aceite antiadherente en aerosol. Hornee durante unos 20 minutos, o hasta que estén "fritas" y doradas.

Para 16 carimañolas

Consejo de cocina

◆ Para pelar la yuca, coloque los trozos sobre una tabla de picar, con la superficie de corte hacia abajo. Déle un corte longitudinal a la cáscara con el cuchillo de pelar.

Variaciones

Yuca rellena: Rellene las carimañolas con 1 taza de Picadillo de pavo (página 314).

Boniatos rellenos: En lugar de la yuca, use boniatos (batatas) aplastados.

Plátanos rellenos: En lugar de la yuca, use plátanos pintones aplastados. Pele los plátanos antes de hervirlos.

BACALAÍTOS

Varios países

Vistazo nutricional	Antes	Después
Por porción (4 frituras)		
Calorías	553	379
Grasa total g	23.5	4.7
Grasa saturada g	3.5	0.9
Colesterol mg	186	150

El bacalao es imprescindible en la cocina hispana. Antes de que hubiera refrigeración, era uno de los pescados más populares porque se mantenía fresco por mucho tiempo. Estas sabrosas frituras se disfrutan por todo el Caribe de habla hispana como aperitivos con los cócteles o antes de la cena. Como las otras comidas mencionadas en este capítulo, la forma tradicional de prepararlas es freírlas en mucho aceite. Sin embargo, con mi método de freír la mezcla de bacalao "al horno", las frituras siguen siendo bien sabrosas pero quedan más saludables. Para mantener la mezcla húmeda, le agrego papas. Esta receta es rápida y fácil de hacer, pero es mejor empezar a preparar las frituras un día antes para que haya suficiente tiempo para remojar el bacalao.

1	libra (448 g) de bacalao sin piel
1	libra de papa blanca pelada, picada en cubos de 1" (3 cm)
1	cebolla pequeña, picada en trocitos
2	dientes de ajo, picados en trocitos
½	chile habanero o jalapeño fresco (cuaresmeño), picado en trocitos (opcional)
2	cucharadas de perejil liso picado muy fino

1	huevo
1	clara de huevo o 3 cucharadas de sustituto de huevo líquido
¼	cucharadita de pimienta negra molida
1	pizca de sal (opcional)
3	cucharadas + 1 taza de pan rallado (pan molido) fino sin sazonar

Ponga el bacalao en un tazón (recipiente) mediano. Cúbralo con agua fría. Déjelo remojar en el refrigerador durante 24 horas; cambie el agua 2 veces durante este tiempo y lave el pescado cada vez que cambie el agua.

Ponga el bacalao en una cacerola grande y cúbralo con agua fría. Deje que rompa a hervir a fuego alto. Escurra y lávelo con agua fría. Regrese el bacalao a la cacerola y cúbralo con agua fría. Deje que rompa a hervir de nuevo, escurra y lávelo. Regrese el bacalao a la cacerola, cúbralo con agua fría y deje que rompa a hervir una vez más. Baje el fuego a mediano y hierva durante unos 10 minutos, o hasta que esté tierno. Escurra y lávelo con agua fría. Séquelo con toallas de papel (servitoallas). Revise el pescado y saque todas las espinas. Muélalo bien (más o menos 1 minuto) en un procesador de alimentos o una licuadora (batidora).

Ponga las papas en una cacerola grande y cúbralas con agua fría. Deje que rompa a hervir a fuego alto, baje el fuego a mediano y cocine durante unos 10 minutos, o hasta que estén suaves. Escurra muy bien. Regrese las papas a la cacerola y póngalas a fuego mediano durante más o menos 1 minuto, o hasta que toda el agua se haya evaporado. Quite la cacerola del fuego y aplaste las papas con un aplastador, o bien páselas por un prensador.

Agregue el bacalao a las papas y mezcle. Agregue la cebolla, el ajo, el chile (si lo usa) y el perejil, y mézclelo todo. Agregue el huevo y la clara de huevo o el sustituto de huevo y bata bien. Sazone con pimienta y sal (si la usa). Déjelo enfriar, tápelo y póngalo a enfriar en el refrigerador durante unas 2 horas. La mezcla debe quedar suave pero no mojada; si se ve demasiado húmeda, agregue 2 a 3 cucharadas de pan rallado.

Precaliente el horno a 400°F (206°C). Rocíe una bandeja de hornear antiadherente con aceite antiadherente en aerosol.

Ponga 1 taza de pan rallado en un tazón (recipiente) poco hondo. Tome bolas de bacalao de 1" (3 cm) de diámetro y aplánelas para formar tortitas de 2" (5 cm) de diámetro. Pase cada torta por el pan rallado y sacúdala un poco para que se desprenda el exceso de pan. Coloque las tortas en la bandeja de hornear ya preparada. Rocíelas por encima con aceite antiadherente en aerosol.

Hornee las frituras durante unos 15 a 20 minutos, volteándolas una sola vez, o hasta que estén "fritas" y doradas. Póngalas en un platón grande.

Para 12 porciones

¡Rapidito!

CÓCTEL DE CAMARONES

México

En los Estados Unidos, lo más importante en un cóctel de camarones son los camarones, y la salsa es algo secundario. En cambio, en México, la tierra de las salsas sabrosas, lo más importante es la salsa, y los camarones generalmente son muy pequeños y más bien sirven para condimentar el cóctel. En mi receta, he agregado un ingrediente inesperado: ¡soda de naranja!

1	taza de *catsup (ketchup)* bajo en sodio o normal
⅔	taza de refresco (soda) o de jugo de naranja
2–2½	cucharadas de jugo de lima (limón verde)
2	cucharadas de vino blanco seco o de vino blanco sin alcohol
2	cucharaditas de salsa *Worcestershire*
1	cucharadita de sazón *Maggi* o salsa *Worcestershire*
1	cucharadita de salsa de chile picante
	Sal y pimienta negra molida
3	tazas de camarón cocido, pelado y desvenado, preferentemente camarón pequeño (vea el Consejo de cocina)
6	hojas de lechuga romana (orejona) pequeña o tomadas del centro de una lechuga romana grande

Bata a mano en un tazón (recipiente) grande el *catsup*, el refresco o jugo de naranja, 2 cucharadas del jugo de limón verde, el vino, la salsa *Worcestershire*, la salsa o *Worcestershire* y la salsa de chile picante. Sazone con sal y pimienta. Pruebe y agregue más jugo de limón o sal, si así lo desea. Agregue los camarones y mezcle. Tápelos y déjelos adobar (remojar) en el refrigerador durante 5 minutos o hasta un máximo de 24 horas antes de servirlo.

Reparta el cóctel de camarones entre 6 copas de helado o para martini. Decore cada una con una hoja de lechuga colocada en posición vertical.

Para 6 porciones

Consejo de cocina

✦ Para cocinar los camarones pequeños, ponga agua en una olla grande y deje que rompa a hervir. Agregue los camarones y cocínelos durante unos 2 minutos, o hasta que estén firmes y rosados.

CEVICHE A LO PERUANO

Perú

Vistazo nutricional	Antes	Después
Por porción		
Calorías	164	164
Grasa total g	1.7	1.7
Grasa saturada g	0.4	0.4
Colesterol mg	41	41

Este es uno de los platos más populares en Centro y Sudamérica, y cada país tiene su propia versión exquisita. Por lo general, para preparar el ceviche se adoban pescados y mariscos en jugo de limón verde con especias y luego se sirve frío. Hay una variedad casi infinita de pescados que se pueden usar para preparar el ceviche, desde la platija hasta el pulpo.

En el Perú se usa choclo y batatas dulces como acompañantes. Note que la receta a continuación señala que el pescado se debe cocinar antes de adobarlo. Esto se debe a que la calidad del pescado varía mucho y es mejor cocinarlo para que haya seguridad. Sin embargo, tradicionalmente los pescados y mariscos del ceviche se preparan sin cocinar, pero no precisamente crudos. El jugo cítrico y agrio del adobo hace que el pescado se ponga tierno y blanco como si se hubiera cocinado. Independientemente de cómo prepare el ceviche, ya sea con pescado cocinado o sin cocinar, cómprelo en una buena pescadería para que esté seguro de que se lo vendan fresco.

1½	libras (672 g) de lenguado, platija, pargo (huachinango, chillo) o de cualquier otro pescado fresco de carne blanca y delicada, picado en trozos de ½" (1 cm)
1	cebolla morada, picada en rodajas y con los anillos separados
2	chiles hontaka (página 70) desmoronados (use guantes de plástico al manipularlos) o 1–2 cucharaditas de pimienta roja molida
1	diente de ajo, picado en trocitos
¼	taza de perejil liso fresco picado
½	taza de jugo de limón verde (lima)
½	taza de jugo de limón
1	cucharadita de sal
½	cucharadita de pimienta negra molida
1	batata dulce (camote, *sweet potato*) grande, pelado y picado en 6 trozos iguales
¾	galón (3 l) de agua
1	mazorca de choclo (elote, maíz) grande, deshojada y partida en 6 trozos iguales
6	hojas de lechuga tipo *Boston*

Precaliente la parrilla (*grill*) de gas, de brasas o eléctrica o el asador (*broiler*) del horno.

Ponga el pescado en la parrilla en una bandeja para asador o en el asador del horno (*broiler*) a 4" (10 cm) del fuego, si el horno es de gas, o en la parrilla más cerca de la unidad de calor en el horno, con el horno en la posición "ASAR" ("*BROIL*"). Ase el pescado de 2 a 3 minutos por cada lado, hasta que esté bien cocido y se desmenuce fácilmente al pincharlo con un tenedor. Póngalo en un tazón (recipiente) grande de vidrio o de acero inoxidable y deje que se enfríe un poco.

(continúa)

Agregue la mayor parte de la cebolla (guarde unos cuantos anillos para adornarlo), el chile o la pimienta roja molida, el ajo, el perejil, los jugos de limón verde y de limón, la sal y la pimienta. Mézclelo todo. Tápelo y déjelo adobar (remojar) en el refrigerador de 30 minutos a 1 hora.

Mientras tanto, ponga la batata dulce y el agua en una olla grande. Deje que rompa a hervir a fuego alto y cocine durante 5 minutos. Agregue el maíz y cocine durante 5 minutos más, o hasta que los vegetales estén suaves. Escúrralos y lávelos. Póngalos a enfriar en el refrigerador.

Sazone con más sal y pimienta, si así lo desea. Para servir el ceviche, ponga una hoja de lechuga en cada plato. Sirva una porción de ceviche en el centro de cada hoja con una cuchara calada. Decore cada plato con 1 trozo de batata dulce, 1 trozo de maíz y varios anillos de cebolla.

Para 6 porciones

Variación regional

Ceviche colombiano: En lugar del lenguado, la platija o el pargo (huachinango, chillo), utilice 1½ libras (672 g) de lubina (robalo, corvina). Disminuya la cantidad de cebolla morada a la mitad de una. Agregue ½ taza de pimiento (ají) verde picado, 1 chile jalapeño sin semilla y picado en trocitos, 2 cucharadas de vinagre blanco y 2 cucharadas de jugo de limón.

¡Rapidito!

CEVICHE A LO MEXICANO

México

Vistazo nutricional	Antes	Después
Por porción		
Calorías	200	200
Grasa total g	2	2
Grasa saturada g	0.4	0.4
Colesterol mg	54	54

El ceviche mexicano se destaca por su uso de cilantro fresco, jitomates y jalapeños, más su mezcla interesante de pescados y mariscos. A mí me gusta el ceviche picante, por eso no les quito las semillas a los chiles. Ahora bien, si su paladar no es tan amante del picante, usted le puede quitar las semillas de los chiles y usar solamente uno. Para mayor seguridad, esta receta indica que se cocinen los pescados y mariscos antes de adobarlos. Al igual que el ceviche peruano, este ceviche se prepara del modo tradicional con pescados y mariscos sin cocinar; el adobo agrio de jugo de lima los "cocina".

8	onzas (224 g) de lenguado, platija, huachinango (pargo, chillo) o de cualquier otro pescado fresco de carne blanca y delicada, picado en trozos de ½" (1 cm)		½	cebolla morada, picada muy fina
			1	diente de ajo, picado en trocitos
			½	taza de cilantro fresco picado
8	onzas de vieiras (escalopes, *sea scallops*), picadas en trozos de ½"		1	taza de jugo de lima (limón verde)
			1	cucharadita de sal
8	onzas de camarón cocido, pelado y desvenado		½	cucharadita de pimienta negra molida
1	tomate pelado y sin semilla, picado		6	hojas de lechuga romana (orejona) tomadas del centro de la lechuga
1–3	chiles jalapeños frescos (cuaresmeños), picados muy finos (use guantes de plástico al manipularlos)			

Precaliente la parrilla (*grill*) de gas, de brasas o eléctrica o el asador (*broiler*) del horno.

Rocíe el pescado, las vieiras y el camarón con aceite antiadherente en aerosol y póngalos en la parrilla en una bandeja para asador, o bien en el asador del horno a 4" (10 cm) del fuego, si el horno es de gas, o en la parrilla más cerca de la unidad de calor en el horno, con el horno en la posición "ASAR" ("*BROIL*"). Ase de 2 a 3 minutos por cada lado, o hasta que el pescado se desmenuce fácilmente al pincharlo con un tenedor, las vieiras estén suaves y blancas y el camarón adquiera un vivo color rosado. Pase el pescado y los mariscos a un tazón (recipiente) grande de vidrio o de acero inoxidable. Agregue el tomate, el chile, la cebolla, el ajo, el cilantro, el jugo de limón verde y la pimienta. Tápelos y déjelos adobar en el refrigerador durante 15 minutos.

Sazone con más sal y pimienta, si así lo desea. Sirva el ceviche en copas de vino. Decore cada copa con una hoja de lechuga colocada en posición vertical.

Para 6 porciones

Consejo de cocina

✦ En lugar de las vieiras puede usar calamar cocido. Ponga 8 onzas (224 g) de calamar en una olla grande de agua hirviendo y cocine durante 2 minutos, o hasta que esté bien caliente. Corte en trozos de ¼" (6 mm) y agregue al adobo junto con el pescado y los otros mariscos cocidos.

SOPAS Y GUISOS

Por razones culturales, la mayoría de los latinoamericanos comen sopa mucho más frecuentemente que los estadounidenses; el latino típico disfruta de por lo menos un tazón de sopa al día. Debido a esta costumbre los latinos tienen una variedad impresionante de sopas, desde el ajiaco hasta el caldo tlalpeño. Y lo bueno es que gracias a esta variedad hay sopas para todas las temporadas del año. En los días de calor durante la primavera o el verano, las sopas frías y refrescantes como el gazpacho y la yucassoise pueden venir a nuestro rescate. Y cuando el frío nos abruma durante el otoño y el invierno, no hay nada mejor para calentarnos que el caldo gallego.

Aunque algunas llevan mantequilla y crema, el uso de vegetales frescos, mariscos y pequeñas porciones de carne hacen que la mayoría de las sopas latinoamericanas sean naturalmente bajas en grasa. Para que sean aún más saludables, yo uso leche descremada evaporada en vez de crema, con la cual se obtiene una consistencia rica y sustanciosa con un contenido más bajo de grasa. Un buen ejemplo es Chupe de camarones en la página 149. Incluso con el puré de frijoles (habichuelas) se puede obtener una consistencia rica sin grasa adicional para las sopas, como puede ver en la Sopa tarasca en la página 142.

Aunque los guisos (estofados) de mariscos podrían incluirse dentro de las sopas, los guisos latinoamericanos poseen una variedad tan impresionante que decidí ponerlos en un capítulo aparte. Para las recetas de guisos de pescado y mariscos, vea la página 258. Sólo las sopas hechas de mariscos están incluidas en este capítulo. Y ahora . . . ¡a disfrutar de sopas sabrosas y saludables!

RECETAS

SOPA DE PEPINO

Guatemala

Vistazo nutricional	Antes	Después
Por porción		
Calorías	271	113
Grasa total g	23.6	3.7
Grasa saturada g	11.2	0.5
Colesterol mg	61	0

*S*i le gusta comer pepinos con su ensalada, esta deliciosa sopa guatemalteca le será una revelación. Para reducirle la grasa pero mantener su suculencia, sustituyo la crema demasiado rica que tradicionalmente lleva esta sopa por crema agria sin grasa. La crema agria ligera tiene un sabor fuerte y agrio pero delicioso que complementa el sabor delicado del pepino.

1   cucharada de aceite de oliva extra virgen

1   cebolla mediana, picada muy fina

1   pimiento (ají) verde o amarillo, picado muy fino

2   dientes de ajo, picados en trocitos

2   cucharadas de perejil liso fresco picado

2   pepinos pelados, picados en pedazos de ½" (1 cm)

3   tazas de Caldo de pollo (página 434) o de consomé de pollo sin grasa de sodio reducido

¾   taza de crema agria sin grasa

     Sal y pimienta negra molida

2   cucharadas de cebollino (*chives*) fresco picado

Caliente el aceite a fuego mediano en una cacerola grande. Agregue la cebolla, el pimiento, el ajo y el perejil. Fría durante unos 4 minutos, o hasta que las cebollas estén suaves pero no doradas. Agregue el pepino y fría durante 1 minuto. Agregue el caldo y la crema agria, suba el fuego a alto y deje que rompa a hervir. Baje el fuego a mediano y hierva durante unos 5 minutos, o hasta que el pepino esté muy suave. Pase todo a una licuadora (batidora) y muélalo muy bien. Sazone con sal y pimienta.

Sirva la sopa en platos individuales, con cebollino picado.

Para 4 porciones

SOPA DE ELOTE

México

Vistazo nutricional	Antes	Después
Por porción		
Calorías	647	356
Grasa total g	36.6	4.1
Grasa saturada g	15.6	0.6
Colesterol mg	82	0

Esta sopa me recuerda a una sopa estadounidense llamada corn chowder, *pero la versión mexicana no tiene crema ni mantequilla, por tanto es naturalmente baja en grasa. Un vendedor que trabaja cerca del mercado central en Oaxaca me inspiró a crear esta receta. Para hacerla un poco más picante, le agrego unos chiles poblanos asados y cebollas.*

1 chile poblano (use guantes para manipularlo) o 1 pimiento (ají) verde

1 cebolla mediana, cortada en cuatro pedazos

2 dientes de ajo

2 tazas de granos de elote (maíz) frescos o descongelados

6 ramitas de epazote fresco o seco

1 hoja de laurel

4 tazas de Caldo de pollo (página 434) o de consomé de pollo sin grasa de sodio reducido

Sal y pimienta negra molida

1 lima (limón verde), cortado en 4 pedazos

1–2 cucharadas de chile puro en polvo

Precaliente el asador (*broiler*) del horno. Precaliente un comal (una sartén grande para tortillas) a fuego mediano-alto.

Ase el chile poblano o pimiento verde, la cebolla y el ajo en el comal hasta que queden bien tostados. Tomará 3 ó 4 minutos para asar el ajo; para el chile y la cebolla, tomará de 6 a 8 minutos. Póngalos en un plato para que se enfríen. Raspe el chile poblano o el pimiento para quitarle la mayor cantidad posible de la piel. Pique el chile, la cebolla y el ajo muy finos.

Combine el chile, la cebolla, el ajo, los granos de elote, 2 ramitas de epazote, la hoja de laurel y el caldo en una cacerola grande. Deja que rompa a hervir. Reduzca a fuego mediano-lento y hierva durante 8 a 10 minutos, o hasta que el elote esté suave. Saque y tire la hoja de laurel. Ponga la sopa en una licuadora (batidora) y muela muy bien. Póngala de nuevo en la cacerola. Sazone con sal y pimienta.

Sirva la sopa en platos individuales y decore cada uno con una ramita de epazote o espolvoréelos con epazote seco. Añada un chorrito de jugo de limón verde y espolvoree chile en polvo en cada plato.

Para 4 porciones

SOPA DE PLÁTANO

Cuba; Puerto Rico

Vistazo nutricional	Antes	Después
Por porción		
Calorías	269	195
Grasa total g	12.9	4.4
Grasa saturada g	6.1	0.7
Colesterol mg	24	0.2

Los plátanos verdes son un remedio casero de la cocina latinoamericana para los dolores de estómago. Mis vecinos cubanos hacen esta sopa cuando alguien en la familia tiene un dolor de estómago.

1	cucharada de aceite de oliva extra virgen		2	plátanos verdes (plátanos machos), pelados (vea el Consejo de cocina en la página 87)
1	cebolla pequeña, picada muy fina		1	manojo de cilantro sin tallos, picado muy fino
1	zanahoria, picada muy fina		1–1½	cucharaditas de comino molido
1	tallo de apio, picado muy fino		1	hoja de laurel
2	dientes de ajo, picados en trocitos			Sal y pimienta negra molida
4–4¼	tazas de Caldo de pollo (página 434) o de consomé de pollo sin grasa de sodio reducido			

Caliente el aceite a fuego mediano en una cacerola grande y pesada. Agregue la cebolla, la zanahoria, el apio y el ajo, y fría sin tapar de 3 a 4 minutos, o hasta que las cebollas estén suaves pero no doradas. Agregue 4 tazas de caldo o el consomé y deje que rompa a hervir a fuego alto. Agregue los plátanos, la mitad del cilantro, 1 cucharadita de comino y la hoja de laurel. Sazone con sal y pimienta. Deje que rompa a hervir nuevamente, baje el fuego a mediano-lento y hierva sin tapar de 40 a 50 minutos, o hasta que los plátanos estén muy suaves.

Saque y tire la hoja de laurel. Pase la mitad de la sopa a una licuadora (batidora) y muela muy bien. Viértala de nuevo en la cacerola. Si la sopa está demasiado espesa, agregue un poco de caldo. Sazone con más sal y comino, si así lo desea. Añada el cilantro restante.

Para 4 porciones

TOTOPOS (PÁGINA 86); MARIQUITAS (PÁGINA 87);
PICO DE GALLO (PÁGINA 340); MOFONGO (PÁGINA 90); GUACAMOLE (PÁGINA 92)

CAZUELITO DE FRIJOLES (PÁGINA 96)

PASTELILLOS DE CERDO A LO PUERTORRIQUEÑO (PÁGINA 98); EMPANADAS DE RES Y PAPAS (PÁGINA 100); EMPANADAS DE GUAYABA Y QUESO (PÁGINA 97)

121

CÓCTEL DE CAMARONES (PÁGINA 110)

CARIMAÑOLAS (PÁGINA 106)

SOPA DE LIMA (PÁGINA 146)

CEVICHE A LO PERUANO (PÁGINA 111)

GAZPACHO (PÁGINA 136)

SOPA DE FRIJOLES NEGROS A LO CUBANO (PÁGINA 140)

ENSALADA DE QUINUA (PÁGINA 165)

SOPA DE ELOTE (PÁGINA 117)

¡Rapidito!

SOPA DE HONGOS Y FLOR DE CALABAZA

México

Vistazo nutricional	Antes	Después
Por porción		
Calorías	309	205
Grasa total g	17.8	4.1
Grasa saturada g	8.5	0.7
Colesterol mg	38	3

Oscar Rodríguez, el chef *del restaurante La Valentina, es uno de los* chefs *de más experiencia en toda la Ciudad de México. Su genio consiste en lograr resultados extraordinarios combinando ingredientes comunes. Un buen ejemplo es la sopa de flores de calabaza y hongos que presentamos a continuación. El único cambio que he hecho es usar leche evaporada descremada en lugar de la leche evaporada regular. También le he agregado un poco de harina para espesarla, ya que la leche descremada no es muy espesa.*

1	cucharada de manteca o de aceite de oliva
1	cebolla mediana, picada muy fina
2	dientes de ajo
16	onzas (448 g) de hongos, picados en rodajas muy finas
16	flores de calabacín (*zucchini*) o flores de calabaza tipo *squash*, picadas en diagonal en rodajas muy finas
1	cucharada de harina de trigo
1	lata de 14 onzas (420 ml) de leche evaporada descremada
3½	tazas de Caldo de pollo (página 434) o de consomé de pollo sin grasa de sodio reducido
	Sal y pimienta negra molida
¼	taza de perejil liso fresco picado

Caliente la manteca o el aceite a fuego mediano en una cacerola grande. Agregue la cebolla y el ajo. Fría durante unos 4 minutos, o hasta que los vegetales estén suaves y traslúcidos pero no dorados. Agregue los hongos y fría durante unos 6 minutos, revolviendo con frecuencia, o hasta que estén suaves y la mayor parte del líquido que soltaron se haya evaporado. Agregue las flores de calabaza y fría durante unos 3 minutos, o hasta que estén marchitas. Agregue la harina y fría durante 2 minutos. Agregue la leche evaporada, suba el fuego a alto y deje que rompa a hervir. Agregue el caldo y deje que rompa a hervir otra vez. Baje el fuego a mediano-lento y hierva de 5 a 8 minutos, o hasta que se hayan mezclado bien todos los sabores y los vegetales estén suaves. Sazone con sal y pimienta.

Justo antes de servir la sopa añada el perejil. Hierva durante 1 minuto más.

Para 4 porciones

Variación

Sopa de hongos y squash: En lugar de la flor de calabaza o de *squash*, use 1 taza de calabaza (calabaza de Castilla) o de calabaza tipo *butternut squash*, picada muy fina. Hierva la sopa de 10 a 15 minutos después de agregar el caldo o consomé, o hasta que el *squash* esté suave.

GAZPACHO

España

Vistazo nutricional	Antes	Después
Por porción (1 taza)		
Calorías	247	83
Grasa total g	21	2.4
Grasa saturada g	2.8	0.3
Colesterol mg	0	0

Esta sopa fría de Andalucía es uno de los tesoros nacionales de España. La gente disfruta de este plato en toda España y también en toda Latinoamérica. Para crear una versión baja en grasa, sustituí un poco del aceite de oliva de la receta típica por caldo vegetal. Para no perder el sabor que aporta el aceite de oliva, le rocío un poco de aceite de oliva extra virgen sobre la sopa; de esa forma, lo primero que uno prueba es el aceite de oliva.

6   tomates grandes y bien maduros, sin centro

2   pepinos, pelados

1   pimiento (ají) rojo, cortado en cuatro pedazos

1   pimiento (ají) verde, cortado en cuatro pedazos

1   cebolla morada mediana, cortada en cuatro pedazos

4   cebollines limpios

2   dientes de ajo, pelados

2–2¼ tazas de Caldo vegetal (página 434) o de consomé vegetal sin grasa de sodio reducido

4–6 cucharadas de vinagre de vino tinto

2   rebanadas de pan blanco tradicional sin corteza, picado

Sal y pimienta negra molida

3   cucharadas de perejil liso fresco picado muy fino

1–2 cucharadas de aceite de oliva extra virgen

Quite la semilla a 1 tomate y píquelo muy fino. Póngalo aparte en un platón hondo pequeño. Corte los demás tomates en cuatro pedazos. Pique 1 pepino muy fino y póngalo aparte en un platón hondo pequeño. Pique muy fino 1 cuarto de pimiento rojo y 1 cuarto de pimiento verde y póngalos aparte en un platón hondo pequeño. Pique muy fino 1 cuarto de cebolla y póngalo aparte en un platón hondo pequeño. Pique muy finos los tallos verdes del cebollín y póngalos aparte en un platón hondo pequeño.

Ponga en una licuadora (batidora) la parte blanca del cebollín, los 3 cuartos restantes de la cebolla, el ajo, 2 tazas de caldo, 4 cucharadas de vinagre, el pan y lo que resta de tomate, pepino y pimiento. Muélalo todo muy bien. El gazpacho debe quedar espeso, pero se debe poder verter; agregue un poco más de caldo, de ser necesario. Sazone con sal y pimienta. Pase el gazpacho a un tazón (recipiente) grande y agregue el perejil. Tápelo y póngalo en el refrigerador durante por lo menos 30 minutos, para que los sabores se manifiesten.

Justo antes de servir el gazpacho, añádale más sal, pimienta y vinagre, si así lo desea. Tiene que quedar muy condimentado. Sírvalo en platos individuales para sopa y agréguele a cada una un poco de aceite de oliva. Ponga los platones hondos con los vegetales picados en la mesa con cucharas, y permita que cada comensal aderece su gazpacho con tomate, pepino, pimiento rojo y verde, tallos de cebollín y cebolla.

Para 8 porciones

YUCASSOISE

Estados Unidos

Vistazo nutricional	Antes	Después
Por porción		
Calorías	476	264
Grasa total g	33.1	3.9
Grasa saturada g	18.8	0.6
Colesterol mg	109	1

Una de las características más distintivas de la cocina latina-estadounidense conocida como "Nuevo Latino" es su modo de jugar con los diferentes sabores. Otra es su tendencia de tomar ingredientes y métodos de cocción de las cocinas internacionales. Estas características se combinan para brindarnos esta sopa refrescante, una versión latina de la famosa sopa francesa vichyssoise de puerros de papa (vichyssoise potato leek soup). Hace unos cuantos años, la sopa Yucassoise era una de las especialidades del restaurante Yuca de Miami. Para hacerla más baja en grasa, yo sustituyo la crema demasiado rica con leche descremada evaporada y crema agria sin grasa. Sin embargo, estas variaciones no cambiaron lo más importante: el sabor. Mi nueva versión es tan sabrosa como la original, ¡pruébela y verá!

1½ cucharadas de aceite de oliva

3 puerros (poros) limpios, lavados y picados muy finos

5 cebollines con las partes blancas y los tallos verdes picados muy finos por separado

2 dientes de ajo, picados en trocitos

1 libra (448 g) de yuca pelada, sin centro y picada en tiras de 3" (8 cm) × ½" (1 cm)

3½–4 tazas de Caldo de pollo (página 434) o de consomé de pollo sin grasa de sodio reducido

1 taza de leche evaporada descremada

1 hoja de laurel

1 taza de crema agria sin grasa

Sal y pimienta blanca o negra molida

3 cucharadas de cebollino (*chives*) picado

Caliente el aceite a fuego mediano en una cacerola grande y pesada. Agregue los puerros, la parte blanca del cebollín y el ajo, y fría durante unos 5 minutos, revolviendo con frecuencia, o hasta que los vegetales estén suaves pero no dorados. Agregue la yuca, 3½ tazas de caldo, la leche evaporada y la hoja de laurel.

(continúa)

Tape la cacerola sin cerrarla por completo y cocine durante unos 15 minutos, hasta que la yuca esté blanda cuando se pincha con un tenedor. Agregue la crema agria y cocínelo durante unos 5 minutos, o hasta que la yuca esté bien blanda. Sazone con sal y pimienta negra o blanca. Saque y tire la hoja de laurel.

Pase todos los ingredientes a una licuadora (batidora) y muélalos muy bien. Cuele la sopa en un platón hondo y déjela enfriar a temperatura ambiente. Tápela y póngala en el refrigerador durante unas 4 horas, o hasta que esté fría. La sopa debe tener la consistencia de la crema espesa. Si está demasiado espesa, agregue un poco más de caldo. Pruebe y sazone con más sal y pimienta, si así lo desea. Incorpore 1½ cucharadas de cebollino picado. Sirva la sopa en platos individuales y decore cada uno con el resto del cebollino picado y con los tallos verdes picados del cebollín.

Para 6 porciones (6 tazas)

¡*Rapidito!*

SOPA DE CILANTRO

México

Vistazo nutricional	Antes	Después
Por porción (1 taza)		
Calorías	442	167
Grasa total g	31.4	5.3
Grasa saturada g	11.9	0.1
Colesterol mg	68	13

Para la gente que disfruta del cilantro, he aquí una receta especial. Y aun si piensa que no le gusta el cilantro, le aconsejo que pruebe la sopa, porque la cocción a fuego lento transforma por completo el sabor distintivo de la hierba. La inspiración para hacer esta receta provino de uno de los restaurantes más elegantes de la Ciudad de México, La Valentina.

1	chile poblano grande o 2 pequeños (use guantes de plástico al manipularlos)
2	manojos de cilantro fresco, sin los tallos
1	cebolla mediana, picada en trozos grandes
2	dientes de ajo, picados muy finos
4½	tazas de Caldo de pollo (página 434) o de consomé de pollo sin grasa de sodio reducido (vea el Consejo de cocina)

Sal y pimienta negra molida

1	tortilla de maíz de 6" (15 cm) de diámetro, picada en tiras muy delgadas
2	cucharadas de crema agria sin grasa
2	cucharadas de queso fresco o de queso romano rallado grueso

Precaliente el quemador eléctrico o el asador (*broiler*) del horno o prenda el quemador de gas a fuego alto. Ponga los chiles directamente sobre el quemador o debajo del asador. Áselos de 6 a 8 minutos, dándoles la vuelta de vez en cuando, o hasta que queden bien tostados por todos los lados. Póngalos en una bolsa de papel (cartucho, estraza). Cuando se hayan enfriado lo bastante para manipularlos, ráspeles toda la piel con un cuchillo de pelar, usando guantes de plástico. No se preocupe si quedan unos pedacitos de piel tostada. Parta los chiles, sáqueles las semillas y tírelas.

Ponga los chiles, los cilantros, la cebolla y el ajo en una licuadora (batidora) o en un procesador de alimentos y muélalos muy bien. Ponga la mezcla en una cacerola grande y agregue el caldo o consomé. Hierva a fuego mediano-alto de 5 a 8 minutos. La sopa debe quedar muy condimentada. Añada sal y pimienta. Baje el fuego y manténgala caliente.

Mientras tanto, precaliente el horno a 400°F (206°C).

Coloque las tiras de tortilla sobre una bandeja de hornear antiadherente. Hornee durante unos 3 minutos, o hasta que queden ligeramente tostadas. Póngales en un plato para que se enfríen.

Sirva la sopa en platos individuales. Ponga 1½ cucharaditas de crema agria en el centro de cada plato. Reparta las tiras de tortilla entre los platos y espolvoree cada uno con 1½ cucharaditas de queso.

Para 4 porciones

Consejo de cocina

◆ Puede usar agua en lugar del caldo, si así lo desea.

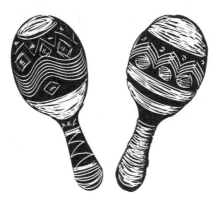

SOPA DE FRIJOLES NEGROS A LO CUBANO

Cuba

Vistazo nutricional	Antes	Después
Por porción		
Calorías	424	275
Grasa total g	18.3	5
Grasa saturada g	6.4	0.9
Colesterol mg	27	4

Cuando se trata de comidas que nos llenan en cuerpo y alma, esta sopa es única en su clase. Lo que hace que la versión cubana sea tan rica es un sustancioso sofrito que les da sabor a los frijoles. Para crear una consistencia rica y cremosa sin grasa adicional, una parte de los frijoles se hace puré. Para reducir la cantidad de grasa saturada, yo uso tocino canadiense en vez del tocino regular, y aceite de oliva en vez de la grasa del tocino.

1	libra (448 g) de frijoles (habichuelas) negros secos, limpios y lavados
9	tazas de agua
6	ajíes cachuchas o ajíes dulces o ½ ají (pimiento) verde, sin centro ni semillas
6	dientes de ajo, pelados
1	hoja de laurel
2	cebollas medianas
1	clavo de olor entero
2	cucharadas de aceite de oliva extra virgen
1	ají (pimiento) verde, picado muy fino

2	tallos de apio, picados muy finos
2	onzas (56 g) de tocino canadiense, picado en tiras finas
½	taza de vino blanco seco o de vino blanco sin alcohol
1–1½	cucharada de vinagre de vino tinto
1	cucharadita de comino molido
1	cucharadita de orégano
	Sal y pimienta negra molida
¼	taza de crema agria sin grasa
¼	taza de tallos verdes de cebollín, picados muy finos

Ponga los frijoles negros y el agua en una olla grande y pesada y déjelos remojar en el refrigerador durante toda la noche. Puede omitir este paso si va a utilizar una olla de presión (olla exprés).

Al día siguiente agregue los ajíes cachuchas o el ají y 2 dientes pelados de ajo a los frijoles. Corte una de las cebollas a la mitad y sujete la hoja de laurel a una de las mitades con un clavo; agregue ambas mitades de cebolla a los frijoles. Deje que rompa a hervir a fuego alto. Baje el fuego a lento, tape la olla dejándola parcialmente abierta y hierva durante 1 hora, revolviendo de vez en cuando, o hasta que los frijoles estén suaves. También es posible cocinar los frijoles y los vegetales en una olla de presión. En este caso, los frijoles remojados tardan unos 7 minutos en cocinarse; y los frijoles sin remojar, unos 15 minutos.

Caliente el aceite de oliva a fuego mediano en una sartén antiadherente grande. Pique muy fina la segunda cebolla y pique en trocitos los 4 dientes de ajo restantes. Agregue la cebolla y el ajo a la sartén junto con el ají, el apio y el tocino canadiense. Fría durante 4 minutos, o hasta que los vegetales estén suaves pero no dorados.

Agregue los vegetales a los frijoles, así como el vino, el vinagre, el comino y el orégano. Sazone con sal y pimienta. Tape y baje el fuego a mediano-lento. Hierva durante 10 minutos, o hasta que los frijoles estén muy suaves.

Saque y tire la hoja de laurel, las mitades de cebolla y los dientes de ajo. Con una cuchara calada, pase 2 tazas de frijoles a un tazón (recipiente) y aplástelos con la parte de atrás de un cucharón de madera, o bien muélalos en un procesador de alimentos o licuadora (batidora). Incorpore los frijoles molidos o aplastados a la sopa. Sazone con más sal, pimienta o vinagre, si así lo desea.

Sirva la sopa en platos individuales y decore cada uno con una cucharada de crema agria. Añada el cebollín.

Variación regional

Potaje guatemalteco: Omita los ajíes cachuchas o el ají verde al cocinar los frijoles. Omita el ají verde y el apio al preparar el sofrito. En lugar de vino blanco, use jerez seco y omita el vinagre, el comino y el orégano.

Para 8 porciones

Consejo de cocina

✦ Aunque no son exactamente iguales, los ajíes cachuchas cubanos pueden ser sustituidas por los ajíes dulces puertorriqueños y viceversa . También tiene la opción de sustituir otro tipo de pimiento por estos dos: los chiles *rocotillos*, que se pueden encontrar en muchos supermercados.

SOPA TARASCA

México

Vistazo nutricional	Antes	Después
Por porción		
Calorías	314	189
Grasa total g	16.9	3.1
Grasa saturada g	4.1	0.4
Colesterol mg	12	0

Esta rica sopa hecha de frijoles proviene del estado mexicano de Michoacán, cuna de la tribu prehispánica de los tarascos. Asar las cebollas, los tomates y los chiles le da tanto sabor a la sopa que no necesita mucha grasa. El chile preferido para hacerla es el pasilla. Si no está disponible, use chiles anchos secos o 2 cucharaditas de polvo puro de chile.

3	tomates maduros sin el pedazo del tallo
1	cebolla, cortada en cuatro pedazos
3	dientes de ajo
1	chile jalapeño fresco (cuaresmeño) sin semilla (use guantes de plástico al manipularlos)
2	chiles pasilla o anchos (use guantes de plástico al manipularlos)
3–3¼	tazas de Caldo de pollo (página 434) tibio o de consomé de pollo sin grasa de sodio reducido
3	cucharadas de cilantro fresco picado muy fino

1½	cucharadas de manteca o de aceite de oliva
3	tazas de frijoles pintos cocidos o de lata, lavados y escurridos
	Sal y pimienta negra molida
1	tortilla de maíz de 6" (15 cm) de diámetro, picada en tiras delgadas
3	cucharadas de crema agria sin grasa
1	cucharada de cebollino (*chives*) o de tallos verdes de cebollín, picados

Precaliente el asador (*broiler*) del horno.

Ponga en una olla (charola) para asar los tomates, la cebolla, el ajo y el chile jalapeño. Ase durante 3 minutos por cada lado, volteando de vez en cuando, o hasta que los vegetales estén bien tostados. Páselos a una licuadora (batidora).

Abra los chiles y saque las semillas, usando guantes de plástico. Ase los chiles pasilla o anchos durante 10 segundos por cada lado, o hasta que estén levemente tostados. Tenga cuidado, porque se queman fácilmente. Páselos a un tazón (recipiente) pequeño y agregue 1 taza de caldo tibio. Déjelos remojar durante 15 minutos, o hasta que estén suaves. Guarde el caldo. Pase los chiles y el cilantro a la licuadora y muela todo muy bien.

Caliente la manteca o el aceite a fuego mediano en una cacerola grande y honda. Agregue los vegetales molidos. Fría durante 5 minutos, revolviendo constantemente, o hasta que espese. Agregue los frijoles, las últimas 2 tazas de caldo, sal y pimienta y hierva durante 8 minutos. Pase la sopa a una licuadora y muela. Viértala de nuevo en la cacerola. Si la sopa está demasiado espesa, agregue un poco de caldo. Sazone con más sal, si así lo desea.

Mientras tanto, precaliente el horno a 400°F (206°C).

Coloque las tiras de tortilla sobre una bandeja de hornear. Hornee durante 3 minutos, o hasta que estén crujientes.

Sirva la sopa en platos individuales. Póngales a cada uno 1½ cucharaditas de crema agria. Añada las tiras de tortilla y el cebollino o el cebollín.

Para 6 porciones

Consejo de cocina

✦ Para darle un toque especial, bata la crema agria hasta que esté cremosa y póngala en una botella de plástico que sirva de "manga". Las botellas de plástico que los restaurantes usan para el *catsup (ketchup)* sirven muy bien. Decore la sopa con líneas onduladas o en zigzag de crema.

CALDO GALLEGO

Cuba; Puerto Rico;
República Dominicana

Vistazo nutricional	Antes	Después
Calorías	420	219
Grasa total g	22.6	4.6
Grasa saturada g	8.2	0.7
Colesterol mg	69	4

Esta sopa es de Galicia, una región de España localizada en el noroeste del país en la costa atlántica. *Cuando los gallegos emigraron al Caribe, trajeron esta sopa clásica y sustanciosa. La receta tradicional usa una gran cantidad de carne de puerco y chorizo. Para hacer una versión más saludable, yo uso jamón magro al estilo campesino curado en seco. Busque este jamón en el supermercado con el nombre de* country-style dry cured ham *o* serrano ham. *Para hacer la sopa más rápidamente, yo uso frijoles enlatados.*

1 cucharada de aceite de oliva extra virgen

1 cebolla mediana, picada muy fina

1 onza (28 g) de jamón serrano o *prosciutto*, picado en trozos de ¼" (6 mm)

2 dientes de ajo, picados en trocitos

4 tazas de Caldo de pollo (página 434) o de consomé de pollo sin grasa de sodio reducido

1 papa mediana, pelada y picada en trozos de ½" (1 cm)

1 lata de 19 onzas (532 g) de frijoles (habichuelas) blancos, lavados y escurridos

1 hoja de laurel

8 onzas (224 g) de berzas (repollo, bretón, *collard greens*) o col rizada fresca o descongelada

Sal y pimienta negra molida

Caliente el aceite a fuego mediano en una cacerola grande. Agregue la cebolla, el jamón o el *prosciutto* y el ajo. Fría durante unos 5 minutos, o hasta que la cebolla esté suave y traslúcida pero no dorada. Agregue el caldo o consomé, la papa, los frijoles blancos y la hoja de laurel. Hierva durante 5 minutos, o hasta que la papa esté casi cocida.

Corte los tallos a las berzas o la col rizada y tírelos. Enrolle las hojas y píquelas en diagonal en tiras de ½" (1.2 cm). Agregue las berzas o la col rizada a la sopa y hierva durante 5 minutos, o hasta que los vegetales y las papas estén suaves. Con la parte de atrás de un cucharón de madera, aplaste más o menos la cuarta parte de los frijoles blancos y la papa contra el costado de la cacerola para hacer más espesa la sopa. Hierva durante 1 minuto. Sazone con sal y pimienta. Saque y tire la hoja de laurel.

Para 4 porciones

Variación

Caldo vegetariano: Use caldo vegetal en lugar del caldo de pollo. Omita el jamón o sustitúyalo por salchicha tofu, la cual se encuentra en los congeladores de muchos supermercados. Agregue unas cuantas gotas de *liquid smoke*.

¡Rapidito!

GARBANZOS CRIOLLOS

Puerto Rico; Cuba

Vistazo nutricional	Antes	Después
Por porción		
Calorías	305	255
Grasa total g	12.3	6.6
Grasa saturada g	4.4	0.9
Colesterol mg	15	0

En cierto sentido, me parece que lo fundamental de la cocina caribeña es el sofrito, una mezcla frita de cebollas, ajo, pimientos y culantro (recao), dado que forma una parte integral de tantos platillos caribeños como este. Cuando se sirve con arroz, este guiso nos aporta una fuente completa y nutritiva de proteínas. Se hace en sólo 30 minutos. Para hacerlo al estilo boricua, use los ajíes dulces (página 66) y el recao en la página 77. Si estos no están disponibles, los ajíes cachuchas y el cilantro son buenos sustitutos.

1½	cucharadas de aceite de oliva
1	cebolla muy pequeña, picada muy fina
4	cebollines limpios y picados muy finos
6	ajíes dulces o ajíes cachuchas sin semilla, picados
1	pimiento (ají) rojo, picado
3	dientes de ajo, picados en trocitos
½	cucharadita de comino molido
½	cucharadita de orégano
2	tomates maduros sin semilla, picados
3	cucharadas de cilantro fresco picado

4	hojas de recao (culantro), picadas muy finas, o 1 cucharada de cilantro fresco picado
6	cucharadas de perejil liso fresco picado
3	cucharadas de pasta de tomate
2	tazas de Caldo vegetal (página 434) o de consomé vegetal sin grasa de sodio reducido
2	papas medianas, peladas y picadas en trozos de 1" (3 cm)
2	latas de 15 onzas (420 g) de garbanzos, lavados y escurridos
	Sal y pimienta negra molida
1	tomate sin semilla, cortado en rodajas finas

Caliente el aceite a fuego mediano en una sartén antiadherente grande. Fría la cebolla, el cebollín, los ajíes dulces o cachuchas, el pimiento rojo, el ajo, el comino y el orégano durante 5 minutos, o hasta que los vegetales estén suaves pero no dorados. Agregue el tomate, el cilantro, el recao y 3 cucharadas de perejil. Fría durante 5 minutos, o hasta que la mayor parte del líquido se haya evaporado y la mezcla esté espesa y aromática.

Agregue la pasta de tomate y fría durante 1 minuto. Agregue el caldo, suba el fuego a alto y deje que rompa a hervir. Agregue la papa, baje el fuego a mediano y hierva durante 6 minutos. Agregue los garbanzos y hierva durante 6 minutos, o hasta que la papa quede suave, la sopa esté espesa y se hayan mezclado bien todos los sabores. Sazone con sal y pimienta. Sirva en un platón hondo y añada las rodajas de tomate. Agregue las 3 cucharadas restantes de perejil.

Para 6 porciones

SOPA DE LIMA

México

Vistazo nutricional	Antes	Después
Por porción		
Calorías	612	389
Grasa total g	37.9	10.5
Grasa saturada g	8.6	2.3
Colesterol mg	136	118

A *pesar de su nombre, esta es la mejor sopa de pollo que he probado en toda mi vida. Además, es supernutritiva. El jugo de lima tiene mucha vitamina C, que fortalece nuestro sistema inmunológico. Además, los chiles usados en esta sopa son maravillosos para descongestionar los senos. Otro ingrediente potente de esta sopa es el ajo, que es un antibiótico. Por todo lo anterior, esta sopa es un excelente remedio contra el resfriado (catarro).*

4	tortillas de maíz de 6" (15 cm) de diámetro, picadas en tiras finas	4	tazas de Caldo de pollo (página 434) o de consomé de pollo sin grasa de sodio reducido
1	tomate maduro grande, picado a la mitad y sin semillas	1½	tazas de pechuga de pollo cocido deshebrado (desmenuzado)
1	cucharada de aceite de oliva	1	hoja de laurel
1	cebolla mediana, picada muy fina	4–6	cucharadas de jugo de lima (limón verde)
8	dientes de ajo, picados muy finos	¼	taza de cilantro fresco picado
2–8	chiles serranos, picados en rodajas finas (use guantes de plástico al manipularlos)		Sal y pimienta negra molida

Precaliente el horno a 400°F (206°C).

Coloque las tiras de tortilla sobre una bandeja de hornear . Hornee durante 3 minutos, o hasta que estén levemente tostadas. Póngalas en un plato para que se enfríen.

Corte el tomate a la mitad horizontalmente y sáquele las semillas. Ralle ambas mitades por la parte más gruesa de un rallador de mano sobre un plato. Tire la piel.

Caliente el aceite a fuego mediano en una cacerola grande. Agregue la cebolla, el ajo y los chiles y fría durante 4 minutos, o hasta que las cebollas estén suaves pero no doradas. Agregue el tomate rallado, el caldo o consomé, el pollo y la hoja de laurel. Hierva durante 5 minutos. Agregue 4 cucharadas de jugo de lima, el cilantro, sal y pimienta. Tire la hoja de laurel. Pruebe y agregue más jugo de limón, si así lo desea. Sirva la sopa en platos individuales y añada a cada uno con las tiras tostadas de tortilla.

Para 4 porciones

Consejo de cocina

✦ Si le gusta mucho el picante, agregue la cantidad completa de chiles serranos.

CALDO TLALPEÑO

México

Vistazo nutricional	Antes	Después
Por porción		
Calorías	572	238
Grasa total g	31	6.5
Grasa saturada g	9.5	1.3
Colesterol mg	205	64

Esta sopa es perfecta para las noches frías de invierno. Los chiles chipotles contribuyen a darle "calorcito" a este caldo: es decir, lo ponen picante, y así es como se originó en Tlalpán, México. La receta tradicional se prepara con un pollo entero, pero yo lo hago con pechugas de pollo para hacerlo más bajo en grasa.

2–4	chiles chipotles secos o de lata
2	tomates maduros
1	cucharada de manteca o de aceite de oliva
1	cebolla, picada muy fina
2	dientes de ajo, picados muy finos
4	cebollines picados muy finos

1	libra (448 g) de pechuga de pollo deshuesada y despellejada, picada en trozos de ½" (1 cm)
1	lata de 15 onzas (420 g) de garbanzos, lavados y escurridos
6	tazas de Caldo de pollo (página 434) o de consomé de pollo sin grasa de sodio reducido
2	ramitas de epazote
	Sal y pimienta negra molida

Si usa chiles secos, quíteles el tallo y ábralos a la mitad (use guantes de plástico al tocarlos). Saque y tire la semilla. Ponga los chiles en un tazón (recipiente) pequeño y cúbralos con agua tibia. Déjelos remojar durante unos 30 minutos, o hasta que se suavicen. Escurra muy bien. Si usa chiles de lata, no les tiene que hacer nada.

Ponga un comal (plancha para calentar tortillas) o una sartén antiadherente grande a calentar a fuego mediano-alto. Ase los tomates durante unos 8 minutos, volteándolos de vez en cuando, o hasta que la piel esté bien tostada y cubierta de ampollas. Póngalos en un plato para que se enfríen. Raspe la piel quemada con un cuchillo de pelar y sáqueles el centro. Páselos a una licuadora (batidora) y agregue los chiles. Muela todo muy bien.

Caliente la manteca o el aceite a fuego mediano en una cacerola grande. Agregue la cebolla, el ajo y la mayor parte del cebollín. (Guarde 3 cucharadas de tallos verdes de cebollín como adorno.) Fría durante unos 5 minutos, revolviendo con frecuencia, o hasta que los vegetales estén levemente dorados. Suba el fuego a alto y agregue el tomate molido. Fría durante unos 5 minutos, revolviendo con frecuencia, o hasta que el sofrito esté espeso y aromático. Agregue el pollo, los garbanzos, el caldo y el epazote. Sazone con sal y pimienta a gusto. Baje el fuego a mediano y hierva durante unos 20 minutos, o hasta que el pollo pierda su color rosado y se hayan mezclado bien todos los sabores del caldo.

Sirva el caldo en platos individuales y añada los tallos verdes de cebollín.

Para 6 porciones

SUPERALIMENTO LATINO: EL TOMATE

El tomate es un ingrediente imprescindible en la cocina latina que da sabor a una infinidad de platillos, desde una ensalada fresca hasta esas salsas picantes tan características. Sin embargo, ¿sabía usted que posiblemente también resulte clave para prevenir muchos tipos de cáncer y que puede ayudarle a tener una vida más larga y sana?

El tomate es uno de los pocos alimentos que contienen licopena. Este poderoso antioxidante detuvo el crecimiento de células cancerosas de la mama, del pulmón y del útero en los tubos de ensayo de un estudio llevado a cabo por investigadores en Israel. Otra investigación estudió a casi 48,000 hombres durante un período de cinco años y llegó a la conclusión de que los hombres que consumían la mayor cantidad de licopena, en alimentos como tomate fresco, salsa y jugo de tomate e incluso pizza, corrían mucho menos riesgo de contraer cáncer de la próstata que aquellos que comían poco o nada de tomate. La licopena puede eliminar los radicales libres y asi proteger al cuerpo contra estos compuestos reactivos que tal vez lesionen el ADN y causen cáncer.

Hasta es posible que la licopena le ayude a seguir tan activo como siempre cuando llegue a una edad madura. Varios investigadores de las universidades de Kentucky y Minnesota descubrieron que, de un grupo de 88 monjas entre los 77 y los 98 años de edad, las que comían los alimentos con mayor contenido de licopena eran más capaces de bañarse, comer, caminar y vestirse sin ayuda, que las monjas que comían menos licopena.

Quizá la licopena también ayude a proteger contra esa molesta comezón que ataca sin causa aparente. De acuerdo con un estudio llevado a cabo en Italia, las personas que consumen más frutas y vegetales a la semana, particularmente una porción diaria de tomate, son menos propensas a sufrir psoriasis que la gente que los come menos.

Su salud también le agradecerá las vitaminas que contiene el tomate. Este es una fuente rica de vitaminas A y C. Un solo tomate mediano aporta el 15 por ciento del Valor Diario de vitamina A, que es un nutriente que refuerza al sistema inmunológico y ayuda a prevenir el cáncer. También cubre casi el 40 por ciento del Valor Diario de la vitamina C, la cual ayuda a aliviar a casi todo, desde cataratas hasta enfermedades cardíacas.

CHUPE DE CAMARONES

Ecuador

Esta sopita sustanciosa es puro sabor ecuatoriano. Yo uso leche evaporada descremada en vez de leche regular y sólo un tantito de mantequilla para reducir al mínimo la cantidad de grasa. Trate de conseguir los camarones con cabezas, pues mejorarán el sabor significativamente.

4 tazas de Caldo de pescado (página 435) o de jugo de almeja embotellado	2 papas, peladas y picadas en trozos de ½" (1 cm)
1 libra (448 g) de camarón limpio o 1½ libras (672 g) de camarón con cabeza, si lo consigue, pelado y desvenado (guarde las cáscaras)	4 porciones de pasta de lasaña, partidas en trozos de 2" (5 cm)
1 cucharada de mantequilla	2 mazorcas de maíz (elotes) deshojadas, picadas en diagonal en trozos de 1" (3 cm)
1 cebolla, picada en trocitos	1 lata de 14 onzas (420 ml) de leche evaporada descremada
1 diente de ajo, picado en trocitos	Sal y pimienta negra molida
3 cucharadas de perejil liso fresco picado	1 limón verde (lima), cortado en 4 pedazos

Ponga en una olla mediana el caldo o el jugo de almeja con las cáscaras. Hierva durante 15 minutos.

Mientras tanto, derrita la mantequilla a fuego mediano en una olla grande y pesada. Agregue la cebolla, el ajo y 2 cucharadas de perejil. Fría durante unos 4 minutos, o hasta que los vegetales estén suaves pero no dorados.

Cuele el caldo y viértalo en la olla con los vegetales. Suba el fuego a alto y deje que rompa a hervir. Agregue la papa, la pasta de lasaña, el maíz, la leche evaporada y el camarón. Baje el fuego a mediano y hierva durante unos 10 minutos, o hasta que la papa y la lasagna estén suaves. Sazone con sal y pimienta.

Sirva la sopa en platos individuales y añada la cucharada restante de perejil. Sirva cada plato con un pedazo de limón verde para exprimir en la sopa.

Para 4 porciones

Consejo de cocina

✦ Si usa camarones con cabezas, compre 1½ libras (672 g). Quíteles las cabezas con un cuchillo afilado y agréguelas al caldo junto con las cáscaras. Las cabezas se quedarán con los otros ingredientes sólidos cuando cuele el caldo para añadirlo a la olla con los vegetales.

SOPA DE HOMBRE

Honduras

Vistazo nutricional	Antes	Después
Por porción		
Calorías	704	331
Grasa total g	41.7	7.6
Grasa saturada g	27.3	1.3
Colesterol mg	291	180

Esta sopa es un remedio tradicional hondureño para la cruda (resaca). La sopa tradicional se hace con una gran cantidad de leche de coco, que es alta en grasa saturada. Yo uso agua de coco, el líquido claro dentro del coco, con un poco de leche de coco ligera para añadirle consistencia y sabor. Si quiere, usted puede variar los mariscos dependiendo de lo que esté disponible en su área y lo que esté más fresco al comprar los ingredientes. Esta receta fue inspirada por Copeland Marks, el autor de un libro fascinante sobre la cocina centroamericana titulado False Tongues and Sunday Breads (*Lenguas falsas y panes domingueros*).

4	cocos maduros		1	hoja de laurel
1	cucharada de aceite de *canola*		1	plátano verde (plátano macho), pelado y picado
1	cebolla, picada muy fina		4	cangrejos (*blue crabs*) vivos, partidos a la mitad (vea el Consejo de cocina)
1	pimiento (ají) rojo, picado muy fino			
2	dientes de ajo, picados muy finos		16	almejas o mejillones pequeños, lavados
½–¾	cucharadita de pimienta roja molida		1	libra (448 g) de camarón, pelado y desvenado
2	tomates maduros sin semilla, pelados y picados muy finos		2	libras (896 g) de filete de lubina (robalo, corvina), bacalao fresco o anón (abadejo, eglefino), picado en trozos de 1" (3 cm)
½	taza de perejil liso fresco, picado muy fino			
¼	taza de pasta de tomate		½	taza de pan rallado (pan molido) fresco, tostado (vea el Consejo de cocina)
1	taza de leche de coco ligera			
5	tazas de Caldo de pescado (página 435) o 4 tazas de jugo de almeja embotellado + 1 taza de agua			Sal y pimienta negra molida

Abra los huequitos de los cocos con un destornillador. Vierta el agua de coco en una taza de medir y póngala aparte. Deben dar unas 2 tazas de agua de coco.

Caliente el aceite a fuego mediano en una olla grande. Agregue la cebolla, el pimiento rojo, el ajo y ½ cucharadita de la pimienta roja. Fría durante unos 5 minutos, o hasta que la cebolla esté suave y traslúcida pero no dorada. Suba el fuego a mediano-alto y agregue el tomate y ¼ taza de perejil. Fría durante 3 minutos. Agregue la pasta de tomate y fría durante 3 minutos. Agregue el agua y la leche de coco, el caldo o el jugo de almeja y agua, la hoja de laurel y el plátano. Deje que rompa a hervir y cocine durante 3 minutos.

Agregue los cangrejos y cocine durante 5 minutos. Agregue las almejas o los mejillones y cocine durante 5 minutos. Agregue el camarón, el pescado y el pan rallado. Sazone con sal y pimienta. Cocine durante unos 5 minutos, o hasta que el plátano esté suave y el caldo se haya espesado un poco. Tire las almejas o mejillones que sigan cerrados o que tengan la concha quebrada.

Agregue el ¼ de taza restante de perejil y hierva durante 1 minuto. Sazone con más sal y pimienta, si así lo desea.

Para 8 porciones

Consejo de cocina

✦ Si no le agrada la idea de partir unos cangrejos vivos, hiérvalos enteros durante unos 10 minutos, o hasta que la concha adquiera un vivo color rojo. Entonces pártalos a la mitad. También puede usar 1 taza de carne de cangrejo, limpia y sin carapacho, agregándola junto con el camarón.

✦ Para preparar ½ taza de pan rallado fresco, quite la corteza a 3 rebanadas de pan blanco viejo. Muela el pan en un procesador de alimentos o en una licuadora (batidora) hasta que se reduzca a migajas.

✦ La leche de coco ligera se consigue en tiendas de productos para la cocina latina y asiática, así como en la sección internacional de muchos supermercados grandes.

AJIACO

Varios países

Vistazo nutricional	Antes	Después
Por porción		
Calorías	814	425
Grasa total g	34.6	11.8
Grasa saturada g	12.2	3.6
Colesterol mg	136	55

El término "ajiaco" se refiere a una clase de guisos parecidos a las sopas que son un plato popular en el Caribe, Centroamérica y Colombia. El origen del nombre está en la palabra "ají", pero lo más probable es que el ajiaco existiera antes de que los españoles llegaran a América, dado que las viandas sustanciosas usadas en el ajiaco fueron usadas primero por los indios taínos y araucanos. Aquí tengo la versión cubana del ajiaco. No se deje intimidar por la larga lista de ingredientes: sólo hay que meterlos en una olla y hervirlos.

12	onzas (336 g) de tasajo (vea el Consejo de cocina)
1¼	libras (560 g) de pecho de res (*beef brisket*) o de espaldilla de res (*flank steak*) a los que se les ha quitado toda la grasa visible
1	libra (448 g) de lomo de cerdo (*pork loin*) o de filete de solomillo (*tenderloin*) magros a los que se les ha quitado toda la grasa visible
2	hojas de laurel
16–20	tazas de agua
1	lata de 14½ onzas (406 g) de tomates pelados, bajos en sodio o regulares, con su jugo
2	cucharadas de aceite de oliva
1	cucharada de Aceite de achiote (página 440) o 1 cucharada de aceite de oliva + ¼ cucharadita de pimentón (paprika) dulce
2	cebollas medianas, picadas muy finas
1	ají (pimiento) verde, picado muy fino
5	dientes de ajo, picados en trocitos
3	cucharadas de cilantro fresco picado
1	cucharada de jengibre fresco picado en trocitos

1	cucharadita de orégano
½	cucharadita de comino molido
8	onzas de malanga (yautía), pelada y picada en trozos de 1" (3 cm)
8	onzas de boniato (batata), pelado y cortado en trozos de 1"
8	onzas de yuca, pelada y picada en trozos de 1"
8	onzas de batata dulce (camote, *sweet potato*), pelado y cortado en trozos de 1"
8	onzas de papa, pelada y picada en trozos de 1"
8	onzas de calabaza o de calabaza tipo *butternut squash*, pelada y picada en trozos de 1"
8	onzas de plátano verde (plátano macho), pelado y picado en trozos de 1"
8	onzas de plátano pintón, pelado y picado en trozos de 1"
2	mazorcas de maíz (elotes), deshojadas y picadas en diagonal en trozos de 1"
¼	taza de jugo de limón verde (lima)
	Sal y pimienta negra molida

Un día antes de preparar el ajiaco, raspe toda la grasa del tasajo. Póngalo en un tazón (recipiente) mediano y cúbralo con agua tibia. Déjelo remojar en el refrigerador durante 12 horas, cambiando el agua 3 veces. Lave la carne cada vez que cambie el agua.

Pique el tasajo, la carne de res y la de cerdo en cubos de 1" (3 cm). Póngalos en una olla grande a fuego alto junto con las hojas de laurel y 16 tazas de agua. Deje que rompa a hervir a fuego alto y quite la espuma que se forme en la superficie. Baje el fuego a mediano y hierva, quitando la espuma de vez en cuando, durante más o menos 1 hora.

Mientras tanto, muela el tomate con su jugo en un procesador de alimentos o licuadora (batidora) y póngalo aparte. Caliente el aceite de oliva y el aceite de achiote y el pimentón a fuego mediano en una sartén antiadherente grande. Agregue la cebolla, el ají verde, el ajo, el cilantro, el jengibre, el orégano y el comino, y fría durante unos 4 minutos, o hasta que las cebollas estén suaves pero no doradas. Agregue los tomates molidos y fría durante 2 minutos más. Vierta los vegetales fritos en la olla grande después de que la carne lleve 1 hora de cocción.

Agregue la malanga, el boniato, la yuca, la batata dulce, la papa, la calabaza o *squash*, el plátano y el maíz. Hierva durante unos 30 a 45 minutos, o hasta que los vegetales y la carne estén muy suaves, y la calabaza y la yuca comiencen a desintegrarse, espesando el caldo. La carne y los vegetales deben estar completamente cubiertos por agua todo el tiempo; si el caldo se evapora demasiado, agregue más agua.

Justo antes de servir, tire la hoja de laurel. Agregue el jugo de limón verde. El ajiaco debe quedar bien condimentado. Añada sal y pimienta.

Para 12 porciones

Consejo de cocina

✦ El tasajo, al que también se le conoce como "carne seca", es una cecina de res que se vende en las tiendas de productos para la cocina latina. Antes de usarlo, raspe la capa de grasa amarillenta que cubre su superficie. Si no consigue tasajo, aumente la cantidad de espaldilla de res (*flank steak*) para esta receta.

✦ Los trozos de mazorca de maíz (elote) se dejan en la sopa y se comen enteros.

AJIACO COLOMBIANO

Colombia

Vistazo nutricional	Antes	Después
Por porción		
Calorías	502	374
Grasa total g	26.5	12.5
Grasa saturada g	9.7	2.8
Colesterol mg	124	81

En Colombia, el ajiaco se hace con pollo y crema. Para reducir la cantidad de grasa que tiene la receta tradicional, yo uso pechugas de pollo sin la piel en vez de un pollo entero y sustituyo la crema por leche evaporada descremada, lo cual le da un toque delicioso. Para ser estrictamente auténtico, usted debe usar guascas, una hierba colombiana que se encuentra en mercados con productos de ese país. Si no la encuentra, pruebe con espárragos enlatados, que son semejantes en cuanto a la consistencia y el sabor.

2 cucharadas de aceite de *canola*

1 cebolla mediana, picada muy fina

5 cebollines con la parte blanca picada muy fina y los tallos verdes picados en rodajas finas por separado

4 dientes de ajo, picados en trocitos

2 cucharadas de cilantro fresco picado

2½ libras (1,120 g) de pechuga de pollo deshuesada y despellejada

8 tazas de agua

1 lata de 14 onzas (420 ml) de leche evaporada descremada

1 hoja de laurel

12 onzas (336 g) de papa blanca, pelada y picada en trozos de 1" (3 cm)

12 onzas de papa tipo *Yukon gold*, pelada y picada en trozos de 1"

12 onzas de papa roja pequeña, lavada y cortada a la mitad o en cuartos

2 mazorcas de maíz (elotes) deshojadas, picadas en diagonal en trozos de 1"

1 manojo de guascas, picadas, o 1 lata de 16 onzas (448 g) de espárragos, escurridos y picados en trozos de ½" (1 cm)

Sal y pimienta negra molida

1 aguacate (palta) maduro

1 cucharada de jugo de limón verde (lima)

3 cucharadas de alcaparras lavadas y escurridas

1 taza de crema agria sin grasa

Caliente el aceite a fuego mediano en una olla grande. Agregue la cebolla, la parte blanca del cebollín, la mitad de los tallos verdes de cebollín, el ajo y el cilantro. Fría durante unos 4 minutos, o hasta que la cebolla esté suave pero no dorada. Agregue el pollo, el agua, la leche evaporada y la hoja de laurel. Suba el fuego a alto, deje que rompa a hervir y quite la espuma que se vaya formando. Baje el fuego a mediano y hierva durante 15 minutos. Agregue la papa, el maíz y las guascas o los espárragos. Hierva durante unos 15 minutos, o hasta que el pollo esté muy suave y la papa se haya cocido. Ponga las pechugas de pollo en un plato y deje que se enfríen. Tire la hoja de laurel. Sazone con sal y pimienta.

Desmenuce (deshebre) el pollo con un tenedor o píquelo fino con un cuchillo. Ponga el pollo en el caldo y hiérvalo durante unos 3 minutos, o hasta que esté bien caliente.

Pele el aguacate, sáquele la semilla y píquelo en cubos de ½" (1 cm). Ponga el aguacate en un tazón (recipiente) y mézclelo con el jugo de limón verde. Entonces ponga la mezcla en un platón hondo pequeño. Ponga las alcaparras, la crema agria y los tallos verdes de cebollín restantes por separado en otros platones hondos pequeños.

Sirva el ajiaco en platos individuales para sopa. Deje que cada invitado aliñe (aderece) su plato con el aguacate, las alcaparras, la crema agria y los tallos verdes de cebollín.

Para 12 porciones

Variación regional

Ajiaco de mariscos: En lugar del pollo, use 2½ libras (1,120 g) de algún pescado de carne blanca y sabor delicado, como el pargo (huachinango, chillo), mero o lubina (robalo, corvina). Cocine primero los vegetales. Luego agregue el pescado y cocínelo durante unos 10 minutos, o hasta que se desmenuce fácilmente al pincharlo con un tenedor.

ENSALADAS Y VERDURAS

Nada se compara con el maravilloso espectáculo de los puestos de verduras en un mercado latinoamericano, rebosantes de tomates rojísimos, calabazas anaranjadas y chiles de todos los colores del arco iris. Además de su atractivo visual, muchas veces saben mejor que las verduras vendidas en los Estados Unidos, donde se cultivan más por la perfección de su apariencia. En Latinoamérica, lo importante es el sabor.

Desafortunadamente, a menudo muchas de esas verduras tan saludables terminan nadando en aceite caliente en una sartén para hacerlas más sabrosas. Sin embargo, mediante unos truquitos, uno puede disfrutar de muchos platillos clásicos de verduras, como papitas fritas, tostones y chiles rellenos —sin sacrificar el sabor.

Y si usted es uno de los que no son muy amigos de las verduras, prepare su paladar, porque entre las vinagretas y otros toques nuevos que les agrego, creo sinceramente que mis recetas le darán una grata sorpresa. Y ahora, vamos a encantarnos con las ensaladas y vacilar las verduras.

RECETAS DE ENSALADAS

RECETAS DE VERDURAS

¡Rapidito!

ENSALADA DE REPOLLO

Varios países

Vistazo nutricional	Antes	Después
Por porción (¹/₂ taza)		
Calorías	54	24
Grasa total g	3.5	0.1
Grasa saturada g	0.5	0
Colesterol mg	0	0

Esta ensalada es imprescindible en las mesas centroamericanas. Se sirve para acompañar platillos tan diferentes como las Pupusas (página 242), las Enchiladas hondureñas (página 256) o el Vigorón (página 167). Si le gusta el picante, agregue todos los chiles que su paladar aguante.

4	tazas de repollo (col) verde, picado en tiras muy finas		4–5	cucharadas de vinagre blanco Sal
2	zanahorias, ralladas		½	cucharadita de azúcar
2–4	chiles jalapeños frescos (cuaresmeños), picados en trocitos (use guantes de plástico al manipularlos)		½	cucharadita de pimienta negra molida

Ponga en un tazón (recipiente) grande el repollo, la zanahoria, los chiles jalapeños, ⅓ taza de vinagre, 1 cucharadita de sal, el azúcar y la pimienta. Mezcle bien. Pruebe y añádale más sal y vinagre, si así lo desea.

Para 8 porciones (4 tazas)

¡Rapidito!

ENSALADA DE NOPALITOS

México

Vistazo nutricional	Antes	Después
Por porción		
Calorías	86	86
Grasa total g	3.8	3.8
Grasa saturada g	0.5	0.5
Colesterol mg	0	0

Los nopalitos son las hojas tiernas del nopal, una especie de cacto. Gozan de gran popularidad tanto en el norte de México como en la región central. Su sabor recuerda un poco el de los ejotes cocidos. Si usted vive cerca de una comunidad mexicana es posible que encuentre nopales frescos. Escoja nopales tiernos pequeños o medianos, entre 6" y 8" (15 cm y 20 cm) de largo y un peso aproximado de 6 onzas (168 g) cada uno. Los nopalitos enlatados también sirven para esta receta y se consiguen fácilmente en muchas tiendas de productos para la cocina latina o de especialidades culinarias. Algunos supermercados grandes también los ofrecen en la sección internacional.

3–4	nopalitos (más o menos 1 libra/448 g) o 1 lata de 15 onzas (420 g) de nopalitos
1	tomate sin semilla, picado muy fino
½	cebolla blanca mediana, picada muy fina
1	chile serrano rojo u otro chile fresco sin semilla, picado muy fino (use guantes de plástico al manipularlos)
3	cucharadas de cilantro fresco picado muy fino
2–3	cucharadas de jugo de lima (limón verde)
1	cucharada de aceite de oliva
	Sal y pimienta negra molida

Si usa nopalitos frescos, ponga a hervir a fuego alto una olla grande con agua y sal. Quíteles las espinas a los nopales con un cuchillo de pelar. Píquelos horizontalmente en tiras de ¼" (6 mm). Agréguelos al agua hirviendo y cocínelos durante 2 minutos, o hasta que estén suaves. Lávelos y escúrralos. Si usa nopalitos enlatados, lávelos y escúrralos.

Ponga en un tazón (recipiente) grande los nopalitos, el tomate, la cebolla, los chiles, el cilantro, 2 cucharadas de jugo de limón, el aceite, sal y pimienta. Mezcle bien. La ensalada debe quedar muy condimentada. Pruebe y agregue más sal y jugo de limón, si así lo desea.

Para 4 porciones

Consejo de cocina

✦ Si le gusta el picante, no les quite las semillas a los chiles.

Variación

Ensalada mexicana de ejotes: Si no encuentra nopalitos, use ejotes (habichuelas verdes o tiernas, *green beans*). Aunque no sea el ingrediente original, la ensalada también tendrá muy buen sabor.

ENSALADA DE PALMITOS

Varios países

Vistazo nutricional	Antes	Después
Por porción		
Calorías	272	138
Grasa total g	20.8	5.6
Grasa saturada g	2.8	0.7
Colesterol mg	0	0

Los corazones de palmitos son uno de los vegetales más característicos de Latinoamérica, con su textura suave y firme a la vez y su delicado sabor. Búsquelos en la secciones de enlatados o internacional de los supermercados. A fin de reducir la grasa de la receta tradicional, he disminuido la cantidad de aceite, sustituyéndolo por tomates picados y su jugo.

2   latas de 14 onzas (392 g) de palmitos, lavados y escurridos

1   lechuga tipo *Boston*, separada en hojas

1   tomate maduro sin piel, picado muy fino, con su jugo

1   taza de granos de maíz (elote), cocidos o descongelados

¼   taza de perejil liso fresco o de cilantro fresco picado

3   cucharadas de jugo de limón verde (lima)

1½   cucharadas de aceite de oliva extra virgen

   Sal y pimienta negra molida

Corte los palmitos grandes a lo largo en cuatro partes, corte los palmitos medianos a la mitad y deje enteros los palmitos pequeños. Cubra 4 platos para ensalada con las hojas de lechuga. Coloque encima los palmitos en hileras.

Ponga en un tazón (recipiente) mediano el tomate (con su jugo), los granos de maíz, el perejil o cilantro, el jugo de limón verde y el aceite de oliva. Sazone con sal y pimienta. Aliñe (aderece) los palmitos con la mezcla de tomate formando una raya por el centro de cada hilera y sobre la lechuga.

Para 4 porciones

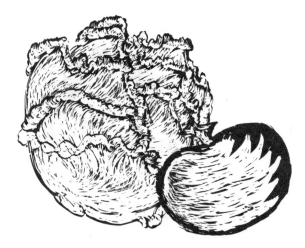

ENSALADA DE GARBANZOS

Puerto Rico

Vistazo nutricional	Antes	Después
Por porción		
Calorías	373	154
Grasa total g	29.2	4.5
Grasa saturada g	3.9	0.6
Colesterol mg	0	0

Hay versiones diferentes de esta ensalada de una punta a otra de Latinoamérica. El tipo de frijol usado varía según la región. En el Caribe de habla hispana se prefieren los garbanzos, cuyo rico sabor permite reducir la cantidad de aceite que se pone en el aliño.

2	tazas de garbanzos cocidos o de lata, lavados y escurridos		2	cucharadas de vinagre de vino tinto
2	tallos de apio, picados		1–2	cucharadas de jugo de limón verde (lima)
½	pimiento (ají) rojo, picado		2	cucharaditas de aceite de oliva
½	pimiento (ají) verde, picado		½	cucharadita de comino molido
½	cebolla morada mediana, picada			Sal y pimienta negra molida
1	diente de ajo, picado en trocitos			
3	cucharadas de cilantro fresco picado			

Ponga en una ensaladera grande los garbanzos, el apio, los pimientos, la cebolla, el ajo, el cilantro, el vinagre, 1 cucharada de jugo de limón verde, el aceite, el comino, sal y pimienta. Mezcle bien la ensalada. Pruebe y agregue más sal y jugo de limón verde, si así lo desea.

Para 4 porciones

Variación regional

Ensalada mexicana de frijoles : En lugar de los garbanzos, utilice frijoles (habichuelas) pintos colorados. Agregue de 1 a 3 chiles jalapeños frescos (cuaresmeños) o chiles serranos, sin semilla y picados (use guantes de plástico al manipularlos). Aumente la cantidad de aceite de oliva a 1 cucharada. Omita el comino.

ENSALADA DE HABAS

Cono sur

Vistazo nutricional	Antes	Después
Por porción		
Calorías	408	170
Grasa total g	32.6	5.6
Grasa saturada g	4.4	0.8
Colesterol mg	0	0

Esta ensalada es uno de los acompañantes típicos de los cocteles y platillos de carne en el Cono sur; se disfruta particularmente en Uruguay y Argentina. Yo prefiero el sabor único de las habas para esta receta, pero en un apuro otro tipo de frijoles también puede servir.

2	tazas de habas (frijoles/habichuelas *fava*), cocidos o de lata, lavados y escurridos
1	cebolla pequeña, picada muy fina
3	cucharadas de perejil liso fresco picado muy fino
1½	cucharadas de aceite de oliva extra virgen

1½–2	cucharadas de vinagre de vino tinto
1	cucharadita de orégano
½	cucharadita de pimienta roja molida
	Sal y pimienta negra molida
4	hojas de lechuga tipo *Boston*, lavadas y secadas
4	tiras de pimiento verde (opcional)

Ponga en un tazón (recipiente) grande las habas, la cebolla, el perejil, el aceite, 1½ cucharadas de vinagre, el orégano, la pimienta roja, sal y pimienta. Pruebe y agregue más sal y vinagre, si así lo desea.

Coloque las hojas de lechuga en 4 platos para ensalada. Sirva una pequeña cantidad de ensalada de frijoles al centro de cada hoja. Decore cada plato con una tira de pimiento morrón (si lo usa).

Para 4 porciones

ENSALADA DE FRIJOLES PINTOS

Estados Unidos

Vistazo nutricional	Antes	Después
Por porción (1 taza)		
Calorías	268	196
Grasa total g	11.4	3
Grasa saturada g	2.4	0.4
Colesterol mg	4	0

Las ristras o rajas de chile asado y chiles chipotles le dan un rico sabor ahumado a esta ensalada. Si no tiene tiempo, puede usar frijoles de lata, pero trate de encontrar una marca baja en sodio. Lave los frijoles muy bien con agua fría y escúrralos perfectamente antes de incorporarlos a la ensalada. Me gusta darle una presentación festiva a esta ensalada decorándola con líneas onduladas de crema agria condimentada con comino.

2	chiles poblanos o pimientos (ajíes) verdes		½	taza de cebolla morada picada
1	pimiento (ají) rojo		¼	taza de cilantro fresco picado
1	pimiento (ají) amarillo		1	diente de ajo, picado en trocitos
1–3	chiles chipotles enlatados, picados en trocitos (use guantes de plástico al manipularlos) (vea el Consejo de cocina)		3–4	cucharadas de jugo de limón verde (lima)
3	tazas de frijoles (habichuelas) pintos cocidos o de lata, lavados y escurridos		1	cucharada de aceite de oliva
				Sal y pimienta negra molida
			6	hojas de lechuga
1	taza de granos de maíz (elote) cocidos		¼	taza de Crema agria al comino (página 442)

Ponga la parrilla del asador (*broiler*) lo más cerca posible de la unidad de calor. Precaliente el asador. Ponga los chiles o los pimientos verdes, rojos y amarillos en la parrilla y tuéstelos de 6 a 8 minutos, volteándolos de vez en cuando, o hasta que se hayan tostado bien y sus pieles estén negras por todos los lados. Póngalos en una bolsa de papel (cartucho, estraza) y séllela o envuélvala con una toalla de papel (servitoalla) mojada. Déjelos enfriar durante 15 minutos para aflojar la piel de los chiles. Cuando se hayan enfriado lo suficiente para manipularlos, raspe toda la piel que pueda con un cuchillo de pelar. No se preocupe si quedan unos cuantos pedacitos de piel tostada. Aportarán un agradable sabor ahumado. Tire la piel. Saque y tire las semillas y las venas. Pique los chiles y los pimientos en tiras finas y póngalas en un tazón (recipiente) grande.

Agregue los chipotles, los frijoles pintos, los granos de maíz, la cebolla, el cilantro, el ajo, el jugo de limón verde y el aceite de oliva. Mezcle bien la ensalada. Debe quedar muy condimentada. Sazónela con sal y pimienta.

Ponga una hoja de lechuga en cada plato. En cada uno sirva 1 taza de ensalada. Utilice 2 cucharaditas de crema agria para decorar cada plato con una raya en zigzag.

Para 6 porciones (6 tazas)

Consejo de cocina

◆ Usted también puede usar los chiles chipotles secos en lugar de los de lata. Si los usa, póngalos en un tazón pequeño. Cúbralos con agua tibia y déjelos remojar durante unos 20 minutos, o hasta que estén suaves y flexibles. Saque y tire las semillas y pique los chiles en trocitos.

ENSALADA DE HABAS Y ZANAHORIA

México

Vistazo nutricional	Antes	Después
Por porción		
Calorías	352	262
Grasa total g	11.2	1
Grasa saturada g	1.5	0.2
Colesterol mg	0	0

La primera vez que probé esta ensalada fue en el mercado de Coyoacán, el barrio artístico de la Ciudad de México donde vivió la pintora mexicana Frida Kahlo. La preparación de las habas o frijoles fava era tan sencilla y atractiva que tuve que incluir la receta aquí. Los mejores resultados se obtienen con habas frescas, disponibles en tiendas étnicas y gourmet. A veces se encuentran en los supermercados, sobre todo en la primavera.

8	tazas de agua
2	tazas de habas (frijoles/habichuelas *fava*) desvainadas (vea el Consejo de cocina)
2	ramitas de epazote (opcional)
4	zanahorias, peladas y picadas en rodajas de ¼" (6 mm)
½–1	cucharadita de sal
1	tomate sin piel ni semillas, picado

1–3	chiles jalapeños frescos (cuaresmeños) sin semilla, picados muy finos (use guantes de plástico al manipularlos)
¼	taza de cilantro fresco picado
1	diente de ajo, picado en trocitos
3	cucharadas de jugo de limón verde (lima)
¼	cucharadita de pimienta negra molida

Ponga el agua a hervir a fuego alto en una olla grande. Agregue las habas y el epazote (si usa) y cocine durante 6 minutos. Agregue la zanahoria y ½ cucharadita de sal. Cocine durante unos 2 minutos, o hasta que las habas y la zanahoria se empiecen a suavizar. Lave la verdura con agua fría y escurra bien. Pele las habas.

Pase las habas y la zanahoria a una ensaladera mediana. Agregue el tomate, el chile, el cilantro, el ajo, el jugo de limón verde y la pimienta, y mezcle bien la ensalada. Sazone con más sal, si así lo desea.

Para 4 porciones

Consejo de cocina

✦ Si va a usar habas secas, remoje 1 taza de habas durante toda la noche. Escúrralas y cúbralas con agua fría limpia. Hierva las habas de 1½ a 2 horas en una olla normal o durante 30 minutos en la olla de presión (olla exprés). Si va a preparar la ensalada con habas de lata, le harán falta más o menos 3 tazas. Asegúrese de escurrir las habas y de lavarlas muy bien con agua fría antes de prepararlas.

ENSALADA DE QUINUA

Estados Unidos

Vistazo nutricional	Antes	Después
Por porción (1 1/2 tazas)		
Calorías	369	295
Grasa total g	16.4	7.9
Grasa saturada g	2.1	1
Colesterol mg	0	0

Esta ensalada es tan vibrante como es nutritiva. La quinua es un grano originario de los Andes, donde se cultiva desde hace 5,000 años. Era una planta sagrada para los incas, lo cual resulta lógico si se tiene en cuenta que contiene más proteína que el trigo, la avena o la cebada. También es una buena fuente de calcio, hierro, fósforo y vitamina E. La quinua se encuentra en la mayoría de las tiendas naturistas o gourmet, *así como en la sección de arroz de muchos supermercados.*

1   taza de quinua, se debe lavar hasta que agua salga limpia

2   tazas de agua

½   cucharadita de sal

1   pepino, pelado, sin semilla y picado

1   taza de granos de maíz (elote) cocidos o descongelados

1   taza de chícharos (guisantes) cocidos o descongelados

1   tomate sin semilla ni piel, picado

1   pimiento (ají) rojo mediano, picado muy fino

1–2   chiles jalapeños sin semilla, picados en trocitos (use guantes de plástico al manipularlos) (vea el Consejo de cocina)

¼   taza de cilantro fresco o de perejil liso picado

3–4   cucharadas de jugo de limón verde (lima)

1½   cucharadas de aceite de oliva extra virgen

Pimienta negra molida

Ponga la quinua, el agua y la sal a fuego alto en una cacerola mediana. Deje que rompa a hervir. Tape la cacerola, baje el fuego a mediano y hierva durante unos 15 minutos, o hasta que toda el agua se haya consumido y la quinua esté suave. Si queda agua, deje escurrir la quinua en un colador (coladera). Póngala en un tazón (recipiente) grande para que se enfríe completamente.

Agregue el pepino, los granos de maíz, los chícharos, el tomate, el pimiento rojo, el chile jalapeño, el cilantro o el perejil, el jugo de limón verde y el aceite de oliva. Mezcle bien la ensalada. Debe quedar muy condimentada. De ser necesario, añádale pimienta y más sal.

Para 4 porciones (6 tazas)

Consejo de cocina
✦ Si le gusta el picante, no les quite las semillas a los chiles jalapeños.

para que todos sean más o menos del mismo tamaño, y agréguelos a la olla. Cocine durante 10 minutos. Agregue 1 taza de agua fría. El agua fría ayuda a suavizar la yuca. Deje que rompa a hervir nuevamente y cocine durante 5 minutos. Agregue la última taza de agua fría y deje que rompa a hervir una vez más. Cocine durante 5 minutos, o hasta que la yuca esté muy suave. Escurra y raspe con un tenedor para quitar las fibras que tenga. Tire las fibras. Tápela para conservarla caliente.

Ponga en un tazón (recipiente) grande el repollo, el tomate, la zanahoria, los chiles, 3 cucharadas de vinagre, ½ cucharadita de la sal y la pimienta. Mezcle bien la ensalada. Pruébela y agregue más sal y vinagre, si así lo desea.

Coloque la yuca en platos individuales o en un platón grande. Esparza por encima la mezcla de repollo y luego añada los cubos de jamón. Sirva enseguida.

Para 6 porciones

¡Rapidito!

PAPITAS FRITAS

Varios países

Vistazo nutricional	Antes	Después
Por porción		
Calorías	299	91
Grasa total g	27.1	7
Grasa saturada g	3.6	0.5
Colesterol mg	0	0

Las papitas fritas se disfrutan en todo el mundo de habla hispana, particularmente en el Caribe y Centroamérica. En esta versión saludable para el corazón, uso la técnica de "freír al horno". Las papas se mezclan con poco de aceite y luego se hornean. Me gusta sazonarlas con ajo, pimentón y comino.

2	papas blancas grandes o 4 medianas, peladas y picadas a lo largo en tiras de ¼" (6 mm)	½	cucharadita de sal
		½	cucharadita de pimienta negra molida
2	cucharadas de aceite de oliva extra virgen	½	cucharadita de pimentón (paprika)
1	diente de ajo, picado en trocitos	¼	cucharadita de comino molido

Precaliente el horno a 450°F (234°C).

Ponga las tiras de papa en un tazón (recipiente) mediano y cúbralas con agua fría. Déjelas remojar durante 10 minutos. Escurra muy bien y séquelas con toallas de papel (servitoallas).

En una olla (charola) para asar antiadherente, mezcle bien las papas, el aceite, el ajo, la sal, la pimienta, el pimentón y el comino. Hornee durante unos 25 minutos, revolviendo de vez en cuando, o hasta que las papas se doren.

Para 4 porciones

Consejo de cocina

✦ Las papas quedan más crujientes todavía si coloca la olla para asar en el asador (*broiler*) del horno de 1 a 3 minutos antes de servirlas.

¡Rapidito!

PAPAS Y CEBOLLAS "FRITAS AL HORNO"

Cuba; Puerto Rico;
República Dominicana

Vistazo nutricional	Antes	Después
Por porción		
Calorías	206	104
Grasa total g	15	5
Grasa saturada g	7.7	0.5
Colesterol mg	31	0

Estas papas tienen todo el sabor típico del Caribe de habla hispana, y se preparan rápidamente. La preparación original implica freírlas en cantidades enormes de aceite. Logré reducir el aceite asando las papas en el horno. El buen sabor se garantiza agregando un poco de cebolla y ajo.

2 papas blancas grandes, peladas y picadas en rodajas de ¼" (6 mm)	1½ cucharadas de aceite de oliva extra virgen
2 dientes de ajo grandes, picados en rodajas muy finas	½–1 cucharadita de sal
	Pimienta negra molida
1 cebolla pequeña, picada en rodajas muy finas	1 cucharada de perejil liso fresco picado

Precaliente el horno a 400°F (206°C). Rocíe una olla (charola) para asar antiadherente con aceite antiadherente en aerosol.

Coloque las rodajas de papa en la olla para asar. Ponga una rodaja de ajo y una de cebolla encima de cada rodaja de papa. Si le sobran rodajas de ajo y cebolla, espárzalas por encima. Rocíe los vegetales con el aceite de oliva y sazone con sal y pimienta.

Hornee las papas durante unos 25 minutos, o hasta que estén levemente doradas y muy suaves. Añada el perejil.

Para 4 porciones

TOSTONES

Varios países

Vistazo nutricional	Antes	Después
Por porción (unos 4 tostones)		
Calorías	398	139
Grasa total g	33.0	3.7
Grasa saturada g	4.3	0.6
Colesterol mg	0	0

Los tostones son un bocadillo muy popular en todo el Caribe de habla hispana y en Centroamérica, pero pesadísimos para el corazón. Para aligerarlos, cocino los plátanos en caldo de pollo y luego los "frío" al horno. ¡La grasa se reduce en casi un 90 por ciento! Sirva los tostones como sabroso complemento del Ají-li-mójili (página 373) o con cualquiera de las salsas que aparecen a partir de la página 338.

3 tazas de Caldo de pollo (página 434) o de agua

2 plátanos verdes (plátanos machos), pelados y picados en diagonal en rodajas de ¾" (2 cm)

Sal de ajo

1 cucharada de aceite de oliva extra virgen

Pimienta negra molida

Precaliente el horno a 400°F (206°C).

Ponga el caldo o el agua a hervir a fuego alto en una olla grande. Añada la sal de ajo. Agregue los plátanos, baje el fuego a mediano y hierva durante unos 15 minutos, o hasta que estén muy suaves. Escurra y guarde el caldo, si así lo desea (vea el Consejo de cocina).

Coloque las rodajas de plátano entre dos pedazos de envoltura autoadherente de plástico y aplánelas a un grueso de ¼" (6 mm) con un aplanador para carne o con un rodillo. Quite el pedazo de envoltura de arriba y úntelas por encima a los plátanos la mitad del aceite. Voltee los plátanos y póngalos en una bandeja de hornear antiadherente de manera que los plátanos queden invertidos y quite la otra parte del plástico. Unte esta cara de los plátanos con la otra mitad del aceite.

Hornee durante unos 15 minutos, volteando los plátanos una vez con pinzas, o hasta que estén bien "fritos" y dorados. Espolvoréeles pimienta y más sal de ajo.

Para 4 porciones (unos 4 tostones)

Consejo de cocina

✦ Puede guardar el caldo para otra receta, como el Mofongo (página 90).

✦ Si vive cerca de una tienda de productos para la cocina latina, busque una tostonera, una prensa de madera con la que es posible aplanar las rodajas de plátano rápidamente al grueso requerido de ¼" (6 mm). También puede comprar prensas especiales que moldean los tostones en forma de taza, los cuales son perfectos para rellenar con Ají-li-mójili (página 373), Guacamole (página 92) u otros *dips*.

Patacones panameños: En lugar de picar los plátanos en diagonal, hágalo en rodajas redondas. Siga los demás pasos tal como se indica. Colombia también tiene su propia versión de esta receta (vea abajo).

PATACONES

Colombia; Panamá

Vistazo nutricional	Antes	Después
Por patacón		
Calorías	575	248
Grasa total g	41.2	4
Grasa saturada g	5.7	0.7
Colesterol mg	0	0

De todos los platillos latinoamericanos basados en el plátano, ninguno es tan ingenioso como el patacón colombiano. El nombre procede de una moneda de oro española. Los patacones tradicionales la son rodajas doradas de plátano verde fritas dos veces. En la versión colombiana de este platillo típico, los plátanos se cocinan enteros, se aplastan hasta que adquieren el tamaño de un plato pequeño y luego se fríen en aceite hasta que estén bien crujientes. Estos "platos" comestibles son una maravilla servidos con una buena cantidad de guacamole, chicharrones, camarón cocido y carne de res desmenuzada. Me encanta su aspecto, pero no la grasa. Sin embargo, siempre es posible remediar eso. En esta versión más saludable, el plátano se cocina en caldo de pollo y luego se hornea. El patacón "frito" de esta manera tiene sólo una fracción de la grasa y las calorías originales. Sirva los patacones como guarnición o cúbralos con Guacamole (página 92) o Picadillo de pavo (página 314).

4	plátanos verdes (plátanos machos), pelados	1	cucharada de aceite de oliva extra virgen
6	tazas de Caldo de pollo (página 434) o de agua		Sal

Precaliente el horno a 400°F (206°C). Rocíe 2 bandejas de hornear grandes con aceite antiadherente en aerosol.

Ponga los plátanos y el caldo o el agua a fuego alto en una olla grande y deje que rompa a hervir. Baje el fuego a mediano y cocine los plátanos durante unos 20 minutos, o hasta que estén suaves. Escurra y guarde el caldo, si así lo desea.

Coloque un plátano entre 2 pedazos grandes de envoltura autoadherente de plástico. Aplánelo cuidadosamente dándole golpecitos con un rodillo y luego pásele el rodillo para formar un gran óvalo plano de unos 12" (31 cm) de largo, 5" (13 cm) de ancho y ⅛" (3 mm) de grueso. Si las puntas empiezan a romperse, únalas nuevamente con los dedos. Deslice el plátano a una bandeja de hornear que

(continúa)

esté al revés y quítele el pedazo de envoltura autoadherente de plástico que está arriba. Unte el plátano con un poco de aceite y sazone con sal. Coloque otra bandeja de hornear encima, con la parte de abajo hacia arriba. Voltee ambas bandejas, de manera que el segundo pedazo de envoltura autoadherente de plástico quede arriba. Retire el plástico, unte el plátano con aceite y sazónelo con sal.

Hornee durante unos 20 minutos, volteando una sola vez, o hasta que el patacón esté "frito" y levemente dorado. (Voltee el plátano colocando encima una bandeja de hornear con la parte de abajo hacia arriba; voltee ambas bandejas de hornear al mismo tiempo para invertir el plátano.) Cuando el plátano esté listo, póngalo en un platón grande. Repita el proceso con los demás plátanos.

Para 4 patacones

Consejo de cocina

✦ Puede guardar el caldo para otra receta, como el Sancocho (página 332).

MADUROS

Varios países

Vistazo nutricional	Antes	Después
Por porción		
Calorías	459	218
Grasa total g	27.9	0.7
Grasa saturada g	3.7	0.2
Colesterol mg	0	0

Los maduros se consumen en cantidades industriales como guarnición en toda Centroamérica y el Caribe de habla hispana. ¿Pero cómo se evita freír los plátanos con aceite? Un día se me ocurrió asar un plátano maduro a la parrilla. Parece mentira, pero mis maduros de nuevo estilo salieron tan ricos y dulces como los tradicionales . . . y sin una sola gota de grasa. Es importante usar sólo plátanos muy maduros para esta receta. La cáscara debe estar completamente negra. Si el plátano parece listo para el basurero, está perfecto.

4 plátanos (plátanos machos) muy maduros

Precaliente la parrilla (*grill*) de brasas a una temperatura alta.

Corte las puntas de los plátanos y pique cada uno en rodajas redondas de 2" (5 cm). Rocíe las partes cortadas con aceite antiadherente en aerosol. Ase los plátanos a la parrilla durante 10 minutos, volteándolos de vez en cuando hasta que la cáscara se queme y las superficies cortadas estén doradas y acarameladas. El plátano debe quedar muy suave al centro. Desprenda las cáscaras o deje que sus invitados lo hagan y sirva enseguida.

Para 4 porciones

✦ También hay una técnica para preparar los maduros adentro de la casa en los días de lluvia. Precaliente el horno a 450°F (234°C). Rocíe una bandeja de hornear antiadherente con aceite antiadherente en aerosol. Corte las puntas a los plátanos y quíteles la cáscara. Corte cada plátano en diagonal en rodajas de ½" (1 cm). Colóquelos en una sola capa en la bandeja de hornear. Rocíe los plátanos por encima con aceite antiadherente en aerosol. Hornee de 10 a 15 minutos, volteándolos de vez en cuando, o hasta que los plátanos estén dorados y muy suaves.

COUVE MINEIRA

Brasil

Vistazo nutricional	Antes	Después
Por porción		
Calorías	167	93
Grasa total g	14.1	5.7
Grasa saturada g	1.9	0.8
Colesterol mg	0	0

Alos brasileños les encantan las berzas, y, a diferencia de los estadounidenses, ellos no las cocinan por mucho tiempo. Considere esta receta, una especialidad del estado de Minas Gerais en la región oriental del país. El secreto está en la técnica de picar las berzas en tiras delgadas como una hoja de papel. Aunque usted esté convencido de que no le gustan las berzas, pruebe este sencillo bocadillo. ¡Le garantizo que le será una revelación!

1	manojo de berzas (repollo, bretón, *collard greens*) de más o menos 1½ libras (672 g), sin tallo
¼	taza de agua
1½	cucharadas de aceite de oliva

1	cebolla pequeña, picada muy fina
3	dientes de ajo, picados en trocitos
	Sal y pimienta negra molida

Enrolle las hojas de berza a lo largo, formando un tubo apretado. Con un cuchillo afilado pique este tubo en diagonal en rodajas sumamente finas. Amáselas un poco en un tazón (recipiente) grande y rocíelas con el agua.

Caliente el aceite a fuego alto en una sartén antiadherente grande. Agregue la cebolla y el ajo y fría durante 20 segundos, o hasta que suelten su aroma pero no deje que se doren. Agregue las berzas y sazone con sal y pimienta. Cocine durante 2 minutos, revolviendo con frecuencia, o hasta que las berzas se empiecen a suavizar. No recueza. Las berzas deben conservar su color verde brillante. Sazone con más sal y pimienta, si así lo desea.

Para 4 porciones

CHILES RELLENOS CON ELOTE

México

Los chiles rellenos son un orgullo de la gastronomía mexicana. Sin embargo, la primera vez que probé la versión tradicional, casi pude sentir cómo se me endurecían las arterias. Los chiles poblanos se rellenan de queso, se pasan por huevo y se fríen nadando en aceite. En realidad, no es posible preparar un chile relleno tradicional sin estos ingredientes altos en grasa, pero siempre habrá sabrosas alternativas. En esta versión baja en grasa se destaca el sabor del maíz asado, al que sólo se le agrega una cantidad mínima de queso. A fin de reducir la grasa aún más, los chiles se untan con aceite y se hornean en lugar de freírse. El sabor es fantástico. La Salsa ranchera (página 360) sirve como rico complemento.

2	elotes (mazorcas de maíz) grandes o 3 medianos, sin hojas	3	cucharadas de pasas de Corinto o pasas (opcional)
	Sal y pimienta negra molida	1	taza de harina de trigo sin blanquear
6	chiles poblanos (vea el Consejo de cocina)	⅓	taza de sustituto líquido de huevo o 3 claras de huevo
½	taza queso fresco o de queso *Cheddar* blanco fuerte, rallado grueso (4 onzas/130 g)	¾	taza de pan rallado (pan molido) no sazonado
3	cebollines limpios y picados en trocitos	1	taza de harina de maíz amarillo o azul molido por piedra
1	diente de ajo, picado en trocitos		
¼	taza de cilantro fresco o de perejil liso fresco picado muy fino		

Precaliente la parrilla (*grill*) de gas, de brasas o eléctrica o el asador (*broiler*) del horno a temperatura alta.

Rocíe los elotes con aceite antiadherente en aerosol y sazónelos con sal y pimienta. Ponga los elotes en la parrilla o en el asador del horno a 4" (10 cm) del fuego, si el horno es de gas, o en la parrilla más cerca de la unidad de calor en el horno, con el horno en la posición "ASAR" ("*BROIL*"). Áselos de 2 a 3 minutos por cada lado, volteándolos de vez en cuando, o hasta que los granos estén bien tostados. Póngalos en una tabla para picar y deje que se enfríen. En cuanto se hayan enfriado, desgránelos y ponga los granos en un tazón (recipiente) mediano. Deben dar más o menos 1½ tazas de granos.

Mientras tanto, ase los chiles en el quemador de la estufa, a la parrilla o en el asador del horno durante 3 minutos por cada lado, o hasta que queden bien tostados no más de 12 minutos. Póngalos en una bolsa de papel (cartucho, estraza). Déjelos enfriar durante 15 minutos para que se afloje la piel de los chiles.

En cuanto se hayan enfriado, raspe la piel quemada de los chiles asados. Reserve 4 de los chiles. Quíteles el tallo y las semillas a los 2 chiles restantes. Píquelos en trozos de ¼" (6 mm) (use guantes de plástico al manipularlos). Agregue el chile a los granos de elote. Agregue el queso fresco o *Cheddar*, el cebollín, el ajo, el cilantro o perejil, y las pasas de Corinto o pasas (si las usa). La mezcla debe quedar muy condimentada. Pruebe y agregue más sal y pimienta, si así lo desea.

Haga cuidadosamente un corte de 2" (5 cm) a lo largo de cada uno de los 4 chiles que reservó, asegurándose de no romper la piel. Extraiga el centro y las semillas raspándolos por dentro con un decorador de frutas o cuchara. Deje el tallo. (Use guantes de plástico al tocarlos.) Rellene cada chile con la mezcla de granos de elote.

Precaliente el horno a 400°F (206°C).

Mientras tanto, ponga la harina de trigo en un tazón (recipiente) poco hondo, el sustituto de huevo o las claras de huevo en otro tazón y el pan rallado y la harina de maíz en un tercer tazón. Mezcle el pan rallado y la harina de maíz con la punta de los dedos. Pase cada chile primero por la harina de trigo, sacudiéndolo para desprender el exceso de harina, luego páselo el huevo y después por la mezcla de pan rallado y la harina de maíz. Ponga los chiles sobre una bandeja de hornear antiadherente. Rocíelos por encima con aceite antiadherente en aerosol. Hornee durante 20 minutos, o hasta que estén dorados y el relleno se haya calentado muy bien.

Para 4 porciones

Consejo de cocina

✦ Los chiles poblanos son unos chiles triangulares de color verde oscuro bastante picantes. La mayoría de los supermercados grandes los tienen en la sección de frutas y verduras. Si no los encuentra o si prefiere un platillo menos picante, use chiles de Anaheim o pimientos (ajíes) verdes.

✦ Es posible rellenar los chiles, cubrirlos con envoltura autoadherente de plástico y conservarlos en el refrigerador hasta un máximo de 2 días o en el congelador hasta un máximo de 2 meses. Deje que adquieran la temperatura ambiente antes de asarlos.

✦ En un apuro, usted puede utilizar granos de elote (maíz) de lata, escurridos, o bien descongelados.

SUPERALIMENTO LATINO: EL MAÍZ

El maíz silvestre se ha cultivado en México y Sudamérica desde hace varios miles de años. Actualmente se siembra en todos los continentes excepto la Antártida.

El maíz nos brinda una forma natural de bajar el colesterol. Cada mazorca contiene fibra soluble, la cual literalmente expulsa el colesterol no digerido del cuerpo humano. El salvado de maíz (la capa externa del grano) reduce el colesterol de manera más eficaz que el salvado de trigo. Unos investigadores de la Universidad Estatal de Illinois alimentaron a un grupo de hombres que tenían niveles altos de colesterol con una dieta baja en grasa acompañada por 20 gramos (más o menos media cucharada) ya sea de salvado de trigo o de salvado de maíz. El nivel de colesterol de todos los hombres disminuyó con la nueva dieta. No obstante, los que estaban comiendo el salvado de maíz mostraron una baja adicional del 5 por ciento en el nivel total de colesterol, una baja casi del 14 por ciento en el del peligroso colesterol LDL y una disminución del 13 por ciento en los triglicéridos, las grasas sanguíneas que contribuyen a provocar enfermedades cardíacas. El salvado de trigo no aportó ningún beneficio adicional de este tipo.

Una sola taza de maíz blanco o amarillo cocido aporta más de 4 gramos de fibra, que es buena para el corazón. La misma taza de maíz también contiene más o menos el 13 por ciento de los 60 miligramos de vitamina C que se necesitan ingerir todos los días, así como los 400 microgramos de folato que se requieren diariamente. La vitamina C es esencial para tener la piel sana y combate los virus y las infecciones. Este antioxidante potente tal vez prevenga las cataratas y elimine los radicales libres antes de que estos causen enfermedades cardíacas y cáncer. El folato no sólo impide defectos congénitos de la columna y el cerebro en los niños recién nacidos, sino que también ayuda a disminuir el nivel del aminoácido denominado homocistina, lo cual quizá prevenga las enfermedades cardíacas y el derrame cerebral. Eche puñados de dulces y jugosos granos de maíz en sus ensaladas y sopas, mézclelos con los frijoles (habichuelas) o el arroz y use tortillas de maíz para sus fajitas y enchiladas. Y no deje de probar los Chiles rellenos con elote (página 174).

HUMITAS BOLIVIANAS

Bolivia

Vistazo nutricional	Antes	Después
Por porción		
Calorías	361	215
Grasa total g	18.7	3.8
Grasa saturada g	11.4	2
Colesterol mg	53	10

Las humitas son una especie de pudín de maíz que se come mucho en toda Sudamérica. Muchas veces se hornea envuelto con hojas de maíz a la manera de un tamal, y entonces se conoce como humita en chala. Esta versión más sencilla se hornea en una fuente. Los mejores resultados se obtienen con granos de maíz frescos recién cortados de la mazorca pero también sirven los granos de maíz descongelados o de lata.

4	tazas de granos de maíz (elote) frescos o descongelados
½	taza de leche descremada
1¼	tazas de harina de maíz amarillo
4	cebollines picados muy finos
¼	taza de pasas
1–3	cucharadas de azúcar
2	cucharaditas de pimentón (paprika) dulce
	Sal

½	cucharadita de polvo de hornear
½	cucharadita de canela molida
½	cucharadita de semillas de anís machacadas
	Pimienta negra molida
4	claras de huevo
½	cucharadita de crémor tártaro
¾	taza de queso *Muenster* rallado grueso

Precaliente el horno a 400°F (206°C). Rocíe una fuente para hornear de 2 cuartos de galón (2 l) de capacidad con aceite antiadherente en aerosol. Mezcle 3 tazas de granos de maíz y la leche en un procesador de alimentos o licuadora (batidora) hasta que tenga la consistencia de un puré.

Ponga en un tazón (recipiente) grande la harina de maíz, el cebollín, las pasas, 1 cucharada de azúcar, 1 cucharadita de pimentón, 1 cucharadita de sal, el polvo de hornear, la canela, las semillas de anís, ¼ cucharadita de pimienta y la última taza de granos de maíz. Mézclelo todo. Agregue el maíz molido. Pruebe y agregue más azúcar, sal y pimienta, si así lo desea.

Bata las claras de huevo y el crémor tártaro en otro tazón grande con una mezcladora, durante unos 8 minutos, o hasta que la mezcla adquiera una textura firme y brillosa pero no seca. Empiece a batir a velocidad lenta, vaya aumentando la velocidad poco a poco a mediana y luego a alta. Incorpore la mezcla de maíz en las claras de huevo. Vierta la mezcla en la fuente para hornear ya preparada. Espolvoréele el queso y la cucharadita restante de pimentón.

Hornee durante unos 20 minutos, o hasta que se infle y dore, y un palillo de dientes introducido en el centro salga limpio. Déjelo enfriar un poco.

Para 8 porciones

FRIJOLES Y GRANOS

Los frijoles (habichuelas), el arroz y los granos forman el eje en torno al cual gira la dieta latinoamericana. Cuando un mexicano come un taco de frijoles refritos o un cubano le agrega frijoles negros al arroz blanco, se muestran herederos de una táctica nutricional consagrada por la tradición. Lo curioso es que a pesar de que esta combinación es universal en Latinoamérica, los nombres para estas legumbres de múltiples colores y tamaños tienen una diversidad que confundiría hasta a un lingüista. En México y Cuba, se llaman frijoles, pero en Puerto Rico y en la República Dominicana se llaman habichuelas. En España son alubias o judías, y en Chile se llaman porotos. De todos modos, sea cual sea su nombre, los latinoamericanos han creado una diversidad culinaria con los platillos basados en esta combinación que eclipsa la de los nombres.

Es lógico que tantos platillos memorables de arroz y frijoles se hayan originado en Latinoamérica. El Nuevo Mundo fue la cuna de varios de los granos y legumbres básicos consumidos por más personas en el mundo, como el maíz, el amaranto, la quinua, los frijoles negros y pintos y las habas blancas, para mencionar sólo unos cuantos. Lo único que hubo que agregar a esta riqueza autóctona fue el arroz traído por los españoles desde el Viejo Mundo, el complemento perfecto para las maravillosos platillos que actualmente se conocen. Y lo mejor de todo es que esta armoniosa combinación beneficia tanto el paladar como el resto del cuerpo, sobre todo el corazón, ya que muchos de estos platillos son naturalmente bajos en grasa y colesterol.

Sin modificar el sabor de los platillos de arroz y frijoles más apreciados de Latinoamérica, logré reducir su contenido de grasa. Los invito a disfrutar de maravillas como la Paella española (página 212), el Arroz con gandules al estilo puertorriqueño (página 199), el Arroz chaufa de mariscos procedente del Perú (página 207) y los mexicanísimos Frijoles refritos (página 200), por no hablar de los imprescindibles Frijoles negros al estilo cubano (página 201).

RECETAS DE FRIJOLES

RECETAS DE GRANOS

GALLO PINTO

Varios países

Vistazo nutricional	Antes	Después
Por porción		
Calorías	374	213
Grasa total g	7.5	4.3
Grasa saturada g	2.7	0.7
Colesterol mg	6	3

os frijoles y el arroz son un componente básico de la alimentación en los países de habla hispana del continente americano. Lo único que varía según la región es el tipo de frijol y su nombre. Las versiones tradicionales de este platillo usan manteca y cecina de cerdo. Para crear un gallo pinto más saludable, sustituí la manteca por aceite de oliva. El tocino canadiense aporta el característico sabor ahumado del cerdo con un mínimo de grasa.

1½	cucharadas de aceite de oliva
1	cebolla mediana, picada muy fina
1	diente de ajo, picado en trocitos
1	onza (28 g) de tocino canadiense, picado en trocitos

1	lata de 15½ onzas (434 g) de frijoles (habichuelas) colorados pequeños, lavados y escurridos
3	tazas de Arroz blanco cocido (página 204)
	Sal y pimienta negra molida

Caliente el aceite a fuego mediano en una sartén antiadherente grande. Agregue la cebolla, el ajo y el tocino. Fría durante unos 6 minutos, revolviendo con frecuencia, hasta que los vegetales estén levemente dorados.

Agregue los frijoles y el arroz y fría durante unos 10 minutos, hasta que el arroz esté levemente dorado. Sazone con sal y pimienta.

Para 6 porciones

MOROS Y CRISTIANOS

Cuba

Vistazo nutricional	Antes	Después
Por porción (1)		
Calorías	327	300
Grasa total g	6.3	3.5
Grasa saturada g	1.6	0.7
Colesterol mg	5	3

ste platillo deriva su nombre de la combinación entre los frijoles (los moros) y los cristianos (el arroz blanco). Aunque históricamente los verdaderos moros y cristianos estuvieron en guerra por muchos años, estos viven en perfecta armonía gastronómica en este suculento platillo. Una vez más, cocino los frijoles con tocino canadiense en lugar del tocino de la panza del cerdo para reducir el contenido de grasa.

FRIJOLES

1	taza de frijoles (habichuelas) negros secos, limpios y lavados
4	tazas de agua fría
¼	cebolla mediana
2	dientes de ajo
1	hoja de laurel
¼	ají (pimiento) verde
½	cucharadita de comino molido
½	cucharadita de orégano

SOFRITO

1	cucharada de aceite de oliva
1	lonja (lasca) de 1 onza (28 g) de tocino canadiense, picado en tiras muy finas
¼	cebolla, picada muy fina
¼	ají (pimiento) verde, picado muy fino
2	cebollines picados muy finos
1	diente de ajo, picado en trocitos
2	cucharadas de vino blanco seco o de vino blanco sin alcohol
1	cucharada de vinagre de vino tinto
1	cucharadita de azúcar
	Sal y pimienta negra molida
4	tazas de Arroz blanco cocido (página 204)

Para preparar los frijoles: En una cacerola grande, remoje los frijoles en el agua durante por lo menos 4 horas o durante toda la noche.

Agregue la cebolla, el ajo, la hoja de laurel, el ají verde, el comino y el orégano. Deje que rompa a hervir a fuego alto. Quite la espuma que se forme en la superficie del agua.

Baje el fuego a mediano-lento. Tape la cacerola y hierva los frijoles durante 45 minutos, revolviendo de vez en cuando, hasta que estén suaves. Agregue agua si es necesario para mantener los frijoles sumergidos. (También puede cocinar los frijoles en una olla de presión/olla exprés durante 15 minutos.) Saque y tire la cebolla, el ajo, la hoja de laurel y el ají verde con una cuchara calada.

Para preparar el sofrito: Mientras tanto, caliente el aceite a fuego mediano en una sartén antiadherente mediana. Agregue el tocino, la cebolla, el pimiento, todo el cebollín excepto 2 cucharadas y el ajo. Fría durante 4 minutos, hasta que los vegetales estén suaves pero no dorados. Agregue este sofrito a los frijoles, y luego agregue el vino, el vinagre y el azúcar. Sazone con sal y pimienta. Tape y hierva durante 15 minutos, hasta que los frijoles estén muy suaves. La mezcla debe quedar muy condimentada. Agregue más comino, orégano, vinagre, sal y pimienta, si así lo desea.

Sirva los frijoles encima del arroz. Añada los cebollines que guardó.

Para 6 porciones

ARROZ CON FRIJOLES NEGROS

Cuba

Vistazo nutricional	Antes	Después
Por porción (1¼ tazas)		
Calorías	357	298
Grasa total g	10.6	4.2
Grasa saturada g	4.1	0.6
Colesterol mg	9	0

Dado que el arroz de este plato sale un poco gris, tal vez este platillo no sea el más lindo en la mesa. Pero sí les puedo asegurar que se encuentra entre los más sabrosos. Para hacerlo más saludable, yo uso aceite de oliva en lugar de grasa de tocino.

½ taza de frijoles (habichuelas) negros secos, limpios, lavados y remojados durante toda la noche en agua fría suficiente para cubrirlos

1 trozo de 1" (3 cm) de ají (pimiento) verde

2 dientes de ajo

1 cucharada de aceite de oliva extra virgen

½ cebolla, picada muy fina

¼ ají verde, picado muy fino

¼ ají amarillo o verde, picado muy fino

¼ cucharadita de comino molido

¼ cucharadita de orégano

1 hoja de laurel

1 taza de arroz blanco de grano largo

1 cucharada de cilantro fresco picado

Sal y pimienta negra molida

Agregue el trozo de ají verde y 1 de los dientes de ajo enteros a la olla de los frijoles. Deje que rompa a hervir a fuego alto. Baje el fuego a mediano-lento, tape la olla sin cerrarla por completo y hierva durante 1 hora, revolviendo de vez en cuando, hasta que los frijoles estén suaves. Escurra los frijoles, guardando el agua en que se cocieron. Deben quedar más o menos 1 taza de frijoles y 2½ tazas de líquido. Tire el trozo de ají verde y el ajo.

Mientras tanto, caliente el aceite de oliva a fuego mediano en una cacerola grande. Pique el segundo diente de ajo en trocitos y agregue a la cacerola. Agregue la cebolla, los ajíes verdes y amarillos, el comino, el orégano y la hoja de laurel. Fría durante 4 minutos, o hasta que los vegetales estén suaves. Agregue el arroz y el cilantro. Fría durante 1 minuto, hasta que el arroz se cubra con el aceite.

Agregue los frijoles y 2½ tazas del agua en que se cocieron. Sazone con sal y pimienta negra. Deje que rompa a hervir a fuego alto. Baje el fuego a lento, tápelos y hierva durante 20 minutos, o hasta que el arroz esté suave. Quítelos del fuego, destápelos y ponga un trapo de cocina sobre la cacerola. Encima ponga la tapa y déjelos reposar durante 3 minutos. Revuelva el arroz con un tenedor para que quede desgranado y agregue más sal y pimienta, si así lo desea. Tire la hoja de laurel.

Para 4 porciones (unas 5 tazas)

HUMITAS BOLIVIANAS (PÁGINA 177)

NACATAMAL (PÁGINA 220); HALLACAS (PÁGINA 222)

CHILES RELLENOS CON ELOTES (PÁGINA 174)

MADUROS (PÁGINA 172)

HUEVOS RANCHEROS MODERNOS (PÁGINA 234)

TAMALES MEXICANOS (PÁGINA 216) Y TAMALES CUBANOS (PÁGINA 218)

TOSTADAS (PÁGINA 244)

1 9 3

CHILAQUILES (PÁGINA 236)

TACOS AL PASTOR (PÁGINA 237)

PUPUSAS (PÁGINA 242); ENSALADA DE REPOLLO (PÁGINA 158);
CHIRMOL (PÁGINA 363)

TORTILLAS FRESCAS (PÁGINA 224)

ARROZ CON GANDULES AL ESTILO PUERTORRIQUEÑO

Puerto Rico

Otra variación sobre el tema clave del arroz y los frijoles viene de Puerto Rico. Su carácter especial se debe al tocino y los gandules, una especie de frijol originaria de África. Los gandules secos se obtienen en muchos supermercados. Para cocerlos, siga las instrucciones en el envase. También están disponibles en lata o congelados en muchas tiendas de productos para las cocinas latina e hindú. Si los compra enlatados, sólo hay que lavarlos y escurrirlos antes de incorporarlos al arroz, o bien dejar que se descongelen, si se trata de los congelados.

1   cucharada de Aceite de achiote (página 440) o 1 cucharada de aceite de oliva + ¼ cucharadita de pimentón (paprika) dulce

1   cebolla mediana, picada muy fina (alrededor de ½ taza)

½   pimiento (ají) verde, picado muy fino

½   pimiento (ají) amarillo o verde, picado muy fino

2   dientes de ajo, picados en trocitos

2   onzas (56 g) de tocino canadiense o de jamón tipo campesino (*country ham*), picado en tiras finas

4   hojas de recao (culantro), picadas muy finas, o 2 cucharadas de cilantro fresco picado

1   tomate, picado muy fino

1   taza de arroz blanco de grano largo

1   taza de gandules cocidos

2½   tazas de agua

Sal y pimienta negra molida

Caliente el aceite de achiote o el aceite de oliva y el pimentón a fuego mediano en una cacerola grande. Agregue la cebolla, el pimiento verde y amarillo, el ajo y el tocino. Fría durante 4 minutos a fuego mediano, o hasta que los vegetales estén suaves pero no dorados. Agregue el recao y el tomate. Fría durante 2 minutos, o hasta que el jugo del tomate se haya evaporado. Agregue el arroz y fría durante 1 minuto, hasta que se ponga brilloso.

Agregue los gandules y el agua. Sazone con sal y pimienta. Deje que rompa a hervir a fuego alto. Baje el fuego a lento, tape y hierva durante 20 minutos, o hasta que el arroz esté suave. Quítelo del fuego, destápelo y ponga un trapo de cocina sobre la cacerola. Encima ponga la tapa y déjelo reposar durante 3 minutos.

Justo antes de servir, revuelva el arroz con un tenedor para que quede desgranado y agregue más sal y pimienta, si así lo desea.

Para 4 porciones (unas 5½ tazas)

¡Rapidito!

FRIJOLES REFRITOS

México

Vistazo nutricional	Antes	Después
Por porción		
Calorías	257	163
Grasa total g	14.5	4.1
Grasa saturada g	5.7	0.4
Colesterol mg	13	5

Los frijoles refritos son uno de los prodigios de la cocina mexicana. Quizá no se vean muy bonitos, pero al paladar no le importa: son exquisitos. Unos frijoles refritos bien preparados son suaves, cremosos y repletos de una misteriosa pero deliciosa combinación de sabores que permanece en la boca mucho tiempo después del último bocado. Lo único malo es que los frijoles refritos tradicionales adquieren estas virtudes gracias a considerables cantidades de manteca de cerdo. Para hacer el platillo más saludable, le añado sólo un toquecito de manteca para darle sabor al platillo. (La versión vegetariana usa aceite de oliva extra virgen en lugar de manteca.) También me gusta agregar una gota del sazonador liquid smoke, cuyo agradable sabor ahumado refuerza el sabor de la manteca sin agregar grasa. Además, actualicé la receta tradicional usando frijoles de lata, lo cual reduce el tiempo de cocción en varias horas. Otra cosita: lavar y escurrir los frijoles disminuye la cantidad de sodio a la mitad.

2 latas de 15 onzas (420 g) de frijoles (habichuelas) negros, lavados y escurridos

1 cucharada de manteca o de aceite de oliva

1 cebolla pequeña, picada en trocitos

1 diente de ajo, picado en trocitos

3 ramitas de epazote fresco, picado muy fino (vea el Consejo de cocina)

⅛ cucharadita de *liquid smoke* (opcional) (vea Consejo de cocina en la página en frente)

Sal y pimienta negra molida

2 cucharadas de queso fresco o de queso romano

Escurra los frijoles en un colador (coladera), guardando ¼ taza del líquido. Lave los frijoles bien con agua fría. Aplástelos con un cucharón de madera o muélalos brevemente en un procesador de alimentos, hasta reducirlos a trocitos grandes.

Caliente la manteca o el aceite a fuego mediano en una sartén antiadherente grande. Agregue la cebolla, el ajo y el epazote y fría durante 5 minutos, o hasta que la cebolla se empiece a dorar.

Agregue los frijoles a la sartén. Revuelva y fría durante 10 minutos, o hasta que estén espesos y cremosos. Si los frijoles comienzan a secarse, agregue el líquido que guardó. Agregue el *liquid smoke* (si lo usa) y sazone con sal y pimienta. Póngalos en un platón hondo y espolvoréeles el queso.

Para 6 porciones

✦ Los frijoles refritos auténticos siempre llevan epazote (vea la página 72). Los mexicanos creen que el epazote ayuda a reducir la tendencia de los frijoles a producir gases. No existe ningún sustituto perfecto, pero el cilantro u orégano frescos son opciones sabrosas.

✦ El *liquid smoke* se encuentra en la sección de las especias en la mayoría de los supermercados.

¡Rapidito!

FRIJOLES NEGROS AL ESTILO CUBANO

Cuba

Vistazo nutricional	Antes	Después
Por porción		
Calorías	341	222
Grasa total g	17	4.8
Grasa saturada g	2.5	0.8
Colesterol mg	12	4

Los frijoles negros son uno de los alimentos más polifacéticos de Latinoamérica. Millones de personas los disfrutan, desde el Caribe hasta Chile. Esta clásica versión cubana se parece más a una sopa que a un platillo de frijoles, porque la idea es servir los frijoles sobre el arroz blanco. A fin de reducir el contenido de grasa de los frijoles negros al estilo cubano, sin sacrificar ese rico saborcito ahumado que le da la carne, uso tocino canadiense, que es más magro que el tocino de la panza del cerdo o la cecina de cerdo. Los frijoles enlatados reducen significativamente el tiempo de preparación.

1	cucharada de aceite de oliva o de manteca	½	cucharadita de orégano
6	ajíes cachuchas o ajíes dulces sin semilla, picados	1	hoja de laurel
1	cebolla pequeña, picada fina	2	latas de 15 onzas (420 g) de frijoles (habichuelas) negros, lavados y escurridos
3	cebollines picados finos	¼	taza de vino blanco seco o de vino blanco sin alcohol (opcional)
1	onza (28 g) de tocino canadiense, picado en trocitos	½	cucharadita de azúcar
2	dientes de ajo, picados en trocitos	1½–2	tazas de Caldo de pollo (página 434) o de consomé de pollo sin grasa de sodio reducido
2	cucharadas de cilantro fresco picado fino		Sal y pimienta negra molida
½	cucharadita de comino molido		

Caliente el aceite o la manteca a fuego mediano en una sartén antiadherente grande. Agregue los ajíes cachuchas o dulces, la cebolla, el cebollín, el tocino canadiense, el ajo, el cilantro, el comino, el orégano y la hoja de laurel. Fría durante

(continúa)

5 minutos, o hasta que los vegetales estén suaves pero no dorados. Agregue los frijoles negros y el vino (si lo usa) y deje que rompa a hervir a fuego alto. Agregue el azúcar y 1½ tazas de caldo. Baje el fuego a mediano y hierva durante 5 minutos. Saque y tire la hoja de laurel.

Muela la cuarta parte de la mezcla de frijoles en una batidora (licuadora) o aplástelos con la parte de atrás de un cucharón. Agregue este puré a los frijoles en la sartén. Hierva durante 2 minutos más, o hasta que se espesen pero todavía estén algo aguados. Si los frijoles están demasiado espesos, agregue más caldo. Sazone con sal y pimienta.

Para 4 porciones

Consejo de cocina

✦ Los ajíes cachuchas no son nada picantes. Sus parientes cercanos son los ajíes dulces de Puerto Rico y los ajíes criollos de Colombia, y ambos pueden sustituir a los cachuchas y viceversa. También se pueden sustituir con chiles rocotillos.

✦ Quizá le parezca raro que primero se descarte el líquido de los frijoles enlatados y luego se utilice caldo de pollo para cocinarlos. La razón es muy sencilla: el caldo hace que los frijoles sean menos salados y más sabrosos. El caldo de pollo hecho en casa tiene un sabor rico y sustancioso y no contiene sal (vea la receta en la página 434). Por el contrario, los frijoles enlatados tienen un alto contenido de sodio. Cuando se combinan los frijoles de lata lavados y escurridos con el caldo de pollo, se obtiene más sabor y se reduce al mínimo la cantidad de sal.

Variación regional

Tutu a mineira: Después de sacar y tirar la hoja de laurel, aplaste los frijoles con la parte de atrás de un cucharón de madera. Agregue ¼ taza de harina de yuca hasta obtener una mezcla espesa de consistencia semejante a la del puré de papas. Sazone con sal y pimienta. Vierta la mezcla en un platón hondo para que se forme una capa plana. Sofría 1 cebolla picada fina y 2 onzas (56 g) de tocino canadiense picado fino en 1 cucharada de manteca a fuego mediano durante 4 minutos, o hasta que estén bien cocidos. Añádaselos a los frijoles y sirva.

SUPERALIMENTO LATINO: EL FRIJOL

Los frijoles (habichuelas) quizá sean el mejor sustituto de la carne que el mundo haya conocido. Son muy económicos, pues cada porción sólo cuesta unos cuantos centavos. Y tan sólo media taza de estas sustanciosas delicias aporta alrededor del 15 por ciento de las proteínas que requerimos todos los días. Además contienen muy poca grasa saturada, que es la que obstruye las arterias. Los beneficios para la salud ofrecidos por los frijoles son casi tan numerosos como los tipos de frijoles que hay.

Media taza de frijoles cocidos, ya sean colorados, negros, pintos o incluso refritos, proporcionan la fabulosa cantidad de 6 gramos de fibra, casi la cuarta parte de lo que en opinión de la mayoría de los expertos, necesitamos todos los días. La fibra nos beneficia de pies a cabeza. Ayuda a mantener la regularidad de las evacuaciones, lo cual reduce el riesgo de contraer cáncer del colon. Y los médicos afirman que es buena para los diabéticos, porque ayuda a mantener bajo el nivel de azúcar en la sangre y a normalizar los niveles de insulina. Un estudio realizado por la Universidad de Harvard con más de 47,000 hombres llegó a la conclusión de que la fibra tal vez también prevenga la formación de úlceras. Y hace mucho que se sabe sobre sus poderes para ayudar a bajar el colesterol.

Además, la cantidad de frijoles encontrados en un burrito bien retacado (más o menos media taza) corresponde a entre el 25 y el 40 por ciento del Valor Diario de folato. Este supernutriente ayuda a bajar los niveles del aminoácido conocido como homocistina y así reduce el riesgo de contraer enfermedades cardíacas. La misma porción de frijoles también contiene entre el 10 y el 15 por ciento del Valor Diario de magnesio, que ayuda a bajar la presión arterial. Además, los frijoles están llenísimos de unos poderosos antioxidantes llamados polifenólicos. Es posible que los polifenólicos sean hasta más eficaces que la vitamina C (uno de los antioxidantes más apreciados) en impedir que se oxide la grasa en la sangre, lo cual constituye el primer paso hacia la formación de tapones arteriales.

Per lo tanto, la próxima vez que prepare burritos, enchiladas, chile con carne o sopas, agregue un puñado de frijoles en lugar de carne.

ARROZ BLANCO

Varios países

Vistazo nutricional	Antes	Después
Por porción		
Calorías	283	283
Grasa total g	3.9	3.9
Grasa saturada g	0.6	0.6
Colesterol mg	0	0

El arroz es un elemento indispensable en la dieta latinoamericana. Con esta receta de arroz blanco le garantizo que siempre quedará ligerito, húmedo y desgranado. El secreto está en lavar el arroz antes de cocerlo.

1½   tazas de arroz de grano largo, se debe lavar hasta que el agua salga limpia

2¼   tazas de agua

1   cucharada de aceite de *canola* o de mantequilla

½   cucharadita de sal

Ponga el arroz en una cacerola grande y pesada. Agregue el agua, el aceite o la mantequilla y sal. Deje que rompa a hervir a fuego alto. Tape la cacerola muy bien, baje el fuego a lento y cocine durante 18 minutos, hasta que el arroz esté suave. (Revise el arroz después de 14 minutos. Si está demasiado húmedo, deje la tapa un poco abierta para permitir que se evapore algo de agua. Si está demasiado seco, agregue un poco de agua.)

Quite el arroz del fuego. Ponga un trapo de cocina sobre la cacerola. Encima ponga la tapa. Deje reposar el arroz durante por lo menos 3 minutos y hasta un máximo de 10 minutos. Revuélvalo con un tenedor para que quede desgranado.

Para 4 porciones (3 tazas)

Consejo de cocina

✦ Si congela el arroz restante en recipientes herméticos, puede conservarlo hasta un máximo de 3 meses. Para calentarlo en el horno de microondas, agregue un poco de agua, o bien caliéntelo al vapor en la estufa.

Variación regional

Arroz blanco a la mexicana: Caliente el aceite a fuego mediano en una cacerola mediana. Agregue 2 dientes de ajo, picados en trocitos, y 1 cebolla pequeña, picada muy fina. Fría durante 2 minutos. Agregue el arroz y fría durante 2 minutos más, hasta que el aceite se haya absorbido. Agregue el agua, sal y ½ taza de Salsa ranchera (página 360).

PILAF DE QUINUA

Ecuador; Perú

Vistazo nutricional	Antes	Después
Por porción		
Calorías	319	197
Grasa total g	11	1
Grasa saturada g	1.5	0.7
Colesterol mg	0	0

La quinua era un grano sagrado para los incas. Originaria de la cordillera de los Andes, se ha cultivado en el continente americano desde hace más de 5,000 años. Su sabor delicado recuerda un poco el de la nuez, mientras que su consistencia suave y al mismo tiempo algo crujiente recuerda a la del caviar. Si a usted le interesa la nutrición, la quinua le encantará. Contiene más proteínas que el arroz y más potasio que el plátano. En Sudamérica es un ingrediente común de los pudines tanto dulces como salados. En esta ocasión les presento una versión de pilaf que se prepara de un modo rápido y fácil y combina muy bien con casi cualquier platillo de carne de res, cerdo o pollo. Busque la quinua en las tiendas de productos naturales o en los supermercados grandes.

1 cucharada de aceite de oliva

1 cebolla mediana, picada muy fina

½ pimiento (ají) rojo, picado muy fino

1 diente de ajo, picado en trocitos

2 cucharadas de piñones

2 tazas de quinua, se debe lavar hasta que el agua salga limpia

4 tazas de agua (vea el Consejo de cocina)

Sal y pimienta negra molida

3 cucharadas de perejil liso fresco picado

Caliente el aceite a fuego mediano en una sartén antiadherente grande. Agregue la cebolla, el pimiento rojo, el ajo y los piñones, y fría durante unos 4 minutos, o hasta que la cebolla esté suave pero no dorada. Agregue la quinua y fría durante 1 minuto.

Agregue el agua. Sazone con sal y pimienta negra. Deje que rompa a hervir a fuego alto. Baje el fuego a lento, tape y hierva durante unos 20 minutos, hasta que la quinua esté suave y el agua se haya absorbido totalmente. Agregue el perejil y revuelva la quinua con un tenedor para que quede desgranada.

Para 8 porciones

Consejo de cocina

✦ El pilaf queda aún más sustancioso si cocina la quinua con caldo de pollo o vegetal en lugar de agua.

ARROZ CON CAMARONES

Colombia

Vistazo nutricional	Antes	Después
Por porción		
Calorías	685	424
Grasa total g	17.2	6.5
Grasa saturada g	6.1	0.9
Colesterol mg	362	175

Este es uno de los muchos platillos basados en el arroz que se disfrutan en toda la América Central y del Sur. Se trata de una especie de pilaf o paella preparada con los mariscos que le han dado tan buena fama a Colombia. Si puede conseguir camarones enteros, use las cabezas para preparar un rico y sustancioso caldo de camarón. (Hierva a fuego lento las cabezas de camarón junto con el caldo de pescado durante 10 minutos, muela en una licuadora/batidora o procesador de alimentos y luego cuele.) Sin embargo, no se preocupe si no los encuentra. El platillo también resultará delicioso con camarones sin cabeza.

1	cucharada de Aceite de achiote (página 440) o 1 cucharada de aceite de oliva + ¼ cucharadita de pimentón (paprika) dulce
1	cebolla morada pequeña, picada muy fina
2	dientes de ajo, picados en trocitos
4	cebollines picados muy finos
4	ajíes criollos o ajíes dulces o ajíes cachuchas sin semilla, picados
1	tomate maduro sin semilla ni piel, picado
1	cucharadita de vinagre de vino tinto
2¼	tazas de Caldo de pescado (página 435) o 1¾ tazas de caldo de almeja embotellado + ½ taza de agua
1	libra (448 g) de camarón pelado y desvenado (guarde la cáscara)
1½	tazas de arroz blanco de grano largo
	Sal y pimienta negra molida

Caliente a fuego mediano el aceite de achiote o de oliva y el pimentón dulce en una sartén antiadherente grande. Agregue la cebolla, los cebollines, el ají criollo o pimiento y el ajo. Fría durante unos 5 minutos, o hasta que la cebolla esté suave pero no dorada. Suba el fuego a alto y agregue el tomate y el vinagre. Fría durante unos 3 minutos, hasta que se haya evaporado la mayor parte del jugo del tomate.

Mientras tanto, vierta el caldo de pescado o el caldo de almeja y el agua en una cacerola grande. Agregue la cáscara de camarón y hierva a fuego mediano durante 5 minutos.

Mientras el caldo esté hirviendo, agregue el arroz a la mezcla del tomate. Cocine a fuego mediano durante unos 5 minutos, o hasta que los granos estén brillantes pero no dorados. Suba el fuego a alto, cuele el caldo de pescado y agréguelo a la cacerola del arroz. Sazone con sal y pimienta. Deje que rompa a hervir, baje el fuego a lento, tape y cocine durante 15 minutos. Agregue el camarón, tape y cocine durante unos 10 minutos, hasta que el arroz esté húmedo pero no aguado y el camarón adquiera un color rosado y se ponga opaco. Si el arroz está demasiado húmedo, destape la cacerola durante los últimos 5 minutos de cocción para permitir que se evapore un poco de líquido. Sazone con más sal y pimienta, si así lo desea.

Para 4 porciones

Variación regional

Arroz con chipi-chipi: En lugar de camarón, use las almejas más pequeñas que pueda encontrar, como diminutas almejas jóvenes (*littleneck clams*). Lave las conchas de la almeja y póngalas a hervir en el caldo durante unos 8 minutos, o hasta que se abran. (Tire las almejas que tengan la concha quebrada o que permanezcan cerradas.) Saque las almejas de sus conchas y póngalas aparte. Cuele el caldo con una tela de cocina o toallas de papel (servitoallas). Agregue las almejas al arroz durante los últimos 5 minutos de cocción.

ARROZ CHAUFA DE MARISCOS

Perú

Vistazo nutricional	Antes	Después
Por porción		
Calorías	565	376
Grasa total g	16.2	4.9
Grasa saturada g	2	0.6
Colesterol mg	264	132

Entre las muchas influencias que han enriquecido a las culturas latinoamericanas, no se puede olvidar la china. Uno de sus legados es el arroz frito, aporte de los inmigrantes que llegaron al Nuevo Mundo en el siglo XIX para trabajar en las plantaciones y los ferrocarriles. El arroz frito goza de particular popularidad en Cuba y el Perú. Asegúrese de tener todos los ingredientes picados y listos antes de empezar a freírlos, pues el proceso de preparación sólo tarda unos cuantos minutos.

2½ cucharadas de salsa de soja de sodio reducido

1 cucharada de vinagre de arroz o de vinagre blanco

1 cucharada de vino de arroz, vino blanco o agua

½ cucharadita de pimienta negra molida

4 cebollines limpios

1 cucharada de aceite de *canola*

2 dientes de ajo, picados en trocitos

1 cucharada de jengibre fresco picado en trocitos

1 cebolla pequeña, picada muy fina

1 pimiento (ají) rojo, picado muy fino

8 onzas (224 g) de camarón, pelado y desvenado

8 onzas de calamar limpio, picado en trozos de ¼" (6 mm), o de vieiras (escalopes, *sea scallops*), picadas en trozos de ½" (1 cm)

4 tazas de Arroz blanco cocido (página 204)

½ taza de chícharos (guisantes) cocidos o descongelados

Mezcle la salsa de soja, el vinagre, el vino o agua y la pimienta negra en un tazón (recipiente) pequeño. Póngalos aparte.

Pique en trocitos la parte blanca de los cebollines y corte los tallos verdes en rodajas finas. Póngalos aparte.

Caliente a fuego alto un *wok* antiadherente o una sartén antiadherente grande. Agregue el aceite. Cuando el aceite esté caliente, agregue el ajo, el jengibre y la parte blanca del cebollín picado. Sofría durante 15 segundos. Agregue la cebolla y el pimiento rojo y sofría durante unos 2 minutos más, hasta que los vegetales suelten su aroma. Agregue el camarón y el calamar o la vieira y sofría durante 3 minutos. Agregue el arroz y sofría durante 2 minutos. Agregue los chícharos, los tallos verdes del cebollín que reservó y la mezcla de salsa de soja y sofría durante unos 2 minutos, o hasta que el camarón esté firme y de color rosado y el cebollín esté firme y blanco.

Para 4 porciones

Consejo de cocina

✦ Es posible variar el sabor reemplazando el calamar o la vieira con 8 onzas de pulpo cocido (vea las instrucciones para cocinar el pulpo en la página 448).

POZOLE

México

Vistazo nutricional	Antes	Después
Por porción		
Calorías	710	312
Grasa total g	50.9	11.6
Grasa saturada g	18.2	2.7
Colesterol mg	105	46

El pozole es un caldo sustancioso que se prepara con maíz descascarado, carne de cerdo y chiles rojos o verdes. Se originó en la costa occidental de México, y en muchas partes de México, se sirve en el 16 de Septiembre. La carne de cerdo se incluye más para sazonar el caldo que como ingrediente principal. A fin de reducir la grasa, disminuí la cantidad de manteca de la receta original, pero, aparte de eso, mi receta respeta la tradición. El maíz pozolero ya está disponible en lata, lo cual facilita mucho la preparación del plato. Búsquelo con el nombre de hominy *en la sección de vegetales enlatados o de arroz de la mayoría de los supermercados.*

2	chiles rojos secos de Nuevo México o 2 chiles guajillos sin tallo ni semilla (use guantes de plástico al manipularlos), o 2 a 3 cucharaditas de polvo puro de chile	1	cucharadita de orégano

2 chiles rojos secos de Nuevo México o 2 chiles guajillos sin tallo ni semilla (use guantes de plástico al manipularlos), o 2 a 3 cucharaditas de polvo puro de chile

1 cucharada de manteca o de aceite de *canola*

8 onzas (224 g) de lomo de cerdo (*pork loin*) o de filete de solomillo (*tenderloin*) magro al que se ha quitado toda la grasa visible, picado en cubos de 1" (3 cm)

1 cebolla, picada muy fina

4 dientes de ajo, picados muy finos

1 cucharadita de comino molido

1 cucharadita de orégano

1 hoja de laurel

6 tazas de agua

2 latas de maíz descascarado (*hominy*) de 14½ onzas (406 g), lavado y escurrido

Sal y pimienta negra molida

¼ taza de cebollines picadas (opcional)

¼ taza de cilantro fresco picado (opcional)

Lima (limón verde), cortado en pedazos (opcional)

Si usa los chiles, remójelos de 20 a 30 minutos en suficiente agua caliente para cubrirlos, o hasta que se suavicen. Póngalos en un procesador de alimentos o licuadora (batidora). Agregue ¼ taza del agua de remojo y muélalos muy bien.

Caliente la manteca o el aceite a fuego mediano-alto en una cacerola grande. Agregue la carne de cerdo y fría durante 3 minutos. Agregue la cebolla y fría durante 2 minutos. Agregue el ajo, el comino, el orégano y la hoja de laurel y fría durante más o menos 1 minuto, o hasta que la carne y los vegetales se comiencen a dorar. Agregue el agua y el maíz y deje que rompa a hervir. Baje el fuego a mediano-lento y hierva durante unos 30 minutos, o hasta que la carne esté suave, el caldo quede espeso y se hayan mezclado bien todos los sabores. Sazone con sal y pimienta. Tire la hoja de laurel. Agregue los chiles molidos o el polvo de chile y hierva durante 5 minutos. Pruebe y sazone con sal y pimienta.

Sirva el pozole en tazones poco profundos. Si así lo desea, espolvoree con el cebollín y cilantro y sirva con pedazos de limón para aderezar el pozole en la mesa.

Para 4 porciones

ASOPAO DE MARISCOS

Puerto Rico; República
Dominicana

Vistazo nutricional	Antes	Después
Por porción		
Calorías	810	603
Grasa total g	33.1	10.4
Grasa saturada g	4.5	1.6
Colesterol mg	202	168

Este popular platillo puertorriqueño y dominicano, con su rica combinación de mariscos y especias, no tiene nada que envidiarle a la bullabesa francesa ni a la paella española. El arroz valenciano de grano corto es ideal, aunque también sirve el arroz italiano conocido como Arborio, que es muy parecido. Reduje el contenido de grasa de la receta tradicional disminuyendo la cantidad de aceite de achiote y usando un tipo de jamón más magro que el original. Encontrará las instrucciones para preparar el Aceite de achiote en la página 440. Cuando sirva el asopao, no olvide poner en la mesa varios tazones para las conchas de almeja y mejillón vacías.

2	tazas de arroz valenciano o Arborio, se debe lavar hasta que el agua salga limpia
1	libra (448 g) de ángel de mar o pez espada, picado en trozos de 2" × 2" × ¼" (5 cm × 5 cm × 6 mm)
1	libra de camarón, pelado y desvenado
2	cucharadas de jugo de limón verde (lima)
1	diente de ajo, picado en trocitos
	Sal y pimienta negra molida
2	cucharadas de Aceite de achiote (página 440) o 2 cucharadas de aceite de oliva + ½ cucharadita de pimentón (paprika) dulce
1	cebolla mediana, picada muy fina
5	cebollines limpios y picados muy finos
6	ajíes dulces o ajíes cachuchas, picados muy finos
2	onzas (56 g) de tocino canadiense o de jamón ahumado magro, picado muy fino

4	dientes de ajo, picados en trocitos
1	cucharadita de orégano
3	tomates maduros sin semilla ni piel, picados
½	taza + 3 cucharadas de perejil liso fresco picado
½	taza de cilantro fresco, picado
12	tazas de Caldo de pescado (página 435) u 8 tazas de jugo de almeja embotellado + 4 tazas de agua
18	almejas jóvenes (*littleneck clams*) muy pequeñas, lavadas
18	mejillones, lavados y sin barbas
1	taza de guisantes (chícharos) cocidos o descongelados
3	aceitunas rellenas de pimiento, picadas en rodajas finas
2	pimientos o pimientos rojos asados, picados en rodajas finas
2	cucharadas de alcaparras lavadas y escurridas

Ponga el arroz en un tazón (recipiente) mediano. Cubra con agua fría y deje remojar durante 1 hora.

Ponga el pescado y el camarón en un tazón grande de vidrio o de acero inoxidable. Agregue el jugo de limón verde y el ajo y mezcle muy bien. Sazone con un poco de sal y pimienta negra. Tápelo y déjelo adobar en el refrigerador de 30 a 60 minutos.

Mientras tanto, caliente a fuego mediano el aceite de achiote o aceite de oliva y el pimentón en una olla grande. Agregue la cebolla, el cebollín, el ají dulce o cachucha, el tocino canadiense o jamón, el ajo y el orégano. Fría durante unos 5 minutos, o hasta que los vegetales estén suaves pero no dorados. Agregue el tomate, ½ taza de perejil y el cilantro y fría durante unos 5 minutos, o hasta que se haya evaporado la mayor parte del jugo del tomate y la mezcle esté espesa y aromática.

Agregue el caldo o jugo de almeja y agua a la olla y deje que rompa a hervir a fuego alto. Escurra el arroz y agréguelo a la olla. Deje que rompa a hervir nuevamente, baje el fuego a mediano-lento y déjelo hervir de nuevo durante 3 minutos. Agregue las almejas y los mejillones y cocine durante 5 minutos. Agregue el pescado, el camarón y el adobo y cocine durante 1 minuto. Agregue los guisantes, la aceituna, el pimiento o pimientos rojos asados y las alcaparras, y cocine alrededor de 1 minuto, o hasta que el arroz esté suave, las conchas de almeja y mejillón se hayan abierto completamente, el pescado esté firme y blanco y el camarón quede firme y de color rosado. (Tire las almejas o mejillones que tengan la concha quebrada o que no se hayan abierto.) Sazone con más sal y pimienta negra, si así lo desea.

Sirva el arroz en tazones poco hondos y añádales las 3 cucharadas restantes de perejil.

Para 6 porciones

Consejo de cocina

◆ El arroz valenciano tiene el grano corto y harinoso parecido al arroz italiano conocido como Arborio. Búsquelo en las tiendas de productos para la cocina latina o en su supermercado, en la sección de arroz o internacional.

PAELLA

España

Vistazo nutricional	Antes	Después
Por porción		
Calorías	802	592
Grasa total g	23	8
Grasa saturada g	3.7	1.5
Colesterol mg	227	207

La paella es el símbolo gastronómico por excelencia de España. Redonda como el sol y teñida del color del fuego por el azafrán, ocupa un lugar muy destacado en la cocina hispana. No sorprende, pues, que haya sido adoptada por algunas de las antiguas colonias españolas del Nuevo Mundo, particularmente por Cuba, Puerto Rico y Venezuela. En el Caribe de habla hispana, el sabor y colorido de la paella provienen del achiote en lugar del azafrán. A fin de crear una paella tan grata para el corazón como para el paladar, reduje la cantidad de aceite, sustituí las piezas de pollo con pellejo por pechugas de pollo deshuesadas y despellejadas y usé jamón serrano en lugar de la salchicha de cerdo. Si no encuentra jamón serrano, lo puede sustituir por tocino canadiense o prosciutto, con resultados igualmente sabrosos. También puede usar caldo de pescado o vegetal en lugar del caldo de pollo. Este platillo deslumbrará a todo mundo, tanto en la mesa diaria como en una ocasión especial.

½ cucharadita de hilos de azafrán

1 cucharada de agua caliente

2 cucharadas de aceite de oliva extra virgen

½ onzas (336 g) de pechuga de pollo deshuesada y despellejada, picada en trozos de 1" (3 cm)

Sal y pimienta negra molida

1 cebolla pequeña, picada muy fina

1 pimiento (ají) rojo o amarillo, picado en tiras de ¼" (6 mm)

1 onza (28 g) de jamón serrano o de tocino canadiense, picado en tiras de ¼"

2 dientes de ajo, picados en trocitos

1 tomate maduro sin semilla, picado en trozos de ¼"

3 cucharadas de perejil liso fresco picado muy fino

2 tazas de arroz valenciano o Arborio

⅓ taza de vino blanco seco o de vino blanco sin alcohol

3½–4 tazas de Caldo de pollo (página 434) caliente o de consomé de pollo sin grasa de sodio reducido

12 almejas jóvenes (*littleneck clams*), lavadas

12 mejillones, lavados y sin barbas

8 onzas (224 g) de camarón pelado y desvenado

8 onzas de calamar limpio, picado en trozos de ½" (1 cm), o camarón pelado y desvenado

⅓ taza de chícharos (guisantes) cocidos o descongelados

Ponga los hilos de azafrán en una taza con el agua caliente. Déjelos remojar durante 15 minutos.

Mientras tanto, caliente 1 cucharada de aceite a fuego mediano en una sartén pesada muy grande o en una paellera. Sazone el pollo con sal y pimienta negra.

Agréguelo a la sartén y fríalo de 2 a 4 minutos, revolviendo con frecuencia, o hasta que esté levemente dorado. Pase el pollo a un plato y póngalo aparte.

Agregue la cucharada restante de aceite a la sartén y ponga a freír la cebolla, el pimiento rojo o amarillo, el jamón o tocino canadiense y el ajo durante unos 5 minutos, revolviendo con frecuencia, o hasta que se doren los ingredientes. Suba el fuego a alto. Agregue el tomate y 2 cucharadas de perejil y fría durante 1 minuto.

Precaliente el horno a 400°F (206°C).

Agregue el arroz a la sartén y fría durante más o menos 1 minuto, o hasta que los granos estén brillantes. Agregue el vino y deje que rompa a hervir. Agregue las 3½ tazas de caldo y el azafrán con el agua del remojo. Deje que rompa a hervir de nuevo. Baje el fuego a mediano-lento y hierva durante 10 minutos. Agregue las almejas, los mejillones y el pollo, y deje que rompa a hervir una vez más. Agregue el camarón y el calamar.

Tape la sartén y métala al horno. Hornee de 20 a 25 minutos, o hasta que el arroz esté suave, se haya absorbido casi todo el líquido, las almejas y los mejillones estén completamente abiertos y el camarón y el calamar estén firmes y bien cocidos. (Tire las almejas o mejillones que tengan la concha quebrada o que no se hayan abierto.) Agregue los chícharos. La paella debe quedar bastante húmeda. Si el arroz empieza a secarse mientras se está cociendo, agregue un poco de caldo.

Sazone con sal y pimienta y añada la cucharada restante de perejil.

Para 6 porciones

Variación regional

Paella cubana: Sustituya el azafrán, el agua caliente y el aceite de oliva por 2 cucharadas de Aceite de achiote (página 440) o 2 cucharadas de aceite de oliva mezcladas con 1 cucharadita de pimentón (paprika) dulce.

TAMALES, PANES Y SÁNDWICHES

Se le puede considerar como una de las creaciones más ingeniosas en la historia de la cocina universal. Se saborea desde el río Bravo hasta la Tierra del Fuego. Es un camaleón culinario que según la ocasión se transforma en una botana sencilla o en una espléndida comida ligera. Estoy hablando del irresistible y nutritivo tamal, de la masa de maíz cocida en hojas de la misma planta.

El delicioso mundo de los tamales y otros platillos preparados con harina de maíz permite explorar las variadísimas formas en que los cocineros usan el mismo ingrediente básico en diferentes culturas. Desde los tamales tradicionales de México y de Cuba, hechos con masa de maíz cocida en hojas secas de maíz, hasta el Nacatamal nicaragüense (página 220) y las Hallacas venezolanas (página 222), ambos envueltos con hojas de plátano y hervidos, la variedad y los sabores son infinitos.

Los tamales quizá sean muy importantes, pero no agotan las posibilidades culinarias ofrecidas por el maíz. Otros platillos imprescindibles son las Tortillas frescas de México (página 224) y las Arepas colombianas (página 225). Y una variación algo inesperada también incluida en este capítulo es la Sopa paraguaya (página 226), un pan de maíz casi tan ligero como un *soufflé*.

Desde los tiempos precolombinos el maíz ha sido el alimento vegetal más importante de todo el continente americano. Estas recetas le permitirán explorar el legado culinario de este grano tan rico y nutritivo.

TAMALES MEXICANOS

México

Vistazo nutricional	Antes	Después
Por tamal		
Calorías	259	163
Grasa total g	16.4	6
Grasa saturada g	5.9	1.8
Colesterol mg	35	23

La masa de los tamales mexicanos se prepara con tres ingredientes fundamentales: agua, masa de harina de maíz y manteca. Antes de molerlo, el maíz se remoja en agua con cal, lo cual le da una textura y sabor únicos. Los tamales se rellenan con carne molida, verduras picadas, chile poblano con queso o pollo con mole, entre muchísimas posibilidades más. A fin de reducir la grasa sin sacrificar el sabor, uso menos manteca de la que piden las recetas tradicionales y agrego caldo de pollo o vegetal para humedecer y enriquecer la masa. El relleno de esta receta se basa en pechuga de pollo o de pavo picada, en lugar de la carne molida grasosa. Si usted acostumbra usar carne molida, pruebe la receta con una mezcla de mitad de carne molida y mitad de pollo o pavo picado para que su paladar tenga oportunidad de irse acostumbrando al nuevo sabor.

MASA:

- 24 hojas secas de maíz
- ¼ taza de granos de elote (maíz) frescos o descongelados
- 2 tazas de masa de harina de maíz
- 1 cucharadita de sal
- 1 cucharadita de polvo de hornear
- 1 taza de agua caliente
- 1 taza de Caldo de pollo (página 434) o de consomé de pollo sin grasa de sodio reducido o de caldo vegetal
- 3 cucharadas de manteca de cerdo o de manteca vegetal a temperatura ambiente

RELLENO:

- 1 cucharada de aceite de oliva
- ½ cebolla pequeña, picada muy fina
- ¼ pimiento morrón (pimiento/ají rojo), picado muy fino
- 2–3 chiles jalapeños sin semilla, picados en trocitos
- 1 diente de ajo, picado en trocitos
- ¼ cucharadita de comino molido
- ¼ cucharadita de orégano
- ¼ cucharadita de canela molida
- 8 onzas (224 g) de pechuga de pollo o de pavo deshuesada y despellejada, picada muy fina
- 2 cucharadas de cilantro fresco picado
- ¼ taza de vino blanco seco o de vino blanco sin alcohol
- Sal (opcional)

Para preparar la masa: Ponga las hojas de maíz en un tazón (recipiente) grande y cúbralas con agua fría. Déjelas remojar durante 2 horas.

Mientras tanto, muela los granos de elote en un procesador de alimentos o licuadora (batidora). Póngalos en un tazón grande. Agregue la masa de harina de maíz, la sal y el polvo de hornear, revolviendo con un cucharón de madera.

Agregue poco a poco el agua caliente, el caldo, el elote molido y la manteca. Revuelva vigorosamente de 5 a 15 minutos, hasta que la masa quede húmeda y moldeable, pero no pegajosa. Su consistencia debe parecerse a la de la plastilina. (Mientras más bata la masa, más aire se incorporará a ella, lo cual resultará en tamales más ligeros. También es posible preparar la masa en un procesador de alimentos (mezcladora) que tenga una paleta o un gancho para amasar. Bata la masa a alta velocidad durante unos 15 minutos.)

Para preparar el relleno: Caliente el aceite en una sartén antiadherente a fuego mediano. Agregue la cebolla, el pimiento, el chile, el ajo, el comino, el orégano y la canela y fría durante 3 minutos, o hasta que los vegetales estén suaves pero no dorados. Agregue el pollo o pavo y el cilantro y fría durante 3 minutos, revolviendo con frecuencia, hasta que el pollo o pavo esté bien cocido. Agregue el vino y cocine durante 5 minutos, o hasta que se haya absorbido todo el líquido. Agregue sal, si así lo desea.

Para preparar los tamales: Saque una de las hojas de maíz del tazón y extiéndala sobre una superficie de trabajo, con la parte más estrecha hacia usted. Ponga 3 cucharadas colmadas (copeteadas) de masa al centro de la mitad superior de la hoja de maíz. (La masa debe tener una forma alargada.) Haga un surco poco profundo a lo largo de la masa. Ponga una cucharada del relleno en el surco. Junte ambos lados del surco para cubrir el relleno. Doble la parte más estrecha de la hoja de maíz sobre la otra para envolver el tamal. Extienda otra hoja de maíz sobre la superficie de trabajo con la parte ancha hacia usted. Coloque la primera hoja al centro de la mitad inferior de la segunda. Doble la parte estrecha por debajo para envolver el tamal. Átelo en forma de rectángulo con tiras de hoja de maíz o una cuerda. Repita estos pasos con las demás hojas de maíz y el resto del relleno.

Coloque una rejilla de vaporera en una olla grande. Agregue 1" (3 cm) de agua y ponga a hervir a fuego mediano. Ponga los tamales sobre la rejilla, tápelos y hierva durante 1 hora y 30 minutos, o hasta que la masa cuaje y se desprenda fácilmente de las hojas de maíz. Quite la cuerda antes de servirlos.

Para 12 tamales

TAMALES CUBANOS

Cuba

Vistazo nutricional	Antes	Después
Por tamal		
Calorías	150	120
Grasa total g	8.8	2.9
Grasa saturada g	4	0.8
Colesterol mg	22	15

Nadie prepara mejores tamales que Elida Proenza, una amiga mía cubana. Sus tamales tienen un contenido muy bajo en grasa porque usa granos de maíz frescos molidos para humedecer la harina de maíz, en lugar de manteca o aceite. Si le interesa seguir su receta al pie de la letra, use maíz tierno para tamal. Este maíz es más duro y seco que el maíz normal. Se parece un poco al maíz usado para forraje. Podrá encontrar el maíz tierno para tamal ya molido en tiendas de productos para la cocina cubana. Para simplificar el proceso, yo pido el maíz que normalmente se come en los Estados Unidos y harina de maíz.

MASA

- 48 hojas secas de maíz
- 4 tazas de granos de maíz (elote), frescos o descongelados
- 2–2½ tazas de harina amarilla de maíz molida por piedra
- 2 cucharaditas de azúcar
- Sal y pimienta blanca o negra molida

RELLENO

- 10 ajíes cachuchas o ajíes dulces, picados en trocitos
- 8 dientes de ajo, pelados
- 1½ cucharaditas de comino molido
- Pimienta blanca o negra molida
- 1 cucharada de aceite de oliva
- 1 cebolla pequeña, picada en trocitos
- 2 cucharadas de cilantro fresco picado muy fino + 4 ramitas de cilantro fresco
- 1 tomate sin piel ni semilla, picado
- 1 libra (448 g) de lomo de cerdo (*pork loin*), chuletas de cerdo o filete de solomillo de cerdo (*tenderloin*), deshuesado y magro, al que se le ha quitado toda la grasa visible, picado en cubos de ½" (1 cm)
- Sal
- 8 tazas de agua
- 2 hojas de laurel

Para preparar la masa: Ponga las hojas de maíz en un tazón (recipiente) grande y cubra con agua fría. Déjelas remojar durante 2 horas.

Muela los granos de maíz en un procesador de alimentos o batidora (licuadora). Ponga esta masa en un tazón grande. Agregue 2 tazas de harina de maíz y revuelva con un cucharón de madera hasta obtener una masa suave, espesa y moldeable. Debe tener la consistencia de la plastilina; de ser necesario agregue más harina de maíz. Agregue el azúcar y sazone con sal y pimienta.

Para preparar el relleno: Muela los ajíes cachuchas o dulces con el ajo en un mortero (molcajete) o en el procesador de alimentos, hasta obtener una pasta gruesa. Agregue ½ cucharadita de comino y ½ cucharadita de pimienta blanca o negra y muela hasta que todos los ingredientes estén bien mezclados.

Caliente el aceite a fuego mediano en una sartén antiadherente pequeña. Fría la cebolla y la pasta de ají cachucha durante unos 3 minutos, o hasta que la cebolla esté suave pero no dorada. Agregue el cilantro picado, el tomate y la carne de cerdo y fría durante unos 5 minutos, o hasta que la carne ya no esté rosada al centro. Sazone con sal y pimienta blanca o negra. Déjelo enfriar.

Para preparar los tamales: Extienda una de las hojas de maíz sobre una superficie de trabajo, con la parte más estrecha hacia usted. Ponga 2 cucharadas colmadas de masa al centro de la mitad superior de la hoja de maíz para formar una montaña. (Esta montaña de masa debe tener una forma alargada.) Haga un surco poco profundo a lo largo de la masa. Ponga una cucharada de relleno en el surco. Junte ambos lados del surco para cubrir el relleno. Doble la parte más estrecha de la hoja de maíz sobre la otra para envolver el tamal. Extienda otra hoja de maíz sobre la superficie de trabajo con la parte ancha hacia usted. Coloque la primera hoja al centro de la mitad inferior de la segunda. Doble la parte estrecha por debajo para envolver el tamal. Átelo en forma de rectángulo con tiras de hoja de maíz o una cuerda. Repita estos pasos con las demás hojas de maíz y el resto del relleno.

Caliente el agua a fuego alto en una cacerola grande con la cucharadita restante de comino, 1 cucharadita de pimienta blanca o negra, las hojas de laurel y las ramitas de cilantro. Sazone con sal y deje que rompa a hervir. Baje el fuego a mediano y agregue los tamales. Hierva durante 1 hora.

Pase los tamales a un colador (coladera) y escurra muy bien. Quite las tiras de hoja de maíz o la cuerda y sirva.

Para 24 tamales

NACATAMAL

Nicaragua

Vistazo nutricional	Antes	Después
Por tamal		
Calorías	666	435
Grasa total g	31.6	8.4
Grasa saturada g	16.7	1.6
Colesterol mg	98	31

El nacatamal es el antojito nacional de Nicaragua, además de ser el tamal que requiere más elaboración en toda Latinoamérica. Al igual que el tamal mexicano se prepara con masa de harina de maíz, pero se parece al pastel puertorriqueño por cocinarse envuelto en hoja de plátano. El variado relleno incluye carne de cerdo condimentada con achiote, cebolla, tomate, aceitunas, pasas, ciruelas pasas e incluso menta verde. Todo ello convierte el nacatamal en una comida ligera completa. El único inconveniente es la mantequilla derretida o manteca usada en la versión tradicional. A fin de lograr un nacatamal más saludable, sustituí la manteca por caldo de pollo y usé lomo de cerdo adobado con achiote en lugar de tocino.

CARNE Y ADOBO

²⁄₃ taza de arroz blanco de grano largo

1 taza de agua fría

1 cucharadita de semilla de achiote (bija)

1 diente de ajo, picado en trocitos

¾ cucharadita de sal

½ cucharadita de pimienta negra molida

½ taza de jugo de naranja agria o 6 cucharadas de jugo de limón verde (lima) + 2 cucharadas de jugo de naranja

1 libra (448 g) de lomo de cerdo (*pork loin*) magro o de pechuga de pollo deshuesada y despellejada a la que se ha quitado toda la grasa visible

MASA

½ cebolla, picada en trocitos

½ pimiento (ají) rojo, picado en trocitos

1 diente de ajo, picado en trocitos

1½ taza de Caldo de pollo (página 434) tibio o de consomé de pollo sin grasa de sodio reducido

1 taza de leche descremada tibia

2 cucharadas de Aceite de achiote (página 440) o 2 cucharadas de aceite de oliva + ½ cucharadita de pimentón (paprika) dulce

2¼ cucharaditas de sal

½ cucharadita de pimienta negra molida

3–3½ tazas de masa de harina de maíz

RELLENO

8 hojas de plátano amarillo (guineo, banana), u hojas de plátano verde (plátano macho) o de papel de aluminio, cortados a un tamaño de 12" × 12" (31 cm × 31 cm)

1 papa, pelada y picada en 8 rodajas

1 cebolla, pelada y picada en 8 rodajas

1 tomate sin piel, picado en 8 rodajas

8 aceitunas verdes rellenas de pimiento, cortadas a la mitad

8 ciruelas pasas sin hueso, cortadas a la mitad

⅓ taza de pasas

8 ramitas de menta verde

Para preparar la carne de cerdo y el adobo: Ponga el arroz y el agua en un tazón (recipiente) pequeño y déjelo remojar de 4 a 12 horas. Escúrralo.

Muela las semillas de achiote (bija) en un molinillo de especias o tritúrelas un mortero (molcajete). Mezcle las semillas molidas en un tazón mediano con el ajo, la sal, la pimienta y el jugo de naranja agria o el jugo de limón verde con el jugo de naranja. Agregue la carne de cerdo o la pechuga de pollo y cúbrala bien de adobo. Tápela y déjela adobar en el refrigerador durante por lo menos 1 hora o toda la noche. Voltéela unas cuantas veces durante este tiempo.

Para preparar la masa: Mezcle la cebolla, el pimiento rojo, el ajo, el caldo, la leche, el aceite, la sal y la pimienta en un tazón grande. Agregue 4 tazas de la masa de harina y mezcle con un cucharón de madera hasta obtener una masa suave, espesa y moldeable. Su consistencia debe parecerse a la de la plastilina. Agregue más masa, de ser necesario. Tape la masa con envoltura autoadherente de plástico y déjela reposar durante 20 minutos.

Para preparar el nacatamal: Corte la carne de cerdo o el pollo en 8 lonjas (lascas) y guarde el adobo.

Extienda las hojas de plátano amarillo, (o las hojas de plátano macho o de papel aluminio) sobre una superficie de trabajo grande. Divida la masa en 8 partes. Coloque 1 parte de masa al centro de cada cuadro de hoja de plátano o de papel. Moldee cada pedazo de masa en forma de un rectángulo de más o menos 3½" (9 cm) de largo × 2½" (6 cm) de ancho × ¾" (2 cm) de grueso.

Meta una rodaja de papa, cebolla y tomate debajo de cada rectángulo de masa y presione la masa encima de los vegetales. Ponga encima de la masa 1½ cucharadas de arroz, 1 lonja de carne de cerdo o de pollo, 1 aceituna, 1 ciruela pasa, unas cuantas pasas y 1 ramita de menta verde. Presione los ingredientes un poco para hundirlos en la masa. Rocíela con el adobo que guardó. Doble el lado izquierdo y el derecho de las hojas o del papel de aluminio encima de la masa y luego doble las partes de arriba y de abajo para formar un paquete. Envuelva cada paquete con un pedazo de papel aluminio y átelos con una cuerda.

Ponga los paquetes a fuego mediano en una olla grande y agregue suficiente agua para que la superficie del líquido se mantenga 4" (10 cm) arriba de los nacatamales. Hierva durante 3 horas. De ser necesario, agregue más agua para mantener los paquetes sumergidos.

Ponga los paquetes en un colador (coladera) y escúrralos muy bien. Quite la cuerda y el pedazo exterior de papel de aluminio y sirva los nacatamales envueltos.

Para 8 Nacatamales

HALLACAS

Venezuela

Vistazo nutricional	Antes	Después
Por tamal		
Calorías	214	184
Grasa total g	13	5
Grasa saturada g	3.5	0.6
Colesterol mg	27	0

Las hallacas pertenecen a la gran familia de platillos de harina de maíz envueltos en hojas y hervidos que incluyen los Tamales mexicanos (páginas 216) y el Nacatamal nicaragüense (página 220). Esta variante venezolana se caracteriza por la harina fina y blanca de maíz sazonada con aceite de achiote, pasas, alcaparras y aceitunas. Después, esa masa se envuelve con hojas de maíz y se cuece. Luis Contreras, el simpático chef del célebre restaurante Yuca de Miami, creó estas hallacas vegetarianas. Él las rellena con un guiso de hongos portobello en lugar de la carne de cerdo tradicional. Para aligerarlas más todavía, me gusta agregar granos de maíz bien molidos a la masa para reducir un poco la cantidad de aceite.

GUISO

½   cebolla mediana, picada a lo largo en rodajas finas

½   pimiento (ají) rojo, picado a lo largo en rodajas finas

1   hongo *portobello* grande u 8 onzas (224 g) de champiñones pequeños (*button mushrooms*), picados en rodajas finas

1   tomate italiano pequeño (*plum tomato*) sin piel, picado a lo largo en rodajas finas

1   diente de ajo, picado en rodajas finas

¼   cucharadita de orégano

¼   cucharadita de comino molido

½   taza de Caldo de vegetal (página 436) o agua

   Sal and pimienta negra molida

MASA

1   taza de granos de maíz (elote) frescos, descongelados o de lata y escurridos

2   tazas de masarepa (vea la página 74)

1¾–2   tazas de Caldo vegetal caliente o de agua caliente

2   cucharadas de Aceite de achiote (página 440) o 2 cucharadas de aceite de oliva + ½ cucharadita de pimentón (paprika) dulce

1¼   cucharaditas de sal

½   cucharadita de pimienta negra molida

TAPADURA

16   hojas de plátano amarillo (guineo, banana), u hojas de plátano verde (plátano macho) o de papel de aluminio, cortadas a un tamaño de 12" × 12" (31 cm × 31 cm)

½   taza de garbanzos cocidos o de lata, lavados y escurridos (opcional)

3   cucharadas de pasas

2   cucharadas de alcaparras lavadas y escurridas

1   cucharada de aceitunas verdes rellenas de pimiento, picadas

12   tazas de agua

1   cebolla, cortada en cuartos

2   dientes de ajo

4   hojas de culantro (recao) o ramitas de cilantro

Para preparar el guiso: Ponga a fuego alto en una cacerola grande y pesada la cebolla, el pimiento rojo, los hongos, el tomate, el ajo, el orégano, el comino y el caldo vegetal o el agua. Deje que rompa a hervir. Baje el fuego a mediano, tape la cacerola y cocine durante 5 minutos. Destape la cacerola y hierva durante unos 10 minutos, revolviendo de vez en cuando con un cucharón de madera, o hasta que la mayor parte del líquido se haya evaporado y los vegetales estén muy suaves. Sazone con sal y pimienta. Deje que la mezcla se enfríe a temperatura ambiente.

Para preparar la masa: Muela el maíz en un procesador de alimentos. Agregue la masarepa, 1¾ tazas de caldo o agua, 1 cucharada de aceite de achiote o de aceite de oliva y pimentón, sal y pimienta. Muela de 2 a 3 minutos, o hasta que la masa quede suave, húmeda y moldeable. Debe tener la consistencia del helado suave. Agregue más caldo o agua de ser necesario. (También puede moler el maíz en una licuadora/batidora y amasar los ingredientes de la masa con los dedos.)

Para preparar las hallacas: Coloque las hojas de plátano amarillo o macho, o de papel de aluminio cortadas a un tamaño de 12" × 12" (31 cm × 31 cm), en una superficie de trabajo grande. Unte levemente el centro de cada hoja con la cucharada restante del aceite de achiote o el aceite de oliva y pimentón. Divida la masa en 8 partes y forme una bola con cada una. Coloque 1 bola de masa al centro de cada cuadro. Moldee cada pedazo de masa en forma de un disco plano de más o menos 5½" (14 cm) de diámetro.

Reparta el guiso, los garbanzos (si los usa), las pasas, las alcaparras y la aceituna entre los discos de masa. Doble el lado izquierdo y el derecho de las hojas o el papel de aluminio encima de cada disco de masa y luego doble las partes de arriba y de abajo para formar un paquete de más o menos 4" × 4" (10 cm × 10 cm). Envuelva cada paquete con otra hoja de plátano o de papel aluminio. Átelos con una cuerda.

Vierta el agua en una olla grande con un poco de sal. Agregue la cebolla, el ajo y el culantro o cilantro y deje que rompa a hervir a fuego alto. Baje el fuego a mediano y agregue los paquetes. Tape la olla y cocine durante más o menos 1 hora, o hasta que el relleno esté firme pero suave cuando se pincha con un tenedor. Pase las hallacas a un colador (coladera) con pinzas y déjelas escurrir. Quite la cuerda y sirva las hallacas envueltas.

Para 8 hallacas

Consejo de cocina

✦ Es posible preparar las hallacas hasta con 3 días de antelación y guardarlas en el refrigerador antes de cocerlas.

✦ La masarepa es una harina fina de maíz disponible en las tiendas de productos para la cocina latina y en muchos supermercados.

TORTILLAS FRESCAS

México

Vistazo nutricional	Antes	Después
Por tortilla		
Calorías	67	52
Grasa total g	2.2	0.5
Grasa saturada g	0.7	0.1
Colesterol mg	2	0

Las tortillas son tan antiguas como la civilización mexicana misma. Una bola de masa de harina de maíz (maíz descascarado, secado y molido) y agua se aplasta hasta quedar tan delgada como un disco compacto. Luego se tuesta en un comal caliente, o sea, sobre una plancha redonda y plana especial para preparar tortillas. Las tortillas son fáciles de preparar en casa y saben muchísimo mejor así que las compradas en la tienda. Le hará falta un aparato especial, la prensa para tortillas, que se encuentra en las tiendas de productos para la cocina mexicana. También la puede pedir a alguna de las empresas de venta por catálogo en la página 80. La mayoría de las prensas son bastante económicas.

2 **tazas de masa de harina de maíz**
1¼ **tazas de agua caliente**

Ponga la masa de harina de maíz y el agua en un tazón (recipiente) mediano. Mezcle y amase con un cucharón de madera o los dedos de 3 a 4 minutos, o hasta que la masa quede homogénea y espesa. Su consistencia debe parecerse a la de la plastilina. Agregue una cucharada de agua, de ser necesario. Tape la masa con envoltura autoadherente de plástico y déjela reposar durante 20 minutos.

Ponga un comal, una plancha o una sartén de hierro fundido o antiadherente a calentar a fuego mediano-alto hasta que una gota de agua salpicada sobre su superficie se evapore en 10 segundos. Desprenda un pedazo de masa de 1½" (4 cm). Moldee una bola entre las palmas de sus manos. Ponga la bola entre dos pedazos de plástico (vea el Consejo de cocina) y colóquela en la prensa para hacer una tortilla de 5" (13 cm). Si no tiene una prensa, puede aplanar la bola con una sartén grande y pesada de hierro fundido o con una lata grande de tomates. La tortilla debe tener un grosor de 1/16" (1.6 mm).

Quite el plástico de la parte de arriba y luego el de abajo y coloque la tortilla sobre el comal caliente. Cocine de 30 a 40 segundos por cada lado, o hasta que la parte superior se infle y la de abajo se empiece a dorar. Pase la tortilla a un cesto para pan forrado con una servilleta de tela. A medida que prense y cocine cada tortilla, pásela al cesto y tápela con la servilleta. (El vapor que se forma dentro de la servilleta ayuda a mantener las tortillas suaves.) Mantenga tapadas las tortillas durante por lo menos 5 minutos antes de servirlas.

Para 16 tortillas de 5" (13 cm)

Consejo de cocina 〜〜〜〜〜〜〜〜〜〜〜〜〜〜
✦ Antaño, las tortillas se prensaban entre dos hojas de plátano. Yo simplemente le recorto los bordes a una bolsa de plástico resellable grande para obtener 2 pedazos grandes de plástico.

¡Rapidito!

AREPAS

Colombia; Venezuela

Vistazo nutricional	Antes	Después
Por arepa		
Calorías	139	134
Grasa total g	9.6	3.7
Grasa saturada g	5.5	0.9
Colesterol mg	26	2

Las arepas son una delicia omnipresente de la cocina colombiana. Preparadas con una pasta muy húmeda de harina de maíz, se disfrutan a la hora del desayuno, entre comidas o para acompañar la comida principal. Son fáciles de preparar y se conservan muy bien en el refrigerador. El secreto está en la harina de maíz fina y blanca conocida como harina de arepa o "masarepa". Búsquela en las tiendas de productos para la cocina latina o en la sección internacional de los supermercados grandes.

2-2¼ tazas de agua tibia, entre 105° y 115° F (40° C y 46° C)

1 cucharadita de sal

2 tazas de harina de arepa

1 cucharada de aceite de *canola*

Mezcle 2 tazas de agua con la sal en un tazón (recipiente) grande. Agregue la harina de arepa y amase durante 2 minutos, o hasta que la masa esté firme pero moldeable. La consistencia debe parecerse a la del puré de papas. Si está demasiado espesa, agregue un poco más de agua.

Divida la masa en 8 bolas. Mójese las manos y moldee las bolas de masa en forma de arepas de más o menos ¼" (6 mm) de grueso y 4" (10 cm) de diámetro.

Caliente 1½ cucharaditas de aceite a fuego mediano en una sartén antiadherente grande o sobre una plancha. Ponga 4 arepas y cocínelas durante 3 minutos por cada lado, o hasta que se doren levemente. Páselas a un plato y cúbralas para mantenerlas calientes. Repita la operación con las demás arepas.

Para 8 arepas

Consejo de cocina 〜〜〜〜〜〜〜〜〜〜〜〜〜〜
✦ Si quiere evitar la grasa por completo, omita el aceite y la sartén y cocine las arepas en una bandeja de hornear en un horno tostador (*toaster oven*).

(continúa)

♦ Las arepas se conservan muy bien en el refrigerador envueltas en forma individual con plástico. Se conservan hasta un máximo de 3 días.

Variaciones regionales

Arepas colombianas de queso y hierbas: Agregue ¼ taza de queso *Muenster* o parmesano rallado, 2 cucharadas de hierbas frescas picadas (como perejil liso, orégano y cilantro) y 1 diente de ajo, picado en trocitos, a la masa.

Arepas estadounidenses de maíz fresco: Caliente 1½ cucharaditas de aceite de oliva a fuego mediano en una sartén antiadherente grande. Agregue 1 cebolla pequeña, picada muy fina, y 1 diente de ajo, picado en trocitos, y fría durante 3 minutos. Agregue 1 taza de granos de maíz (elote) frescos o descongelados y fría durante 3 minutos, o hasta que estén suaves. Agregue las 2 tazas de agua tibia y quite la sartén del fuego. Agregue la sal, la harina de arepa y 3 cucharadas de cilantro fresco o de perejil liso picados. Prepare las arepas según las indicaciones.

SOPA PARAGUAYA

Paraguay

Vistazo nutricional	Antes	Después
Por porción		
Calorías	440	226
Grasa total g	26	6.5
Grasa saturada g	13.8	2.1
Colesterol mg	143	10

A pesar de su nombre, este platillo más bien parece un pudín. La versión tradicional se prepara con mantequilla, queso y yemas de huevo. A fin de disminuir la grasa, omití la mantequilla, reduje el queso y usé claras de huevo en lugar de las yemas. Me gusta batir las claras para darle a este pan de maíz una consistencia ligera, parecida a la de un soufflé.

2	cucharadas de queso parmesano rallado
2	cucharadas de aceite de *canola*
1	cebolla pequeña, picada muy fina
½	pimiento (ají) verde, picado muy fino
2	tazas de granos de elote (maíz) frescos o descongelados
½	taza de requesón bajo en grasa

½	taza de leche descremada
½	taza de queso *Muenster* o de queso *Cheddar* fuerte rallado
1½	tazas de harina de maíz amarilla
1	cucharadita de sal
½	cucharadita de pimienta negra molida
4	claras de huevo grandes
½	cucharadita de crémor tártaro

Precaliente el horno a 400°F (206°C). Rocíe un molde para hornear redondo antiadherente de 9" (23 cm) con aceite antiadherente en aerosol. Espolvoree el molde con queso parmesano.

Caliente el aceite a fuego mediano en una sartén antiadherente pequeña. Agregue la cebolla y el pimiento verde y fría durante unos 4 minutos, o hasta que la cebolla esté suave pero no dorada. Póngalos en un procesador de alimentos o licuadora (batidora) y muélalos junto con 1½ tazas de granos de maíz y el requesón. Páselo a un tazón (recipiente) grande. Agregue la ½ taza restante de granos de maíz, la leche, el queso, la harina de maíz, la sal y la pimienta y mézclelo todo.

Ponga las claras de huevo y el crémor tártaro en otro tazón grande. Bata con procesador de alimentos durante unos 8 minutos, o hasta que la mezcla adquiera una consistencia firme y brillosa pero no seca. (Empiece batiendo a velocidad lenta y vaya incrementándola poco a poco a mediana y luego a alta.) Incorpore la mezcla de maíz suavemente en las claras de huevo y vierta en el molde ya preparado.

Hornee durante unos 20 minutos, o hasta que la parte de arriba se infle y dore, el centro cuaje y un palillo de dientes introducido en el centro de la masa salga limpio. Deje enfriar durante 3 minutos. Voltee sobre un platón grande y corte en 8 partes.

Para 8 porciones

PANECITOS DE YUCA

Estados Unidos

Vistazo nutricional	Antes	Después
Por panecito		
Calorías	199	188
Grasa total g	4.4	2.5
Grasa saturada g	1.7	0.4
Colesterol mg	4	0

Estos sabrosos panecitos húmedos y compactos son otro ejemplo de las innovaciones culinarias de la cocina "Nuevo Latino" en los Estados Unidos. La yuca les da una textura suave y firme al mismo tiempo, así como su característico sabor dulce.

1	libra (448 g) de yuca, pelada y picada en tiras de 3" (8 cm) × ½" (1 cm)
1	paquete de ¼ onza (7 g) de levadura seca activa
¼	taza de agua tibia, entre 105° (41°C) y 115°F (46°C)
3	cucharadas de miel

3	cucharadas de aceite de *canola*
1	cucharada de sal
1½	tazas de harina de trigo integral
4–4½	tazas de harina de trigo sin blanquear
2	cucharadas de leche descremada

Ponga la yuca en una cacerola grande y cúbrala con agua fría. Deje que rompa a hervir a fuego alto. Baje el fuego a mediano y hierva durante unos 15 minutos, o hasta que la yuca esté muy suave. Escurra y guarde 1½ tazas del agua en que se cocinó. Quite las fibras que tenga la yuca con un tenedor. Póngala en la cacerola, agregue 1 cucharada de miel y aplástela con un aplastador de papas o tenedor.

Mientras tanto, mezcle la levadura, agua tibia y las 2 cucharadas restantes de miel en un tazón (recipiente) muy grande. Déjelo reposar durante unos 5 minutos, o hasta que suelte espuma.

Agregue el aceite, la sal, el agua que guardó y la yuca aplastada a la levadura y mézclelo con la harina de trigo integral. Agregue la harina de trigo sin blanquear en porciones de ½ taza, mezclándolo bien todo cada vez, hasta obtener una masa lo bastante seca para desprenderse de los lados del tazón, pero que se mantenga suficientemente suave para amasarla. Debe estar más pegajosa que la masa tradicional para pan. Póngala en una superficie de trabajo enharinada y amase entre 6 y 8 minutos, o hasta que quede homogénea. (También es posible preparar la masa en un procesador de alimentos o mezcladora eléctrica provista de un gancho para amasar o en un procesador de alimentos provisto de una paleta para amasar.)

Lave el tazón y úntelo con un poco de aceite. Pase la masa al tazón y cúbrala con una envoltura autoadherente de plástico, apretando el plástico sobre la masa. Tape el tazón con un trapo de cocina. Colóquelo en un lugar tibio sin corrientes de aire y deje crecer la masa durante más o menos 1 hora, o hasta que crezca al doble de su tamaño original.

Unte con un poco de aceite dos moldes redondos de lados desprendibles o moldes para hornear redondos de 8" (20 cm) de diámetro. Divida la masa en 20 partes y moldee bolas de 2" (5 cm). Coloque 10 bolas en cada molde, dejando espacios de ½" (1 cm) entre ellas. Tápelas con una envoltura autoadherente de plástico o con un trapo de cocina húmedo. Colóquelas en un lugar tibio sin corrientes de aire y deje crecer la masa durante más o menos 1 hora, o hasta que crezca al doble de su tamaño original.

Precaliente el horno a 375°F (192°C).

Unte los panecitos con leche por encima. Hornee durante unos 25 minutos, o hasta que se inflen y doren. Déjelos enfriar un poco antes de servir.

Para 20 panecitos

Variación

Panecitos de boniato: Use boniato (batata) en lugar de la yuca.

SÁNDWICHES CUBANOS

Los cubanos preparan los mejores sándwiches (emparedados) del Caribe, si no es que de toda Latinoamérica. Su secreto es la plancha, una sandwichera caliente en la que los sándwiches se tuestan hasta alcanzar un crujiente estado de perfección, además de que salen planos y fáciles de comer. Desafortunadamente, hay que pagar un precio nutricional muy alto por tal delicia. La tradición dicta untar el pan con grandes cantidades de mantequilla, además de recargarlo con otras fuentes de grasa. Es posible crear una versión más saludable reduciendo la cantidad de carne y queso del relleno y aumentando la de vegetales. Al cubrir la parte exterior del pan con una leve capa de aceite en aerosol en lugar de untarlo con mantequilla, se obtiene una superficie crujiente con mucha menos grasa. Si no tiene una sandwichera, puede prepararse un rico sándwich cubano debajo de algún objeto pesado, como otra sartén o una lata grande de tomates colocada encima de una espátula fuerte de metal.

ELENA RUZ

Cuba

Vistazo nutricional	Antes	Después
Por sándwich (emparedado)		
Calorías	504	330
Grasa total g	24.1	7
Grasa saturada g	14.1	1.2
Colesterol mg	133	47

Este es el sándwich más insólito de Cuba, bautizado así en honor de una destacada figura de la alta sociedad cubana de los años treinta. La combinación de lascas de pavo con mermelada de fresa y queso crema tal vez les parezca extraña a algunos, pero los sabores se complementan a la perfección. En Cuba se usaba un pan levemente dulce conocido como pan suave y lascas de pavo cortadas del ave entera.

1   panecillo ligeramente dulce (de más o menos 7" [18 cm] de largo) o 1 pedazo (de igual tamaño) de pan francés (*baguette*) o italiano, cortado a la mitad y a lo largo

2   cucharadas de queso crema bajo en grasa o sin grasa

2   cucharadas de mermelada de fresa

2   onzas (56 g) de pechuga de pavo, cortada en lascas (lonjas)

Unte queso crema en la mitad inferior del panecillo y mermelada de fresa en la mitad superior. Coloque el pavo entre ambas mitades. Cierre el sándwich y rocíelo por ambos lados con aceite antiadherente en aerosol.

Precaliente una plancha (sandwichera) eléctrica o caliente a fuego mediano una sartén antiadherente mediana. Coloque el sándwich y tuéstelo durante unos 6 minutos, o hasta que esté bien dorado y crujiente por fuera. Si usa una sartén, coloque un peso sobre el sándwich, como otra sartén pesada, y voltéelo una vez a la mitad del tiempo de calentamiento. Córtelo en diagonal a la mitad.

Para 1 sándwich

MEDIANOCHE

Cuba

Vistazo nutricional	Antes	Después
Por sándwich (emparedado)		
Calorías	661	339
Grasa total g	37.4	10
Grasa saturada g	16.6	4.2
Colesterol mg	131	44

Esta combinación de jamón, carne de cerdo, pepinillos y queso en un panecillo un poco dulce es el sándwich más famoso de Cuba y aplaca el hambre de cualquier persona. Su nombre se debe a la hora en que se come, a la salida de una película o espectáculo. El pan típico para la medianoche es el pan suave cubano, ligeramente dulce. La mayonesa usual se sustituye por crema agria sin grasa.

1   panecillo ligeramente dulce (de más o menos 7" [18 cm] de largo) o 1 pedazo (de igual tamaño) de pan francés (*baguette*) o italiano, cortado a la mitad y a lo largo

1   cucharada de crema agria sin grasa

1   cucharada de mostaza *Dijon*

2   lascas (lonjas) delgadas de carne de cerdo asada fría, peso total 1 ½ onzas (42 g), a la que se le ha quitado toda la grasa visible

2   lascas delgadas de *prosciutto* o de jamón cocido magro, peso total de 1½ onzas, al que se ha quitado toda la grasa visible

1   rebanada delgada de ½ onza (14 g) de un queso suizo bajo en grasa como *Jarlsberg*

4   rodajas finas de tomate

2   hojas de lechuga con repollo

4   rodajas finas de pepinillo encurtido

Unte una parte del panecillo con la crema agria y la otra con la mostaza. Agregue la carne de cerdo, el *prosciutto* o jamón, el queso, el tomate, la lechuga y los pepinillos. Cierre el sándwich y rocíelo por ambos lados con aceite antiadherente en aerosol.

Precaliente una plancha (sandwichera) eléctrica o caliente a fuego mediano una sartén antiadherente mediana. Coloque el sándwich y tuéstelo durante unos 6 minutos, o hasta que quede bien dorado y crujiente por fuera. Si usa una sartén, coloque un peso sobre el sándwich, como otra sartén pesada, y voltéelo una vez a la mitad del tiempo de calentamiento. Córtelo en diagonal a la mitad.

Para 1 sándwich

ESPECIALIDADES DE TORTILLAS

Estoy en un mercado del estado de Chiapas, México, viendo cómo una mujer transforma una bola de masa en una tortilla plana, delgadísima y perfectamente redonda. La escena es tan antigua como la historia misma de las civilizaciones mesoamericanas, y no cabe duda de que la tortilla, con toda su sencillez, es uno de los alimentos más perfectos creados por el ser humano en cualquier parte del mundo.

Para millones de personas, una comida no estaría completa sin tortillas. Son vitales para los pueblos de México, Guatemala, El Salvador y Honduras. Son tan saludables y sabrosas y se pueden usar fácilmente de tantas maneras diferentes que se han convertido también en uno de los alimentos más populares de los Estados Unidos. Casi no hay supermercado que no venda tortillas. Sin ellas no tendríamos burritos, enchiladas, fajitas ni tostadas.

En el capítulo anterior, que se trataba de panes y tamales, incluí una receta para tamales frescos. Hice esto porque, hablando con propiedad, las tortillas son un tipo de pan. En este capitulo, vamos a explorar las ricas variaciones sobre el tema de las tortillas frescas en toda Latinoamérica. De México, saboree las conocidas Sincronizadas (página 246) y los Huevos rancheros modernos (página 234), así como otros platillos igualmente exquisitos como los Panuchos (página 245) y los Chilaquiles (página 236). De Centroamérica vienen delicias como la Baleada (página 240) y las Pupusas (página 242), una botana irresistible. Pues, pongamos la mesa y vamos a caer en la tentación de las tortillas.

RECETAS

HUEVOS RANCHEROS MODERNOS

México

Vistazo nutricional	Antes	Después
Por porción		
Calorías	796	200
Grasa total g	61.3	3.7
Grasa saturada g	18.6	0.5
Colesterol mg	482	0

Este desayuno tradicional mexicano se prepara con huevos estrellados, tortillas fritas y una picante salsa ranchera. Delicioso, pero peligroso por su alto contenido de grasa y colesterol. A fin de reducir la cantidad de grasa, yo uso sustituto de revoltillo de huevo en lugar de los huevos estrellados. (Si quiere, usted puede usar clara de huevo, el ingrediente principal en el sustituto de huevo.) La cebolla, el tomate y el cilantro le dan sabor al huevo. A fin de reducir la grasa aún más, las tortillas se "fríen al horno" en lugar de en la sartén. Para presentar este platillo de un modo más atrayente, corto algunas de las tortillas en triángulos largos y delgados que luego se insertan en los huevos en forma vertical. También aso los vegetales en la salsa para darle un sabor ahumado que normalmente se consigue friendo los huevos y las tortillas con manteca.

6	tortillas de harina de trigo sin grasa de 6" (15 cm) de diámetro	1	tomate sin semilla, picado muy fino
1	cucharada de aceite de oliva extra virgen	¼	taza de cilantro fresco picado
1	cebolla mediana, picada muy fina	1	taza de sustituto de huevo líquido u 8 claras de huevo
1	diente de ajo, picado en trocitos		Sal y pimienta negra molida
1–2	chiles jalapeños o serranos sin semilla, picados muy finos (use guantes de plástico al manipularlos)	1	taza de Salsa ranchera (página 360)

Precaliente el horno a 350°F (178°C).

Corte 2 de las tortillas en triángulos largos y delgados con un cuchillo afilado. (Ponga una tortilla sobre una superficie de trabajo. Empezando por un lado, haga 8 cortes diagonales en ángulos agudos hasta abarcar toda la tortilla. Los cortes van a lucir como dos letras "W". Cada tortilla debe dar 7 triángulos largos y delgados y 2 pedazos semicirculares. Vea la fotografía en la página 189.) Ponga los pedazos de tortilla y las 4 tortillas enteras sobre bandejas de hornear antiadherentes. Hornee durante 10 minutos, hasta que estén levemente doradas y "fritas". Póngalas en una rejilla (parrilla) de alambre para que se enfríen.

Caliente el aceite a fuego mediano en una sartén antiadherente grande. Agregue la cebolla y fría durante 2 minutos. Agregue el ajo y el chile y fría durante 2 minutos, o hasta que la cebolla esté suave pero no dorada. Agregue el tomate y el cilantro y fría durante 2 minutos más. Agregue el sustituto de huevo o las claras de huevo y fría durante 3 minutos, revolviendo con un cucharón de madera, o hasta que los huevos cuajen pero sigan húmedos. Sazone con sal y pimienta.

Ponga cada una de las tortillas enteras en el centro de un plato. Reparta la mezcla de huevo entre las tortillas. Inserte los pedazos de tortilla en los huevos de tal manera que las puntas se destaquen. Distribuya la salsa sobre la mezcla y sirva.

Para 4 porciones

MIGAS TEXANAS

Estados Unidos

Vistazo nutricional	Antes	Después
Por porción		
Calorías	453	244
Grasa total g	32.5	8.4
Grasa saturada g	7.5	0.5
Colesterol mg	462	7

Siempre que voy a visitar a mi hermano y cuñada, Andy e Iris Lehrman, a Corpus Christi, Tejas, lo primero que hacemos es salir a desayunar migas calientes. En esta versión más saludable para el corazón, "frío" las tortillas al horno y sustituyo los huevos enteros por clara de huevo (o sustituto de huevo líquido).

4	tortillas de maíz de 6" (15 cm) de diámetro, cortada cada una en 8 triángulos	3	cucharadas de cilantro fresco picado
			Sal y pimienta negra molida
1½	cucharadas de aceite de *canola* o manteca	2	tazas de Salsa ranchera (página 360) o de su salsa favorita
1	cebolla, picada muy fina	2	cucharadas de queso fresco rallado, como queso *Cheddar* blanco fuerte o queso romano
2	dientes de ajo, picado en trocitos		
16	claras de huevo o 2 tazas de sustituto de huevo líquido		

Precaliente el horno a 350°F (178°C).

Coloque los pedazos de tortilla en una sola capa en bandejas de hornear antiadherentes. Rocíelos con aceite antiadherente en aerosol. Hornee durante unos 10 minutos, o hasta que estén levemente dorados y "fritos". Póngalos en una rejilla (parrilla) de alambre para que se enfríen.

Caliente el aceite o la manteca a fuego mediano en una sartén antiadherente grande. Agregue la cebolla y el ajo y fría, revolviendo constantemente, durante unos 4 minutos, o hasta que estén suaves pero no dorados.

Bata las claras de huevo o el sustituto de huevo con el cilantro en un tazón (recipiente) mediano. Sazone con sal y pimienta. Agregue los pedazos de tortilla "frita

(continúa)

al horno". Vierta el huevo en la sartén y fría durante unos 3 minutos, revolviendo con frecuencia con un cucharón de madera, hasta que cuajen. Sazone con más sal y pimienta, si así lo desea.

Reparta el huevo entre 4 platos y vierta sobre cada porción ½ taza de salsa y 1½ cucharaditas de queso.

Para 4 porciones

¡Rapidito!

CHILAQUILES

México

Vistazo nutricional	Antes	Después
Por porción		
Calorías	524	195
Grasa total g	41.3	4.9
Grasa saturada g	10.6	0.4
Colesterol mg	442	0

Este es uno de mis desayunos mexicanos favoritos. Las tortillas fritas se hierven en salsa verde y se sirven con huevos y crema agria. La versión tradicional es una pesadilla para las arterias, con sus tortillas empapadas en grasa, huevos fritos y crema agria regular. Para crear esta variante más saludable, "frío" las tortillas al horno, uso revoltillo de clara de huevo en lugar de huevos fritos con aceite y al final las decoro con crema agria sin grasa.

4	tortillas de maíz de 6" (15 cm) de diámetro, cortada cada una en tiras de 1" (3 cm) × 2" (5 cm)	1	diente de ajo, picado en trocitos
2	tazas de Salsa verde (página 364) o de su salsa favorita	½	cucharadita de orégano
¾	taza de cebolla picada muy fina	12	claras de huevo o 1½ tazas de sustituto de huevo líquido, levemente batido
½	taza + 2 cucharadas de cilantro fresco picado		Sal y pimienta negra molida
1	cucharada de manteca o de aceite de *canola*	¼	taza de crema agria sin grasa o baja en grasa

Precaliente el horno a 350°F (178°C).

Coloque las tiras de tortilla en una sola capa en unas bandejas de hornear antiadherentes. Rocíelas con aceite antiadherente en aerosol. Hornee durante unos 10 minutos, o hasta que estén levemente doradas y "fritas". Póngalas en una rejilla (parrilla) de alambre para que se enfríen.

Después de que se enfrían, mezcle ¼ taza de cebolla y ¼ taza de cilantro en un platón hondo pequeño. Póngalo aparte.

Caliente la salsa a fuego mediano en una sartén antiadherente grande. Agregue las tiras de tortilla "fritas al horno" y ¼ taza de cilantro. Hierva durante 5 minutos.

Mientras la salsa hierve, caliente la manteca o el aceite a fuego mediano en una sartén antiadherente mediana. Agregue la ½ taza restante de cebolla, el ajo y el orégano. Fría, revolviendo constantemente, durante unos 4 minutos, o hasta que los vegetales estén suaves pero no dorados. Agregue las claras o el sustituto de huevo. Sazone con sal y pimienta. Fría durante unos 3 minutos, revolviendo con frecuencia con un cucharón de madera, o hasta que cuajen. Agregue la mezcla de huevo a la salsa.

Distribuya la mezcla de huevo en platos individuales o sírvala en una cacerola de barro. Remate con cucharadas de crema agria y las 2 cucharadas restantes de cilantro.

Sirva con la mezcla de cebolla y cilantro que dejó aparte.

Para 4 porciones

Consejo de cocina

✦ Es posible darle una presentación más elegante a este platillo poniendo la crema agria en una botella de plástico que sirva de "manga", para decorar la mezcla de huevo con rayas onduladas.

TACOS AL PASTOR

México

Vistazo nutricional	Antes	Después
Por taco		
Calorías	257	197
Grasa total g	8.6	3.4
Grasa saturada g	2.7	0.9
Colesterol mg	42	30

Este platillo festivo es un antojito popular en las calles de la Ciudad de México. Allá, consiste en carne de cerdo adobada ensartada en un rosticero vertical. La piña se coloca arriba, de manera que el jugo dulce de la fruta se escurra para complementar el sabor de la carne. A medida que la carne se va cociendo de afuera hacia adentro, se cortan lascas delgadas de la parte cocida para hacer tacos. Sería difícil igualar esta versión tradicional en casa. Después de todo, ¿quién cuenta con un rosticero vertical? Para una variante casera más sencilla, agrego jugo de piña al adobo y ensarto la carne de cerdo en alambres junto con trozos de piña. Luego lo aso todo a la parrilla. A fin de reducir la grasa y el colesterol aumenté la cantidad de piña en relación con la carne. Es posible preparar este platillo en el asador del horno, pero la carne sabe mejor hecha a la parrilla.

(continúa)

1	piña (ananá) pequeña madura		¼	cucharadita de comino molido
1	libra (448 g) de lomo de cerdo (*pork loin*) magro al que se le ha quitado toda la grasa visible, picado en cubos de ½" (1 cm)		1	cebolla mediana, partida a la mitad en forma horizontal
2	dientes de ajo, picados en trocitos		2	cucharadas de vinagre de vino tinto
1½	cucharaditas de polvo puro de chile (preferentemente chile guajillo o de árbol) o de pimentón (paprika) picante		8	tortillas de maíz de 6" (15 cm) de diámetro
½	cucharadita de sal		1	taza de col (repollo) picado en tiras muy finas
½	cucharadita de pimienta negra molida		½	taza de cilantro fresco picado muy fino
			½	taza de Salsa de chipotle (página 362) o de su salsa favorita

Corte la corona y la cáscara a la piña, quítele el centro y píquela en cubos de ½"; trabaje en un tazón (recipiente) mediano para recoger el jugo. Ponga la piña cortada en un tazón por separado.

Mezcle la carne de cerdo, el ajo, el polvo de chile o pimentón, la sal, la pimienta y el comino en un tazón grande. Déjela reposar durante 5 minutos. Pique la mitad de la cebolla en rodajas finas y agréguelas al tazón junto con el vinagre y el jugo de piña. Mezcle brevemente. Tápelo y déjelo adobar en el refrigerador durante 1 hora.

Precaliente la parrilla (*grill*) de gas, de brasas o eléctrica o el asador (*broiler*) del horno. Ensarte la carne y los cubos de piña en forma alterna en 8 alambres (pinchos) de bambú (caña brava) o de metal. Ponga los alambres en la parrilla o en el asador del horno a 4" (10 cm) del fuego, si el horno es de gas, o en la parrilla más cerca de la unidad de calor en el horno, con el horno en la posición "ASAR" ("*BROIL*"). Ase durante 2 minutos por cada lado (8 minutos en total), o hasta que la carne ya no esté rosada al centro. Póngala en un platón grande.

Mientras la carne se esté cocinando, pique la cebolla restante en trocitos finos. Ponga la cebolla picada, el repollo, el cilantro y la salsa en platones hondos individuales. Caliente las tortillas en la parrilla o en el asador durante unos 10 segundos por cada lado, o hasta que estén suaves y flexibles.

Los alambres se sirven en la mesa. Cada comensal quita la carne y la piña del alambre y con ellas rellena una tortilla (es posible usar la misma tortilla para evitar quemarse con el alambre), aderezando el platillo con un poco de col, cebolla, cilantro y salsa. Enrolle la tortilla para envolver la carne y cómala con las manos.

Para 8 alambres

Consejo de cocina

✦ Para evitar que los alambres de bambú se quemen en la parrilla, remójelos en agua fría durante 15 minutos antes de usarlos.

FLAUTAS

México

Vistazo nutricional	Antes	Después
Por flauta		
Calorías	798	152
Grasa total g	45.5	3.3
Grasa saturada g	8.2	1
Colesterol mg	127	26

Las flautas son un antojito muy popular tanto en México como en los restaurantes de comida Tex-Mex de los Estados Unidos. Esta versión baja en grasa conserva todo el sabor del original. Para prepararla, unto las tortillas con muy poca manteca, las amarro en forma de tubos y las "frío" al horno. El queso tradicional se sustituye por crema agria baja en grasa. Esta versión sólo contiene 3 gramos de grasa en lugar de los 45 gramos originales, sin perder su apetitosa y crujiente textura.

8 tortillas de maíz de 6" (15 cm) de diámetro

1 cucharada de manteca derretida o aceite antiadherente en aerosol

1 taza de pechuga de pollo cocida deshebrada (desmenuzada)

¼ taza de Caldo de pollo (página 434) o de consomé de pollo sin grasa de sodio reducido

1 taza de Frijoles refritos (vea la página 200) calientes

1½ tazas de col (repollo) o de lechuga con repollo picada en tiras

1½ tazas de Salsa ranchera (página 360) o de su salsa favorita

½ taza de crema agria baja en grasa

Precaliente el horno a 400°F (206°C).

Unte levemente un lado de cada tortilla con manteca o rócielas con aceite antiadherente en aerosol. Enrolle cada tortilla para formar un tubo delgado (el lado cubierto de manteca hacia afuera) que tenga un diámetro de 1" (3 cm). Átelo con un hilo de cocina para mantenerlo cerrado. Ponga las tortillas en una bandeja de hornear. Hornéelas durante 6 minutos, o hasta que estén levemente doradas y "fritas". Póngalas en una rejilla (parrilla) de alambre para que se enfríen. Quíteles el hilo.

Justo antes de servir, caliente el pollo y el caldo a fuego alto en una sartén pequeña durante unos 5 minutos, o hasta que todo el caldo se haya absorbido. Con una cucharadita, rellene cada tubo de tortilla con el pollo y póngalos en un platón grande o en varios platos individuales. Reparta los frijoles refritos encima de las flautas y añádales col o lechuga. Agregue un poco de salsa a cada flauta y aderece cada una con una cucharada de crema agria.

Para 8 flautas

Variación

Flautas vegetarianas: En lugar del pollo use 1 taza adicional de frijoles refritos. Rellene los tubos de tortilla con los frijoles adicionales.

¡Rapidito!

BALEADA

Honduras

Vistazo nutricional	Antes	Después
Por tortilla		
Calorías	316	213
Grasa total g	17.2	3.8
Grasa saturada g	8.6	1
Colesterol mg	50	9

La baleada es un popular antojito centroamericano. Esta sencilla receta consiste en tortillas de harina de trigo rellenas de frijoles colorados y untadas con mantequilla hondureña, un rico y cremoso aderezo. Recrear el sabor original no fue el problema, sino encontrar una versión baja en grasa de este sustancioso producto lácteo.

RELLENO

1½ tazas de frijoles (habichuelas) colorados cocidos o de lata, lavados y escurridos

3 cucharadas de cebolla picada en trocitos

1 diente de ajo, picado en trocitos

¼ cucharadita de comino molido

1 taza de Caldo de pollo (página 434) o de consomé de pollo sin grasa de sodio reducido

Sal y pimienta negra molida

ENSALADA

2 tazas de repollo (col, *cabbage*) picado en tiras

1 zanahoria, rallada

1 chile jalapeño encurtido, picado en trocitos (use guantes de plástico al manipularlo)

2–3 cucharadas de vinagre blanco

½ cucharadita de azúcar

Sal

½ cucharadita de pimienta negra molida

8 tortillas de harina de trigo sin grasa de 6" (15 cm) de diámetro

½ taza de Mantequilla hondureña (página 241)

Para preparar el relleno: Ponga los frijoles colorados, la cebolla, el ajo, el comino y el caldo a fuego alto en una sartén antiadherente mediana. Deje que rompa a hervir, baje el fuego a mediano y déjelo hervir durante 5 minutos, o hasta que todo el caldo se haya absorbido. Sazone con sal y pimienta. Quítelo del fuego y déjelo enfriar de 2 a 3 minutos. Aplaste los frijoles con la parte de atrás de una cuchara.

Para preparar la ensalada: Ponga el repollo, la zanahoria, el chile, 2 cucharadas de vinagre, el azúcar, la sal y la pimienta en un tazón (recipiente) grande. Mezcle bien. Pruebe y sazone con más vinagre y sal, si así lo desea.

Para preparar las baleadas: Ponga las tortillas a calentar a fuego alto en un comal (plancha para calentar tortillas) o en una sartén antiadherente pequeña durante 15 segundos por cada lado, o hasta que estén suaves y flexibles. Extienda las tortillas sobre una superficie de trabajo y póngale a cada una 3 cucharadas de la mezcla de frijoles ya preparada. Enrolle las tortillas y sujete los rollos con palillos, de ser necesario. Coloque las baleadas en platos individuales o un platón grande y aderece con la mantequilla hondureña y la ensalada.

Para 8 baleadas

Consejo de cocina

✦ Los chiles jalapeños encurtidos se encuentran en la sección internacional de la mayoría de los supermercados.

¡Receta rápida!

MANTEQUILLA HONDUREÑA

Honduras

Vistazo nutricional	Antes	Después
Por porción (2 cucharadas)		
Calorías	103	29
Grasa total g	11	0.7
Grasa saturada g	6.9	0.5
Colesterol mg	41	3

A *pesar de su nombre, este producto lácteo tiene el aspecto y el sabor de la crema cuajada escocesa o de la crème fraîche francesa. La mantequilla hondureña es espesa y cremosa, y su sabor dulce a mantequilla tiene un dejo levemente agrio y fermentado. Para reducir la grasa de la receta tradicional, uso una combinación de crema agria baja en grasa, queso feta y requesón bajo en grasa.*

1 onza (28 g) de queso *feta*	¾ taza de crema agria sin grasa
2 onzas (56 g) de queso crema bajo en grasa o sin grasa a temperatura ambiente	

Pase el queso *feta* por un colador (coladera) o aplástelo con un tenedor hasta obtener una pasta homogénea. Póngalo en un platón hondo y bata a mano con el queso crema y la crema agria hasta que quede cremoso.

Para 1 taza

Consejos de cocina

✦ El queso *feta* es un queso griego hecho con leche de oveja. Tiene un sabor fuerte y levemente agrio. Búsquelo en la sección de productos lácteos de su supermercado.

✦ Para ahorrar tiempo puede mezclar el queso *feta* y el queso crema en un procesador de alimentos o licuadora (batidora). Después pase la mezcla a un tazón (recipiente) y bata a mano con la crema agria.

PUPUSAS

El Salvador

Vistazo nutricional	Antes	Después
Por pupusa		
Calorías	120	94
Grasa total g	4.0	1.1
Grasa saturada g	1.4	0.1
Colesterol mg	3	0

Las pupusas definitivamente son uno de los antojitos más deliciosos del mundo. Es increíble (y una lástima) que tan pocas personas las conozcan fuera de Centroamérica. La tradición dicta rellenar las tortillas con chicharrón, queso, frijoles refritos o una mezcla de los tres. Por influencia de mi esposa, que es vegetariana, me he decidido por los frijoles. Al principio puede resultar un poco difícil darles la forma correcta a las pupusas, pero no se desespere. Muy pronto las estará haciendo igual que cualquier abuelita salvadoreña. Las pupusas típicas se sirven con la Ensalada de repollo (página 158) y el Chirmol (página 342).

MASA

2½	tazas de masa de harina de maíz
1½–1¾	tazas de agua caliente

RELLENO

1	taza de frijoles (habichuelas) colorados cocidos o de lata, lavados y escurridos
1	cucharada de cebolla picada en trocitos
1	diente de ajo, picado en trocitos
¼	cucharadita de comino molido
1	taza de Caldo de pollo (página 434) o de consomé de pollo sin grasa de sodio reducido
	Sal y pimienta negra molida
1–2	cucharaditas de aceite de *canola*
4	tazas de Ensalada de repollo (página 158)
1	taza de Chirmol (página 342) o de su salsa favorita

Para preparar la masa: Ponga la masa de harina de maíz y el agua en un tazón (recipiente) mediano. Mezcle y amase con un cucharón de madera o los dedos de 3 a 4 minutos, o hasta que la masa esté homogénea y espesa. La consistencia debe parecerse a la de la plastilina. Agregue un poco más de agua, de ser necesario. Tape la masa con envoltura autoadherente de plástico y déjela reposar durante unos 20 minutos.

Para preparar el relleno: Ponga los frijoles, la cebolla, el ajo, el comino y el caldo a fuego alto en una sartén antiadherente mediana. Deje que rompa a hervir, baje el fuego a mediano y hierva de 6 a 10 minutos, o hasta que todo el caldo se haya absorbido. Sazone con sal y pimienta. Quítelo del fuego y déjelo enfriar de 2 a 3 minutos. Aplaste los frijoles con la parte de atrás de una cuchara y déjelos enfriar.

Para preparar las pupusas: Divida la masa en 16 partes. Forme una bola con una de ellas con las manos mojadas. (Cubra la masa restante con envoltura de plástico para evitar que se seque mientras trabaja.) Haga un hueco en el centro de la bola de masa con el pulgar. Agrande el hueco poco a poco hasta convertir la bola de masa en una taza. (Dé vueltas a la masa al moldearla con el pulgar para que los costados de la taza queden parejos y de más o menos ¼" (6 mm) de grueso. Repita los mismos pasos con la masa restante.

Coloque una cucharada de relleno al centro de cada taza de masa. Junte los costados de la taza encima del relleno para envolverlo y pellizque los bordes para sellarlas. Vuelva a humedecerse las manos y suavemente aplaste la bola rellena hasta darle forma de disco. (Si la masa está demasiado pegajosa, aplástela cuidadosamente entre dos pedazos de plástico.) Siga aplastando el disco hasta obtener una pupusa plana de más o menos 4" (10 cm) de diámetro y ¼" (6 mm) de grueso. Repita hasta obtener un total de 16 pupusas.

Caliente una sartén antiadherente grande o una plancha a fuego mediano. Unte ambos lados de cada pupusa con aceite. Cocínelas durante 2 minutos por cada lado, o hasta que las pupusas se inflen, estén calientes y empiecen a dorarse. Manténgalas calientes en el horno a 250°F (122°C) hasta que termine de preparar todas las pupusas. Sírvalas con la Ensalada de repollo y el Chirmol.

Para 16 pupusas

Variación regional

Pupusas de queso y cebollín: Omita el relleno de frijoles. En su lugar, mezcle en un tazón pequeño 2½ onzas (70 g) de queso fresco o de queso *Cheddar* fuerte rallado y 3 cucharadas de cebollín picado muy fino. Siga las demás instrucciones cambiando el relleno de frijoles por el de queso.

TOSTADAS

México

Vistazo nutricional	Antes	Después
Por porción		
Calorías	482	90
Grasa total g	34.4	3.3
Grasa saturada g	7.2	0.1
Colesterol mg	57	8

Las mejores tostadas que he probado en mi vida me las vendieron en la calle delante de la enorme catedral de la Ciudad de México. Las tortillas estaban hechas a mano y cubiertas con frijoles refritos y vegetales, pero tenían un sabor increíble a pesar de su sencillez. No tenían nada que ver con las tostadas repletas de queso y empapadas en grasa que se sirven en los restaurantes mexicanos de los Estados Unidos. La combinación de frijoles y granos ha sido una forma completa y económica de proporcionar proteínas desde hace milenios.

6 tortillas de maíz amarillo o azul de 6" (15 cm) de diámetro

1 taza de Frijoles refritos (página 200) calientes o de frijoles refritos de lata sin grasa

1 cebolla blanca pequeña, picada muy fina

1 tomate pequeño sin semilla, picado muy fino

3 cebollines picados muy finos

¼ taza de nopalitos cocidos, picados o de ejotes (habichuelas verdes, *green beans*) cocidos picados

¼ taza de cilantro fresco picado en trozos grandes

Jugo de 1 limón verde (lima)

3 cucharadas de queso fresco o de queso parmesano rallado fino

Precaliente el horno a 350°F (178°C).

Coloque las tortillas en una sola capa en 2 bandejas de hornear grandes. Hornee durante 10 minutos, o hasta que estén levemente doradas y "fritas". Póngalas en una rejilla (parrilla) de alambre para que se enfríen.

Unte más o menos 2½ cucharadas de frijoles refritos en la superficie de cada tortilla. Reparta la cebolla, el tomate, el cebollín, los nopalitos o ejotes, el cilantro, el jugo de limón y el queso fresco o parmesano entre las tortillas.

Para 6 porciones

Variaciones

Tostadas de pollo: Agregue ¼ taza de pechuga de pollo cocida deshebrada (desmenuzada) a cada tortilla.

Tostadas de picadillo: Agregue ¼ taza de Picadillo de pavo (página 314) a cada tortilla.

PANUCHOS

México

Vistazo nutricional	Antes	Después
Por porción		
Calorías	506	163
Grasa total g	23.5	3.7
Grasa saturada g	3.6	1.7
Colesterol mg	59	32

Los panuchos son la versión yucateca de la tostada. El platillo nació en el bar San Sebastián de Mérida. Según cuenta la historia, el dueño, un tal señor Ucho, estaba a punto de cerrar por la noche cuando los pasajeros de un camión invadieron su local. Casi no tenía comida, excepto unas cuantas tortillas, algo de frijoles refritos, lechuga y un poco de pavo. Con estos ingredientes preparó una especie de tostada que se dio a conocer como "pan Ucho". Actualmente se sirven por toda Mérida y constituyen una alternativa novedosa para las tostadas tradicionales.

4	tortillas de maíz de 6" (15 cm) de diámetro	1	tomate, cortado en 12 pedazos
½	taza de Frijoles refritos (página 200) tibios o de frijoles refritos de lata sin grasa	2	chiles jalapeños encurtidos, cortados en cuartos a lo largo (use guantes de plástico al manipularlos)
½	taza de pechuga de pavo o de pollo cocido deshebrado (desmenuzado)	2	cucharadas de queso fresco o de queso *Cheddar* blanco rallado
½	taza de lechuga picada en tiras		

Caliente a fuego mediano un comal (plancha para calentar tortillas) o una sartén antiadherente grande. Agregue las tortillas y caliéntelas durante más o menos 1 minuto por cada lado. (También puede calentar las tortillas en una bandeja de hornear en el horno a 300°F/150°C, o bien en el asador eléctrico o *grill*.)

Unte cada tortilla con 2 cucharadas de frijoles refritos. Reparta el pavo o pollo, la lechuga, el tomate, el chile y el queso fresco o *Cheddar* entre las tortillas.

Para 4 porciones

Consejo de cocina

✦ Si quiere seguir las costumbres tradicionales, mientras calienta las tortillas en una sartén seca frótelas suavemente con un trapo húmedo. Esto hace que se inflen, para que pueda abrirles una tapa delgadita y rellenarlas con los frijoles. Sin embargo, también puede untar los frijoles directamente sobre las tortillas para hacer un panucho delicioso más rápido y fácil.

Variación

Panuchos con huevo: Corte la clara de un huevo duro en rebanadas y reparta entre los panuchos. La clara de huevo no agrega nada de grasa al platillo, puesto que toda la grasa está en la yema.

SINCRONIZADAS

México

Vistazo nutricional	Antes	Después
Por sincronizada (8 pedazos)		
Calorías	516	175
Grasa total g	34	6
Grasa saturada g	16.4	2.6
Colesterol mg	75	11

Tradicionalmente, una quesadilla mexicana se hace aplastando la masa de maíz en forma de tortilla y luego rellenándola; después esta masa se dobla a la mitad y se fríe en aceite o manteca. La sincronizada, por su parte, son dos tortillas enteras puestas una encima de la otra con algún relleno en medio. En algunas partes de los Estados Unidos, la sincronizada se conoce como quesadilla, así que puede que usted conozca este platillo por ese nombre. De todos modos, sean sincronizadas o quesadillas, son muy sabrosas. El único inconveniente es la cantidad de grasa que contienen. Para evitarla en esta receta, reduje la cantidad de queso y agregué crema agria sin grasa para compensar el sabor, además de usar condimentos como comino, cilantro y chiles. Acompañe estas sincronizadas con su salsa favorita.

¾ taza de crema agria baja en grasa

3 onzas (56 g) de queso *Cheddar* fuerte o de queso fresco, rallado

1 tomate sin piel ni semilla, picado

4 cebollines picados en rodajas finas

2–4 chiles jalapeños encurtidos, picados en rodajas finas (use guantes de plástico al manipularlos)

¼ taza de cilantro fresco picado en trozos grandes

½ cucharadita de comino molido

Sal y pimienta negra molida

8 tortillas de harina de trigo sin grasa de 8" (20 cm) de diámetro

Precaliente el horno a 400°F (206°C).

Mezcle en un tazón (recipiente) mediano la crema agria, el queso *Cheddar* o fresco, el tomate, el cebollín, el chile, el cilantro y el comino. Sazone con sal y pimienta.

Coloque 4 tortillas en dos bandejas de hornear antiadherentes. Reparta la mezcla de la crema agria entre las tortillas y espárzala de manera uniforme. Cubra cada una con 1 de las tortillas restantes.

Hornee durante 10 minutos, volteándolas una vez, o hasta que estén levemente doradas y bien calientes. Corte cada sincronizadas en 8 pedazos.

Para 4 sincronizadas (32 pedazos)

¡Rapidito!

SINCRONIZADAS DE PAPA

México

Vistazo nutricional	Antes	Después
Por sincronizada (8 pedazos)		
Calorías	286	166
Grasa total g	17.9	4.3
Grasa saturada g	2.4	0.6
Colesterol mg	0	0

Hay una manera muy eficaz de reducir la grasa en una sincronizada: eliminando el queso por completo. Así lo hacen los vendedores callejeros en la Ciudad de México al servir sus sincronizadas de papa. El único problema es que fríen sus papas en un mar de manteca, aceite de maíz o grasa de chorizo. Para bajar la grasa sin sacrificar el sabor, yo hiervo la papa en caldo de pollo.

RELLENO

1 cucharada de aceite de oliva o de manteca

2 cebollas blancas pequeñas, picadas en rodajas finas

1 papa blanca grande, pelada y picada en cubos de ¼" (6 mm)

1 taza de Caldo de pollo (página 434) o de consomé de pollo sin grasa de sodio reducido

Sal y pimienta negra molida

8 tortillas de harina de trigo sin grasa de 8" (20 cm) de diámetro

1 taza de crema agria baja en grasa

1 tomate, picado

2 chiles jalapeños frescos (cuaresmeños) o encurtidos, picados en rodajas finas (use guantes de plástico al manipularlos)

Caliente el aceite o la manteca a fuego mediano en una sartén antiadherente mediana. Agregue la mitad de la cebolla y fría durante 6 minutos, revolviendo con frecuencia, o hasta que esté dorada. Agregue la papa y fría durante 1 minuto. Agregue el caldo y hierva durante 8 minutos, o hasta que las papas esté bien cocidas y el líquido se haya absorbido por completo. Sazone con sal y pimienta.

Precaliente el horno a 400°F (206°C).

Coloque 4 tortillas en dos bandejas de hornear antiadherentes. Reparta la papa entre las tortillas y espárzala de manera uniforme. Cubra cada una con 1 de las tortillas restantes.

Hornee durante 10 minutos, volteándolas una vez, o hasta que estén levemente doradas y bien calientes. Corte cada sincronizada en 8 pedazos.

Ponga la crema agria, el tomate, el chile y la cebolla restante por separado en platones hondos. Sirva junto con las sincronizadas para aderezarlas en la mesa.

Para 4 sincronizadas (32 pedazos)

FAJITAS DE RES

Estados Unidos

Vistazo nutricional	Antes	Después
Por 2 fajitas		
Calorías	761	459
Grasa total g	31	13.4
Grasa saturada g	14	5.3
Colesterol mg	136	62

El *nombre de este platillo clásico de la cocina* Tex-Mex *deriva su nombre del corte de carne, la faja de res, con el que se prepara. Se trata de un corte económico, fibroso y particularmente sabroso. Búsquelo en carnicerías que ofrecen cortes especiales o en supermercados que venden productos para la cocina latina. Si no lo encuentra, use* sirloin *de res. Me gusta asar la carne de res y los vegetales a la parrilla sobre trozos o astillas de mezquite. (Si va a usar las astillas, remójelas en agua fría durante 1 hora antes de echarlas a las brasas.) También es una buena idea usar una bandeja para asador provista de hoyos finos para que los vegetales no se caigan entre las rejas de la parrilla. Si lo prefiere, puede preparar la carne y los vegetales en el asador del horno en lugar de la parrilla.*

1	libra (448 g) de faja de res (*beef skirt steak*), a la que se le ha quitado toda la grasa visible
3	cucharadas + 1 taza de cilantro fresco picado
2	dientes de ajo, picados en trocitos
½	cucharadita de comino molido
½	cucharadita de pimienta negra molida
½	cucharadita de sal
½	taza de jugo de limón verde (lima)
1	pimiento (ají) rojo, picado en tiras de ½" (1 cm)
1	pimiento (ají) verde, picado en tiras de ½"
1	cebolla mediana, cortada en 8 pedazos
5	cebollines
8	tortillas de harina de trigo sin grasa de 8" (20 cm) de diámetro
1	tomate grande sin semilla, picado muy fino
1	cebolla morada, picada muy fina
1	taza de crema agria baja en grasa
1	taza de Salsa de chipotle (página 362) o de su salsa favorita (opcional)

Mezcle 3 cucharadas de cilantro, el ajo, el comino, la pimienta y la sal en un tazón (recipiente) mediano de vidrio o de acero inoxidable. Frote la carne con esta mezcla y déjela reposar en el tazón durante 5 minutos. Vierta el jugo de limón sobre la carne. Tápela y déjela adobar en el refrigerador durante 1 hora.

Precaliente la parrilla (*grill*) de gas, de brasas o eléctrica o el asador (*broiler*) del horno.

Ponga la carne en la parrilla o en el asador del horno. Si el horno es de gas, colóquela a 4" (10 cm) del fuego. Si es un horno eléctrico, coloque la carne en la parrilla más cerca de la unidad de calor en el horno, con el horno en la posición "ASAR" ("*BROIL*"). Ase de 3 a 4 minutos por cada lado si le gusta entre término medio e inglés (medio cocido, *medium rare*), o déjela cocinar a su gusto. Al mismo tiempo ase el pimiento rojo y verde, la cebolla y el cebollín de 6 a 8 minutos, o hasta que estén bien tostados. Corte la carne en lascas (lonjas) delgadas y póngalas en un platón grande junto con los vegetales asados.

Caliente las tortillas en la parrilla o el asador del horno durante unos 10 segundos por cada lado, o hasta que estén suaves y flexibles. Póngalas en un cesto. Sirva el tomate, la cebolla morada, el cilantro restante, la crema agria y la salsa en platones hondos individuales.

Deje que cada comensal se ponga un poco de carne y vegetales asados en una tortilla, aderezándola con tomate, cebolla morada, cilantro, crema agria y salsa. La tortilla se enrolla para envolver la carne y se come con las manos.

Para 8 fajitas

Consejo de cocina

✦ Muchas veces las fajitas se sirven a la mesa en una sartén bien caliente. Precaliente una sartén de hierro fundido en el horno a 400°F (206°C) durante 15 minutos. Justo antes de servir la comida, pase la carne y los vegetales a la sartén caliente. Empezarán a chisporrotear de inmediato. Advierta a sus invitados que no toquen la sartén para no quemarse.

¡Fiesta!
Banquete mexicano del Cinco de Mayo

El Cinco de Mayo es un día festivo que se celebra en México con discursos oficiales, mientras que en los Estados Unidos, la comunidad mexicana-americana lo ha convertido en un gran festejo popular. La fecha conmemora la derrota infligida por los batallones mexicanos a las tropas francesas en la Batalla de Puebla de 1862. Aproveche para organizar una fiesta mexicanísima sin preocuparse por la grasa excesiva.

Sangrita (página 431)

Totopos (página 86)

Guacamole (página 92)

Pico de gallo (página 340)

Caldo de mejillones (página 286)

Fajitas de res (página 248)

Buñuelos (página 400)

FAJITAS DE POLLO

Estados Unidos

Vistazo nutricional	Antes	Después
Por 2 fajitas		
Calorías	953	476
Grasa total g	48.1	8.2
Grasa saturada g	14.7	1.8
Colesterol mg	170	96

Es posible que la carne de res se haya usado originalmente para hacer las fajitas. Sin embargo, muchos cocineros actuales, interesados en cuestiones de salud, prefieren las pechugas de pollo deshuesadas y despellejadas. A mí me gusta el sabor ahumado que se obtiene asando el pollo a la parrilla, pero también es posible cocinar los ingredientes en una sartén.

1 libra (448 g) de pechuga de pollo deshuesada y despellejada, a la que se ha quitado toda la grasa visible

3 cucharadas de jugo de naranja

3 cucharadas + ½ cucharadita de jugo de lima (limón verde)

3 cucharadas de cilantro fresco picado

1 cebolla pequeña, picada en cuartos

1 chile jalapeño fresco (cuaresmeño) sin semilla, picado (use guantes de plástico al manipularlo)

2 dientes de ajo, picados en trocitos

Sal y pimienta negra molida

1 aguacate (palta) pequeño

½ taza de crema agria sin grasa o baja en grasa

1 tomate maduro grande sin semilla, picado muy fino

1½ tazas de Pico de gallo (página 340) o de su salsa favorita

2 chiles poblanos

2 pimientos (ajíes) rojos o amarillos

2 cebollas medianas, picadas horizontalmente en rodajas de 1" (3 cm)

10 cebollines

8 tortillas de harina de trigo sin grasa de 8" (20 cm) de diámetro

Coloque el pollo en una fuente para hornear de 13" × 9" (33 cm × 23 cm). Ponga en un procesador de alimentos o licuadora (batidora) el jugo de naranja, 3 cucharadas de jugo de limón, el cilantro, los cuartos de cebolla, el chile jalapeño y el ajo. Muela bien. Sazone con sal y pimienta y vierta sobre el pollo. Tápelo y déjelo adobar en el refrigerador de 30 a 60 minutos. Voltéelo dos veces durante este tiempo.

Quite la semilla al aguacate y píquelo en cubos pequeños. Póngalos en un platón hondo pequeño. Agregue la media cucharadita restante de jugo de limón y mezcle bien. Ponga la crema agria, el tomate y la salsa de pico de gallo u otra que haya elegido por separado en tres platones hondos pequeños.

Precaliente la parrilla (*grill*) de gas, de brasas o eléctrica o el asador (*broiler*) del horno.

Ponga los chiles poblanos y pimientos en la parrilla o en el asador del horno a 4" (10 cm) del fuego, si el horno es de gas, o en la parrilla más cerca de la unidad de calor en el horno, con el horno en la posición "ASAR" ("*BROIL*"). Ase de 6 a 8 minutos, volteando los vegetales de vez en cuando, o hasta que estén bien tostados. Pase a una tabla para picar. Ase las rodajas de cebolla en la bandeja de la parrilla de 3 a 4 minutos, o hasta que estén bien tostadas. Páselas a la tabla para picar. Ase el cebollín de 1 a 2 minutos por lado a la parrilla o en el asador del horno, hasta que esté tostado y marchito. Pase a la tabla para picar. Raspe la piel quemada de los chiles y pimientos y quíteles los centros y las semillas. Pique los chiles y pimientos en tiras largas y finas. Pique la cebolla fina. Deje entero el cebollín. Coloque los vegetales en un platón grande y tápelos para mantenerlos calientes.

Ase la pechuga de pollo a la parrilla o en el asador del horno de 3 a 4 minutos por cada lado a 4" del fuego, o hasta que la carne ya no esté rosada al centro. Ponga el pollo en una tabla para picar y córtelo en lascas (lonjas) delgadas de manera transversal. Deseche el adobo.

Caliente las tortillas a la parrilla o en el asador del horno durante 10 segundos por cada lado, hasta que estén suaves y flexibles.

Cada comensal se sirve las fajitas en la mesa, colocando un poco de pollo y vegetales en una tortilla. Las tortillas se aderezan con tomate, aguacate, la crema agria y salsa y se enrollan para formar un tubo.

Para 8 fajitas

Consejo de cocina

◆ Muchas veces las fajitas se sirven en la mesa en una sartén bien caliente, lo cual realza su presentación. Para ello, precaliente una sartén de hierro fundido en el horno a 400°F (206°C) durante unos 15 minutos. Justo antes de servir la comida, pase el pollo y los vegetales asados a la sartén caliente. Empezarán a chisporrotear de inmediato. Advierta a sus invitados que no toquen la sartén para no quemarse.

MOLE POBLANO

México

Vistazo nutricional	Antes	Después
Por porción		
Calorías	621	457
Grasa total g	28.1	12.4
Grasa saturada g	9.2	2.8
Colesterol mg	149	47

El mole poblano es uno de los platillos más famosos de la cocina mexicana clásica. Según cuenta la leyenda, lo inventaron las monjas del convento de Santa Rosa en la ciudad de Puebla de los Ángeles en el centro de México. La verdad es que los aztecas preparaban moles con complicadas mezclas de nueces, chiles y cacao desde mucho antes de que llegaran los españoles. Esta receta tal vez parezca difícil si se le juzga sólo por la cantidad de ingredientes, pero en su mayoría se trata de especias que se agregan rápidamente. A fin de reducir la grasa, disminuí radicalmente la cantidad de manteca y almendras de la receta tradicional. Si lo desea, puede sustituir el pavo tradicional por pollo.

PAVO

1½   tazas de Caldo de pollo (página 434) o de consomé de pollo sin grasa de sodio reducido

2   ramitas de cilantro fresco

1   libra (448 g) de pavo magro (no cocinado), cortado en lascas (lonjas) delgadas

SALSA

6   chiles secos mexicanos (preferentemente 2 chiles anchos, 2 chiles mulatos y 2 chiles pasilla)

13   tortillas de maíz de 6" (15 cm) de diámetro

2   cucharadas de almendra, picada fina, levemente tostada

1   cebolla, picada muy fina

1   tomate, picado en cuartos

¼   taza de cilantro fresco picado

3   cucharadas de pasas amarillas

2   dientes de ajo, picados en trocitos

1   cucharada de semilla de ajonjolí (sésamo), levemente tostadas (vea el Consejo de cocina)

½   cucharadita de cilantro seco en polvo

¼   cucharadita de semillas de anís trituradas

¼   cucharadita de canela molida

⅛   cucharadita de clavo de olor molido

1   cucharada de manteca o de aceite de oliva

1½   cucharadas de cocoa en polvo no endulzada

2   cucharaditas de miel

2–3   cucharaditas de jugo de lima (limón verde)

Sal y pimienta negra molida

Para preparar el pavo: Ponga el caldo a hervir con el cilantro a fuego mediano en una sartén antiadherente mediana. Agregue el pavo y cocine a fuego lento durante 3 minutos, o hasta que la carne esté blanca y firme. Ponga el pavo en una tabla para picar. Cuando se haya enfriado lo suficiente para tocarlo, pique la carne en tiras finas o deshébrela (desmenúcela). Guarde el caldo en la sartén.

Para preparar la salsa: Lave los chiles, ábralos a la mitad y saque y tire los tallos, las venas y la semilla (use guantes de plástico al manipularlos). Ponga los chiles en un tazón (recipiente) mediano y cúbralos con agua tibia. Deje remojar durante 30 minutos, o hasta que se ablanden. Escúrralos.

Pique 1 de las tortillas en cuadros de 1" (3 cm). Póngalos en una licuadora (batidora) o procesador de alimentos. Agregue los chiles, la almendra, la cebolla, el tomate, el cilantro, las pasas, el ajo, 1½ cucharaditas de semillas de ajonjolí, el cilantro en polvo, la semilla de anís, la canela y el clavo. Muélalo todo hasta obtener una pasta homogénea; desprenda varias veces lo que se pegue en los costados de la licuadora o el procesador de alimentos.

Caliente la manteca o el aceite a fuego mediano en una sartén grande y honda. Agregue la mezcla de chile y fría durante 5 minutos, revolviendo constantemente, hasta que quede espesa y aromática. Baje el fuego a mediano-lento. Agregue la cocoa, la miel, 2 cucharaditas de jugo de limón y 1 taza del caldo en que se coció el pavo. Sazone con sal y pimienta. Hierva la salsa, revolviendo de vez en cuando, durante 10 minutos, hasta que espese. El mole debe quedar muy condimentado. Agregue más jugo de limón y sal, si así lo desea.

Para preparar el platillo: Precaliente el horno a 400°F (206°C). Rocíe una fuente para hornear de 13" × 9" (33 cm × 23 cm) con aceite antiadherente en aerosol.

Ponga a hervir a fuego alto el resto del caldo en que se coció el pavo. Agregue las 12 tortillas restantes una por una y caliente cada una durante 10 segundos, o hasta que estén suaves y flexibles. Póngalas en un plato aparte y manténgalas calientes.

Agregue 1 taza de mole al caldo. Agregue el pavo y caliéntelo bien. Ponga 3 cucharadas de carne de pavo en cada tortilla y enróllela. Esparza ¼ taza del mole restante en la fuente para hornear ya preparada. Coloque las tortillas encima, con la abertura hacia abajo, y cúbralas con la salsa restante. Hornee durante 10 minutos, o hasta que estén bien calientes. Añada las 1½ cucharaditas restantes de semilla tostada de ajonjolí.

Para 4 porciones

Consejo de cocina

✦ Para tostar las almendras y semillas de ajonjolí, póngalas —no juntas— en una sartén antiadherente seca y cocínelas de 2 ó 3 minutos, revolviendo constantemente, o hasta que se doren y despidan un olor aromático.

✦ Es posible preparar este platillo y refrigerarlo antes del horneado final. Para guardarlo, deje que se enfríe a temperatura ambiente, tápelo con envoltura autoadherente de plástico y manténgalo en el refrigerador hasta un máximo de 2 días. El día que quiera servir el mole, deje que se caliente a temperatura ambiente y luego hornéelo de 10 a 15 minutos, o hasta que esté bien caliente.

ENCHILADAS ROJAS

México

Vistazo nutricional	Antes	Después
Por porción (3 enchiladas)		
Calorías	693	442
Grasa total g	34.2	9.4
Grasa saturada g	7	3.1
Colesterol mg	159	118

Estas enchiladas son muy populares de México y hay tantas recetas como cocineros que las preparan. Esta versión en particular proviene de la región fronteriza de Ciudad Juárez y El Paso, y les encanta tanto a los mexicanos como a los tejanos. Reduje radicalmente la cantidad de calorías, grasa y colesterol usando pollo en lugar de carne de res y eliminando el queso en gran parte. Además, cocino las tortillas en caldo de pollo en lugar de manteca. Las enchiladas resultantes tienen un 56 por ciento menos de grasa. A fin de reducir el tiempo de preparación, puede usar 12 onzas (336 g) de pollo cocido en lugar de la pechuga de pollo cruda, lo cual le permite empezar directamente por la salsa. También puede usar agua en lugar del caldo.

POLLO

1	libra (448 g) de pechuga de pollo deshuesada y despellejada a la que se ha quitado toda la grasa visible
¼	cebolla
½	tomate
1	ramita de cilantro fresco
4–4¼	tazas de Caldo de pollo (página 434) o de consomé de pollo sin grasa de sodio reducido

SALSA

15	chiles rojos secos de Nuevo México o chiles colorados
½	tomate sin semilla, picado en trozos de 1" (3 cm)
¼	cebolla mediana, picado en trozos de 1"
1	diente de ajo
2	ramitas de cilantro fresco
½	cucharadita de orégano
	Sal y pimienta negra molida
12	tortillas de maíz de 6" (15 cm) de diámetro
¼	taza de cebolla blanca picada en trocitos
3	cucharadas de queso *Cheddar* o *Monterey Jack* rallado

Para preparar el pollo: Cocine el pollo, la cebolla, el tomate, el cilantro y 4 tazas de caldo a fuego mediano en una cacerola grande. Hierva durante 10 minutos, o hasta que el pollo ya no esté rosado al centro. Cuele el caldo en una taza de medir y guárdelo para la salsa (deben quedarle más o menos 3½ tazas). Deje que el pollo se enfríe a temperatura ambiente. Deshébrelo (desmenúcelo) o píquelo en tiras finas.

Para preparar la salsa: Mientras el pollo se enfría, rocíe una fuente para hornear de 13" × 9" (33 cm × 23 cm) con aceite antiadherente en aerosol.

Tome los chiles y quíteles el tallo, ábralos y saque y tire las venas y las semillas (use guantes de plástico al manipularlos). Ponga los chiles y 3 tazas del caldo de pollo tibio en una cacerola grande. Déjelos remojar durante 5 minutos. Cocínelos a fuego lento durante 10 minutos, o hasta que estén suaves.

Pase los chiles y 2¾ tazas de caldo a una licuadora (batidora). Agregue el tomate, la cebolla, el ajo, el cilantro y el orégano y muélalo todo muy bien. La salsa debe quedar espesa pero se debe poder verter; agregue un poco más de caldo de ser necesario. Sazone con sal y pimienta. Vierta la tercera parte de la salsa en la fuente ya preparada.

Precaliente el horno a 400°F (206°C).

Ponga el caldo de pollo restante a hervir a fuego alto en la cacerola grande. Agregue las tortillas una por una y caliente cada una durante 10 segundos, o hasta que esté suave y flexible. Póngalas en un plato aparte y manténgalas calientes.

Para preparar las enchiladas: Ponga de 2 a 3 cucharadas de pollo deshebrado en cada tortilla. Agregue 1 cucharadita de cebolla picada en trocitos y enrolle cada tortilla en forma de tubo. Coloque las enchiladas en la fuente ya preparada, con la abertura hacia abajo, y cúbralas con la salsa restante. Espolvoréeles el queso *Cheddar* o *Monterey Jack*.

Hornee las enchiladas de 10 a 15 minutos, o hasta que el queso se derrita y la salsa esté hirviendo.

Para 4 porciones

Consejo de cocina

✦ Es posible preparar este platillo y refrigerarlo antes del horneado final. Para guardarlo, deje que se enfríe a temperatura ambiente, tápelo con envoltura autoadherente de plástico y manténgalo en el refrigerador hasta un máximo de 2 días. El día que quiera servir las enchiladas, deje que se calienten a temperatura ambiente y luego hornéelas durante 15 a 20 minutos.

¡Rapidito!

ENCHILADAS HONDUREÑAS

Honduras

Vistazo nutricional	Antes	Después
Por enchilada		
Calorías	536	166
Grasa total g	43.6	5.5
Grasa saturada g	13.4	1.3
Colesterol mg	88	23

La palabra "enchilada" significa diferentes cosas en las distintas partes de Latinoamérica. Por ejemplo, en México se trata de tortillas rellenas cubiertas de salsa. En Honduras (y en esta receta), se refiere a una especie de sándwich o emparedado abierto hecho de tortillas fritas cubiertas de pollo desmenuzado o picadillo. A fin de bajar el contenido de grasa de la receta tradicional hondureña, "frío" las tortillas al horno y uso un picadillo bajo en grasa (vea la página en frente).

8	tortillas de maíz de 6" (15 cm) de diámetro
2	cucharaditas de manteca derretida o de aceite de *canola*
2	tazas de Picadillo de pavo al estilo hondureño (página 257) caliente u 8 onzas (224 g) de pechuga de pollo cocido desmenuzado (deshebrado)
4	tazas de repollo (col) picado en tiras finas
2	tomates, picados finos
½	aguacate (palta), picado (opcional)
1	clara de huevo duro, picada muy fina
2	cucharadas de queso fresco o queso romano rallado (opcional)
1	taza de Chirmol (página 363) o de su salsa favorita

Precaliente el horno a 350°F (178°C).

Unte las tortillas levemente por un lado con manteca o aceite. Coloque en una bandeja de hornear con el lado de la manteca o el aceite hacia arriba. Hornéelas durante 10 minutos, o hasta que estén levemente doradas. Póngalas en una rejilla (parrilla) de alambre para que se enfríen. (Las tortillas se pondrán crujientes a medida que se enfríen.)

Coloque las tortillas "fritas al horno" en platos individuales o en un platón grande. Añada a cada una ¼ taza de picadillo de pavo o pollo desmenuzado y ½ taza de repollo picado. Reparta el tomate, el aguacate (si lo usa), la clara de huevo y el queso fresco o romano (si lo usa) entre las enchiladas. Sirva con la salsa.

Para 8 enchiladas

Consejo de cocina

◆ También es posible acompañar este platillo con la Ensalada de repollo (página 158).

¡Receta rápida!

PICADILLO DE PAVO ESTILO HONDUREÑO

Honduras

Vistazo nutricional	Antes	Después
Por porción (¹/₂ taza)		
Calorías	139	73
Grasa total g	10	3.6
Grasa saturada g	2.7	0.8
Colesterol mg	24	22

Latinoamérica conoce muchos picadillos y otros platillos preparados con carne molida. (Vea el Picadillo de pavo en la página 314). A fin de aligerar esta receta clásica, uso pechuga de pavo magro molido en lugar de carne de res molida. Si siempre ha preparado su picadillo con carne de res, inténtelo primero con una mezcla de pavo magro molido y carne de res molida muy magra, mitad y mitad. Eso dará oportunidad a su paladar de acostumbrarse al nuevo sabor.

- 2 cucharaditas de aceite de *canola*
- ¼ cebolla, picada en trocitos
- ¼ pimiento (ají) verde, picado en trocitos
- 1 diente de ajo, picado en trocitos
- ¼ cucharadita de comino
- 1 tomate pequeño, cortado a la mitad y rallado (tire la piel)
- 1 papa mediana pelada, picada en trozos de ¼" (6 mm)
- 8 onzas (224 g) de pechuga de pavo molida
- Sal y pimienta negra molida
- 1 taza de Caldo de pollo (página 434) o de consomé de pollo sin grasa, de sodio reducido (vea el Consejo de cocina)

Caliente el aceite a fuego mediano en una cacerola antiadherente grande. Agregue la cebolla, el pimiento verde, el ajo y el comino. Fría durante 4 minutos, hasta que las cebollas estén suaves pero no doradas. Agregue el tomate y la papa y fría durante 1 minuto. Agregue el pavo y sazone con sal y pimienta. Fría durante 3 minutos, separando la carne con un cucharón de madera, hasta que quede blanca y se esté desmoronando.

Agregue el caldo y hierva durante 12 minutos, hasta que la papa esté suave y la mayor parte del caldo se haya absorbido. El picadillo debe quedar muy condimentado. Sazone con más sal y pimienta, si así lo desea.

Para 2 tazas

Consejo de cocina
✦ Si no tiene caldo o consomé puede usar agua.

PESCADOS Y MARISCOS

Los pescados y mariscos definitivamente ocupan un lugar destacado en la cocina de América Latina. Cuatro mares bordean esta vasta región y las variadas culturas que la componen. El Atlántico, el Pacífico, el Golfo de México y el Caribe hacen de Latinoamérica un paraíso para el pescador. Son incontables las especies sabrosas que habitan sus aguas tibias, como el mero y el pargo (huachinango, chillo). Este último aparece en una receta mexicana: el Huachinango a la veracruzana (página 260). También hay especies de agua fría como el congrio, que se parece al bacalao y es el ingrediente tradicional del Caldillo chileno (página 262).

La riqueza de mariscos es vasta también. Muchos platillos aprovechan sus sabores al máximo mezclando varias especies. El Caucau de mariscos peruano (página 294) combina mejillones, almejas, camarones, pulpo y calamar en un caldo aromatizado con ajíes y especias.

Cada región latinoamericana ha desarrollado diversos estilos para cocinar los pescados y mariscos, y en este capítulo mostramos algunos de ellos: una variedad que abarca desde un plato casero mexicano como el Manchamanteles de pez espada con salsa de frutas y chiles (página 282) hasta la sofisticación del Mero empanizado con mariquitas molidas (página 279), una novedosa creación de la escuela de cocina conocida en los Estados Unidos como "Nuevo Latino".

Además de su sabor, el pescado y los mariscos tienen la ventaja de ser saludables. Como son bajos en grasa y muchas veces tienen una gran cantidad de los tan necesarios ácidos grasos omega-3, estos alimentos garantizan que en su cocina haya mucha sazón y salud.

RECETAS DE PESCADO

RECETAS DE MARISCOS

HUACHINANGO A LA VERACRUZANA

México

Vistazo nutricional	Antes	Después
Por porción		
Calorías	410	264
Grasa total g	18.2	7.3
Grasa saturada g	2.7	1.1
Colesterol mg	83	62

En Veracruz, un puerto de pescadores ubicado en el Golfo de México, se encuentran muchos de los mejores pescados y mariscos de México. Ahí nació este platillo clásico, cuyo interés radica en los contrastes: la dulzura de los clavos y de la canela compensada por el picante de los chiles encurtidos y las alcaparras. Para hacerlo más saludable, yo simplemente reduje la cantidad de aceite usada para freír los ingredientes. No se espante con el tamaño de la lista de ingredientes. La mayoría son especias. En menos de 45 minutos podrá poner este delicioso platillo en la mesa.

4 filetes de huachinango (pargo, chillo) sin piel, de 6 onzas (168 g) cada uno, lavados y secados

3 cucharadas de jugo de lima (limón verde)

Sal y pimienta negra molida

1 cucharada de aceite de oliva

1 cebolla mediana, picada en rodajas finas

2 dientes de ajo, picados en rodajas finas

1 chile jalapeño fresco (cuaresmeño) sin semilla, picado en rodajas finas (use guantes plásticos al manipularlos)

4 tomates maduros grandes sin piel ni semilla, picados en trozos grandes, o 1 lata de 28 onzas (784 g) de tomates sin piel, escurridos y picados en trozos grandes

2 cucharadas de alcaparras lavadas y escurridas

1 cucharada de aceitunas verdes picadas

1 chile jalapeño encurtido, picado fino

2–3 cucharaditas de jugo de chile jalapeño encurtido

3 cucharadas de cilantro fresco o de perejil liso picado

½ cucharadita de mejorana

½ cucharadita de orégano

2 hojas de laurel

1 raja (rama) de canela de 3" (8 cm) de largo

2 clavos de olor enteros

1 tira de cáscara de naranja

1 taza de Caldo de pescado (página 435) o de jugo de almeja embotellado (vea el Consejo de cocina)

Ponga el pescado en una fuente para hornear de cristal de 13" × 9" (33 cm × 23 cm). Agregue el jugo de lima por ambos lados y sazone con sal y pimienta.

Caliente el aceite a fuego mediano en una sartén antiadherente grande. Agregue la cebolla y fría, revolviendo con frecuencia, durante 4 minutos. Agregue el ajo y el chile jalapeño fresco. Fría, revolviendo con frecuencia, durante unos 4 minutos, o hasta que la cebolla esté suave pero no dorada. Agregue el tomate, las alcaparras, la aceituna, el chile jalapeño encurtido y 2 cucharaditas de jugo de jalapeño encurtido. Fría durante 1 minuto. Agregue 1½ cucharadas de cilantro o perejil, la mejorana, el orégano, las hojas de laurel y la raja de canela. Inserte los clavos en la tira de cáscara de naranja y agréguela a la sartén. Fría durante 5 minutos. Agregue el caldo o jugo de almeja y hierva durante unos 10 minutos, o hasta que esté espeso y se hayan mezclado bien todos los sabores.

Agregue el pescado y cúbralo con salsa. Cocine de 4 a 5 minutos por cada lado, o hasta que se desmenuce fácilmente al probarlo con un tenedor. Sazone con más sal, pimienta y jugo de chile jalapeño encurtido, si así lo desea. Saque y tire las hojas de laurel, la raja de canela y la cáscara de naranja con los clavos. Añádale al pescado las 1½ cucharadas restantes de cilantro o perejil.

Para 4 porciones

Consejos de cocina

✦ En lugar del caldo de pescado o jugo de almeja, puede usar caldo de pollo o de verduras, jugo de tomate (de la lata de tomates) o agua.

✦ Si le gusta el picante, agregue otro chile jalapeño encurtido.

✦ Tradicionalmente se prepara con huachinango (conocido en Cuba como "pargo" y en Puerto Rico como "chillo"), pero también puede usarse otros pescados como *bluefish*, bacalao o anón e incluso camarones.

CALDILLO

Chile

Vistazo nutricional	Antes	Después
Por porción		
Calorías	511	376
Grasa total g	15.3	4.8
Grasa saturada g	2	0.6
Colesterol mg	84	63

El pescado que tradicionalmente se usa para preparar este rico guiso (estofado) chileno es un pescado de carne blanca conocido como congrio, que se encuentra congelado en algunas tiendas de productos para la cocina latina. Se puede sustituir por especies como el bacalao fresco o el hipogloso, que muchas veces son más fáciles de conseguir. La mayoría de los chilenos le ponen perejil picado al caldillo, pero también sirve el cilantro y en mi opinión tiene un sabor mucho más interesante.

1½ libras (672 g) de congrio, bacalao fresco o hipogloso (*halibut*)

3 dientes de ajo, picados en trocitos

Sal y pimienta negra molida

3 cucharadas de jugo de limón

1 cucharada de aceite de oliva extra virgen

1 cebolla, picada fina

1 pimiento (ají) verde, picado fino

1 taza de vino blanco seco o de vino blanco sin alcohol

1 libra (448 g) de papa, pelada y picada en trozos de ½" × 1" (1 cm × 3 cm)

2 zanahorias grandes, picadas en rodajas de ½"

1 hoja de laurel

4 tazas de Caldo de pescado (página 435) o 3 tazas de jugo de almeja embotellado + 1 taza de agua

½ taza de perejil liso o de cilantro fresco picado fino

Ponga el pescado en una fuente para hornear de cristal de 13" × 9" (33 cm × 23 cm). Añada la tercera parte del ajo. Sazone con sal y pimienta. Vierta el jugo de limón sobre el pescado. Tápelo y déjelo adobar en el refrigerador durante 1 hora.

Caliente el aceite a fuego mediano en una cacerola grande. Agregue la cebolla, el pimiento verde y el ajo restante. Fría, revolviendo con frecuencia, durante unos 4 minutos, o hasta que los vegetales estén suaves pero no dorados. Suba el fuego a alto y agregue el vino. Deje que rompa a hervir. Agregue la papa, la zanahoria, la hoja de laurel y el caldo o jugo de almeja y agua. Deje que rompa a hervir de nuevo. Baje el fuego a mediano y hierva durante unos 5 minutos, o hasta que los vegetales empiecen a suavizarse. Agregue el pescado. Hierva durante unos 10 minutos, o hasta que el pescado se desmenuce fácilmente al probarlo con un tenedor y los vegetales estén suaves.

Agregue el perejil o cilantro y hierva durante 1 minuto. La mezcla debe quedar muy condimentada. Espolvoréele más sal y pimienta, si así lo desea.

Para 4 porciones

MERO EMPANIZADO CON MARIQUITAS MOLIDAS (PÁGINA 279)

MARISCADA (PÁGINA 290)

HUACHINANGO A LA VERACRUZANA (PÁGINA 260)

ENCHILADAS ROJAS (PÁGINA 254)

267

CALDO DE MEJILLONES (PÁGINA 286)

POLLO EN SALSA DE CHIPOTLE (PÁGINA 304)

MOQUECA DO PEIXE (PÁGINA 292)

ARROZ CON POLLO (PÁGINA 298)

PAMPLONA DE POLLO (PÁGINA 300)

CHURRASCO NICARAGÜENSE (PÁGINA 324) Y CHIMICHURRI (PÁGINA 375)

ROPA VIEJA (PÁGINA 318)

POLLO EN MOLE COLORADO (PÁGINA 310)

POLLO EN MOLE VERDE DE PEPITAS (PÁGINA 308)

PUERCO EN ADOBO CON SALSA DE FRIJOLES NEGROS (PÁGINA 335)

CARNE ASADA RELLENA A LO PUERTORRIQUEÑO (PÁGINA 322)

MERO EMPANIZADO CON MARIQUITAS MOLIDAS

Estados Unidos

Vistazo nutricional	Antes	Después
Por porción		
Calorías	673	290
Grasa total g	24.9	2.9
Grasa saturada g	3.1	0.6
Colesterol mg	249	62

Hace unos cuantos años, nadie sabía lo que era la cocina "Nuevo Latino". Ahora algunos de los chefs de mayor demanda en los Estados Unidos son latinos de primera generación que han revolucionado la cocina de sus antepasados. La cocina "Nuevo Latino" mezcla ingredientes y técnicas tradicionales hispanas con las combinaciones sorprendentes de sabor y las presentaciones llamativas de la cocina estadounidense contemporánea. Nadie lo hace mejor que Douglas Rodríguez, el dueño y chef del famoso restaurante Patria de la ciudad de Nueva York. Cuando trabajaba en otro excelente restaurante de cocina "Nuevo Latino", el Yuca de Miami, creó un platillo que se ha convertido en un clásico contemporáneo: mero empanizado con crujientes hojuelas de plátano. Mi versión baja en grasa usa Mariquitas (página 87), también conocidas como platanutres y tajadas, entre otros nombres. Pero yo "frío al horno" las mariquitas en lugar de freírlas nadando en aceite como normalmente se hace. Como el pescado también termina nadando en aceite en la receta original, yo decidí hornearlo, lo cual redujo la grasa pero mantuvo el sabor de este platillo moderno.

4	filetes de mero de 6 onzas (168 g) cada uno	36	Mariquitas (página 87)
1	diente de ajo, picado en trocitos	¾	taza de harina de trigo sin blanquear o de harina multiuso
½	cucharadita de comino molido	2	claras de huevo, levemente batidas
¼	taza de jugo de limón verde (lima)	1	limón verde, cortado en 4 pedazos
	Sal y pimienta negra molida		

Ponga el pescado en una fuente para hornear de cristal de 13" × 9" (33 cm × 23 cm). Por ambos lados, agregue el jugo de limón verde y espolvoréele el ajo y el comino. Sazónelo con sal y pimienta. Tápelo y déjelo adobar en el refrigerador de 30 a 60 minutos.

Mientras tanto, precaliente el horno a 400°F (206°C). Rocíe una bandeja de hornear antiadherente con aceite antiadherente en aerosol.

Muela las mariquitas en un procesador de alimentos hasta reducirlas a trocitos grandes, o macháquelas en una bolsa de plástico con un rodillo. Póngalas en un tazón (recipiente) poco hondo. Ponga la harina en otro tazón y la clara de huevo en un tercer tazón.

(continúa)

Pase cada filete de pescado por la harina y sacúdalo para quitar el exceso de harina. Luego páselo por la clara de huevo y finalmente por las mariquitas molidas. Ponga el pescado en la bandeja de hornear ya preparada y rocíelo por encima con aceite antiadherente en aerosol.

Hornéelo durante unos 20 minutos, o hasta que el empanizado esté dorado y el pescado se desmenuce fácilmente al probarlo con un tenedor. Sirva con los pedazos de limón verde para aderezar el pescado en la mesa.

Para 4 porciones

TIKENXIK

México

Vistazo nutricional	Antes	Después
Por porción		
Calorías	505	323
Grasa total g	32.3	16.8
Grasa saturada g	9.4	6.1
Colesterol mg	115	86

Tikenxik es uno de los platillos más antiguos de México. Lo preparaban los mayas desde antes de que llegaran los españoles. Su color y sabor excepcionales se deben a un adobo especial preparado con semillas de achiote y el jugo de la naranja agria. Esta receta usa pámpano entero, pero también se puede preparar 1½ libras (672 g) de filete de pescado. El pámpano es un pescado de carne blanca y sabor delicado que se encuentra en el Golfo de México y el Estrecho de la Florida. Otras buenas opciones son huachinango, besugo, lubina y trucha de mar.

ADOBO:

- ½ cucharadita de semilla de achiote (bija)
- ½ taza de jugo de naranja agria o de jugo de lima (limón verde)
- ¼ cebolla, picada en trocitos
- 2 dientes de ajo, picados en trocitos
- ½ cucharadita de orégano
- 1 cucharadita de sal
- ½ cucharadita de pimienta negra molida
- ¼ cucharadita de canela molida
- ¼ taza de agua

PESCADO:

- 1–1¼ libras (entre 448 g y 560 g) de pámpano entero o 4 filetes de pescado sin piel, de 6 onzas (168 g) cada uno
- 1 cebolla pequeña, picada en rodajas finas
- 1 tomate sin semilla, picado
- 4 ramitas de epazote
- 4 pedazos de lima

Para preparar el adobo: Caliente a fuego mediano la semilla de achiote y el jugo de naranja agria o jugo de lima en una sartén pequeña y hierva durante 2 minutos. Quítelo del fuego y déjelo enfriar durante 10 minutos. Póngalo en una licuadora (batidora) o procesador de alimentos y muélalo muy bien. Agregue la cebolla, el ajo, el orégano, la sal, la pimienta, la canela y el agua. Sólo mezcle un poco los ingredientes en la licuadora o el procesador de alimentos; evite molerlos.

Para preparar el pescado: Si usa un pescado entero, haga 4 cortes diagonales hasta llegar al espinazo en el costado de cada pescado. Ponga el pescado entero o los filetes de pescado en una fuente para hornear de cristal de 13" × 9" (33 cm × 23 cm). Vierta encima el adobo. Tápelo y déjelo adobar en el refrigerador de 30 a 60 minutos, volteándolo una vez. Escurra y pase el pescado a un plato.

Precaliente el horno a 400°F (206°C).

Rocíe la fuente para hornear de 13" × 9" con aceite antiadherente en aerosol. Reparta la mitad de la cebolla y la mitad del tomate en la fuente preparada. Ponga encima el pescado y añádale el epazote y la cebolla y el tomate restantes. Rocíe el pescado por encima con aceite antiadherente en aerosol.

Hornee durante unos 20 minutos, o hasta que el pescado se desmenuce fácilmente al probarlo con un tenedor. Sirva con los pedazos de lima para aderezar el pescado en la mesa.

Para 4 porciones

MANCHAMANTELES DE PEZ ESPADA CON SALSA DE FRUTAS Y CHILES

Vistazo nutricional	Antes	Después
Por porción		
Calorías	563	425
Grasa total g	24.4	15.8
Grasa saturada g	7.6	3.3
Colesterol mg	130	86

México

Esta receta clásica se ha ganado su original nombre sobre todo por la salsa. Su sabor radica en la mezcla de frutas y chiles. Además de ser rico, este platillo es también muy saludable, así que no tuve que hacerle muchos cambios a la receta. Sólo reduje la grasa usando aceite de oliva en lugar de manteca. Me gusta el pez espada para este platillo, pero la salsa también va muy bien con pechugas de pollo, lonjas de pavo y lomo de cerdo. Si le gusta el picante, no le quite la semilla a los jalapeños después de asarlos.

6   ruedas de pez espada de 6 onzas (168 g) cada una
     Sal y pimienta negra molida
2   cucharadas de jugo de lima (limón verde)
1   diente de ajo, picado en trocitos
5   chiles anchos
3   chiles guajillos
3   tazas de Caldo de pollo (página 434) tibio o de consomé de pollo sin grasa de sodio reducido
2   tomates
2   chiles jalapeños

3   cucharadas de almendras picadas en tiritas finas
3   cucharadas de semilla de ajonjolí (sésamo)
1   cucharada de aceite de oliva
1   raja (rama) de canela de 3" (8 cm) de largo
1   plátano macho maduro, picado
1   taza de piña (ananá) fresca picada
½   taza de jícama picada
3   cucharadas de cilantro fresco picado fino

Sazone el pez espada con sal y pimienta y póngalo en una fuente para hornear de cristal de 13" × 9" (33 cm × 23 cm). Agréguele el jugo de limón por ambos lados y espolvoréele ajo. Tápelo y déjelo adobar en el refrigerador de 30 a 60 minutos.

Mientras tanto, tome los chiles anchos y guajillos y quíteles y tire los tallos y semillas. (use guantes de plástico al manipular los chiles). Ase los chiles durante 10 segundos en el asador del horno (*broiler*), si el horno es de gas, o en la parrilla más cerca de la unidad de calor en el horno, con el horno en la posición "ASAR" ("*BROIL*"). También puede tostarlos a fuego alto en una sartén antiadherente grande y seca durante 10 segundos. No permita que se quemen. Póngalos en un tazón (recipiente) mediano. Agregue el caldo. Ponga la tapa de una olla pequeña o un plato pequeño sobre los chiles para mantenerlos sumergidos. Déjelos remojar durante unos 15 minutos, o hasta que se suavicen. Ponga los chiles y el caldo en un procesador de alimentos o en una licuadora (batidora).

Ase los tomates y los chiles jalapeños durante unos 5 minutos, en el asador o en una sartén seca a fuego alto durante unos 5 minutos, o hasta que le salgan ampollas a la piel de los vegetales. Raspe la piel quemada y quite las semillas a los tomates y los chiles. Póngalos en el procesador de alimentos o la licuadora.

Tueste a fuego mediano la almendra y las semillas de ajonjolí en una sartén antiadherente grande y seca de 3 a 4 minutos, o hasta que se doren ligeramente. (No permita que se doren demasiado para evitar que se amargue su sabor.) Póngalos en el procesador o licuadora. Muélalo todo muy bien.

Caliente el aceite a fuego mediano en la misma sartén antiadherente. Agregue la raja de canela, el plátano macho, la piña y la salsa. Hierva, revolviendo con frecuencia, durante unos 10 minutos, o hasta que esté espesa y se hayan mezclado bien todos los sabores. Sazone con más sal y pimienta, si así lo desea. Quite y tire la raja de canela.

Ase el pez espada a 4" (10 cm) del fuego durante unos 4 minutos por cada lado, o hasta que esté firme y blanco. Ponga el pescado en un platón grande y cúbralo con la salsa. Añádale la jícama y el cilantro.

Para 6 porciones

BACALAO A LA VIZCAÍNA

España; Cuba; Puerto Rico;
República Dominicana

Vistazo nutricional	Antes	Después
Por porción		
Calorías	488	381
Grasa total g	14.4	2.3
Grasa saturada g	2	0.4
Colesterol mg	114	114

Vizcaya es una provincia del País Vasco en España, y este platillo sirve para recordar la profunda influencia que España ha tenido en la cocina latinoamericana. Diversas variaciones se conocen en todo el continente. Por ejemplo, la versión mexicana del bacalao a la vizcaína contiene chiles güeros encurtidos. Las variantes cubanas y puertorriqueñas se sazonan con orégano, comino y cilantro, especias tradicionales del Caribe de habla hispana. Para combinar el sabor y la salud, yo uso una cantidad mínima de aceite para sofreír y aumento el número de veces que el bacalao se remoja y hierve, a fin de extraerle el exceso de sal.

1	libra (448 g) de bacalao sin la piel
1	lata de 28 onzas (784 g) de tomates italianos pequeños (*plum tomatoes*) (con su jugo)
1½	cucharadas de aceite de oliva
1	cebolla mediana, picada muy fina
½	ají (pimiento) verde, picado muy fino
3	dientes de ajo, picados en trocitos
2	cucharadas de cilantro fresco picado
½	cucharadita de orégano
3	cucharadas de pasas

2	cucharadas de alcaparras lavadas y escurridas
1	cucharada de aceitunas verdes rellenas de pimiento picadas en trozos grandes
1	hoja de laurel
	Pimienta negra molida
½	taza de agua
1	libra (448 g) de papa blanca, pelada y picada en rodajas de ¼" (6 mm) (vea el Consejo de cocina)
2	cebollas medianas, peladas y picadas horizontalmente en rodajas de ¼" (6 mm)

Ponga el bacalao en un tazón (recipiente) mediano con la piel hacia arriba (si tiene piel). Cúbralo con agua fría. Déjelo remojar en el refrigerador durante 24 horas. Cambie el agua 3 veces y lave el bacalao cada vez que cambie el agua.

Ponga el bacalao en una cacerola grande y cúbralo con agua fría. Deje que rompa a hervir a fuego alto. Escurra y lávelo con agua fría. Ponga de nuevo el bacalao en la cacerola y cúbralo con agua fría. Deje que rompa a hervir otra vez, escurra y lávelo. Ponga el bacalao en la cacerola y cúbralo con agua fría una vez más. Deje que rompa a hervir, baje el fuego a mediano y hierva durante unos 10 minutos, o hasta que esté suave. Escurra y lávelo con agua fría. Desmenuce el pescado en trozos grandes con los dedos. Saque y tire las espinas que encuentre.

Ponga los tomates de lata (y su jugo) en un procesador de alimentos o licuadora (batidora) y muélalos brevemente, para que queden trozos grandes.

Caliente el aceite a fuego mediano en una cacerola antiadherente grande. Agregue la cebolla, el ají, el ajo, el cilantro y el orégano y fría durante unos 4 minutos, o hasta que las cebollas estén suaves pero no doradas. Agregue el tomate molido, las pasas, las alcaparras, la aceituna, la hoja de laurel, ½ cucharadita de pimienta y el agua. Hierva durante unos 10 minutos, o hasta que la salsa esté espesa y se hayan mezclado bien todos los sabores. Pruebe y agregue más pimienta, si así lo desea. Tire la hoja de laurel.

Precaliente el horno a 400°F (206°C). Rocíe una fuente para hornear de 13" × 9" (33 cm × 23 cm) con aceite antiadherente en aerosol.

Esparza ¼ de la salsa en el fondo de la fuente para hornear y coloque el pescado encima de la salsa. Reparta las rodajas de papa encima del bacalao y las rodajas de cebolla encima de las de papa. Cúbralo todo con la salsa restante. Hornee durante unos 20 minutos, o hasta que la salsa esté hirviendo y la papa y la cebolla estén suaves.

Para 6 porciones

Consejo de cocina

✦ Para evitar que la papa se oscurezca mientras prepara el platillo, sumérjala en agua fría hasta que esté listo para usarla.

✦ El bacalao se consigue en la mayoría de los supermercados, pescaderías y tiendas de productos para la cocina latina. Busque trozos gruesos cortados del centro del pescado y verifique que tengan un color blanco. Los trozos más delgados de la cola y la carne de bacalao de color amarillento son de calidad inferior.

Variación regional

Bacalao mexicano a la vizcaína: Agregue de 3 a 4 onzas (84 a 112 g) de chiles güeros en escabeche picados en rodajas junto con la papa y la cebolla. Decore con ¼ taza de pimientos picados y 8 rebanadas de pan tostado.

CALDO DE MEJILLONES

México

Vistazo nutricional	Antes	Después
Por porción		
Calorías	110	110
Grasa total g	1.4	1.4
Grasa saturada g	0	0
Colesterol mg	32	32

No conozco una forma más sencilla y sabrosa de preparar los mejillones. El caldo tiene poquísima grasa y es muy aromático. Se acompaña muy bien con tortillas calientes o pan para remojar. Encontrará las instrucciones para pelar chiles poblanos en la página 442.

1	taza de vino blanco seco o de vino blanco sin alcohol
1½	tazas de agua
1	cebolla, picada muy fina
1	tomate sin semilla, picado muy fino
1	chile poblano sin piel ni semilla, picado en tiras finas (use guantes de plástico al manipularlo)
1–2	chiles serranos o jalapeños, picados en rodajas finas (use guantes de plástico al manipularlos)
2	dientes de ajo, picados en trocitos
1	manojo de cilantro fresco, sin tallos y picado en pedazos grandes
½	cucharadita de sal
½	cucharadita de pimienta negra molida
4	libras (1.79 kg) de mejillones muy pequeños, lavados y sin barbas

Ponga el vino a hervir a fuego alto en una olla grande. Agregue el agua, la cebolla, el tomate, el chile, el ajo, el cilantro, la sal y la pimienta. Deje que rompa a hervir de nuevo. Agregue los mejillones y tape la olla. Cocine, revolviendo una o dos veces, durante unos 8 minutos, o hasta que todas las conchas se abran de par en par. (Tire los mejillones que tengan las conchas quebradas o que permanezcan cerrados.)

Sirva los mejillones y el caldo en platos individuales para sopa. Ponga platos adicionales para las conchas vacías.

Para 4 porciones

ENCHILADO DE CAMARONES

Cuba; Puerto Rico;
República Dominicana

Vistazo nutricional	Antes	Después
Por porción		
Calorías	245	211
Grasa total g	7.3	3.9
Grasa saturada g	1	0.5
Colesterol mg	172	172

A *primera vista, el nombre de este platillo casi parece mexicano. Sin embargo, en el Caribe de habla hispana "enchilado" no se refiere a un platillo preparado con tortillas, sino a un sustancioso guiso de mariscos. De acuerdo con el cocinero y la región, el enchilado se prepara con vino o cerveza, o incluso con una mezcla de ambos. En la parte oriental de Cuba se prefiere la cerveza sola, mientras que en La Habana, que está en el oeste de la isla, se opta por el vino. Como no soy ni oriental ni habanero, decidí usar una mezcla de ambos para realzar los sabores al máximo. El enchilado se puede hacer con langosta, cangrejo, vieira o pescado, e incluso con pollo o tofu. Sírvalo con Arroz blanco (página 204) para absorber el rico caldillo de tomate.*

CAMARONES

1	libra (448 g) de camarones, pelados y desvenados
2	cucharadas de jugo de limón verde (lima)
¼	cucharadita de comino molido
	Sal y pimienta negra molida

SALSA

1	cucharada de aceite de oliva
1	cebolla, picada muy fina
1	ají (pimiento) rojo pequeño, picado muy fino

3	dientes de ajo, picados en trocitos
½–¾	cucharadita de comino molido
½	taza de pasta de tomate
½–¾	taza de vino blanco seco o de vino blanco sin alcohol
½–¾	taza de cerveza o de cerveza sin alcohol
1	hoja de laurel
3	cucharadas de cilantro fresco o de perejil liso picado fino
	Sal y pimienta negra molida

Para preparar los camarones: Mezcle los camarones, el jugo de limón verde, el comino, la sal y la pimienta en un tazón (recipiente) mediano de cristal o de acero inoxidable. Tápelos y déjelos adobar en el refrigerador de 30 a 60 minutos.

Para preparar la salsa: Mientras los camarones se están adobando, caliente el aceite a fuego mediano en una sartén antiadherente grande. Agregue la cebolla, el ají rojo, el ajo y ½ cucharadita de comino y fría durante unos 4 minutos, o hasta que los vegetales estén levemente dorados. Suba el fuego a alto, agregue la pasta de tomate y fría durante 1 minuto. Agregue el vino, ½ taza de cerveza y la hoja de laurel y deje que rompa a hervir. Agregue los camarones y baje el fuego a mediano-lento. Hierva de 3 a 5 minutos, o hasta que el camarón esté firme y de color rosado y se hayan mezclado bien todos los sabores de la salsa. Si la salsa está

(continúa)

demasiado seca, agregue un poco más de cerveza o vino. Tire la hoja de laurel. Sazone con más sal, pimienta y comino, si así lo desea. Añada cilantro o perejil.

Para 4 porciones

Variación regional

Enchilado de cangrejos al estilo dominicano: En lugar del camarón, use 1 libra (448 g) de carne de cangrejo. Junto con el ají rojo agregue a la salsa de 1 a 4 chiles jalapeños sin semilla picados en trocitos o de ½ a 1 chile habanero sin semilla picado en trocitos. En lugar de la cerveza, use ½ taza de jerez seco o de vino blanco sin alcohol.

SUPERALIMENTO LATINO: EL CAMARÓN

Latinoamérica está rodeada de agua salada por los cuatro costados. Hablando con propiedad son cuatro mares: los océanos Pacífico y Atlántico, el Caribe y el golfo de México. No sorprenderá a nadie, pues, que en la cocina latina abunden los más exquisitos platos de pescados y mariscos.

El camarón, que tiene la mala fama de contener montones de colesterol, es una de las delicias marinas más populares de la región. No obstante, en realidad el camarón es bueno para la salud. Y es así, ironicamente, por causa de un elemento potencialmente peligroso que hemos estado reduciendo en los platillos por todo este libro, específicamente, la grasa. Este marisco contiene un tipo de grasa llamado ácidos grasos omega-3, los cuales ayudan a prevenir las enfermedades del corazón. Investigadores de la Universidad de Washington en Seattle descubrieron que las personas que consumieron 5.5 gramos de estos ácidos (esta cantidad se encuentra en tan sólo 3 onzas/84 g de mariscos a la semana) redujeron a la mitad su riesgo de sufrir un ataque cardíaco en comparación con las personas que no comieron mariscos. Además, el camarón sólo contiene cantidades mínimas de grasa saturada, la cual es nuestra enemiga por su tendencia a obstruir nuestras arterias y así causarnos problemas de salud.

Ahora bien, es cierto que una porción de 3 onzas de camarón contiene unos 165 miligramos de colesterol. No obstante, una investigación realizada por la Universidad Rockefeller de Nueva York y la Escuela de Salud Pública de Harvard en Boston muestra que el colesterol del camarón no aumenta el colesterol de la sangre en medidas significativas, mientras que la grasa saturada sí lo hace. El camarón tiene un contenido tan bajo de grasa saturada que su consumo moderado no afecta el colesterol total en forma negativa. El estudio llega a la conclusión de que es posible incluir el camarón como parte de una dieta saludable para el corazón.

Por lo tanto, pruebe el camarón en alguna de sus variaciones latinas tan sabrosas, como el Cóctel de camarones (página 110), el Chupe de camarones (página 149), el Enchilado de camarones (página 287) o el Arroz con camarones (página 206).

MARISCADA

Venezuela

Vistazo nutricional	Antes	Después
Por porción		
Calorías	401	326
Grasa total g	14.8	6.4
Grasa saturada g	2.1	0.9
Colesterol mg	267	182

La *mariscada es un guiso de mariscos de origen español que goza de gran popularidad en toda Latino-américa. Después de llegar al Nuevo Mundo adquirió un toque americano con sabores como el del ci-lantro y los chiles jalapeños. Cada región varía los pescados y mariscos, según lo que está disponible y fresco. Modifique la receta a su gusto usando los pescados mariscos más frescos que encuentre. A fin de reducir la grasa de la receta tradicional, le puse menos aceite.*

12	onzas (336 g) de camarón, pelado y desvenado
12	onzas de vieiras (escalopes, *sea scallops*), cortadas a la mitad
12	onzas de calamar limpio, picado en trozos de ¼" (6 mm) (vea el Consejo de cocina)
3	dientes de ajo, picados en trocitos
3	cucharadas de jugo de limón verde (lima)
	Sal y pimienta negra molida
1½	cucharadas de aceite de oliva
1	cebolla mediana, picada muy fina
1	pimiento (ají) rojo, picado muy fino
2	tomates maduros grandes sin piel, picados
3	cucharadas de perejil liso fresco picado

1	cucharada de pimentón (paprika) dulce
2	hojas de laurel
1	cucharada de pasta de tomate
½	taza de vino blanco seco o de vino blanco sin alcohol
6	tazas de Caldo de pescado (página 435) o 4 tazas de jugo de almeja embotellado + 2 tazas de agua
1	chile jalapeño fresco (cuares-meño), picado en rodajas finas (opcional)
18	almejas jóvenes (*littleneck clams*), lavadas
18	mejillones, lavados y sin barbas
½	taza de cilantro fresco picado

Mezcle los camarones, las vieiras, el calamar, 1 diente de ajo picado en trocitos, el jugo de limón verde, la sal y la pimienta en un tazón (recipiente) grande de cristal o de acero inoxidable. Tápelos y déjelos adobar en el refrigerador de 30 a 60 minutos.

Mientras tanto, caliente el aceite a fuego mediano en una sartén anti-adherente grande. Agregue la cebolla, el pimiento rojo y el ajo restante y fría durante unos 4 minutos, o hasta que la cebolla esté suave pero no dorada. Suba el fuego a alto, agregue el tomate, el perejil, el pimentón y las hojas de laurel y fría durante 1 minuto. Agregue la pasta de tomate y fría durante 1 minuto más. Agregue el vino y deje que rompa a hervir. Agregue el caldo de pescado o jugo de almeja y agua, así como el chile jalapeño, si lo usa, y hierva durante 3 minutos.

Agregue las almejas y los mejillones y cocine durante 8 minutos. Agregue los camarones, las vieiras y el adobo y cocine durante 2 minutos. Agregue el calamar y cocine durante 2 minutos más, o hasta que las conchas de las almejas y los mejillones se abran de par en par y los camarones, las vieiras y el calamar se pongan opacos. (Tire las almejas o mejillones que tengan las conchas quebradas o que no se hayan abierto.) Agregue el cilantro. El platillo debe quedar muy condimentado. Sazone con más sal y pimienta, si así lo desea.

Para 6 porciones

Consejos de cocina

✦ En lugar del calamar puede usar 12 onzas (336 g) más de camarones o vieiras. O inténtelo con pulpo cocido picado en trozos de ½" (1 cm). Vea las instrucciones para cocinar pulpo en la página 448.

✦ No debe faltar el pan para remojarlo en el caldo. Si le gusta el picante, puede usar hasta 3 chiles jalapeños.

✦ Para una versión de esta receta usando carne, vea el Sancocho de la página 332.

MOQUECA DO PEIXE

Brasil

La moqueca do peixe es un guiso tropical típico de la provincia de Bahía en el norte del Brasil, la región en la que el patrimonio africano del país se manifiesta con más fuerza y esplendor. Para reducir la grasa de la receta tradicional, uso leche de coco ligera en lugar de la normal. La leche de coco ligera se encuentra en tiendas gourmet y en la sección internacional de muchos supermercados.

2 libras (896 g) de filete de pescado, picado en trozos de 2" (5 cm) (vea Consejo de cocina)

1 libra (448 g) de camarón grande, pelado y desvenado

2 cucharadas de jugo de limón verde (lima)

8 dientes de ajo, picados en trocitos

Sal y pimienta negra molida

1 cucharada de aceite de oliva

2 tazas de cebollas, picadas muy finas

5 cebollines limpios, picados muy finos

1 pimiento (ají) verde, picado muy fino

1 pimiento (ají) rojo, picado muy fino

3 tomates maduros sin piel ni semilla, picados

3 tazas de jugo de almeja embotellado o de Caldo de pescado (página 435)

½ taza de cilantro fresco picado

1 taza de leche de coco ligera

1 pizca de pimienta roja molida

Mezcle el pescado y los camarones en una fuente para hornear poco honda de cristal, de 13" × 9" (33 cm × 23 cm). Agregue el jugo de limón verde y 2 dientes de ajo picados en trocitos. Sazone con sal y pimienta y mezcle bien. Tápelos y déjelos adobar (marinar) en el refrigerador de 30 a 60 minutos.

Mientras tanto, caliente el aceite a fuego mediano en una sartén antiadherente grande. Agregue la cebolla, el cebollín, el pimiento rojo y el ajo restante picado en trocitos. Fría de 6 a 8 minutos, revolviendo con frecuencia, o hasta que los vegetales estén suaves y traslúcidos pero no dorados.

Suba el fuego a alto y agregue los tomates. Fría durante unos 2 minutos, o hasta que se haya evaporado la mayor parte del jugo de los tomates. Agregue el jugo de almeja o caldo de pescado y ¼ taza de cilantro. Cocine de 10 a 15 minutos, o hasta que se haya reducido levemente la cantidad de líquido y se hayan mezclado bien todos los sabores. Quítelo del fuego.

Ponga los vegetales en una licuadora (batidora) y muélalos bien. Póngalos de nuevo en la sartén. Agregue la leche de coco, baje el fuego a mediano y hierva durante 3 minutos. Separe el pescado del camarón. Agregue sólo el pescado a la sartén y hierva durante 3 minutos. Luego agregue los camarones y hierva durante 2 minutos más, o hasta que el pescado y los camarones se pongan opacos. Espolvoréelos con la pimienta roja molida. El platillo debe quedar muy condimentado. Sazone con más pimienta roja molida, sal y pimienta negra, si así lo desea. Añada el ¼ taza restante de cilantro.

Para 6 porciones

Consejo de cocina

✦ Al escoger el pescado para este platillo, recuerde que lo más importante es que esté fresco y no que sea de alguna especie en particular. El pargo (huachinango, chillo), el *bluefish*, el *mahi-mahi* e incluso el salmón son opciones excelentes.

¡Fiesta!
Carnaval brasileiro

La tradición designa al carnaval como los últimos días de animados festejos y comida abundante antes de que empiece la temporada de cuaresma. La palabra literalmente significa "sin carne". Deriva de las palabras latinas "carne" (de significado obvio) y "levare" (quitar). A continuación presento un menú de carnaval en el que destaca uno de los caldos de pescado más famosos de Brasil, la *Moqueca do peixe*.

Ensalada de palmitos (página 160)

Moqueca do peixe (página 292)

Arroz blanco (página 204)

Couve mineira (página 173)

Pudím do claras (página 383)

CAUCAU DE MARISCOS

Perú

Vistazo nutricional	Antes	Después
Por porción		
Calorías	425	336
Grasa total g	16.1	6
Grasa saturada g	2.2	0.9
Colesterol mg	163	163

El *caucau es un extraordinario guiso peruano que se puede preparar con diversos ingredientes. La versión clásica se hace con mondongo, pero son igualmente populares las versiones con mariscos, como la que aquí presento. Esta receta es de un restaurante peruano de Miami llamado El Chalón. Contiene tantas especias y vegetales aromáticos que no necesita mucha grasa para que sepa riquísimo. Seleccione los mariscos que tengan el aspecto más fresco y huelan mejor en su pescadería. Le harán falta más o menos 1½ libras (672 g) en total. Sirva el guiso con arroz blanco bien caliente.*

1   cucharada de aceite de oliva

1   cebolla mediana, picada en rodajas finas

1   pimiento (ají) rojo, picado en rodajas finas

3   dientes de ajo, picados en trocitos

1   cucharada de jengibre fresco picado en trocitos

½   cucharadita de ají amarillo en polvo o de pasta de ají, o ½ cucharadita de pimentón (paprika) picante mezclada con ¼ cucharadita de cúrcuma (azafrán de las Indias) molida

½   cucharadita de orégano

¼   cucharadita de comino molido

½   taza de vino blanco seco o de vino blanco sin alcohol

1½   tazas de Caldo de pescado (página 435) o 1 taza de jugo de almeja embotellado + ½ taza de agua

2   papas medianas peladas y picadas en trozos de ½" (1 cm)

12   mejillones, lavados y sin barbas

12   almejas jóvenes (*littleneck clams*), lavadas

6   onzas (168 g) de camarón, pelado y desvenado

6   onzas de pulpo cocido o de vieira (escalope, *sea scallop*) (vea el Consejo de cocina)

6   onzas de calamar limpio, picado en trozos de ¼" (6 mm)

1   cucharadita de jugo de limón verde (lima)

¼   cucharadita de ajo en polvo

¼   taza de chícharos (guisantes) cocidos o descongelados

¼   taza de cilantro fresco o de menta, picado

   Sal y pimienta negra molida

Caliente el aceite a fuego mediano en una sartén antiadherente grande. Agregue la cebolla, el pimiento rojo, el ajo y el jengibre y fría durante unos 4 minutos, o hasta que la cebolla esté suave pero no dorada. Suba el fuego a alto y agregue el ají o el pimentón y la cúrcuma, el orégano y el comino. Fría durante 1 minuto. Agregue el vino y deje que rompa a hervir. Agregue el caldo o jugo de almeja y agua y deje que rompa a hervir otra vez. Agregue la papa y cocine durante 5 minutos, o hasta que la papa quede suave, la salsa esté espesa y se hayan mezclado bien todos los sabores.

Agregue los mejillones y las almejas y cocine durante 5 minutos. Agregue los camarones, el pulpo o las vieiras y el calamar. Cocine de 3 a 5 minutos, o hasta que las conchas de mejillón y de almeja se abran de par en par, los camarones estén firmes y de color rosado y el pulpo o vieiras y el calamar estén firmes y blancos. (Tire las almejas o mejillones que tengan las conchas quebradas o que no se hayan abierto.) Agregue el jugo de limón verde, el ajo en polvo, los chícharos y el cilantro o la menta. Cocine durante 1 minuto. Sazone con la sal y la pimienta.

Para 4 porciones

Consejos de cocina

✦ Si usa pulpo, vea las instrucciones en la página 448. Si usa vieiras, agréguelas junto con los camarones y el calamar.

✦ Para cumplir con la tradición, tendría que usar el ají amarillo del Perú, que se consigue seco, en polvo o como pasta. Tiene un ligero picante y un intenso aroma. Busque el ají amarillo en las tiendas de productos para la cocina latina o en alguna de las empresas de venta por catálogo de la página 80. Si no está disponible, es posible imitar su color y sabor con una combinación de pimentón picante y cúrcuma como indico en la lista de ingredientes.

POLLO Y PAVO

Cuando los conquistadores españoles arribaron a México, se encontraron con un ave grande y desconocida con una extraña carnosidad colgada debajo del pico: el guajolote. Los europeos le pusieron "pavo", por su parecido con el pavo real, que originalmente llevó ese nombre en latín. Al cabo de un siglo, tanto esta novedad como otra ave originaria del Nuevo Mundo, la gallina de Guinea o pintada, habían cruzado el charco en sentido inverso, encontrando acomodo en los menús del Viejo Mundo.

Los ibéricos cerraron el círculo del intercambio culinario exportando el pollo al continente americano. En la actualidad, todas las aves de corral se aprecian en Latinoamérica, donde protagonizan una amplia variedad de platos, desde las enchiladas mexicanas hasta los guisos (estofados) panameños y las pamplonas uruguayas, o sea, pechugas de pollo rellenas y asadas.

El sabor delicado del pollo lo convierte en la materia prima ideal para que los cocineros latinos den rienda suelta a su imaginación para combinar colores y sabores. Son ejemplos de esta diversidad los moles mexicanos, con sus intrincadas mezclas de chile y fruta, así como los guisados dominicanos, unos exquisitos estofados que se condimentan con cebolla, tomate, pimiento (ají, pimiento morrón), alcaparras y aceitunas. En ambos, la carne de pollo o de otra ave constituye la principal fuente de proteínas.

No es necesario someter las recetas latinas de pollo y pavo a una revisión exhaustiva para hacerlas más saludables. El contenido de grasa de sus platos preferidos bajará en forma dramática con simplemente quitar el pellejo a las piezas que use. Por otra parte, los cortes sin hueso son más fáciles de servir y dan un toque de elegancia a la mesa.

RECETAS DE POLLO

RECETAS DE PAVO

ARROZ CON POLLO

Varios países

Vistazo nutricional	Antes	Después
Por porción		
Calorías	553	486
Grasa total g	21	8.3
Grasa saturada g	4.8	1.7
Colesterol mg	89	86

El arroz con pollo es la paella de las personas que no le encuentran el gusto a los mariscos. A fin de bajar el contenido de grasa de la versión tradicional, cambié la manteca por aceite de oliva y usé pechugas de pollo deshuesadas y despellejadas en lugar del pollo entero. Si usted prefiere las piezas de carne oscura o el pollo entero, acuérdese de quitar el pellejo antes de comérselo. De esta manera, reducirá la grasa al mínimo.

2½ libras (1,120 g) de pechugas de pollo deshuesadas y despellejadas a las que se ha quitado toda la grasa visible, picadas en cubos de 3" (8 cm)

1 cucharadita de orégano

1 cucharadita de comino molido

½ cucharadita de pimienta negra molida

2 cucharadas de jugo de limón verde (lima)

2 cucharadas de aceite de oliva

2 cucharaditas de semilla de achiote (bija)

1 cebolla mediana, picada

1 pimiento (ají, pimiento morrón) rojo, picado

3 dientes de ajo, picados en trocitos

3 cucharadas de cilantro fresco picado

1 tomate pequeño sin semilla, picado

1 taza de vino blanco seco o de vino blanco sin alcohol

½ taza de cerveza o de cerveza sin alcohol

1 cucharada de pasta de tomate

3½–4 tazas de Caldo de pollo (página 434), consomé de pollo sin grasa de sodio reducido o agua

Sal

1 libra (448 g) de arroz valenciano (tipo Valencia) o Arborio, lavado hasta que el chorro de agua salga limpio

¼ taza de aceitunas verdes rellenas de pimiento

1 lata de 8½ onzas (238 g) de chícharos (guisantes), escurridos

1 lata de 6½ onzas (182 g) de pimientos rojos, picados

Ponga el pollo, el orégano, el comino, la pimienta negra y el jugo de limón verde en un tazón (recipiente) grande de vidrio o de acero inoxidable. Tape y deje adobar durante 20 minutos en el refrigerador.

Ponga el aceite a calentar a fuego mediano en una sartén grande y honda que pueda meterse al horno. Agregue la semilla de achiote. Fría durante 3 minutos, hasta que el aceite se ponga rojo y la semilla comience a crepitar. Saque la semilla con una espátula de metal o cuchara calada y tire. Agregue la cebolla, el pimiento rojo, el ajo y el cilantro. Fría durante 3 minutos, hasta que la cebolla esté suave. Agregue el tomate y fría durante 1 minuto más. Agregue el pollo y fría durante 3 minutos, hasta que comience a ponerse blanco. Agregue el vino y la cerveza. Deje que rompa a hervir a fuego alto. Agregue la pasta de tomate y 3½ tazas de caldo, consomé o agua. Deje que rompa a hervir de nuevo. Sazone con sal y más pimienta negra, si así lo desea.

Agregue el arroz y revuelva. Deje que rompa a hervir otra vez. Baje el fuego a mediano-lento. Tape y hierva durante 20 a 25 minutos, hasta que el arroz esté cocido. Si el arroz comienza a secarse, agregue más caldo o consomé. Si la mezcla se ve demasiado aguada, quite la tapa durante los últimos 5 minutos de cocción.

Justo antes de que el arroz esté cocido, agregue la mayor parte de las aceitunas, los chícharos y el pimiento y revuelva. Espolvoree el arroz con el resto de las aceitunas, los chícharos y el pimiento justo antes de servir.

Para 8 porciones

Variaciones regionales

Arroz con pollo panameño: Agregue ½ cucharadita de *curry* en polvo al adobo junto con las demás especias.

Arroz con pollo venezolano: Sustituya la semilla de achiote por ½ cucharadita de hebras de azafrán trituradas. Deje el azafrán en el aceite al sofreír (saltear) los vegetales.

¡Rapidito!

PAMPLONA DE POLLO

Uruguay; Argentina

Vistazo nutricional	Antes	Después
Por porción		
Calorías	542	372
Grasa total g	18.2	7.2
Grasa saturada g	5.8	2.1
Colesterol mg	293	151

La primera vez que probé esta pechuga rellena fue en un restaurante especializado en bistecs en Uruguay. Del otro lado del río de la Plata, ya en territorio argentino, se conoce un plato semejante. Cuando los rollos de pollo se cortan en rebanadas se revela una hermosa espiral de colores. Esta receta también sirve como entremés para 8 personas. Acompañe la pamplona con Chimichurri (página 375), si así lo desea.

2 pechugas de pollo enteras (12 onzas/336 g cada una), deshuesadas y despellejadas, a las que se ha quitado toda la grasa visible

1 cucharadita de orégano

Sal y pimienta negra molida

1 pimiento (ají, pimiento morrón) rojo, picado en tiras de ¼" (6 mm) de ancho

2 onzas (56 g) de tocino canadiense (2 rebanadas), picado en tiras de ¼" (6 mm) de ancho

2 claras de huevo duro, picadas en cuartos a lo largo

8 ciruelas pasas sin hueso

24 pasas amarillas

Precaliente el horno a 400°F (206°C).

Golpee las pechugas de pollo colocadas entre dos pedazos de envoltura autoadherente de plástico hasta que queden de ¼" (6 mm) de grueso. Espolvoree ambos lados del pollo con orégano y sazone con sal y pimienta. Extienda cada pechuga en una superficie de trabajo con el lado liso hacia abajo. Reparta el pimiento rojo, el tocino, la clara de huevo, la ciruela pasa y las pasas encima de cada pechuga a todo lo largo. Empiece a enrollar cada pechuga por una orilla hasta obtener un cilindro bien apretado y amarre con hilo de cocina.

Ponga los rollos de pechuga sobre una bandeja de hornear antiadherente y rocíe con aceite antiadherente en aerosol. Hornee durante 20 minutos, hasta que el pollo pierda su color rosado y un termómetro para carne registre 165°F (74°C) al insertarse en uno de los rollos.

Pase los rollos a una tabla para picar y quite el hilo. Corte cada rollo en rebanadas de ½" (1 cm) de grueso.

Para 4 porciones

POLLO GUISADO ESTILO PANAMEÑO

Panamá

Vistazo nutricional	Antes	Después
Por porción		
Calorías	668	342
Grasa total g	36.3	9.9
Grasa saturada g	6.3	2
Colesterol mg	217	145

Rosario Solez *tal vez no sea la* chef *más famosa de Miami, pero si viaja al sur de Florida sin pasar por su alegre restaurante,* Las Molas, *en el barrio de Sweetwater de dicha ciudad, se habrá perdido la cocina panameña más rica servida al norte del canal. Siempre atenta a la salud, Rosario usa pechugas de pollo despellejadas, pero les deja el hueso para mejorar el sabor. Luego siguen condimentos como el culantro (vea la página 72), la mostaza e incluso el* curry. *Reduje un poco el aceite de la receta original, pero aparte de eso seguí sus instrucciones al pie de la letra.*

1½	cucharadas de aceite de *canola*
6	mitades de pechuga de pollo con hueso (8 onzas/224 g cada una), despellejadas
3	dientes de ajo, picados en trocitos
1	cucharada de mostaza con otros condimentos
1½	cucharaditas de *curry* en polvo
½	cucharadita de orégano
1	cebolla, picada muy fina
1	tallo de apio, picado muy fino
1	pimiento (ají, pimiento morrón) rojo, picado en tiras muy finas
1	pimiento verde, picado en tiras muy finas
3	hojas de culantro (recao) o 3 ramitas de cilantro
3	cucharadas de perejil liso fresco picado
⅔	taza de vino blanco seco o agua
⅓	taza de puré de tomate
1	cubo de consomé de pollo de ½" (1 cm), desmoronado
	Sal y pimienta negra molida

Ponga el aceite a calentar a fuego mediano en una sartén antiadherente grande. Agregue el pollo, el ajo, la mostaza, el curry y el orégano. Fría durante 5 minutos, hasta que el pollo se dore. Agregue la cebolla, el apio, el pimiento, el culantro o cilantro y 2 cucharadas de perejil. Fría a fuego mediano durante 8 minutos, hasta que los vegetales estén suaves. Suba el fuego a alto, agregue el vino o agua y deje que rompa a hervir. Agregue el puré de tomate y el cubo de consomé, revuelva y deje que rompa a hervir. Baje el fuego a mediano y hierva durante 5 minutos. Sazone con sal y pimienta negra.

Tape la sartén, baje el fuego a lento y hierva durante 5 minutos, hasta que el pollo esté muy suave y pierda su color rosado y un termómetro registre 165°F (74°C) al insertarse. Sazone con más sal y pimienta negra, si así lo desea. Espolvoree con la cucharada restante de perejil.

Para 6 porciones

POLLO PIBIL

México

Vistazo nutricional	Antes	Después
Por porción		
Calorías	651	314
Grasa total g	51	6.7
Grasa saturada g	18.3	1.8
Colesterol mg	144	144

Pibil es el nombre genérico de una antigua familia de platos de carne yucatecos preparados tradicionalmente en un pib, es decir, un hoyo con brasas que luego se cubre con tierra. La carne se adoba durante toda la noche con una pasta de especias condimentada con semilla de achiote y jugo de naranja agria. Luego se envuelve con hojas de plátano y se cocina en el horno subterráneo. Actualmente, la mayoría de los mexicanos preparan este plato en el horno, pero sus fuertes sabores no han cambiado desde la época de los mayas. A fin de reducir el contenido de grasa de la receta tradicional yo uso pechugas de pollo deshuesadas y despellejadas en lugar de piernas de pollo o lomo de espaldilla de cerdo (pork shoulder). Una ventaja adicional es que se ahorra tiempo, pues sólo hay que adobar el pollo durante 2 horas. Las hojas de plátano le agregan al pollo un rico sabor a nuez. Si no las consigue, puede hornearlo envuelto con papel aluminio.

4	mitades de pechuga de pollo grande deshuesada y despellejada (6 onzas/168 g cada una), a las que se ha quitado toda la grasa visible	¾	taza de jugo de naranja agria o ½ taza de jugo de lima (limón verde) + ¼ taza de jugo de naranja
1	cucharadita de semilla de achiote (bija)	¼	taza de jugo de naranja
½	cucharadita de pimienta negra en granos	2	dientes de ajo, picados en trocitos
3	clavos de olor enteros	1	cucharadita de sal
2	moras (bayas) enteras de pimienta de Jamaica (*allspice*)	4	pedazos de hoja de plátano amarillo (guineo, banana), hoja de plátano o papel aluminio, de 12" × 8" (31 cm × 20 cm) cada uno
1	raja (rama) de canela de ½" (1 cm) de largo		

Acomode las pechugas de pollo en una fuente para hornear de vidrio o cerámica de 13" × 9" (33 cm × 23 cm), apenas lo suficientemente grande para contenerlas.

Muela la semilla de achiote, los granos de pimienta, los clavos, la pimienta de Jamaica y la raja de canela en un molinillo de especias o el mortero (molcajete) hasta reducir todos los ingredientes a un polvo fino. Pase las especias a un tazón (recipiente) mediano. Agregue el jugo de naranja agria o jugo de lima y de naranja, el jugo de naranja, el ajo y la sal y revuelva. Vierta la mezcla de especias sobre el pollo. Tape y deje adobar durante 2 horas en el refrigerador. Voltee el pollo dos veces durante este tiempo.

Precaliente el horno a 350°F (178°C).

Extienda las hojas de plátano amarillo o de plátano o el papel aluminio sobre una superficie de trabajo. Ponga una pechuga de pollo en el centro de cada uno y remate con una cucharada de adobo. Doble las partes de arriba y de abajo de cada hoja o pedazo de papel sobre el pollo y luego doble los lados de manera semejante para formar un paquete. Sujete con palillos de dientes si está usando hojas.

Ponga los paquetes sobre una bandeja de hornear (tartera). Hornee durante 25 minutos, hasta que el pollo pierda su color rosado al centro. (Para probar el grado de cocción sin abrir los paquetes, inserte un alambre delgado de metal en el centro de la pechuga; debe salir muy caliente. También puede insertar un termómetro para carne; la temperatura interior debe ser de 165°F/74°C). Sirva el pollo dentro de su envoltura.

Para 4 porciones

Consejo de cocina

◆ El pollo pibil sabe riquísimo con tortillas calientes y el picante sabor de la salsa X'nipec (página 367).

POLLO EN SALSA DE CHIPOTLE

México

El sabor distintivo de estas pechugas de pollo a la parrilla es obra de los cítricos, los chiles y los tomates asados. Me gusta asar los tomates sobre las brasas, pero también es posible hacerlo en la estufa con un comal o una sartén antiadherente. El chipotle de lata da los mejores resultados en este caso, pero se le puede sustituir por chipotles secos.

POLLO Y ADOBO

4   mitades de pechuga de pollo deshuesada y despellejada (4 onzas/112 g cada una)

    Sal y pimienta negra molida

½   taza de jugo de naranja

2   cucharadas de jugo de lima (limón verde)

1   diente de ajo, picado en trocitos

1   cucharada de aceite de oliva extra virgen (opcional)

SALSA

2   tomates grandes

1   cebolla pequeña, picada en cuartos

2   dientes de ajo

1–2   chiles chipotles de lata, picados en trocitos (use guantes de plástico al manipularlos) (vea el Consejo de cocina)

¼   taza de cilantro fresco picado en trozos grandes

2–3   cucharadas de jugo de lima

    Sal y pimienta negra molida

4   tortillas de harina de trigo sin grasa, de 8" (20 cm) de diámetro

4   ramitas de cilantro fresco

Para preparar el pollo y el adobo: Sazone cada pechuga de pollo con sal y pimienta. Acomódelas en una fuente para hornear de 13" × 9" (33 cm × 23 cm).

Ponga los jugos de naranja y de lima, el ajo y el aceite (si lo está usando) en un tazón (recipiente) pequeño. Bata a mano. Vierta sobre el pollo. Tape y deje adobar de 30 a 60 minutos en el refrigerador.

Para preparar la salsa: Mientras se adoba el pollo, precaliente la parrilla (*grill*) de gas, de brasas o eléctrica o el asador (*broiler*) del horno a temperatura alta, o el comal (plancha para preparar tortillas) a fuego alto.

Ponga los tomates sobre la parrilla o el comal y ase de 6 a 8 minutos, volteando de vez en cuando, hasta que la piel de los vegetales se dore y se cubra de ampollas. Pase a un plato y deje enfriar. Ponga la cebolla y el ajo en la parrilla o el comal y ase de 6 a 8 minutos, volteando de vez en cuando, hasta que doren. (Si va a asar los dientes de ajo a la parrilla, ensártelos en un palillo de dientes para evitar que se caigan entre la reja.) Pase al plato y deje enfriar.

Cuando los vegetales se hayan enfriado lo suficiente para tocarlos, quite toda la piel posible. No se preocupe si quedan unos pedacitos de piel quemada. Agregarán un agradable sabor ahumado. Ponga el tomate, la cebolla, el ajo y los chiles en una licuadora (batidora) o procesador de alimentos. Muela bien. Agregue el cilantro picado y 2 cucharadas de jugo de lima. Sazone con sal y pimienta negra molida. Pruebe y agregue más jugo de lima, si así lo desea. Deje enfriar a temperatura ambiente.

Para asar y servir: Justo antes de servir el pollo, precaliente la parrilla (*grill*) de gas, de brasas o eléctrica o el asador (*broiler*) del horno. Ponga el pollo en la parrilla o en el asador del horno a 4" (10 cm) del fuego, si el horno es de gas, o en la parrilla más cerca de la unidad de calor en el horno, con el horno en la posición "ASAR" O "*BROIL*". Ase el pollo durante 3 minutos por cada lado, hasta que pierda su color rosado al centro y un termómetro registre 165°F (74°C) al insertarse. Caliente las tortillas en la parrilla o en el asador del horno durante 10 segundos por cada lado.

Ponga la cuarta parte de la salsa en el centro de cada plato. Coloque una pechuga de pollo asada encima de la salsa y decore con una ramita de cilantro. Sirva con las tortillas.

Para 4 porciones

Consejo de cocina

✦ Puede sustituir los chiles chipotles de lata por chipotles secos. Ponga los chiles secos en un tazón (recipiente) pequeño. Cubra con agua tibia y deje remojar durante 20 minutos, hasta que estén suaves y flexibles. Saque y tire la semilla y pique los chiles en trocitos (use guantes de plástico al manipularlos).

FRICASÉ DE POLLO

Caribe de habla hispana

Vistazo nutricional	Antes	Después
Por porción		
Calorías	793	417
Grasa total g	38.5	10.4
Grasa saturada g	9.1	2.2
Colesterol mg	206	124

No *hay que dejarse engañar por el nombre francés de este platillo. Los cocineros del Caribe de habla hispana lo han hecho completamente suyo. Los cubanos prefieren un fricasé sencillo que deriva su sabor del comino y las aceitunas (vea la variación regional). Los puertorriqueños, en cambio, agregan pasas y ciruelas pasas para crear un contraste dulce. A fin de reducir el contenido de grasa de la versión boricua uso tocino canadiense en lugar de carne salada de cerdo, y pechugas de pollo deshuesadas y despellejadas en lugar del pollo entero.*

1¼ libras (560 g) de pechuga de pollo deshuesada y despellejada a la que se ha quitado toda la grasa visible, picada en trozos de 3" (8 cm)

2 cucharadas de jugo de limón verde (lima)

2 dientes de ajo, picados en trocitos

½ cucharadita de comino molido

1 cucharada de aceite de oliva

½ cebolla mediana, picada muy fina

6 ajíes dulces o cachuchas sin semilla o ½ pimiento (ají, pimiento morrón) rojo, picado muy fino

½ pimiento (ají, pimiento morrón) verde, picado muy fino

1 onza (28 g) de tocino canadiense (1 rebanada), picado en tiras muy finas

3 hojas de recao (culantro) o 2 cucharadas de cilantro fresco picado

1 cucharadita de orégano

1 hoja de laurel

½ taza de vino blanco seco o de vino blanco sin alcohol

½ taza de puré de tomate

2 tazas de Caldo de pollo (página 434), consomé de pollo sin grasa, de sodio reducido, o agua

1 papa blanca grande, pelada y picada en cubos de 1" (3 cm)

2 zanahorias, picadas en trozos de 1"

Sal y pimienta negra molida

8 aceitunas verdes rellenas de pimiento

3 cucharadas de pasas

8 ciruelas pasas sin hueso (opcional)

Ponga el pollo, el jugo de limón verde, el ajo y el comino en un tazón (recipiente) mediano. Revuelva muy bien. Tape y deje adobar durante 15 minutos en el refrigerador.

Mientras tanto, ponga el aceite a calentar a fuego mediano en una sartén antiadherente grande. Agregue la cebolla, el ají dulce o cachucha, el pimiento verde, el tocino, el culantro o cilantro, el orégano y la hoja de laurel. Fría durante 5 minutos, revolviendo constantemente, hasta que los vegetales estén suaves pero no dorados. Agregue el pollo y fría durante 3 minutos, hasta que se ponga blanco. Agregue el vino y el puré de tomate y deje que rompa a hervir a fuego alto. Agregue el caldo, consomé o agua. Agregue la papa y la zanahoria. Sazone con sal y pimienta negra. Baje el fuego a mediano-lento y hierva durante 20 minutos, hasta que el pollo pierda su color rosado al centro, la papa y la zanahoria estén suaves, la salsa esté espesa y se hayan mezclado muy bien todos los sabores.

Unos 5 minutos antes de que el pollo y los vegetales estén cocidos, agregue las aceitunas, las pasas y las ciruelas pasas (si las está usando). Sazone con más sal y pimienta negra, si así lo desea. Saque y tire la hoja de laurel antes de servir.

Para 4 porciones

Variaciones regionales

Fricasé de pollo cubano: Omita el tocino canadiense, las pasas y las ciruelas pasas. Agregue 2 cucharadas de alcaparras escurridas y 2 cucharadas de pimientos picados junto con las aceitunas.

Fricasé de pollo guatemalteco: Sustituya la papa por 1 chayote picado muy fino.

POLLO EN MOLE VERDE DE PEPITAS

México

Vistazo nutricional	Antes	Después
Por porción		
Calorías	800	376
Grasa total g	58.5	13.2
Grasa saturada g	17.4	2.7
Colesterol mg	258	120

Las pepitas forman el ingrediente principal de uno de los siete moles clásicos del estado mexicano de Oaxaca. El único problema es que contienen mucha grasa, al igual que la mayoría de las nueces y semillas. Por lo tanto, reduje la cantidad utilizada por la receta tradicional y aumenté la de vegetales verdes.

POLLO

4   mitades de pechuga de pollo deshuesada y despellejada a la que se ha quitado toda la grasa visible (1¼ libras/560 g en total)

1   cebolla pequeña, picada en cuartos

3   dientes de ajo

1   pedazo de 2" (5 cm) de chile poblano o de pimiento morrón (ají, pimiento) verde

1   ramita de cilantro fresco

3   tazas de Caldo de pollo (página 434) o de consomé de pollo sin grasa de sodio reducido

MOLE

8   tomatillos (tomates verdes), pelados y lavados

2–4   chiles jalapeños, cortados a la mitad a lo largo y sin semilla (use guantes de plástico al manipularlos)

3   cebollines, picados en trozos de 1" (3 cm)

⅓   taza de cilantro fresco picado

⅓   taza de perejil liso fresco picado

2   hojas de lechuga orejona (romana), picadas en tiras finas

¼   taza de pepitas sin cáscara, tostadas (vea el Consejo de cocina)

½   cucharadita de comino molido

2   cucharadas de jugo de lima (limón verde)

1   cucharada de manteca o aceite de oliva

2   ramitas de epazote, picado muy fino (opcional)

Sal y pimienta negra molida

4   ramitas de cilantro fresco

Para preparar el pollo: Ponga el pollo, la cebolla, el ajo, el chile o pimiento, la ramita de cilantro y el caldo a fuego mediano en una cacerola antiadherente grande. Hierva durante 10 minutos, hasta que el pollo pierda su color rosado al centro. Pase el pollo a un plato y tape para que se mantenga caliente. Ponga aparte 2½ tazas del caldo (reserve el restante para otro uso) y los vegetales.

Para preparar el mole: Agregue los tomatillos, los chiles y los cebollines al caldo y vegetales en la cacerola. Hierva a fuego mediano durante 8 minutos, hasta que los tomatillos estén suaves. Quite del fuego y agregue la mitad del cilantro picado, la mitad del perejil, la lechuga, las pepitas, el comino y 1 cucharada de jugo de lima. Revuelva. Pase una parte de esta mezcla al procesador de alimentos o licuadora (batidora) y muela bien. Repita hasta terminar de moler todos los ingredientes.

Ponga la manteca o aceite a calentar a fuego mediano en una cacerola grande y honda. Agregue el mole. Fría durante 10 minutos, revolviendo de vez en cuando. Agregue el epazote (si lo está usando), el cilantro picado y el perejil restantes y la otra cucharada de jugo de lima. Fría durante 5 minutos, hasta que el mole esté espeso y aromático. Sazone con sal y pimienta negra.

Agregue el pollo al mole. Deje en el fuego de 3 a 5 minutos, hasta que un termómetro registre 165°F (74°C) al insertarse. Pase a platos individuales o a un platón extendido. Decore cada pechuga de pollo con una ramita de cilantro.

Para 4 porciones

Consejos de cocina

✦ Para tostar las pepitas, ponga a fuego mediano en una sartén pequeña seca. Caliente durante 3 minutos, sacudiendo la sartén con frecuencia, hasta que la semilla se comience a dorar y a reventar. Pase a un tazón (recipiente) poco hondo y deje enfriar.

✦ Es posible preparar el pollo y el mole con hasta 6 horas de anticipación y guardarlos por separado en el refrigerador. Justo antes de servir, caliente las pechugas de pollo en el mole.

POLLO EN MOLE COLORADO

México

Vistazo nutricional	Antes	Después
Por porción		
Calorías	623	383
Grasa total g	45.9	11.9
Grasa saturada g	14	2.4
Colesterol mg	177	128

Los moles oaxaqueños son tan ricos —y diferentes entre sí— que había que incluir más que uno. En este caso, el sabor corre a cargo del tomate, la canela y la semilla de ajonjolí. El contenido de grasa de la receta original se reduce al utilizar pechugas de pollo deshuesadas y despellejadas en lugar de un pollo entero, además de que se disminuyó la cantidad de manteca. Una antiquísima técnica de cocina mexicana vuelve a servirnos aquí para convertir el resultado final en una auténtica delicia: los vegetales se asan en un comal (plancha para preparar tortillas).

POLLO

6	mitades de pechuga de pollo deshuesada y despellejada (2 libras/896 g en total), a la que se ha quitado toda la grasa visible
2½	tazas de Caldo de pollo (página 434) o de consomé de pollo sin grasa, de sodio reducido

MOLE

5	chiles anchos sin tallos ni semilla (use guantes de plástico al manipularlos)
3	chiles guajillos sin tallos ni semilla (use guantes de plástico al manipularlos)
2	cucharadas de pasas
1	taza de agua caliente
3	tomates
1	cebolla mediana, picada en cuartos
3	dientes de ajo
1	tortilla de maíz de 6" (15 cm de diámetro), partida en trozos de 1" (3 cm)
3	cucharadas de semilla de ajonjolí (sésamo)
2	cucharadas de almendras picadas en rodajas
1	rebanada de pan blanco muy tostado
½	cucharadita de orégano
½	cucharadita de mejorana
⅛	cucharadita de clavo de olor molido
1	cucharada de manteca o aceite de oliva
1	raja (rama) de canela
1	hoja de aguacate/palta (opcional) (vea el Consejo de cocina)
	Sal y pimienta negra molida
6	ramitas de perejil liso fresco

Para preparar el pollo: Mientras tanto, ponga el pollo y el caldo o consomé a fuego mediano en una sartén antiadherente grande. Hierva durante 10 minutos, hasta que el pollo pierda su color rosado al centro. Pase el pollo a un plato y tape para que se mantenga caliente. Guarde el caldo.

Para preparar el mole: Ponga los chiles, las pasas y el agua en un tazón (recipiente) mediano. Deje remojar durante 30 minutos, hasta que estén suaves. Ponga un comal o sartén antiadherente mediana a calentar a fuego mediano. Agregue los tomates y ase durante 8 minutos, volteando con pinzas, hasta que la piel de los vegetales se queme y se cubra de ampollas. Pase a un plato. Agregue la cebolla y el ajo al comal. Ase durante 8 minutos, volteando con pinzas, hasta que estén levemente quemados. Pase al plato de los tomates. Agregue los pedazos de tortilla al comal y tueste durante 5 minutos, revolviendo constantemente, hasta que estén levemente dorados. Pase al plato. Ponga la semilla de ajonjolí y la almendra en el comal y ase durante 2 minutos, revolviendo con frecuencia, hasta que estén levemente dorados.

Escurra los chiles y las pasas. Trabajando por etapas, muela los chiles, las pasas, los tomates, la cebolla, el ajo, la tortilla, 1½ cucharadas de semilla de ajonjolí, la almendra, el pan tostado, el orégano, la mejorana y el clavo en un procesador de alimentos o licuadora (batidora).

Ponga la manteca o el aceite a calentar a fuego mediano en una cacerola grande y honda. Agregue la mezcla molida, la raja de canela y la hoja de aguacate (si la está usando). Fría durante 5 minutos, revolviendo de vez en cuando, hasta que esté espeso y aromático. Agregue el caldo que guardó y cocine durante 10 minutos, revolviendo de vez en cuando. Sazone con sal y pimienta negra.

Agregue el pollo al mole. Deje en el fuego de 3 a 5 minutos, hasta que un termómetro registre 165°F (74°C) al insertarse. Saque y tire la raja de canela y la hoja de aguacate. Pase a platos individuales o a un platón extendido. Espolvoree el pollo con las 1½ cucharadas restantes de semilla de ajonjolí y decore con el perejil.

Para 6 porciones

Consejos de cocina

✦ La hoja de aguacate se consigue en las tiendas de productos para la cocina mexicana. Agrega un sabor ahumado muy sutil.

✦ Es posible preparar el pollo y el mole con hasta 6 horas de anticipación y guardarlos por separado en el refrigerador. Justo antes de servir, caliente las pechugas de pollo en el mole.

POLLO DESMECHADO ESTILO COLOMBIANO

Colombia

Vistazo nutricional	Antes	Después
Por porción		
Calorías	360	237
Grasa total g	24.6	7.6
Grasa saturada g	5.6	1.5
Colesterol mg	106	96

Esta receta sencilla de pollo pertenece a una gran familia de platos preparados con carne desmenuzada. Reduje el contenido de grasa utilizando pechugas de pollo deshuesadas y despellejadas en lugar de carne oscura.

1 cucharada de Aceite de achiote (página 440) o 1 cucharada de aceite de oliva + ¼ cucharadita de pimentón (paprika) dulce

1 cebolla pequeña, picada muy fina

2 dientes de ajo, picados en trocitos

4 cebollines picados muy finos

4 ajíes dulces o cachuchas sin semilla y picados o ¼ pimiento (ají, pimiento morrón) rojo, picado

1 tomate sin piel ni semilla, picado

1 cucharadita de vinagre de vino tinto

1 libra (448 g) de pechuga de pollo deshuesada y despellejada

1¾–2¼ tazas de agua

Sal y pimienta negra molida

Ponga el aceite de achiote o el aceite de oliva y el pimentón a fuego mediano en una sartén grande y honda. Agregue la cebolla, el ajo, el cebollín y el ají dulce. Fría durante 5 minutos, hasta que la cebolla esté suave pero no dorada. Suba el fuego a alto, agregue el tomate y el vinagre y revuelva. Fría durante 3 minutos, hasta que la mayor parte de los jugos del tomate se hayan evaporado.

Agregue el pollo y suficiente agua para cubrirlo. Sazone con sal y pimienta negra. Baje el fuego a mediano, tape la sartén y hierva durante 30 minutos, hasta que el pollo muestre estar muy suave cuando se toca con un cuchillo. Pase las pechugas de pollo a una tabla para picar y déjelas enfriar. Suba el fuego a alto y hierva el caldo hasta que se reduzca a 1 taza.

Desmenuce el pollo en hebras muy finas con 2 tenedores. Ponga el pollo en una cacerola mediana, cuele el caldo en el que se coció y cubra el pollo con éste. Hierva durante 5 minutos, hasta que el pollo haya absorbido la mayor parte del caldo. Sazone con más sal y pimienta negra, si así lo desea.

Para 4 porciones

PAVO GUISADO ESTILO DOMINICANO

República Dominicana

Esta receta será una revelación para todos aquellos que sólo han probado el pavo asado al horno. El contenido de grasa de la receta original se reduce considerablemente al emplear pechuga de pavo despellejada en lugar del pavo entero partido en piezas.

2 libras (896 g) de pechuga de pavo despellejada a la que se ha quitado toda la grasa visible, picada en diagonal en lonjas (lascas) de ½" (1 cm)

4 dientes de ajo, picados en trocitos

1 cucharadita de orégano

2 cucharadas de vinagre de vino tinto

Sal y pimienta negra molida

1 cucharada de aceite de oliva

1 cebolla, picada muy fina

1 pimiento (ají, pimiento morrón) verde, picado muy fino

¼ taza de perejil liso fresco picado

1 tomate sin piel ni semilla, picado muy fino

1 taza de vino blanco seco o de vino blanco sin alcohol

1 taza de salsa de tomate

1–2 tazas de Caldo de pollo (página 434), consomé de pollo sin grasa, de sodio reducido, o agua

1½ libras (672 g) de papa, pelada y picada en cubos de 1" (3 cm)

2 cucharadas de alcaparras lavadas y escurridas

12 aceitunas verdes rellenas de pimiento

1 taza de chícharos (guisantes) cocidos o descongelados

Ponga el pavo en un tazón (recipiente) mediano. Agregue la mitad del ajo, el orégano y el vinagre. Sazone con sal y pimienta negra. Mezcle bien. Tape y deje adobar durante 30 minutos en el refrigerador.

Ponga el aceite a calentar a fuego mediano en una sartén o cacerola grande y honda. Agregue la cebolla, el pimiento, el ajo restante y 2 cucharadas de perejil. Fría durante 4 minutos, hasta que la cebolla y el pimiento estén suaves pero no dorados. Suba el fuego a alto y agregue el tomate. Fría durante 1 minuto. Agregue el pavo (guarde el adobo que haya). Fría durante 2 minutos, hasta que pierda su color rosado al centro. Agregue el vino y deje que rompa a hervir. Agregue la salsa de tomate y el adobo que guardó y deje que rompa a hervir. Agregue 1 taza de caldo, consomé o agua y la papa y deje que rompa a hervir otra vez. Baje el fuego a mediano-lento y hierva durante 10 minutos.

Agregue las alcaparras y las aceitunas. Cocine durante 12 minutos. Agregue los chícharos. Cocine durante 3 minutos, hasta que el pavo y la papa estén suaves.

(continúa)

Agregue más caldo, consomé o agua según sea necesario para mantener cubiertos el pavo y las papas. El plato debe quedar muy condimentado. Espolvoree con más sal y pimienta negra, si así lo desea.

Pase a platos individuales o a un platón extendido y espolvoree con las 2 cucharadas restantes de perejil.

Para 6 porciones

Variación regional

Pavo estofado: Use sólo 1 taza de caldo, consomé o agua y cocine el pavo a fuego lento en una olla tapada. Agregue ½ taza de ciruelas pasas sin hueso junto con las alcaparras y las aceitunas.

PICADILLO DE PAVO

Varios países

Vistazo nutricional	Antes	Después
Por porción		
Calorías	381	294
Grasa total g	19.9	5
Grasa saturada g	4.5	0.9
Colesterol mg	116	142

El picadillo es un manjar latinoamericano cuya popularidad rebasa todas las fronteras. Aparece en las cafeterías cubanas de Miami, en los chiles rellenos mexicanos y como relleno para empanadas en Argentina. Las versiones tradicionales del picadillo se preparan con carne de res o de cerdo molida, la cual muchas veces desborda de aceite. Mi variación toma en cuenta la salud utilizando pavo molido, pero también sería posible emplear pechugas de pollo deshuesadas y despellejadas o un corte magro de cerdo, como lomo (pork loin) molido. Por sí solo, el picadillo se defiende muy bien como un plato ligero, pero también puede usarlo en tacos, empanadas o tamales.

1½	libras (672 g) de pechuga de pavo magra molida (vea el Consejo de cocina)	1	tomate sin semilla, picado muy fino
½–1	cucharaditas de comino molido	8	aceitunas verdes rellenas de pimiento, picadas muy finas
1	cucharadita de sal	¼	taza de pasas negras
1	cucharadita de pimienta negra molida	3	cucharadas de alcaparras lavadas y escurridas
1	cucharada de aceite de oliva	1	cucharada de caldo de alcaparras
3	dientes de ajo, picados en trocitos	¾	taza de vino blanco seco o de vino blanco sin alcohol
1	cebolla mediana, picada muy fina	1	cucharada de pasta de tomate
1	pimiento (ají, pimiento morrón) rojo picado muy fino		

¡Rapidito!

Ponga el pavo, 1 cucharadita de comino, la sal y la pimienta negra en un tazón (recipiente) mediano. Mezcle bien con una cuchara. Deje reposar durante 5 minutos.

Ponga el aceite a calentar a fuego mediano-alto en una sartén antiadherente grande. Agregue el ajo, la cebolla y el pimiento. Fría durante 4 minutos, hasta que la cebolla apenas se comience a dorar. Agregue el tomate, revuelva y fría durante 2 minutos. Desmorone la carne molida de pavo en la sartén. Fría durante 3 minutos, separando la carne de pavo con un cucharón de madera, hasta que comience a ponerse blanca.

Agregue las aceitunas, las pasas y las alcaparras y revuelva. Fría durante 2 minutos más. Agregue el caldo de alcaparras, el vino y la pasta de tomate y deje que rompa a hervir a fuego alto. Baje el fuego a mediano-lento y hierva de 6 a 8 minutos, hasta que el pavo esté suave y pierda su color rosado al centro y la mayor parte del líquido se haya evaporado. (El picadillo debe quedar húmedo, pero no aguado.) Sazone con más sal, pimienta negra y comino, si así lo desea.

Para 4 porciones

Consejos de cocina

✦ Si su paladar está acostumbrado a pura carne de res molida, prepare esta receta con 2 partes iguales de carne de res molida y pechuga de pavo molida. Una vez que se haya acostumbrado al sabor, puede ir cambiando poco a poco a pura pechuga de pavo molida.

✦ Al comprar carne de pavo molida, busque pechuga de pavo magra recién molida que sólo contenga carne blanca. A veces el pavo molido congelado que se vende en los supermercados tiene un contenido altísimo de grasa, porque se muele con la carne oscura y el pellejo.

Variación regional

Picadillo de pavo mexicano: Agregue 1 cucharadita de polvo puro de chile y ¼ cucharadita del canela molida con el comino. Agregue ⅓ taza de champiñones (hongos) frescos picados al sofrito junto con el pavo. Omita las alcaparras. Sustituya el caldo de alcaparras por 1 cucharadita de vinagre de manzana.

RES, CERDO Y CORDERO

La carne es una parte integral de la mayoría de las mesas latinas. Por ejemplo, el cerdo mantiene un reinado indiscutible en México y el Caribe de habla hispana. Si nos pasamos al Cono sur, la carne de las reses criadas en las pampas argentinas, paraguayas y del sur de Brasil, por su parte, rivaliza en sabor con la mejor del mundo.

Desafortunadamente, el consumo de grandes cantidades de carne ha sido asociado con un sinnúmero de padecimientos, desde las enfermedades cardíacas hasta el cáncer.

Sin embargo, no tenemos que convertirnos en vegetarianos o dejar de comer nuestros platillos favoritos sólo porque sean de carne. Con usar tres sencillas estrategias respecto a la carne, nosotros podemos seguir saboreándola sin sacrificar la salud. La primera es usar cortes magros, como lomo de cerdo (*pork loin*), filete de solomillo (*tenderloin*) de res y cuete de res (*eye of round*). Asegúrese de quitar toda la grasa visible de la pieza antes de cocinarla. La segunda estrategia es disfrutar porciones razonables. Con 4 a 5 onzas (112 a 140 g) de carne magra, podemos apaciguar a nuestro apetito sin tapar las arterias o sabotearnos la cintura. La tercera y última estrategia es tratar de usar la carne como condimento para acompañar y dar sabor a los alimentos más nutritivos y con menor contenido de grasa, como frijoles (habichuelas), granos, vegetales y frutas.

Otra cosa que debemos de tomar en cuenta es que algunos de los mejores platos de carne de la gastronomía latinoamericana en realidad no requieren las grandes cantidades de aceite que tradicionalmente se agregan a los adobos o a la sartén. Entre ellos figuran el Churrasco nicaragüense (página 324), las Masitas de puerco (página 329) y la Carne asada rellena a lo puertorriqueño (página 322). Basta con reducir la grasa utilizada en la cocina para disfrutar estas delicias sin dañar la salud.

Incluso es posible crear versiones sanas de las presentaciones más generosas de carnes, como la Parrillada argentina completa (página 326). Al emplear cortes más magros y una mayor proporción de vegetales, ¡los 69 gramos de grasa originales por porción se reducen a sólo 12 gramos!

RECETAS DE RES

RECETAS DE CERDO

RECETA DE CORDERO

ROPA VIEJA

Varios países

Vistazo nutricional	Antes	Después
Por porción		
Calorías	633	378
Grasa total g	34.1	12.5
Grasa saturada g	9.2	4.2
Colesterol mg	99	46

La falda de res con la que se prepara este plato muy popular es la que le da su nombre. Desmenuzada, la carne en efecto parece ropa vieja y desgarrada, si forzamos un poco la imaginación. El bistec (biftec) de falda de res se consigue en carnicerías y la mayoría de los supermercados. En un apuro puede sustituirlo por espaldilla de res. A fin de reducir el contenido de grasa de la receta tradicional, disminuí la proporción de carne y aumenté la de vegetales.

1   cucharada de aceite de oliva

1   cebolla, picada en rodajas finas

1   ají (pimiento) verde, picado en rodajas finas

1   ají (pimiento) rojo, picado en rodajas finas

2   dientes de ajo, picados finos

½   cucharadita de comino molido

1   tomate maduro grande sin piel, picado

1   libra (448 g) de falda de res (*skirt steak*) a la que se ha quitado toda la grasa visible

Sal y pimienta negra molida

½   taza de vino blanco seco o de vino blanco sin alcohol

3–3½ tazas de Caldo de pollo (página 434) o de caldo de pollo sin grasa, de sodio reducido

¼   taza de puré de tomate o de salsa de tomate

4   zanahorias, picadas en trozos de 1" (3 cm)

2   papas, picadas en trozos de 1"

2   cucharaditas de alcaparras lavadas y escurridas

1   cucharada de perejil liso fresco picado fino (opcional)

Ponga el aceite a calentar a fuego mediano en una cacerola grande, pesada y honda. Agregue la cebolla, los ajíes, el ajo y el comino. Fría durante 5 minutos, revolviendo con frecuencia, hasta que los vegetales apenas se empiecen a dorar. Agregue el tomate y fría durante 1 minuto.

Sazone la carne con sal y pimienta. Agregue a los vegetales y fría durante 2 minutos por lado. Suba el fuego a alto, agregue el vino y deje que rompa a hervir. Agregue 3 tazas de caldo y otra vez deje que rompa a hervir. Baje el fuego a mediano-lento y hierva sin tapar de 30 a 40 minutos, hasta que la carne esté muy suave. Use un cucharón para retirar la espuma que se forme en la superficie.

Agregue el puré o la salsa de tomate, la zanahoria y la papa y revuelva. Hierva de 15 a 20 minutos, hasta que la carne y los vegetales queden suaves, la salsa esté espesa y se hayan mezclado bien todos los sabores. Si se evapora demasiado líquido agregue un poco más de caldo. Agregue las alcaparras y revuelva.

Desmenuce la carne en tiras muy delgadas con dos tenedores. (Debería ser posible hacer esto en la misma cacerola.) Hierva durante unos 3 minutos más, hasta que la carne haya absorbido toda la salsa. Sazone con más sal y pimienta, si así lo desea. Espolvoree con el perejil (si lo está usando).

Para 4 porciones

Variaciones regionales

Ropa vieja a la mexicana: Junto con la cebolla y el pimiento rojo y verde, agregue 3 chiles serranos picados. Espolvoree el plato con 3 cucharadas de cilantro fresco picado.

Ropa vieja a lo puertorriqueño: Junto con la cebolla y el ají rojo y verde, sofría (saltee) 1 onza (28 g) de tocino canadiense picado en tiras finas. Agregue 3 hojas de recao junto con la carne. Sustituya las zanahorias por 2¼ tazas de calabaza picada (unas 12 onzas/336 g). Agregue 1 mazorca de maíz picada en rodajas de 1" (3 cm) junto con la calabaza.

BISTEC A LA CRIOLLA

Colombia

Vistazo nutricional	Antes	Después
Por porción		
Calorías	662	373
Grasa total g	37.3	16.3
Grasa saturada g	9	5
Colesterol mg	189	118

Los colombianos definitivamente saben darle una presentación de lujo al bistec. Este plato es aromático y lleno de colorido y sabor. Si es una ocasión especial, usted puede usar filete de solomillo de res, que es un poco más caro. Un corte un poco más económico pero igualmente sabroso sería el sirloin. Esta receta reduce la grasa asando los bistecs a la parrilla en lugar de freírlos en la sartén. Aparte de su efecto antigrasa, este cambio también aporta un rico sabor ahumado al platillo.

4	bistecs de filete de solomillo de res (*tenderloin*) o sirloin, de 4 onzas (112 g) y ½" (1 cm) de grueso cada uno
½	cucharadita de sal
½	cucharadita de pimienta negra molida
½	cucharadita de comino molido
1	cucharada + 2 cucharaditas de vinagre de vino tinto
1½	cucharadas de mostaza *Dijon*

1	cucharada de aceite de *canola*
2	cebollas, picadas finas
2	dientes de ajo, picados finos
4	cebollines, picadas finas
2	tomates maduros grandes sin piel ni semilla, picados
3	cucharadas de perejil liso fresco picado
1	cucharada de orégano fresco picado o 1 cucharadita de orégano seco

Frote los bistecs con la sal, la pimienta y el comino. Deje reposar durante 10 minutos. Rocíe con 1 cucharada de vinagre y unte la mostaza. Tape y deje adobar durante 20 minutos en el refrigerador.

Ponga el aceite a calentar a fuego mediano en una sartén antiadherente grande. Agregue la cebolla, el ajo y el cebollín y fría durante unos 5 minutos, hasta que las cebollas se suavicen pero no doren. Suba el fuego a alto y agregue el tomate y las 2 cucharaditas restantes de vinagre. Fría durante unos 3 minutos, hasta que la mayor parte de los jugos del tomate se hayan evaporado. Agregue el perejil y el orégano y revuelva. Fría durante 3 minutos. La salsa debe quedar muy condimentada. Espolvoree con más sal y pimienta, si así lo desea.

Precaliente la parrilla (*grill*) de gas, de brasas o eléctrica o el asador (*broiler*) del horno a temperatura alta. Ponga el bistec en la parrilla, a 4" (10 cm) de la fuente de calor en el asador del horno, si el horno es de gas, o en la parrilla más cerca de la unidad de calor en el horno, con el horno en la posición "ASAR" o "*BROIL*". Ase la carne durante unos 2 a 3 minutos por lado si le gusta entre término medio e inglés (medio cocido) o hasta que un termómetro registre 160°F (74°C) al insertarse. Reparta la salsa entre los platos y ponga encima los bistecs. Si lo prefiere, también puede servir la salsa encima de la carne.

Para 4 porciones

Consejo de cocina

Es posible preparar la salsa con hasta 3 días de anticipación y conservarla en el refrigerador.

¡Rapidito!

CARNE GUISADA ESTILO SALVADOREÑO

El Salvador

Vistazo nutricional	Antes	Después
Por porción		
Calorías	597	367
Grasa total g	21.6	9.5
Grasa saturada g	5.4	2.5
Colesterol mg	142	71

Este guiso de res es un orgullo nacional salvadoreño. A fin de disminuir la grasa aumenté la proporción de vegetales en relación con la carne y reduje la cantidad de aceite utilizado para freír. Además, se resta tiempo de cocción utilizando una olla de presión. (Si gusta, usted también puede emplear una olla tradicional y hervir el guiso a fuego lento de 1 a 1½ horas. Vea el Consejo de cocina.) Toda Centroamérica conoce guisos de este tipo. La versión salvadoreña se distingue por una generosa dosis de pimienta negra.

1	cucharada de aceite de oliva		Sal
1	libra (448 g) de pulpa de res (*stew beef*) magra a la que se ha quitado toda la grasa visible, picada en cubos de 1" (3 cm)	1	libra (448 g) de tomates maduros sin piel, picados finos
		1	hoja de laurel
1	cebolla pequeña, picada en rodajas finas	2	tazas de agua
½	pimiento (ají) verde, picado en rodajas finas	6	zanahorias, picadas en trozos de 1"
2	dientes de ajo, picados muy finos	2	papas blancas grandes, de 10 onzas (280 g) cada una, picadas en trozos de 1"
½	cucharadita de pimienta negra molida		

Ponga el aceite a calentar a fuego alto en una olla de presión (olla exprés). Agregue la carne, la cebolla, el pimiento, el ajo y la pimienta. Sazone con sal. Fría durante 5 minutos, revolviendo constantemente, hasta que los ingredientes se doren levemente. Agregue el tomate y fría durante 1 minuto más. Agregue la hoja de laurel y el agua.

Tape la olla y cocine a presión durante 10 minutos. Ponga bajo el chorro del agua fría para que baje la presión. Destape y agregue la zanahoria y la papa. Vuelva a tapar la olla y cocine a presión de 6 a 8 minutos más, hasta que la carne y los vegetales estén muy suaves. Sazone con más sal y pimienta, si así lo desea. Tire la hoja de laurel antes de servir.

Para 4 porciones.

Consejo de cocina

✦ También es posible preparar esta carne en una olla convencional. Use una olla para sopa de 1 galón (4 l) de capacidad. Siga las instrucciones. Después de agregar el agua, deje que rompa a hervir a fuego alto. Tape, baje el fuego a mediano-lento y hierva durante 45 minutos. Agregue la zanahoria y la papa, tape y cocine de 30 a 45 minutos, hasta que la carne y los vegetales estén muy suaves.

CARNE ASADA RELLENA A LO PUERTORRIQUEÑO

Puerto Rico

Vistazo nutricional	Antes	Después
Por porción		
Calorías	773	533
Grasa total g	30.4	12.3
Grasa saturada g	10.7	3.9
Colesterol mg	225	120

Este platillo se distingue por su exquisito relleno, que debe sus variados sabores a la combinación de pasas, pimiento, aceitunas y jamón tipo campesino. Con ciertas variaciones, la Carne asada rellena se conoce también en otras partes. A los cubanos les gusta agregarle chorizo, por ejemplo, mientras que los venezolanos acostumbran cocinar la carne en una sustanciosa salsa negra preparada con Coca-Cola. La versión puertorriqueña presentada en esta receta es fiel en todo a la edición original, pero contiene menos grasa. Sin modificar los condimentos característicos, aumenté la proporción de vegetales en relación con la carne. Se lo recomiendo para una ocasión muy especial.

¼	taza de pasas		2	cucharadas de vinagre de vino tinto
¼	taza de jerez seco o de vino blanco sin alcohol		1	cucharada de aceite de oliva
1	cebolla mediana, picada fina		6	ajíes dulces o ajíes cachuchas sin semilla, picados
½	pimiento (ají) rojo, picado fino		½	pimiento (ají) verde
1	onza (28 g) de jamón tipo campesino magro (como *prosciutto*), picado fino		2	cucharadas de cilantro fresco picado
4	aceitunas verdes rellenas de pimiento, picadas		3	hojas de recao (culantro), picadas en tiras finas, o 2 cucharadas de cilantro fresco picado
4	dientes de ajo, picados en trocitos		1	taza de vino blanco seco o de vino blanco sin alcohol
1	cucharada de alcaparras lavadas y escurridas		2	tazas de salsa de tomate
1	cuete de res (*eye-of-the-round*) de 3 libras (1.35 kg.) al que se ha quitado toda la grasa visible		3–4	tazas de caldo de res, consomé de res, de sodio reducido, o agua
½	cucharadita de sal		2	libras (896 g) de papas, peladas y picadas en trozos de 1" (3 cm)
½	cucharadita de pimienta negra molida		8	zanahorias, peladas y picadas en trozos de 1"
½	cucharadita de orégano		2	cucharadas de perejil liso o de cilantro fresco picado
½	cucharadita de comino molido			Sal y pimienta negra molida
½	cucharadita de ajo en polvo			

Mezcle las pasas y el jerez o vino en un tazón mediano. Deje remojar durante 15 minutos. Escurra y guarde el líquido. Agregue la mitad de la cebolla, el pimiento rojo, el jamón, la aceituna, la mitad del ajo y las alcaparras a las pasas y revuelva.

Con un cuchillo largo y delgado corte un túnel (1" en diámetro) por el centro de la carne, que se extienda desde una de las puntas hasta la otra. Llene este túnel con la mezcla de las pasas, introduciéndola desde ambos extremos con los dedos.

Mezcle la sal, la pimienta, el orégano, el comino y el ajo en polvo en una taza. Espolvoree la carne y frótela con esta mezcla. Pase a una olla (charola) para asar y deje reposar durante 10 minutos. Esparza el vinagre encima de la carne. Tape y deje adobar durante 40 minutos en el refrigerador.

Precaliente el horno a 350°F (178°C).

Ponga el aceite a calentar a fuego mediano en un caldero de hierro grande que se pueda meter dentro del horno para cocinar los alimentos. Escurra la carne, guardando el adobo, y seque. Ponga la carne en el caldero y fría, volteándolo para que dore por todos lados. Pase a un plato.

Ponga la cebolla y el ajo restantes, los ajíes dulces o cachuchas, el pimiento verde, el cilantro y el recao en el caldero. Fría a fuego mediano durante unos 4 minutos, hasta que los vegetales estén suaves pero no dorados.

Regrese la carne al caldero y suba el fuego a alto. Agregue el vino y deje que rompa a hervir. Agregue la salsa de tomate y deje que rompa a hervir otra vez. Agregue caldo o agua suficiente para tapar la carne y deje que rompa a hervir una vez más. Tape el caldero y meta al horno. Hornee durante 1½ horas. Agregue la papa y la zanahoria y hornee durante 1 hora. Destape y hornee de 35 a 45 minutos, hasta que la carne y los vegetales estén muy suaves.

Pase la carne a una tabla de picar. Corte en lonjas (lascas) delgadas. Acomode la carne y los vegetales en un platón extendido. Ponga el caldero a fuego alto. Hierva la salsa de 5 a 10 minutos, hasta que se espese y se hayan mezclado bien todos los sabores. Sazone con sal y pimienta. Vierta la salsa sobre la carne (también puede colarla, si así lo desea). Espolvoree con el perejil o cilantro.

Para 8 porciones

CENA PUERTORRIQUEÑA DE AÑO NUEVO

El Año Nuevo es un buen pretexto para festejar en Puerto Rico, como en todas partes. Este menú garantiza el éxito de cualquier reunión, además de que apoya los propósitos de Año Nuevo en lo que a una alimentación sana se refiere.

Coquito (página 426)

Arañitas de plátano (página 89) con Ají-li-mójili (página 373)

Carne asada rellena a lo puertorriqueño (página 322)

Arroz con gandules al estilo puertorriqueño (página 199)

Tembleque (página 388)

¡*Rapidito!*

CHURRASCO NICARAGÜENSE

Nicaragua

Vistazo nutricional	Antes	Después
Por porción		
Calorías	578	338
Grasa total g	26	13.4
Grasa saturada g	9.6	4.2
Colesterol mg	189	78

El *churrasco es el término genérico utilizado en la mayoría de los países latinoamericanos para designar la carne de res asada a la parrilla. En Nicaragua se refiere específicamente al filete de solomillo de res cortado en lonjas (lascas) de manera trasversal y machacado hasta obtener bistecs tan delgados como una hoja de papel. Estos bistecs se asan a la parrilla y se sirven con chimichurri, una salsa de ajo y perejil. Si bien la versión nicaragüense de este aliño también le agrega tomate, aquí combinamos el churrasco con la clásica salsa argentina. Guarde este plato para una ocasión especial, porque el filete de solomillo es un corte caro. O bien use sirloin o falda de res en lugar de filete. En esta receta, el contenido de grasa y colesterol se reduce radicalmente al omitirse el aceite del adobo, disminuirse un poco la cantidad de carne y extenderse las porciones con cebollas asadas. Las guarniciones tradicionales son cebollas en escabeche, Chirmol (página 363) y Gallo pinto (página 180).*

1	libra (448 g) de filete de solomillo de res (*tenderloin*), de preferencia cortado del centro de la pieza, al que se ha quitado toda la grasa visible	3	cucharadas de jerez seco o de vino blanco sin alcohol (opcional)
	Sal y pimienta negra molida	3	cucharadas de vinagre de vino tinto
½	cebolla, picada en rodajas finas	2	hojas de laurel
¼	taza de perejil liso fresco picado	4	cebollas dulces grandes, picadas horizontalmente en rodajas de ½" (1 cm) de grueso
2	dientes de ajo, picados en trocitos	½	taza de Chimichurri (página 375)

Ponga el filete sobre una tabla para picar con la parte alargada hacia usted. En forma paralela a la tabla, corte el filete a lo largo en 4 lonjas (lascas) planas y parejas con un cuchillo afilado. Ponga cada lonja entre dos pedazos de envoltura autoadherente de plástico y golpee con un costado de una cuchilla de carnicero o con un aplanador para carne hasta obtener un grueso de ¼" (6 mm). Sazone cada lonja con sal y pimienta y acomode en una fuente para hornear (refractario) de 13" × 9" (33 cm × 23 cm).

Ponga las rodajas finas de cebolla, el perejil, el ajo, el jerez o vino y las hojas de laurel en un tazón (recipiente) pequeño. Bata bien a mano. Vierta sobre la carne. Tape y deje adobar durante 15 minutos. Voltee una sola vez.

Precaliente la parrilla (*grill*) de gas, de brasas o eléctrica o el asador (*broiler*) del horno a temperatura alta.

Rocíe las rodajas de cebolla dulce con aceite antiadherente en aerosol. Ponga la cebolla en la parrilla o en el asador del horno, si el horno es de gas, o en la parrilla más cerca de la unidad de calor en el horno, con el horno en la posición "ASAR" o "*BROIL*". Ase a 4" (10 cm) de la fuente de calor durante 4 minutos por lado, volteando cuidadosamente con una espátula de metal, hasta que se doren bien. Pase la cebolla a un platón extendido. Escurra la carne y tire el adobo. Ponga la carne en la parrilla o en el asador del horno, si el horno es de gas, o en la parrilla más cerca de la unidad de calor en el horno, con el horno en la posición "*BROIL*". Ase a 4" de la fuente de calor durante 2 minutos por lado si le gusta entre término medio e inglés (medio cocido) o hasta que esté cocida a gusto. Acomode la carne encima de la cebolla. Sirva con el chimichurri.

Para 4 porciones.

Consejo de cocina

◆ Si usa sirloin para esta receta, corte la carne a lo ancho para obtener 2 bistecs (biftecs) delgados.

¡Rapidito!

PARRILLADA ARGENTINA COMPLETA

Argentina

Vistazo nutricional	Antes	Después
Por porción		
Calorías	1,098	315
Grasa total g	69.4	12.5
Grasa saturada g	17.4	4.4
Colesterol mg	302	101

*L*a población argentina debe ser la más carnívora del Hemisferio Occidental. Cuando se pide una parrillada mixta en Buenos Aires, empiezan por servir un plato rebosante de diversas salchichas y vísceras asadas a la parrilla. ¡Y ése es sólo el entremés! El plato principal consiste en carne de res en cantidades exorbitantes. En esta versión saludable, yo conservo la carne de res como atracción principal, pero reduzco el tamaño de las porciones y complemento los biftecs con vegetales también asados, un entremés común en Argentina. Así usted podrá llenar su plato del rico sabor ahumado de la carne asada mientras le gana a la grasa y conquista al colesterol.

½ taza de vino blanco seco o de vino blanco sin alcohol

3 cucharadas de jugo de limón

1 cucharada de aceite de oliva

2 dientes de ajo, picados en trocitos

2 pimientos (ajíes) rojos

2 pimientos (ajíes) verdes

12 champiñones (hongos) sin rabo

2 cebollas grandes, picadas horizontalmente en rodajas de ½" (1 cm)

1 berenjena, picada horizontalmente en rodajas de ½" (1 cm)

2 cucharaditas de orégano

2 cucharaditas de pimienta roja molida

Sal gruesa (vea el Consejo de cocina) y pimienta negra molida

1½ libras (672 g) de biftecs de sirloin de por lo menos 1" (3 cm) de grueso, al que se ha quitado toda la grasa visible

1½ tazas de Salsa criolla (página 361) (opcional)

Precaliente la parrilla (*grill*) de gas, de brasas o eléctrica a temperatura alta.

Mezcle el vino, el jugo de limón, el aceite y el ajo en un tazón (recipiente) pequeño. Con esta mezcla, unte los pimientos, los champiñones, la cebolla y la berenjena. Ase los vegetales en la parrilla de 4 a 6 minutos por lado, hasta que estén bien tostados. Espolvoree de vez en cuando con el orégano, la pimienta roja molida, sal y pimienta negra y bañe con el adobo restante. Pase los vegetales a un platón extendido.

Ase la carne durante 4 minutos por lado si le gusta entre término medio e inglés (medio cocido) o hasta que esté cocida a gusto. Corte en 6 porciones y pase al platón extendido junto con los vegetales.

Sirva el biftec y los vegetales con salsa criolla (si la está usando).

Para 6 porciones.

✦ También es posible preparar este plato en el asador (*broiler*) del horno. A fin de reproducir un poco del sabor que las brasas vivas aportan a los alimentos, agregue ¼ cucharadita de *liquid smoke* al adobo. Ponga los vegetales y la carne en el asador del horno, si el horno es de gas, o en la parrilla más cerca de la unidad de calor en el horno, con el horno en la posición "ASAR" o "*BROIL*". Ase a 4" (10 cm) de la fuente de calor de 4 a 5 minutos por lado, hasta que todo esté cocido a gusto. Si no cabe todo junto, es posible que lo tenga que asar en varias etapas.

✦ La sal gruesa es la más indicada para sazonar el biftec mientras se cocina. Si no está disponible en la tienda de su localidad, la sal de mesa da buenos resultados también.

✦ La tradición dicta asar los pimientos enteros y luego sacarles los centros en la mesa. Si gusta, también puede sacarles los centros antes de asarlos.

Variaciones regionales

Parrillada uruguaya completa: Sirva la parrillada con harina de *mandioca* (yuca) (disponible en tiendas de productos para la cocina brasileña y argentina). Tueste la harina en una sartén seca a fuego mediano durante 3 minutos, agitando la sartén con frecuencia. Espolvoree la carne con la harina tostada antes de servirla.

Parrillada chilena completa: Espolvoree la carne con sal, pimienta negra y ajo en polvo antes de asarla.

¡Fiesta!
Parrillada sudamericana

Las carnes asadas a la parrilla son una atracción común en cualquier fiesta sudamericana. Impresione a sus invitados este verano agasajándolos en el jardín con este menú lleno de sorpresas. Diversos alimentos frescos y calientes se combinan para crear un banquete espléndido.

Jugo de lulo (página 427)

Ceviche a lo peruano (página 111)

Parrillada argentina completa (página 326)

Salsa criolla (página 361)

Ensalada de frutas (página 399)

CHURRASCO CENTRO-AMERICANO

Varios países

Vistazo nutricional	Antes	Después
Por porción		
Calorías	604	314
Grasa total g	26.4	10.4
Grasa saturada g	8.9	4.1
Colesterol mg	202	101

A *los vecinos de Nicaragua les gusta servir su carne de res asada a la parrilla con chirmol, una salsa de tomate, en lugar de chimichurri. También prefieren el* sirloin *y frotan la carne con condimentos secos en lugar de adobarla.*

½ cucharadita de sal

½ cucharadita de pimienta negra molida

½ cucharadita de ajo en polvo

½ cucharadita de orégano

¼ cucharadita de comino molido

4 bistecs (biftecs) sirloin, de 4 onzas (112 g) y ½" (1 cm) de grueso cada uno, a los que se ha quitado toda la grasa visible

4 cebollas dulces, picadas horizontalmente en rodajas de ½" (1 cm) de grueso

1 taza de Chirmol (página 363) o de su salsa favorita

Mezcle la sal, la pimienta, el ajo en polvo, el orégano y el comino en un tazón pequeño. Frote los bistecs con esta mezcla y deje reposar durante 5 minutos.

Precaliente la parrilla (*grill*) de gas, de brasas o eléctrica o el asador (*broiler*) del horno a temperatura alta.

Rocíe la cebolla con aceite antiadherente en aerosol. Ponga la cebolla en la parrilla o en el asador del horno, si el horno es de gas, o en la parrilla más cerca de la unidad de calor en el horno, con el horno en la posición "ASAR" o "*BROIL*". Ase a 4" (10 cm) de la fuente de calor durante 4 minutos por lado, volteando cuidadosamente con una espátula de metal, hasta que se dore bien. Pase la cebolla a un platón extendido. Ponga la carne en la parrilla o en el asador del horno, si el horno es de gas, o en la parrilla más cerca de la unidad de calor en el horno, con el horno en la posición "ASAR". Ase a 4" de la fuente de calor durante 3 minutos por lado si le gusta entre término medio e inglés (medio cocido) o hasta que esté cocida a gusto. Acomode la carne encima de la cebolla. Sirva acompañado de la salsa.

Para 4 porciones.

MASITAS DE PUERCO

Cuba

Vistazo nutricional	Antes	Después
Por porción		
Calorías	658	254
Grasa total g	34	6.8
Grasa saturada g	8.7	2.3
Colesterol mg	154	89

Con estos cubitos crujientes de carne de puerco sazonada con ajo, yo me inicié en la cocina del Caribe de habla hispana. ¡Qué iniciación más rica! Lo malo es que se habían preparado en la freidora y estaban llenos de cantidades industriales de grasa. A fin de crear una versión más sana, uso lomo de cerdo magro en lugar del grasoso lomo de espaldilla y aso la carne a la parrilla al estilo de un alambre en lugar de usar la freidora. El resultado es tan exquisito que la grasa no se extraña para nada.

4	dientes de ajo, picados en trocitos	¼	taza de jugo de naranja
6	cucharadas de cilantro fresco picado	1½	libras (672 g) de lomo de cerdo (*pork loin*) o filete de cerdo (*tenderloin*) magro, picado en cubos de 1" (3 cm)
3	cucharadas de perejil liso fresco picado		
1	cucharadita de comino molido	1	cucharada de aceite de oliva o aceite antiadherente en aerosol
1	cucharadita de orégano molido		
1	cucharadita de pimienta negra molida	1	cebolla pequeña, picada en rodajas finas
1	cucharadita de sal	1	limón verde (lima), partido en 4 pedazos
¾	taza de jugo de naranja agria o de jugo de limón verde (lima)		

Bata a mano en un tazón (recipiente) grande el ajo, 3 cucharadas de cilantro, el perejil, el comino, el orégano, la pimienta, la sal, el jugo de naranja agria o de limón verde y el jugo de naranja. Agregue la carne y mezcle bien para que el adobo la recubra perfectamente. Tape y deje adobar durante 4 horas en el refrigerador. Revuelva una o dos veces durante este tiempo.

Precaliente la parrilla (*grill*) de gas, de brasas o eléctrica o el asador (*broiler*) del horno a temperatura alta. Escurra la carne y ensarte los cubos en alambres (pinchos). Unte con el aceite o rocíe con aceite antiadherente en aerosol.

Ponga la carne en la parrilla o en el asador del horno, si el horno es de gas, o en la parrilla más cerca de la unidad de calor en el horno, con el horno en la posición "ASAR" o "*BROIL*". Ase a 4" (10 cm) de la fuente de calor durante 8 minutos, hasta que se dore y ya no esté rosada en el centro. Dé vueltas a los alambres para asegurar que se cocine parejo. Quite la carne de los alambres y reparta entre platos individuales o ponga en un platón extendido. Remate con la cebolla y las 3 cucharadas restantes de cilantro. Sirva con los pedazos de limón verde para exprimir sobre la carne en la mesa.

Para 4 porciones.

MOLE NEGRO CON CARNE DE CERDO

México

Vistazo nutricional	Antes	Después
Por porción		
Calorías	555	278
Grasa total g	44.9	10.2
Grasa saturada g	15	2.2
Colesterol mg	85	60

He aquí otro sublime mole mexicano, ahora del estado de Oaxaca. El sabor proviene de una mezcla de chiles, almendras, cacahuates, fruta seca, especias y chocolate. El contenido de grasa de la receta tradicional disminuye al reducirse la cantidad de manteca y nueces y sustituir el chocolate por cocoa en polvo. El pan se tuesta en lugar de freírlo. Sin embargo, se conserva tanto sabor que la grasa no se extraña en absoluto. No se espante por la larga lista de ingredientes. En su mayoría se trata de especias que se agregan rápidamente. El mejor acompañamiento para este plato son unas tortillas calientes.

2 libras (896 g) de lomo de cerdo (*pork loin*) magro al que se ha quitado toda la grasa visible, picado en trozos de 1½" (4 cm)

10 tazas de agua

Sal y pimienta negra molida

4 chiles guajillos

2 chiles anchos

2 chiles pasilla

1 chile chipotle

3 chabacanos (albaricoques, damascos) secos

2 cucharadas de pasas

1 taza de agua caliente

2 tomates maduros

4 tomates verdes (tomatillos) sin piel

1 cebolla pequeña, picada en cuartos

2 dientes de ajo pelados

1 rebanada de pan francés (*baguette*), muy tostada y rota con la mano en trozos de 1" (3 cm)

2 cucharadas de almendras picadas en tiras

2 cucharadas de cacahuates (maníes) sin sal tostados sin aceite

2 cucharadas de semilla de ajonjolí (sésamo)

1 cucharadita de orégano

1 cucharadita de tomillo seco

½ cucharadita de semilla de anís

¼ cucharadita de clavo de olor molido

1 cucharada de manteca o aceite de oliva

1 raja (rama) de canela de 1" de largo

1 hoja de aguacate (palta) (opcional) (vea el Consejo de cocina)

2 cucharadas de miel

2 cucharadas de cocoa en polvo sin azúcar

Ponga la carne y el agua a fuego mediano en una cacerola grande. Sazone con sal y pimienta. Deje que rompa a hervir, retirando toda la grasa o espuma que suban a la superficie. Baje el fuego a mediano-lento y hierva de 40 a 60 minutos, retirando la grasa o espuma de vez en cuando, hasta la carne esté suave. Ponga una coladera (colador) en un tazón grande. Escurra la carne en el colador y guarde el caldo.

Quite los rabos a los chiles guajillos, anchos, pasilla y chipotle. Rompa a la mitad y saque y tire las semillas (use guantes de plástico al manipularlos).

Ponga un comal o una sartén antiadherente grande a calentar a fuego mediano-alto. Agregue los chiles y ase durante unos 20 segundos por lado, hasta que estén aromáticos y bien tostados. (También es posible tostar los chiles en el asador/*broiler* del horno.) Pase a un tazón mediano. Agregue los chabacanos, las pasas y el agua caliente. Deje remojar durante unos 30 minutos, hasta que estén suaves. Escurra. Pique los chabacanos.

Ponga el comal o la sartén grande a calentar nuevamente a fuego mediano-alto. Agregue los tomates y ase durante unos 12 minutos, volteando con pinzas, hasta que estén negros y se cubran de ampollas. Pase a un procesador de alimentos o licuadora (batidora). Ponga los tomates verdes, la cebolla y el ajo en el comal o la sartén y ase durante unos 12 minutos, volteando con pinzas, hasta que estén negros. Pase al procesador de alimentos o licuadora y agregue el pan tostado. Ponga la almendra, los cacahuates y la semilla de ajonjolí en el comal o la sartén. Tueste durante unos 2 minutos, revolviendo constantemente, hasta que estén bien tostados y dorados. Aparte 1 cucharada de semilla de ajonjolí y agregue todo lo demás al procesador de alimentos o licuadora. Agregue los chiles, el chabacano, las pasas, el orégano, el tomillo, la semilla de anís, la pimienta y el clavo al procesador de alimentos o licuadora. Muela bien la mezcla. Si la mezcla no está lo suficientemente húmeda para molerse, agregue hasta 1 taza del caldo de carne que guardó.

Ponga la manteca o el aceite a calentar a fuego mediano en una sartén antiadherente grande y honda. Agregue los chiles molidos, la raja de canela y la hoja de aguacate (si la está usando). Fría durante unos 5 minutos, revolviendo constantemente, hasta que la salsa quede espesa y aromática. Agregue la miel, la cocoa y 4 tazas del caldo de carne que guardó. Hierva durante unos 10 minutos, revolviendo con frecuencia, hasta que espese y se hayan mezclado bien todos los sabores.

Agregue la carne y hierva durante unos 10 minutos, hasta que esté suave y se hayan mezclado bien todos los sabores de la salsa. Sazone con sal y pimienta. Si la salsa está demasiado espesa, agregue un poco más de caldo de carne. Antes de servir, saque y tire la raja de canela y la hoja de aguacate.

Para 8 porciones.

Consejo de cocina

✦ La hoja de aguacate agrega un sutil sabor de orozuz (regaliz) a los platos mexicanos. Está disponible en las tiendas de productos para la cocina latina y en las empresas de venta por catálogo enumeradas a partir de la página 80.

Variación regional

Mole oaxaqueño con pollo: Sustituya el lomo de cerdo por 2 libras (896 g) de pechuga de pollo deshuesada y despellejada.

SANCOCHO

Varios países

Vistazo nutricional	Antes	Después
Por porción (2 tazas)		
Calorías	756	488
Grasa total g	36.1	13.4
Grasa saturada g	13.8	3.8
Colesterol mg	130	91

Este guiso muy sustancioso goza de gran popularidad en todo el Caribe de habla hispana y Colombia. En la República Dominicana es la cena dominical más frecuente. La popularidad del sancocho llega a tal grado que incluso dio origen al verbo "sancochar", que prácticamente se ha convertido en sinónimo de "cocinar". Esta versión del sancocho tradicional es más sana debido a su uso de cortes más magros de carne, además de que se reduce la cantidad de aceite empleado para el sofrito. Con todo se mantiene fiel al estilo dominicano. Por otra parte, el sancocho es un guiso que da gran margen a la creatividad y esta receta invita a la experimentación. Varíela a su gusto, quizá con otros cortes de carne o sus vegetales predilectos. Sirva acompañado de Arroz blanco (página 204).

CARNE Y ADOBO

12	onzas (336 g) de carne de cerdo magra, picada en trozos de 1" (3 cm)
12	onzas de pechuga de pollo deshuesada y despellejada, picada en trozos de 1"
8	onzas (224 g) de carne de res magra (como solomillo/*chuck*) o de cordero, picada en trozos de 1"
½	taza de jugo de naranja agria o 6 cucharadas de jugo de limón verde (lima) + 2 cucharadas de jugo de naranja
3	dientes de ajo, picados en trocitos
2	hojas de laurel

SOFRITO

2	cucharadas de aceite de oliva
1	cebolla grande, picada fina
1	manojo de cebollines limpios, picados finos
1	pimiento (ají) verde, picado fino
2	dientes de ajo, picados en trocitos
3–6	chiles jalapeños frescos (cuaresmeños) sin semilla, si así lo desea, picados finos (use guantes de plástico al manipularlos)
6	hojas de recao (culantro) o 6 ramitas de cilantro
6	cucharadas de perejil liso fresco picado
6	cucharadas de cilantro fresco picado
12	tazas de agua
	Sal y pimienta negra molida
12	onzas (336 g) de taro, pelado y picado en trozos de 1"
12	onzas de yuca, pelada y picada en trozos de 1"
12	onzas de calabaza, pelada y picada en trozos de 1"
12	onzas de camote (batata dulce, *sweet potato*) o de papa, pelada y picada en trozos de 1"
1	plátano (plátano macho) verde, picado en 8 rodajas
2	elotes (mazorcas) de maíz sin hoja, picadas en rodajas de 1"
1–2	cucharadas de vinagre de vino tinto

Para preparar la carne y el adobo: Mezcle las carnes de cerdo, pollo y res o cordero en un tazón grande de vidrio o de acero inoxidable. Agregue el jugo de naranja agria o el jugo de limón verde y de naranja, el ajo y las hojas de laurel. Mezcle bien. Tape y deje adobar de 30 a 60 minutos en el refrigerador.

Para preparar el sofrito: Ponga el aceite a calentar a fuego mediano en una olla grande para caldo. Agregue la cebolla, el cebollín, el pimiento, el ajo, el chile, el recao o cilantro, 4 cucharadas de perejil y 4 cucharadas de cilantro. Fría durante unos 4 minutos, revolviendo de vez en cuando, hasta que los vegetales estén suaves pero no dorados. Agregue las carnes de cerdo, pollo y res o cordero y el adobo. Fría durante 5 minutos. Suba el fuego a alto, agregue el agua y deje que rompa a hervir. Retire la espuma que suba a la superficie. Baje el fuego a mediano y hierva, durante 30 minutos, retirando la espuma de vez en cuando. Sazone con sal y pimienta.

Agregue el taro, la yuca, la calabaza, el camote o papa, el plátano y el maíz. Hierva durante 1 hora, hasta que la calabaza se haya desintegrado y la carne esté suave y bien cocida. Agregue 1 cucharada de vinagre y el perejil y cilantro restantes y revuelva. El caldo debe quedar muy condimentado. Agregue más vinagre, sal y pimienta, si así lo desea. Reparta el guiso entre 8 platos hondos individuales.

Para 8 porciones (16 tazas).

Variación

Sancocho de mariscos: Sustituya la carne por 1 libra (448 g) de pescado blanco (como mero, pargo/huachinango/chillo o pámpano) y 1 libra de camarón. Cocine primero todos los vegetales y luego agregue el pescado y los camarones hacia el final del tiempo de cocción. Cocine durante unos 10 minutos, hasta que el pescado se desmenuce fácilmente al probarlo con un tenedor y el camarón esté de color rosado.

Variaciones regionales

Sancocho a lo puertorriqueño: Omita los cebollines y los jalapeños del sofrito. Agregue 1 pimiento rojo y 1 tomate maduro al sofrito. Sustituya el taro por 2 plátanos verdes. Agregue ½ taza de salsa de tomate al caldo junto con los vegetales.

Sancocho a lo colombiano: Use 2 libras (896 g) de carne de res en lugar de la combinación de cerdo, res o cordero y pollo. Omita los jalapeños y el recao del sofrito. Sustituya el taro y la calabaza por papas blancas y amarillas.

LECHÓN ASADO

Varios países

Vistazo nutricional	Antes	Después
Por porción		
Calorías	606	247
Grasa total g	40.8	6.8
Grasa saturada g	14.6	2.3
Colesterol mg	145	90

En *el Caribe de habla hispana, el lechón asado con frecuencia ocupa el lugar de honor en la cena de Nochebuena. La tradición pide que se ase un lechón entero en un hoyo en el jardín. El resultado sin duda es delicioso, pero requiere de un cocinero experimentado. Además, está lleno de grasa, con todo el peligro que eso implica para las arterias. A fin de disminuir la grasa y de facilitar las cosas un poco, uso lomo de cerdo magro. No se le vaya a olvidar que la carne debe ponerse a adobar desde la noche anterior, para asegurar un sabor incomparable.*

1   lomo de cerdo entero (*pork loin roast*) sin hueso de 3 libras (1.35 kg.), al que se ha quitado toda la grasa visible

4   dientes de ajo

1   cucharadita de sal

½   cucharadita de orégano

½   cucharadita de comino molido

½   cucharadita de pimienta negra molida

¼   cucharadita de hoja de laurel molida o 1 hoja de laurel entera, desmenuzada

½   taza de jugo de naranja agria o 6 cucharadas de jugo de limón verde (lima) fresco + 2 cucharadas de jugo de naranja

3   cucharadas de jerez seco o de vino blanco sin alcohol

1   cebolla grande, picada en rodajas finas

Realice cortes poco profundos en toda la superficie del lomo de cerdo con la punta de un cuchillo afilado.

Machaque el ajo, la sal, el orégano, el comino, la pimienta y la hoja de laurel en un mortero (molcajete) o en el procesador de alimentos. Frote toda la superficie del lomo con esta mezcla, introduciéndola en los cortes. Ponga el lomo en una bolsa de plástico grande y agregue el jugo de naranja agria, el jerez y la cebolla. Selle la bolsa y ponga en el refrigerador. Deje adobar durante toda la noche, volteando la bolsa varias veces.

Precaliente el horno a 400°F (206°C).

Escurra y seque la carne. Guarde el adobo. Ponga el lomo en una olla (charola) para asar antiadherente pesada. Hornee durante 20 minutos, volteando con pinzas para asegurar que se dore parejo.

Baje el calor a 325°F (164°C). Vierta el adobo que guardó sobre la carne junto con la cebolla. Tape la olla con papel aluminio sin cerrarla por completo y hornee de 1 a 1¼ horas, bañando con los jugos de carne de vez en cuando, hasta que la carne ya no esté rosada y su temperatura interna llegue a 160°F (71°C) en un termómetro para carne. (Muchos cubanos prefieren la carne muy bien cocida, alrededor de 180°F/82°C.) Agregue un poco de agua si la olla empieza a secarse. Destape la carne durante los últimos 15 minutos del tiempo de cocción.

Deje reposar el lechón durante 10 minutos antes de trincharlo.

Para 8 porciones.

PUERCO EN ADOBO CON SALSA DE FRIJOLES NEGROS

Vistazo nutricional	Antes	Después
Por porción (1)		
Calorías	661	357
Grasa total g	41.7	8.5
Grasa saturada g	14.1	3.6
Colesterol mg	113	66

México; Estados Unidos

Esta receta rápida y fácil rebosa de intensos sabores. Además, aprovecha el corte más magro y suave del cerdo: el filete. El adobo debe su cautivante saborcito ahumado y picante a los chiles chipotles. Una sustanciosa salsa de frijoles negros acompaña la carne. Los granos frescos de granada que agregué a la receta tradicional dan una presentación más colorida al plato, además de añadir una rica textura crujiente a cada bocado. Con tanto sabor, no hace falta ninguna grasa adicional.

2   filetes de cerdo (*tenderloins*) pequeños (1 libra/44 g en total), a los que se ha quitado toda la grasa visible

2–4   chiles chipotles de lata, picados en trozos grandes (use guantes de plástico al manipularlos) (vea el Consejo de cocina)

3   dientes de ajo, picados en trozos grandes

1   chalote (*shallot*) o ¼ cebolla morada pequeña, picada en trozos grandes

½   taza de jugo de naranja

¼   taza de jugo de lima (limón verde)

3   cucharadas de vinagre de vino tinto

1   cucharadita de orégano

¼   cucharadita de pimienta de Jamaica (*allspice*) molida

Sal y pimienta negra molida

3   tazas de Salsa de frijoles negros (página 365)

¼   taza de Crema agria al comino (página 442) o de crema agria sin grasa

Granos de 1 granada

Acomode la carne en una fuente para hornear (refractario) de vidrio o de cerámica.

Ponga en un procesador de alimentos o licuadora (batidora) el chile, el ajo, el chalote o cebolla, el jugo de naranja, el jugo de lima, el vinagre, el orégano y la pimienta de Jamaica. Muela muy bien.

(continúa)

Reparta el adobo sobre la carne. Tape y deje adobar en el refrigerador de 8 a 12 horas. Voltee 2 ó 3 veces durante este tiempo.

Precaliente la parrilla (*grill*) de gas, de brasas o eléctrica o el asador (*broiler*) del horno a temperatura mediana-alta. Sazone la carne con sal y pimienta. Ponga la carne en la parrilla o en el asador del horno a 4" (10 cm) del fuego, si el horno es de gas, o en la parrilla más cerca de la unidad de calor en el horno, con el horno en la posición "ASAR" O "*BROIL*". Ase de 6 a 8 minutos por lado, hasta que la temperatura interna de la carne llegue a 160°F (71°C) en un termómetro para carne. Pase a una tabla para picar y deje reposar durante 3 minutos. Corte lonjas (lascas) delgadas en diagonal.

Ponga ⅔ taza de salsa en el centro de cada uno de 4 platos extendidos. Reparta la carne entre los platos, acomodando las lonjas en forma de abanico alrededor de la salsa. Decore la carne con líneas onduladas de crema agria o con cucharadas de la misma. Espolvoree cada plato con los granos de granada.

Para 4 porciones.

Consejo de cocina

✦ Si quiere usar chipotles secos en lugar de los de lata, póngalos en un tazón pequeño. Cubra con agua tibia y deje remojar durante unos 20 minutos, hasta que estén suaves y flexibles. Saque el chile, quite la semilla y pique en trocitos.

FRICASÉ DE CORDERO

Cuba; Puerto Rico;
República Dominicana

Vistazo nutricional	Antes	Después
Por porción		
Calorías	645	452
Grasa total g	38.9	13.4
Grasa saturada g	11.6	3.6
Colesterol mg	198	101

Los fricasés son un plato predilecto del Caribe de habla hispana. Esta versión es una especialidad de Elida Proenza, una amiga cubana mía. Tradicionalmente se usa pollo, pero aquí se sustituye por cordero, con resultados igualmente deliciosos. Además, el contenido de grasa disminuye al agregarse papas y garbanzos para sustituir una parte de la carne. La olla de presión disminuye el tiempo de cocción. Sin embargo, si usted lo prefiere, el Consejo de cocina le indicará cómo preparar el fricasé en una cacerola normal.

1	libra (448 g) de pierna de cordero magra, picada en trozos de 2" (5 cm) × ¼" (6 mm)	1	cucharada de aceite de *canola*
½	ají (pimiento) rojo, picado en tiras de ¼" (6 mm)	1	cebolla mediana, picada fina
		2	dientes de ajo, picados en trocitos
2	dientes de ajo, picados en rodajas finas	3	cucharadas de cilantro fresco picado
½	cucharadita de orégano	1	taza de salsa de tomate
¼	cucharadita de comino molido	1	libra de papa blanca, pelada y picada en cubos de 1" (3 cm)
¼	cucharadita de sal	1	taza de garbanzos cocidos o de lata, lavados y escurridos
½	cucharadita de pimienta negra molida	2	cucharadas de perejil liso fresco picado
1	hoja de laurel		
½	taza de vino blanco seco o de vino blanco sin alcohol		

Ponga la pierna de cordero, el ají, las rodajas de ajo, el orégano, el comino, la sal, la pimienta, la hoja de laurel y el vino en un tazón (recipiente) grande de vidrio o de cerámica. Tape y deje adobar de 30 a 60 minutos en el refrigerador.

Escurra la carne y el ají y guarde el adobo. Seque los trozos de carne y las tiras de ají con una toalla de papel (servitoalla).

Ponga el aceite a calentar a fuego alto en una olla de presión (olla exprés). Agregue la carne y fría durante unos 5 minutos, revolviendo con frecuencia, hasta que esté levemente dorada. Pase la carne a un plato con una cuchara calada. Guarde sólo 1 cucharada de grasa y tire el resto. Agregue la cebolla, el ajo picado, el cilantro y las tiras de ají que guardó. Baje el fuego a mediano y fría durante unos 4 minutos, revolviendo con frecuencia, hasta que la cebolla esté suave pero no dorada. Agregue la pierna, el adobo que guardó y la salsa de tomate. Suba el fuego a alto y deje que rompa a hervir. Baje el fuego a mediano, tape la olla de presión y cocine durante 18 minutos.

Ponga la olla de presión bajo el chorro de agua fría durante 3 minutos para bajar la presión. Destape y agregue las papas y los garbanzos. Vuelva a tapar la olla de presión y cocine a fuego mediano-lento durante unos 5 minutos, hasta que la carne quede muy suave y las papas estén cocidas. Sazone con más sal y pimienta, si así lo desea. Pase a un platón extendido y decore con el perejil.

Para 4 porciones

Consejo de cocina

✦ Si no tiene una olla de presión, puede usar un caldero grande, siguiendo los mismos pasos. Una vez que el fricasé haya empezado a hervir, tape, baje el fuego a mediano-lento y hierva durante 1½ horas. Revise de vez en cuando y agregue agua según sea necesario para evitar que el fricasé se seque.

SALSAS

¿**H**abrá palabra que evoque con mayor intensidad los sabores audaces y dinámicos de la gastronomía latinoamericana? No lo creo. El término "salsa" abarca una lista prácticamente infinita de arrebatadores condimentos, desde la bravura de la X'nipec yucateca (página 367) hasta las sugerentes salsas de chile chipotle del centro de México y las polifacéticas salsas de tomate conocidas como chirmoles en El Salvador.

No todas las salsas se basan en el tomate o el chile. El Ají-li-mójili puertorriqueño (página 373), con su combinación de cilantro y ajíes dulces, también es una especie de salsa, al igual que el Chimichurri argentino (página 375), cuyo ingrediente principal es el perejil. Hasta el mojo, esa aromática vinagreta condimentada con ajo, comino y orégano que rara vez falta en las mesas cubanas, es una salsa.

Muchas salsas se sirven crudas, pero algunas se cocinan, como la Salsa ranchera mexicana (página 360) o la Salsa criolla argentina (página 361).

En cualquiera de sus manifestaciones, las salsas cubren el territorio latinoamericano a todo lo largo y ancho. Por tradición, la gastronomía de la región ha aprovechado estas delicias carentes de grasa como complemento para platos más pesados en lo que a calorías se refiere. Crean un contraste incitante al lado de los sabores más mesurados de los frijoles, los granos y las raíces harinosas. A pesar de la diversidad de las salsas ya existentes, las posibilidades no se agotan. Han despertado la imaginación de los jóvenes *chefs* latinos en todo el territorio estadounidense, quienes están creando atrevidas combinaciones nuevas. La Salsa de mango (página 359) y la Salsa de tamarindo (página 368) son sólo dos ejemplos de sus nuevas e igualmente exquisitas obras.

¡Adelante! Un inconfundible ritmo latino anima todas estas ricas salsas y pondrá su paladar a bailar de alegría. Lo mejor del asunto es que casi todas se preparan rápidamente. Muchas veces lo único que hace falta es un puñado de ingredientes frescos de la mejor calidad y unos cuantos minutos de trabajo frente a la tabla para picar.

RECETAS

PICO DE GALLO

México

Vistazo nutricional	Antes	Después
Por porción ¹/₄ taza		
Calorías	13	13
Grasa total g	0.1	0.1
Grasa saturada g	0	0
Colesterol mg	0	0

Esta salsa también se conoce como "salsa mexicana", puesto que sus ingredientes reproducen el verde, blanco y colorado de la bandera de este país. El origen del nombre "pico de gallo", por el contrario, es un misterio. Sin embargo, el nombre es lo de menos. Lo importante es su sabor. Disfrute su fresco picante.

2	tomates maduros, picados finos		1	diente de ajo, picado en trocitos
2–3	chiles jalapeños frescos (cuaresmeños), picados finos (use guantes de plástico al manipularlos)		¼	taza de cilantro fresco picado fino
			2–3	cucharadas de jugo de lima (limón verde)
1	cebolla pequeña, picada fina			Sal y pimienta negra molida

Ponga el tomate, el chile, la cebolla, el ajo, el cilantro y 2 cucharadas de jugo de lima en un tazón (recipiente) mediano. Sazone con sal y pimienta y mezcle bien. Sazone con más jugo de lima y sal, si así lo desea.

Para 2 tazas.

Consejo de cocina

✦ Quite la semilla al chile antes de picarlo si prefiere una salsa menos picante.

SUPERALIMENTO LATINO: CHILES

Aunque obviamente se destacan por su sabor, los chiles picantes también se destacan por una cualidad menos conocida: su valor curativo. Un chile rojo mediano contiene 3 gramos de betacaroteno (aproximadamente el 20 por ciento de la cantidad diaria recomendada por los expertos), casi el 100 por ciento del Valor Diario (*DV* por sus siglas en inglés) de la vitamina A, y casi el doble del DV de la vitamina C. Estos nutrientes hace que los chiles sean unos aliados de primera contra muchas enfermedades. Las investigaciones indican que las dietas altas en frutas y vegetales ricas en nutrientes (como los chiles) pueden protegernos contra muchos tipos de cáncer. Un estudio de más de 1,500 hombres en Chicago descubrió que el consumo diario de 12 a 24 miligramos adicionales de betacaroteno (que se encuentra en 4 a 8 chiles) y de 50 a 100 miligramos adicionales de la vitamina C al día (que se encuentra un 1 solo chile) redujo el riesgo de muerte en un 31 por ciento.

Por sí sola la capsaicina, la sustancia que hace que los chiles sean picantes, tiene poderes curativos. Según la opinión ortodoxa, las personas con estómagos delicados deben evitar las comidas picantes. Sin embargo, los científicos han descubierto que los chiles no causan las úlceras. Es más, en realidad los chiles hasta pueden ayudar a prevenirlas, gracias a la capsaicina. Investigadores canadienses hallaron que la capsaicina detiene el crecimiento de la bacteria *Helicobacter pylori*, que posiblemente sea el causante de muchas úlceras. Un estudio chino reveló que los que se comían la mayor cantidad de chiles tenían las más pequeñas incidencias de úlceras, mientras que los que comían la menor cantidad de chiles tenían más úlceras.

Además, muchos saben que los chiles pueden ayudar a destapar los senos nasales cuando uno tiene un resfriado (catarro). No hay mejor remedio para una nariz tapada que un tazón lleno de sopa picante o un poquito de chiles, según dice Héctor Balcazar, Ph.D., profesor adjunto en nutrición comunitaria y salud pública en la Universidad Estatal de Arizona en Tempe. Por lo tanto, la próxima vez que le haga falta un buen remedio casero, concéntrese en los chiles, los superalimentos que pican y protegen a la misma vez.

¡Rapidito!

CHIRMOL FRITO

El Salvador; Honduras;
Guatemala

Vistazo nutricional	Antes	Después
Por porción $^1/_4$ *taza*		
Calorías	28	28
Grasa total g	1.8	1.8
Grasa saturada g	0.2	0.2
Colesterol mg	0	0

Ahora le toca el turno a la versión centroamericana de la salsa de tomate cocida. Los vegetales se asan en una sartén seca para lograr su característico sabor ahumado. Sirva esta salsa con carnes asadas a la parrilla , pescado asado al horno o Pupusas (página 242).

2	tomates maduros grandes
1	cebolla pequeña, partida a la mitad
1	chile jalapeño fresco (cuaresmeño) sin semilla (use guantes de plástico al manipularlo)
2	dientes de ajo
1	cucharada de aceite de oliva

2	cucharadas de perejil liso fresco picado
1	cucharada de jugo de limón verde (lima)
½	cucharadita de orégano
	Sal y pimienta negra molida

Ponga una sartén antiadherente grande y pesada a calentar a fuego mediano. Agregue los tomates y la cebolla y ase durante 4 minutos, volteando de vez en cuando. Agregue el chile y el ajo. Ase de 8 a 10 minutos, volteando de vez en cuando, hasta que los vegetales estén dorados por todos los lados. Pele los vegetales lo mejor posible. (No se preocupe si quedan unos cuantos pedazos de piel quemada. Agregarán sabor a la salsa.) Pase los vegetales a un procesador de alimentos o licuadora (batidora). Muela bien.

Ponga el aceite a calentar a fuego mediano en la misma sartén antiadherente. Agregue el perejil, el jugo de limón verde, el orégano y los vegetales molidos. Fría durante 5 minutos, revolviendo con frecuencia, hasta que la salsa quede espesa y se hayan mezclado bien todos los sabores. Sazone con sal y pimienta.

Para 1½ tazas

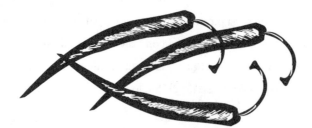

MOLE NEGRO CON CARNE DE CERDO (PÁGINA 330)

FAJITAS DE RES (PÁGINA 248)

BISTEC A LA CRIOLLA (PÁGINA 319);
ENSALADA DE REPOLLO (PÁGINA 158); AREPAS (PÁGINA 225)

LECHÓN ASADO (PÁGINA 334)

FLAN (PÁGINA 380)

NATILLA DE CHOCOLATE (PÁGINA 384)

CHOCOLATE MEXICANO (PÁGINA 415)

TEMBLEQUE (PÁGINA 388)

CABALLEROS POBRES (PÁGINA 401)

AGUA DE HORCHATA (PÁGINA 422) Y JUGO DE LULO (PÁGINA 427)

JUGO DE ZANAHORIA, APIO Y REMOLACHA (PÁGINA 430)
Y SANGRITA (PÁGINA 431)

DULCE DE TRES LECHES (PÁGINA 395)

SALSA DE MANGO

Estados Unidos

Vistazo nutricional	Antes	Después
Por porción ¹/₂ taza		
Calorías	68	68
Grasa total g	0.3	0.3
Grasa saturada g	0.1	0.1
Colesterol mg	0	0

Esta receta no aparece en ningún libro de cocina latinoamericana tradicional. No obstante, en cualquier restaurante latino de moda en Houston, Miami o Nueva York es posible saborear toda una variedad de salsas preparadas con frutas. En ellas se reúnen la pasión latinoamericana por el sabor y la obsesión estadounidense con la salud. La salsa de mango, baja en grasa por naturaleza, da un toque de elegancia incluso a platos sencillos como una pechuga de pollo, un filete de pescado o un corte magro de cerdo asado a la parrilla. O bien pruébela con Totopos (página 86). Para hacerla menos picante basta con quitar la semilla al chile antes de integrarlo a la salsa.

2	mangos maduros		1	cucharada de jengibre fresco o cristalizado, picado en trocitos
1	chile habanero o jalapeño fresco (cuaresmeño), picado en trocitos (use guantes de plástico al manipularlos)		¼	taza de cilantro fresco picado fino
			3–4	cucharadas de jugo de limón verde (lima)
1	pepino, pelado, sin semilla y picado fino		1–2	cucharadas de azúcar morena (opcional)
½	pimiento (ají) rojo, picado fino			
¼	cebolla morada, picada fina			

Pele los mangos y separe la pulpa de los huesos. Pique en trozos de ¼" (6 mm); deben salir más o menos 1½ tazas. Pase a un platón hondo. Agregue el chile, el pepino, el pimiento, la cebolla, el jengibre fresco o cristalizado, el cilantro, el jugo de limón verde y el azúcar morena (si la está usando). Mezcle bien. La salsa debe quedar agridulce y muy condimentada. Agregue más jugo de limón verde y azúcar morena, si así lo desea.

Para unas 3 tazas

Consejos de cocina

✦ La forma más fácil de quitar la semilla a un pepino es partirlo en dos a lo largo y raspándolo con un decorador de frutas o cuchara.

✦ Esta salsa sabe mejor si se sirve un máximo de 20 minutos después de preparada.

✦ Para una salsa menos picante, quítele las semillas al chile.

Variación

Salsa de piña: Sustituya el mango por 1½ tazas de piña (ananá) picada.

SALSA RANCHERA

México; Sudoeste de los Estados
Unidos

Vistazo nutricional	Antes	Después
Por porción ¹/₂ taza		
Calorías	32	32
Grasa total g	0.3	0.3
Grasa saturada g	0.1	0.1
Colesterol mg	0	0

Esta salsa cocida merece convertirse en un componente fundamental de cualquier repertorio culinario. El secreto de su rico sabor ahumado radica en la técnica de asar los vegetales. Sírvala con huevos, como los Huevos rancheros modernos (página 234). O bien mézclela con Arroz blanco (página 204). También la puede agregar a la pasta. Si no le agrada mucho el picante, use un solo chile.

4	tomates	3	dientes de ajo
1–3	chiles jalapeños frescos (cuaresmeños) o serranos sin semilla (use guantes de plástico al manipularlos)	¼	taza de cilantro fresco picado
		3–4	cucharadas de jugo de lima (limón verde)
1	cebolla grande, picada en cuartos		Sal y pimienta negra molida

Precaliente la parrilla (*grill*) de gas, de brasas o eléctrica, o el asador (*broiler*) del horno a temperatura alta.

Ponga los tomates y los chiles en una bandeja de parrilla o en la del asador del horno a 4" (10 cm) del fuego, si el horno es de gas, o en la parrilla más cerca de la unidad de calor en el horno, con el horno en la posición "ASAR" O "*BROIL*". Ase los tomates y tueste los chiles durante 2 minutos por lado, hasta que la piel de los vegetales se dore y se cubra de ampollas. Ase la cebolla durante 3 minutos por lado, hasta que se dore. Ase el ajo de 4 a 5 minutos por lado, hasta que esté suave.

Ponga la cebolla, el ajo y el chile en un procesador de alimentos. Muela brevemente, hasta obtener una pasta en la que aún se aprecian los trozos. Agregue el tomate sin pelar, el cilantro y 3 cucharadas de jugo de lima. Sazone con sal y pimienta. Trabaje el procesador de alimentos brevemente sólo para mezclar. (También es posible preparar la salsa en una licuadora/batidora. Agregue todos los ingredientes al mismo tiempo y muela.) Pase a una cacerola. Hierva a fuego mediano durante 5 minutos, hasta que se hayan mezclado bien todos los sabores. La salsa debe quedar muy condimentada. Agregue más sal y jugo de lima (limón verde), si así lo desea.

Para 3 tazas

✦ También es posible asar los vegetales en un comal (plancha para preparar tortillas) o en una sartén pesada. Ponga el comal o la sartén a calentar a fuego mediano-alto. Cuando esté bien caliente, agregue el tomate, la cebolla, el ajo y los chiles. Ase durante 5 minutos, volteando de vez en cuando con unas pinzas, hasta que los vegetales estén levemente dorados. No se preocupe si se queman un poco.

¡Rapidito!

SALSA CRIOLLA

Varios países

Vistazo nutricional	Antes	Después
Por porción (2 cucharadas)		
Calorías	47	9
Grasa total g	4.6	0.3
Grasa saturada g	0.6	0.1
Colesterol mg	0	0

Mitad salsa y mitad ensalada, este colorido aliño tradicionalmente acompaña las carnes asadas en el Cono Sur. Esta versión usa mucho menos aceite de oliva que la receta original. El resultado está cargado de tanto sabor que la grasa no se extraña en absoluto.

2	tomates maduros, picados finos
1	cebolla dulce, picada fina
1	pimiento (ají) verde, picado fino
¼	taza de perejil liso fresco picado fino
1	diente de ajo, picado en trocitos
1	cucharadita de pimienta roja molida

1	cucharadita de orégano
2–3	cucharadas de vinagre de vino tinto
1½	cucharaditas de aceite de oliva extra virgen
	Sal y pimienta negra molida

Ponga el tomate, la cebolla, el pimiento, el perejil, el ajo, la pimienta roja molida, el orégano, 2 cucharadas de vinagre y el aceite en un tazón (recipiente) grande. Sazone con sal y pimienta. Mezcle bien. La salsa debe quedar muy condimentada. Agregue más sal y vinagre, si así lo desea.

Para 3 tazas.

Consejo de cocina

✦ Esta salsa sabe más rica si se sirve fresca, acabada de preparar.

SALSA DE CHIPOTLE

México

Vistazo nutricional	Antes	Después
Por porción 1/3 *taza*		
Calorías	18	18
Grasa total g	0.2	0.2
Grasa saturada g	0	0
Colesterol mg	0	0

Esta audaz salsa con sabor a humo es perfecta para una barbacoa. A fin de acentuar el característico sabor ahumado, aso los tomates a la parrilla y uso chiles chipotles, la versión ahumada del jalapeño. Al igual que la mayoría de las salsas, ésta también es baja en grasa por naturaleza. También es un excelente dip para Totopos (página 86).

1–3	chiles chipotles secos o de lata
2	tomates maduros grandes
½	cebolla mediana
1	diente de ajo
3	cucharadas de cilantro fresco picado
1–2	cucharadas de jugo de lima (limón verde)
	Sal y pimienta negra molida

Si está usando chiles chipotles secos, para preparar una salsa menos picante, abra los chiles y saque y tire las venas y las semillas (use guantes de plástico al manipularlos). Si la quiere picante, deje las semillas. Póngalos en un tazón (recipiente) pequeño con agua caliente. Deje remojar de 15 a 20 minutos, hasta que estén flexibles. Si está usando chiles de lata, no les tiene que hacer nada.

Precaliente la parrilla (*grill*) de gas, de brasas o eléctrica o el asador (*broiler*) del horno a temperatura alta.

Ponga los tomates en la parrilla, en el asador del horno a 4" (10 cm) del fuego, si el horno es de gas, o en la parrilla más cerca de la unidad de calor en el horno, con el horno en la posición "ASAR" O "*BROIL*". Ase durante 2 minutos por lado, hasta que la piel de los tomates empiece a quemarse y se cubra de ampollas. Ase la cebolla durante 3 minutos por lado, hasta que esté dorada.

Ponga la cebolla, el ajo y los chiles en un procesador de alimentos. Muela brevemente, hasta obtener una pasta en la que aún se aprecian los trozos. Agregue los tomates sin pelar, el cilantro y 2 cucharadas de jugo de lima. Sazone con sal y pimienta. Trabaje el procesador de alimentos brevemente sólo para mezclar. (También es posible preparar la salsa en una licuadora/batidora. Agregue todos los ingredientes al mismo tiempo y muela.) La salsa debe quedar muy condimentada. Agregue más sal y jugo de lima, si así lo desea.

Para unas 2 tazas

Salsa de chile de árbol: La región de Ciudad Juárez tiene su propia versión de esta salsa. Sustituya los chiles chipotles por 3 a 6 chiles de árbol. Quite los rabos y ponga en un tazón (recipiente) pequeño, cubiertos con agua caliente. Deje remojar de 15 a 20 minutos, hasta que estén flexibles. Siga los demás pasos tal como lo indica la receta.

¡Rapidito!

CHIRMOL

El Salvador; Honduras; Guatemala

Vistazo nutricional	Antes	Después
Por porción ¹/₂ taza		
Calorías	96	16
Grasa total g	9.1	0.1
Grasa saturada g	1.2	0
Colesterol mg	0	0

El término "chirmol" se refiere a toda una familia de salsas centroamericanas que pueden servirse crudas, como la pico de gallo mexicana, o cocidas, al estilo de la salsa de tomate europea. Ésta es la versión cruda. Sírvala con carnes asadas a la parrilla, pollo, mariscos o Pupusas (página 242).

2	tomates sin piel ni semilla, picados finos
1	cebolla blanca pequeña, picada fina
4	rábanos, picados finos (opcional)
2	cebollines limpios, picados finos
2	chiles jalapeños frescos (cuaresmeños) sin semilla, picados finos (use guantes de plástico al manipularlos)

1	diente de ajo, picado fino
¼	taza de cilantro fresco picado
2–3	cucharadas de jugo de limón verde (lima) o de jugo de limón
2–3	cucharadas de vinagre blanco
2	cucharadas de agua
	Sal y pimienta negra molida

Ponga el tomate, la cebolla, el rábano (si lo está usando), el cebollín, el chile, el ajo, el cilantro, 2 cucharadas de jugo de limón verde o jugo de limón, 2 cucharadas de vinagre y el agua en un platón hondo grande. Sazone con sal y pimienta. Revuelva para mezclar. El chirmol debe quedar muy condimentado. Agregue más jugo de limón verde o vinagre, si así lo desea.

Para 2 tazas

¡Rapidito!

SALSA VERDE

México

Vistazo nutricional	Antes	Después
Por porción (¹/₄ taza)		
Calorías	28	28
Grasa total g	0.6	0.6
Grasa saturada g	0	0
Colesterol mg	0	0

La salsa verde es uno de los elementos fundamentales de la cocina mexicana. Los tomates verdes frescos se encuentran en las tiendas de productos para la cocina mexicana y en la mayoría de los supermercados grandes. Esta receta se apega a la variación usual en el estado de Yucatán. Los ingredientes se asan en un comal o sartén a fin de intensificar sus sabores. (Si gusta, también los puede asar a la parrilla o al horno.) En otras partes de México, se hierven en agua después de asarse o bien sólo se hierven. Para una versión más picosa, no quite las semillas al chile.

1	libra (448 g) de tomate verde (tomatillo), sin cáscara	⅓	taza de cilantro fresco picado
1	cebolla pequeña, picada en cuartos	½	cucharadita de azúcar o miel (opcional)
1–3	chiles serranos o jalapeños frescos (cuaresmeños) sin semilla, partidos a la mitad (use guantes de plástico al manipularlos)	⅓–½	taza de Caldo de pollo (página 434) o de consomé de pollo sin grasa de sodio reducido (vea el Consejo de cocina)
2	dientes de ajo		Sal y pimienta negra molida

Ponga un comal (plancha para preparar tortillas) o una sartén antiadherente grande a calentar a fuego mediano-alto. Agregue los tomates verdes, la cebolla, el chile y el ajo. Ase durante 5 minutos, volteando con unas pinzas según sea necesario, hasta que los vegetales estén levemente dorados. (Es recomendable ponerse guantes de cocina acolchados para proteger las manos y los brazos al voltear los vegetales. A veces los tomates verdes revientan y sueltan un chorro de jugo caliente.) No se preocupe si los vegetales se queman en algunos puntos.

Pase los vegetales a una licuadora (batidora) o procesador de alimentos. Muela bien. Agregue el cilantro, el azúcar o miel (si la está usando) y ⅓ taza del caldo o consomé. Sazone con sal y pimienta. La salsa debe ser lo suficientemente líquida como para verterla. Agregue más caldo, de ser necesario.

Para 2 tazas

✦ Si no encuentra tomates verdes frescos, use tomates verdes de lata disponibles en la sección internacional de su supermercado. Muela los tomates verdes de lata (con su jugo) en una licuadora o procesador de alimentos, junto con la cebolla, el ajo y los chiles. Pase a una cacerola mediana y cocine a fuego mediano. Hierva durante 5 minutos. Agregue el cilantro y el azúcar y revuelva. Sazone con la sal y la pimienta negra. Omita el caldo o agua.

✦ Si quiere que la salsa sea más picante, cocine los chiles con sus semillas.

¡Rapidito!

SALSA DE FRIJOLES NEGROS

Estados Unidos

Vistazo nutricional	Antes	Después
Por porción (¹/₄ taza)		
Calorías	102	43
Grasa total g	6.3	0.2
Grasa saturada g	0.5	.04
Colesterol mg	0	0

Si usted sólo conoce los frijoles negros en sopa o refritos, esta salsa refrescante lo sorprenderá gratamente. Si opta por frijoles de lata, escoja una marca baja en sodio; lave y escurra los frijoles muy bien antes de usarlos a fin de eliminar el exceso de sodio.

2	tazas de frijoles (habichuelas) negros cocidos o de lata, lavados y escurridos
½	cebolla morada pequeña, picada fina
½	pimiento (ají) rojo, picado fino
1	tallo de apio, picado fino
1	chile poblano o ½ pimiento (ají) verde, picado fino

½–1	chile habanero o 1–2 chiles jalapeños frescos (cuaresmeños) sin semilla, picados en trocitos (use guantes de plástico al manipularlos)
¼	taza de cilantro fresco picado
3	cucharadas de jugo de limón verde (lima)
	Sal y pimienta negra molida

Ponga los frijoles, la cebolla, el pimiento rojo, el apio, el chile poblano o pimiento verde, el chile habanero o jalapeño, el cilantro y el jugo de limón verde en un tazón (recipiente) mediano. Mezcle bien. Sazone con sal y pimienta.

Para unas 3½ tazas

MOJITO ISLEÑO

Puerto Rico; República
Dominicana

Vistazo nutricional	Antes	Después
Por porción ¹/₄ taza		
Calorías	149	59
Grasa total g	13.7	3.6
Grasa saturada g	1.8	0.5
Colesterol mg	0	0

La salsa es un tema recurrente en la cocina latinoamericana, aun cuando busca ocultarse tras nombres distintos. El Chimichurri (página 375) es una especie de salsa preparada con ajo y perejil, al igual que el Ají-li-mójili puertorriqueño (página 373). El mojito caribeño es otra salsa más que no parece ser una salsa. Tradicionalmente se sirve como dip *con Mariquitas (página 87) o Tostones (página 170). Sin embargo, no vaya a pasar por alto otras ricas posibilidades. Es excelente como acompañamiento para totopos (tostaditas, nachos) o incluso para aderezar un cóctel de camarones y otros mariscos. Yo reduje el aceite de la receta tradicional, pero eso no afectó el delicioso resultado. Los intensos sabores de los pimientos y los condimentos se sostienen solos.*

6	ajíes dulces o ajíes cachuchas	1	cucharadita de orégano
1	tomate maduro grande sin piel ni semilla	¼	taza de pasta de tomate
½	pimiento (ají) verde, picado	2	cucharadas de aceite de oliva extra virgen
½	taza de hojas de cilantro fresco	1–1½	cucharadas de vinagre de vino tinto
¼	cebolla, picada		Sal y pimienta negra molida
4	dientes de ajo, picados		
2	cucharadas de alcaparras lavadas y escurridas		

Ponga los ajíes dulces o cachuchas, el tomate, el pimiento verde, el cilantro, la cebolla, el ajo, las alcaparras y el orégano en un procesador de alimentos o licuadora (batidora). Muela hasta obtener una pasta homogénea. Agregue la pasta de tomate, el aceite y 1 cucharada de vinagre. Muela brevemente para mezclar. Pruebe y agregue más vinagre, si así lo desea. Sazone con sal y pimienta.

Para 2 tazas

X'NIPEC

México

Vistazo nutricional	Antes	Después
Por porción (2 cucharadas)		
Calorías	13	13
Grasa total g	0.1	0.1
Grasa saturada g	0	0
Colesterol mg	0	0

Creo poder afirmar con toda seguridad que no existe salsa más picante que la x'nipec, que se pronuncia "ísh-nipec". Proviene del estado mexicano de Yucatán y debe su bravura al chile habanero, que es 50 veces más picoso que un jalapeño. El nombre literalmente significa "hocico de perro", quizá debido a la ferocidad con la que ataca el paladar.

8	chiles habaneros (use guantes de plástico al manipularlos)		2	cucharadas de cilantro fresco picado
1	tomate mediano		¼	taza de jugo de naranja agria o de jugo de lima (limón verde)
1	cebolla mediana, picada en cuartos			Sal

Ponga un comal (plancha para preparar tortillas) o sartén antiadherente mediana a calentar a fuego mediano-alto. Agregue los chiles y tueste de 3 a 5 minutos, volteando con unas pinzas, hasta que queden levemente dorados. Pase a un plato. Agregue el tomate al comal o la sartén y ase de 6 a 8 minutos, volteando con unas pinzas, hasta que la piel quede tostada y cubierta de ampollas. Pase al plato de los chiles. Agregue los pedazos de cebolla al comal o la sartén y ase de 6 a 8 minutos, volteando con unas pinzas, hasta que queden levemente tostados. Pase al plato. Cuando los vegetales se hayan enfriado lo suficiente para tocarlos, quite y tire toda la piel posible del tomate y los chiles, con un cuchillo de pelar o los dedos. No se preocupe si quedan unos pedacitos de piel quemada. Agregarán un agradable sabor ahumado.

Pique los chiles, el tomate y la cebolla en trozos grandes. Pase a un platón hondo y agregue el cilantro y el jugo de naranja agria o de lima. Revuelva. Sazone con sal.

Para 1 taza

Consejo de cocina

✦ Si no gusta de tanto picante, quíteles las semillas a los chiles antes de picarlos.

¡Rapidito!

SALSA DE TAMARINDO

Estados Unidos

Vistazo nutricional	Antes	Después
Por porción (2 cucharadas)		
Calorías	412	412
Grasa total g	0.5	0.5
Grasa saturada g	0.1	0.1
Colesterol mg	0	0

El *tamarindo es una fruta originaria del sur de Asia y del África tropical. Es muy apreciado en la India, pero actualmente también se cultiva en algunas zonas dotadas de clima cálido en el continente latino-americano, como Cuba, Puerto Rico, Santo Domingo y México. De color oscuro, tiene un sabor agri-dulce característico. Constituye uno de los ingredientes más importantes de la salsa Worcestershire y también aporta su rico sabor a esta receta, inspirada en la cocina del Caribe. Sabe exquisita casi con cualquier pescado o marisco, particularmente el mero.*

⅓	taza de agua o puré de tamarindo (vea el Consejo de cocina)
4–6	cucharadas de azúcar morena clara (mascabado)
3–4	cucharadas de salsa de soja
3	cucharadas de jugo de piña (ananá)
1	cebolla pequeña, picada en trocitos

1	diente de ajo, picado en trocitos
1	chile jalapeño fresco (cuaresmeño), picado en trocitos (use guantes de plástico al manipularlo)
3	cucharadas de cilantro fresco picado
	Pimienta negra molida

Ponga el agua o puré de tamarindo, 4 cucharadas de azúcar, 3 cucharadas de salsa de soja, el jugo de piña, la cebolla, el ajo y el chile a calentar a fuego mediano en una cacerola pequeña. Hierva durante 5 minutos, hasta que se hayan mezclado bien todos los sabores. Agregue el cilantro y sazone con pimienta negra. La salsa debe quedar levemente agridulce y salada. Agregue más salsa de soja y azúcar, si así lo desea.

Para 1 taza

Consejo de cocina

✦ Busque el puré de tamarindo en tiendas de productos para las cocinas latinoamericana, asiática o hindú. Algunos supermercados grandes lo tienen en la sección internacional. O prepárelo en casa de acuerdo con la receta en la página 441.

GUASACACA

Venezuela

Vistazo nutricional	Antes	Después
Por porción 1/4 *taza*		
Calorías	147	36
Grasa total g	15	3
Grasa saturada g	1.8	0.5
Colesterol mg	0	0

La guasacaca es la versión venezolana del guacamole, un cremoso puré de aguacate condimentado con cilantro y pimiento verde. A diferencia de su primo mexicano, la guasacaca tradicionalmente se sirve como salsa para acompañar carnes asadas a la parrilla, no como dip. Sin embargo, desde luego no hay nada que le impida disfrutarla con Totopos (página 86) o incluso con vegetales frescos picados en rodajas.

1	aguacate (palta) grande sin hueso, pelado y picado en trozos grandes		1	diente de ajo
1	cebolla pequeña, picada en trozos grandes		1½–2	cucharadas de vinagre blanco
½	pimiento (ají) verde, picado en trozos grandes		1	cucharadita de sal
½	taza de cilantro fresco picado		½	cucharadita de pimienta negra
			1	taza de agua

Ponga el aguacate, la cebolla, el pimiento, el cilantro, el ajo, el vinagre, la sal, la pimienta y el agua en un procesador de alimentos o licuadora (batidora). Muela bien. La mezcla debe quedar muy condimentada. Pruebe y agregue más vinagre y sal, si así lo desea.

Para 3 tazas

Consejo de cocina

✦ La guasacaca debe comerse durante las primeras horas después de preparada, puesto que el sabor del aguacate se desvanece con el tiempo. En un apuro, puede guardarla en un recipiente hermético durante 1 día como máximo.

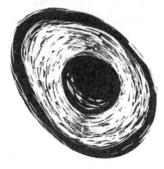

MOJO CUBANO

Cuba

Vistazo nutricional	Antes	Después
Por porción (2 cucharadas)		
Calorías	129	50
Grasa total g	13.6	4.6
Grasa saturada g	1.8	0.6
Colesterol mg	0	0

El *mojo goza el lugar de honor en las mesas cubanas. Ninguna comida estaría completa sin esta vinagreta agria con su saborcito a ajo, llena de las fragancias del comino y el orégano. Los cubanos le ponen mojo a casi todo, desde los mariscos hasta las verduras y los sándwiches. Esta receta va muy bien con carne de cerdo y yuca cocida. El cítrico elegido es la naranja agria. También es posible usar una combinación de jugo de limón verde (lima) con jugo de naranja. Muchos cocineros cubanos recurren a esta opción en los Estados Unidos, donde la naranja agria es algo difícil de encontrar. A fin de reducir el contenido de grasa de la receta original, disminuí la cantidad de aceite de oliva y agregué un poco de caldo vegetal.*

¼ taza de aceite de oliva

8 dientes de ajo, picados en rodajas muy finas

¾ taza de jugo de naranja agria o ½ taza de jugo de limón verde (lima) + ¼ taza de jugo de naranja

½ taza de Caldo vegetal (página 436) o de caldo vegetal de sodio reducido

½ cucharadita de comino molido

½ cucharadita de orégano molido

½ cucharadita de pimienta negra molida

Sal

3 cucharadas de cilantro fresco picado o de perejil liso fresco picado

Ponga el aceite a calentar a fuego mediano en una cacerola pequeña. Agregue el ajo y fría de 3 a 4 minutos, hasta que suelte su aroma y esté levemente dorado. (Asegúrese de no dejar que el ajo se queme, porque se pone amargo.)

Quite la cacerola del fuego y agregue el jugo de naranja agria o de limón verde y naranja, el caldo, el comino, el orégano y la pimienta. Revuelva. Regrese la cacerola a la estufa. Deje que la salsa empiece a hervir a fuego alto. (Cuidado, porque es posible que salpique.) Baje el fuego a mediano y hierva durante 3 minutos, hasta que el sabor se haya suavizado. Sazone con sal. Quite del fuego y deje enfriar a temperatura ambiente. Agregue el cilantro o perejil y revuelva.

Guarde durante 1 semana como máximo en un frasco de vidrio en el refrigerador. Agite bien antes de usarse.

Para 1½ tazas

¡Rapidito!

MOJO DE MANDARINA Y PIÑA

Estados Unidos

Vistazo nutricional	Antes	Después
Por porción (2 cucharadas)		
Calorías	59	59
Grasa total g	4.6	4.6
Saturated fat g	0.6	0.6
Colesterol mg	0	0

Una vez que haya dominado el concepto de lo que es un mojo, descubrirá que las posibilidades son infinitas. Ésta se me ocurrió un día que me sobraba un poco de piña. Este mojo sabe muy rico al lado de una buena carne de cerdo.

¼	taza de aceite de oliva
4	dientes de ajo, picados en rodajas finas
1	chalote (*shallot*)
½	cucharadita de comino molido
½	cucharadita de pimienta roja molida
1	taza de piña (ananá) fresca molida (vea el Consejo de cocina)
½	taza de jugo de mandarina o de naranja
2	cucharadas de jugo de limón verde (lima)
¼	taza de cilantro fresco picado
	Sal y pimienta negra molida

Ponga el aceite de oliva a calentar a fuego mediano en una cacerola pequeña. Agregue el ajo y el chalote. Fría de 3 a 4 minutos, hasta que los vegetales suelten su aroma y queden levemente dorados. (Asegúrese de no dejar que el ajo se queme, porque se pone amargo.) Agregue el comino y la pimienta roja molida. Fría durante 5 segundos, revolviendo constantemente. Suba el fuego a alto y agregue la piña, el jugo de mandarina o de naranja y el jugo de limón verde. Revuelva y deje que rompa a hervir. Baje el fuego a mediano y hierva durante 3 minutos, hasta que el sabor se haya suavizado.

Quite del fuego y deje enfriar a temperatura ambiente. Agregue el cilantro y revuelva. Sazone con sal y pimienta.

Para 1½ tazas

Consejos de cocina

✦ Para 1 taza de puré de piña fresca, pele una piña pequeña muy madura y saque el centro. Pique en trozos y ponga más o menos 1 taza de trozos de piña en un procesador de alimentos o licuadora (batidora). Muela bien. De ser necesario, agregue más trozos de piña hasta obtener 1 taza de puré.

MOJO DE MANGO

Estados Unidos

Vistazo nutricional	Antes	Después
Por porción (2 cucharadas)		
Calorías	19	19
Grasa total g	0.1	0.1
Grasa saturada g	0	0
Colesterol mg	0	0

Este mojo es producto de la inspiración de los chefs latinos contemporáneos. Es exquisito servido con pescado o aves asadas a la parrilla . Lo mejor de todo es que los ingredientes simplemente se echan a la licuadora ¡y listo!

1   mango grande o 2 pequeños, picados en cubitos

½   taza de hojas de menta (hierbabuena) fresca picada

1   chile jalapeño fresco (cuaresmeño) sin semilla, picado en trocitos (use guantes de plástico al manipularlo)

1   diente de ajo, picado en trocitos

1   cucharada de azúcar morena (mascabado)

½   taza de jugo de limón verde (lima)

Ponga el mango, la menta, el chile, el ajo, el azúcar morena y el jugo de limón verde en un procesador de alimentos o licuadora (batidora). Muela bien.

Para unas 1½ tazas

Consejo de cocina

✦ Este mojo sabe mejor si se sirve durante las primeras horas después de preparado. También es posible guardarlo en un frasco de vidrio en el refrigerador durante un día como máximo.

AJÍ-LI-MÓJILI

Puerto Rico

Vistazo nutricional	Antes	Después
Por porción ¼ taza		
Calorías	175	78
Grasa total g	18.1	6.9
Grasa saturada g	2.4	0.9
Colesterol mg	0	0

Para mí esta salsa es como si fuera el pesto *puertorriqueño. Es un* dip *fabuloso para Totopos (página 86), Mariquitas (página 87) o Arañitas de plátano (página 89). También sirve de adobo. O bien póngaselo al pescado, el pollo e incluso el biftec asado a la parrilla . Para crear esta versión baja en grasa, yo reduje la cantidad de aceite y usé más vegetales.*

1	cebolla pequeña, pelada y picada en cuartos		1	manojo de cilantro fresco, sin los tallos
6	ajíes dulces o ajíes cachuchas sin rabo ni semilla		4	hojas de recao (culantro) o 2 cucharadas de cilantro fresco picado (opcional)
2	cebollines limpios, picados en trozos de 1" (3 cm)		½	cucharadita de orégano
½	pimiento (ají) rojo, picado en trozos de 1"		¼	taza de aceite de oliva extra virgen
½	pimiento (ají) verde, picado en trozos de 1"		3–5	cucharadas de vinagre de vino tinto
3	dientes de ajo		¼	taza de agua
				Sal y pimienta negra molida

Ponga la cebolla, el ají dulce o cachucha, el cebollín, el pimiento rojo y verde, el ajo, el cilantro, el recao y el orégano en un procesador de alimentos. Muela hasta que los vegetales queden picados en trozos grandes. Agregue el aceite, 3 cucharadas de vinagre y el agua. Muela bien. Sazone con sal y pimienta. Sazone con más vinagre, si así lo desea. (Si prefiere preparar la salsa en una licuadora/batidora, agregue todos los ingredientes al mismo tiempo y muela.)

Pase la mezcla a frascos de vidrio limpios. Guarde en el refrigerador durante 3 semanas como máximo.

Para 2 tazas

SUPERALIMENTOS LATINOS: CEBOLLA Y AJO

Los latinos han apreciado estos alimentos por siglos por su sabor sin igual, y hoy en día, también son apreciados por los nutricionistas debido a que protegen contra las enfermedades cardíacas y el cáncer.

El enorme potencial curativo de la cebolla y el ajo resulta de unos compuestos poderosos llamados fitoquímicos. Estos compuestos les dan el sabor, aroma y color a la cebolla y el ajo. Según los investigadores, ellos también parecen detener el desarrollo del cáncer. En un estudio de más de 120,000 personas en los Países Bajos, se vinculó el consumo incrementado de la cebolla a un riesgo menor de cáncer estomacal.

Además, la cebolla está llenita de unos compuestos llamados flavonoides, que, según algunos investigadores, ayudan a reducir la cardiopatía. En un estudio importante de más de 5,000 hombres y mujeres finlandeses, los científicos descubrieron que los que comieron más cebollas y manzanas tuvieron riesgos considerablemente menores de cardiopatías comparados con los que comieron menos de estos alimentos. Las cebollas y manzanas son dos fuentes excelentes de un flavonoide potente llamado quercetina, y se piensa que esto influyó en los resultados del estudio.

Ya que hemos tocado el tema de salud cardíaca, es interesante notar que el ajo tiene fama de reducir el maldito colesterol que tapa las arterias y posiblemente hasta sea mejor en este aspecto que el aceite de pescado. En un estudio canadiense de 50 hombres con el colesterol alto a quienes se les dio aceite de pescado solo, ajo solo, ambos, o ninguno de los dos, los que comieron ajo solo tuvieron niveles generales de colesterol significativamente menores y también mejores proporciones del colesterol LDL peligroso al colesterol saludable HDL que los otros grupos. Con todos estos beneficios provechosos y su sabor delicioso, la próxima vez que coma estos dos alimentos, de veras la gente le podrá decir ¡buen provecho!

CHIMICHURRI

Varios países

Vistazo nutricional	Antes	Después
Por porción (2 cucharadas)		
Calorías	129	51
Grasa total g	13.6	4.5
Saturated fat g	1.8	0.6
Colesterol mg	0	0

Esta salsa agria de perejil se sirve con carne asada a la parrilla en casi toda Latinoamérica, desde Argentina hasta Nicaragua. A fin de reducir la cantidad de grasa de la receta original, sustituí una parte del aceite de oliva por caldo vegetal. Además, dejé el número de dientes de ajo al criterio de su paladar. La mayoría de los sudamericanos usarían la cantidad completa.

1	manojo de perejil liso fresco, sin tallos y picado en trocitos
1	zanahoria, picada en trocitos o rallada
1	cebolla pequeña, picada en trocitos o rallada
½	pimiento (ají) rojo, picado en trocitos o rallado
4–8	dientes de ajo, picados finos
⅔	taza de Caldo vegetal frío (página 436) o de consomé vegetal sin grasa de sodio reducido

⅓	taza de aceite de oliva extra virgen
3–5	cucharadas de vinagre de vino blanco o de vinagre blanco
1	cucharadita de orégano
1	cucharadita de pimienta roja molida
1	cucharadita de sal
½	cucharadita de pimienta negra molida

Ponga el perejil, la zanahoria, la cebolla, el pimiento, el ajo, el caldo, el aceite, 4 cucharadas de vinagre, el orégano, la pimienta roja molida, la sal y la pimienta en un tazón (recipiente) grande. Bata bien a mano. El chimichurri debe quedar muy condimentado. Agregue más sal y vinagre, si así lo desea. Guarde en el refrigerador durante 3 días como máximo.

Para 2 tazas

SALSA PICA PICA

Estados Unidos

Vistazo nutricional	Antes	Después
Por porción (1 cucharada)		
Calorías	17	17
Grasa total g	0.9	0.9
Grasa saturada g	0.1	0.1
Colesterol mg	0	0

El chile más picoso del mundo, el habanero, es originario de la isla de Java, y de ahi surge su nombre; con el tiempo, 'javanero' se convirtió en 'habanero'. Su poder picante ayuda a que la Salsa pica pica sea la reina de los condimentos. Se puede agregar a sopas y guisos (estofados) o servirse con carnes y pescado asados a la parrilla . Advertencia: Es posible que el picante de esta salsa hasta le gane a la x'nipec. Muchas veces, un par de gotas es más que suficiente.

12 chiles habaneros sin rabo (use guantes de plástico al manipu-larlos)

1 mango maduro sin hueso, picado

5 dientes de ajo, picados en trozos grandes

½ taza de agua

⅓ taza de jugo de limón verde (lima)

⅓ taza de vinagre blanco

2 cucharadas de aceite de oliva

1 cucharada de mostaza *Dijon*

1–2 cucharadas de azúcar

1–1½ cucharaditas de melado (melaza)

1–1½ cucharadas de sal

Ponga los chiles, el mango, el ajo, el agua, el jugo de limón verde, el vinagre, el aceite de oliva, la mostaza, 1 cucharada de azúcar, 1 cucharadita de melado y 1 cucharada de sal en un procesador de alimentos o licuadora (batidora). Muela bien. Pase la mezcla a una cacerola mediana. Hierva a fuego mediano durante unos 5 minutos, hasta que la salsa esté muy caliente. Pruebe y agregue más melado y sal, si así lo desea.

Vierta la salsa caliente en un frasco de 16 onzas (480 ml) que previamente esterilizó en agua hirviendo. Cierre la tapa del frasco y deje enfriar a temperatura ambiente. Guarde en el refrigerador. Una vez abierta, la salsa se conserva en el refrigerador durante 1 mes como máximo. (Puede usar la salsa enseguida, pero su sabor mejorará si la deja reposar en el refrigerador durante varios días. Agite bien antes de usarse.)

Para 2 tazas

Consejo de cocina

✦ Cuando se pican estos chiles, tan sólo inhalar su aroma puede hacer que usted se sienta como si su nariz estuviera en candela. Cuídese también de no inhalar los vapores de la salsa al destapar la licuadora.

ENCURTIDO

Nicaragua; Costa Rica

Vistazo nutricional	Antes	Después
Por ½ taza		
Calorías	45	45
Grasa total g	0.2	0.2
Grasa saturada g	0.1	0.1
Colesterol mg	0	0

Este condimento agrio es muy recurrente en las regiones costeras de Centroamérica, donde se utiliza como aderezo para toda ocasión. Acompaña empanadas, arroz y frijoles o viandas asadas a la parrilla o al horno... de hecho, se sirve casi con todo. A los amantes del picante les encantarán los chiles habaneros. Los menos aventurados quizá prefieran los jalapeños. De una o de otra manera, el encurtido agrega un toque especial a prácticamente todos los platos en que se use.

3	cebollas blancas grandes, picadas
1–3	chiles habaneros o jalapeños frescos (cuaresmeños), picados en rodajas finas (use guantes de plástico al manipularlos)
3	cucharadas de cilantro fresco picado
3	cucharadas de orégano fresco picado o 1 cucharada de orégano seco
8	granos de pimienta de Jamaica (*allspice*)
8	granos de pimienta negra
1	cucharada de sal
2–2½	tazas de vinagre blanco

Ponga la cebolla, el chile, el cilantro, el orégano, la pimienta de Jamaica, la pimienta negra, la sal y 2 tazas de vinagre en un tazón (recipiente) grande. Revuelva con un cucharón de madera hasta que la sal se haya disuelto por completo. Ponga la mezcla en uno o varios frascos de vidrio limpios. De ser necesario, agregue más vinagre; la cebolla debe quedar completamente cubierta. Tape los frascos con envoltura autoadherente de plástico y cierre las tapas. (La envoltura autoadherente de plástico evita que se oxide el metal de la tapa.)

Deje que la cebolla se remoje durante 24 horas a temperatura ambiente o en el refrigerador antes de servir el encurtido. Guarde en el refrigerador durante 3 semanas como máximo.

Para 8 porciones (4 tazas)

POSTRES, JALEAS Y ALMÍBARES

Los latinoamericanos han sido unos golosos desde que Colón llevó la caña de azúcar a la República Dominicana en 1494. Para el siglo XIX, el vasto territorio que se extiende desde Cuba hasta Brasil estaba cubierto por plantaciones de azúcar. Los cocineros latinoamericanos no tardaron en hacer de la repostería un arte.

Uno de los postres más ingeniosos es el dulce de tres leches nicaragüense, cuya torta (panetela) se empapa con un almíbar (sirope) preparado con tres tipos de leche distintos. Pero este no es el único caso en el que los productos lácteos y el huevo ocupan un lugar de honor en la repostería latina: las cremosas natillas tienen toda la sensualidad de una noche tropical. Y desde luego, casi todos los países de Latinoamérica cuentan con su propia versión del clásico Flan (página 380), con su exquisita capa de caramelo.

El reto que todo esto plantea a la cocina saludable parece casi imposible de vencer. ¿Cómo eliminar toda esa grasa y colesterol sin sacrificar la cremosa esencia de tantas delicias? Por fortuna, la cocina moderna nos viene a salvar con sus leches evaporadas sin grasa, las leches condensadas azucaradas sin grasa y la leche de coco baja en grasa. Al sustituir las yemas de huevo por claras o por purés de fruta, también se reduce el contenido de grasa y colesterol de los flanes y los helados.

Los diversos tipos de pastas fritas, como los Buñuelos (página 400), constituyen otra tentación latina. ¿Y por qué no hemos de disfrutarlos también? Sólo hay que hornearlos en lugar de freírlos en grandes cantidades de aceite. Así, su contenido de grasa y de calorías disminuye radicalmente.

Ningún recorrido por la repostería latina estaría completo sin las mermeladas, las jaleas y las confituras tan apreciadas entre los latinos, sobre todo en el Caribe y en Centroamérica. Si quiere darle un toque dulce a una ocasión especial, tan sólo tiene que recurrir al Tembleque (página 388) de Puerto Rico, el Dulce de tomate (página 402) dominicano o el Boniatillo cubano (página 409).

RECETAS

FLAN

Varios países

Vistazo nutricional	Antes	Después
Por porción		
Calorías	509	423
Grasa total g	7.2	0.1
Grasa saturada g	2.9	0.1
Colesterol mg	221	1

El *flan es el postre latinoamericano por excelencia. Su popularidad es tal que todos los países de la América de habla hispana cuentan con una versión propia. A fin de reducir la grasa y el colesterol del flan tradicional, uso sustituto de huevo (o clara de huevo, el ingrediente principal del sustituto) y leche condensada azucarada sin grasa. La cáscara de limón y las especias adicionales compensan el sabor que se pierde por la falta de yemas.*

1½   tazas de azúcar

¼   taza de agua

1   lata de 14 onzas (420 ml) de leche condensada azucarada sin grasa

1   taza de leche descremada

1¼   tazas de sustituto líquido de huevo o 10 claras de huevo

2   cucharaditas de extracto de vainilla

1½   cucharaditas de cáscara de limón o de naranja rallada

½   cucharadita de nuez moscada rallada

½   cucharadita de canela molida

1   pizca de sal

Precaliente el horno a 350°F (178°C). Ponga a hervir 4 tazas de agua en una olla.

Ponga el azúcar y el ¼ de taza de agua a fuego alto en una cacerola pequeña y pesada. Tape y cocine durante 2 minutos. Destape la cacerola y baje el fuego a mediano. Cocine sin revolver de 5 a 8 minutos, hasta que el azúcar se haya caramelizado. (Se pondrá de color dorado oscuro.)

Reparta el azúcar caramelizada rápidamente entre seis cazuelas pequeñas o flaneras de 6 onzas (168 g). Haga girar cada una para recubrir el fondo y los costados. No toque el caramelo caliente. Déjelo enfriar hasta que endurezca.

Ponga la leche condensada, la leche descremada, el sustituto de huevo, el extracto de vainilla, la cáscara de limón o de naranja, la nuez moscada, la canela y la sal en un tazón (recipiente) grande. Bata bien a mano y repártalo sobre el caramelo endurecido en cada cazuela pequeña o flanera. Ponga las cazuelas pequeñas o flaneras en una olla (charola) para asar y vierta ½" (1 cm) del agua hirviendo a su alrededor. Hornee durante 45 minutos, hasta que el flan haya cuajado. Pase a una rejilla (parrilla) de alambre para enfriar. Ponga en el refrigerador por lo menos durante 4 horas o toda la noche.

Para sacar el flan, pase la punta de un cuchillo de pelar por la orilla interior de cada cazuela pequeña o flanera. Tape con un plato pequeño y voltee al revés. Sacuda hasta que el flan se desprenda. Reparta alrededor del flan el caramelo que quede en la cazuela pequeña o flanera.

Para 6 porciones

Variaciones regionales

Flan cubano de calabaza: Sustituya la leche descremada por ¾ taza de calabaza cocida y molida, mezclada con ¼ taza de leche descremada.

Flan venezolano de piña (ananá): Sustituya la leche descremada por 1 taza de piña escurrida molida (fresca o de lata).

¡Fiesta!
Un banquete cubano de Nochebuena

Tradicionalmente, los cubanos celebran la Nochebuena con comida rica y reuniones familiares. La estrella de la cena navideña suele ser el Lechón asado a lo cubano. Para rematar el banquete, el flan es un postre muy popular. Este menú tradicional permite entregarse a los festejos sin miedo a acumular kilos.

Caldo gallego (página 144)

Lechón asado (página 334) con Mojo cubano (página 370)

Moros y cristianos (página 180)

Maduros (página 172)

Flan (página 380)

FLAN DE QUINUA

Ecuador

Vistazo nutricional	Antes	Después
Por porción		
Calorías	280	250
Grasa total g	8.1	2.3
Grasa saturada g	3.7	0.4
Colesterol mg	123	2

En los Estados Unidos, las personas que conocen la quinua piensan en ella como un cereal con el que se preparan entremeses sabrosos. No obstante, en Ecuador con frecuencia la quinua se sirve en forma de pudín, pastel o postre. La receta presentada a continuación fue inspirado por un libro llamado Comidas del Ecuador *de Michelle Fried. A diferencia de la mayoría de los postres, tiene poca grasa y muchas proteínas.*

1	taza de azúcar
2¼	tazas de agua
½	taza de pasas
¼	taza de ron o 1 cucharadita de extracto de ron + ¼ taza de agua
1	taza de quinua, lavada hasta que el chorro de agua salga limpio
1	lata de 14 onzas (420 ml) de leche condensada azucarada descremada
2	huevos + 4 claras de huevo o 1 taza de sustituto líquido de huevo

1	cucharada de jugo de limón
1½	cucharaditas de cáscara de limón rallada
1½	cucharaditas de cáscara de naranja rallada
1	cucharadita de extracto de vainilla
½	cucharadita de canela molida
½	cucharadita de nuez moscada molida
1	pizca de sal

Ponga el azúcar y ¼ taza de agua a fuego alto en una cacerola mediana y pesada. Tape la cacerola y cocine durante 2 minutos. Destape la cacerola, baje el fuego a mediano y cocine durante unos 5 a 8 minutos, hasta que adquiera un color dorado oscuro. No revuelva.

Vierta el azúcar caramelizada en un molde para hornear o molde para pastel de 8" (20 cm). Haga girar el molde para recubrir el fondo y los costados. (Cuídese de no quemarse las manos. Es una buena idea usar guantes de cocina acolchados.) Deje enfriar el caramelo hasta que se endurezca.

Mezcle las pasas y el ron o extracto de ron y agua en un tazón (recipiente) pequeño. Deje remojar durante 10 minutos.

Mientras tanto, precaliente el horno a 350°F (178°C). Ponga a hervir 4 tazas de agua.

Ponga la quinua y las 2 tazas restantes de agua a fuego alto en una cacerola grande y pesada. Deje que rompa a hervir. Baje el fuego a mediano y hierva durante unos 15 minutos, hasta que la quinua esté muy suave y se haya absorbido toda el agua. Quite la cacerola del fuego y deje enfriar un poco. Agregue la leche condensada, los huevos y las claras o el sustituto de huevo, el jugo de limón, las cáscaras de limón y de naranja, el extracto de vainilla, la canela, la nuez moscada, la sal y las pasas remojadas con el líquido en el que se remojaron. Reparta en el molde recubierto de caramelo.

Ponga el molde en una olla (charola) para asar y agregue el agua hirviendo hasta que suba a ½" (1 cm) por los lados del molde. Hornee durante unos 40 minutos, hasta que la mezcla ya no tiemble cuando el molde se mueve ligeramente. Saque el molde de la olla para asar y pase a una rejilla (parrilla) de alambre para que se enfríe. Ponga en el refrigerador durante por lo menos 4 horas o toda la noche.

Para sacar el flan, pase la punta de un cuchillo por la orilla interior del molde. Ponga un platón extendido sobre el molde, voltee al revés y sacúdalo una vez con fuerza. El flan debería desprenderse fácilmente. Reparta alrededor del flan el caramelo que quede en el molde. Corte en 8 rebanadas.

Para 8 porciones

PUDÍM DO CLARAS

Brasil

Vistazo nutricional	Antes	Después
Por porción		
Calorías	301	277
Grasa total g	0.1	0
Grasa saturada g	0	0
Colesterol mg	0	0

Este popular postre brasileño parece una mezcla del merengue y el flan. Yo lo veo como un flan sin crema ni yema de huevo. Sea lo que sea, lo importante es que este es un postre perfecto para el paladar —¡sin una gota de grasa! Asegúrese de usar un molde de una sola pieza, para que no se le meta nada de agua.

1¾ tazas de azúcar

5 tazas de agua

¾ taza de albaricoques (chabacanos, damascos) secos

2 cucharadas de jengibre cristalizado picado

1 cucharadita de cáscara de limón rallada

1 cucharadita de cáscara de naranja rallada

6 claras de huevo grandes

½ cucharadita de crémor tártaro

1 cucharadita de extracto de vainilla

1 taza de azúcar

Precaliente el horno a 350°F (178°C). Ponga a hervir 4 tazas de agua.

Espolvoree con ¾ taza del azúcar un molde de metal con forma de aro o un molde *Bundt* de 8" (20 cm), con una capacidad de 8 tazas. Coloque el molde directamente sobre el quemador y cocine a fuego mediano-lento durante 10 minutos, hasta que el azúcar se derrita y forme un caramelo dorado. (Dé vueltas al molde con cierta frecuencia para asegurar que se derrita parejo.) Haga girar el

(continúa)

molde para recubrirlo completamente de caramelo por dentro, ayudándose con una cuchara. Deje enfriar.

Ponga los albaricoques y 1 taza de agua a calentar a fuego mediano en una cacerola pequeña. Deje que rompa a hervir y cocine durante 6 minutos, hasta que los albaricoques estén muy suaves. Pase 3 cucharadas del líquido en que se cocinaron los albaricoques a un procesador de alimentos o licuadora (batidora). Escurra los albaricoques y agréguelos al procesador de alimentos o licuadora. Muela bien. Agregue el jengibre cristalizado y las cáscaras de limón y de naranja. Trabaje el procesador de alimentos o la licuadora brevemente para mezclar.

Bata las claras de huevo durante 1 minuto en un tazón (recipiente) grande y limpio con un procesador de alimentos a velocidad lenta. Agregue el crémor tártaro. Suba la velocidad gradualmente a mediana y luego a mediana-alta y bata durante 4 a 5 minutos, hasta que se formen picos suaves. Agregue poco a poco la taza restante de azúcar y el extracto de vainilla en un chorro delgado. Siga batiendo de 3 a 5 minutos, hasta que las claras estén firmes y brillantes, pero no secas. Incorpore el puré de albaricoque a las claras batidas. Pase esta mezcla cuidadosamente con un cucharón al molde recubierto de caramelo. Ponga el molde en una olla (charola) para asar y agregue 1" (3 cm) de agua hirviendo a la olla inferior.

Ponga en el horno y hornee durante 40 minutos. (No abra la puerta del horno.) Apague el horno y deje que el merengue se enfríe dentro del horno durante 1 hora sin abrirlo. Pase la punta de un cuchillo afilado por la orilla interior del molde. Ponga un platón extendido sobre el molde y voltee al revés. El merengue debería desprenderse fácilmente. De no ser así, sacuda el molde una vez con suavidad. Reparta encima del merengue el caramelo que quede en el molde. Corte en 6 rebanadas.

Para 6 porciones

NATILLA DE CHOCOLATE

Varios países

Vistazo nutricional	Antes	Después
Por porción		
Calorías	356	203
Grasa total g	25.2	7.4
Grasa saturada g	13.7	3.4
Colesterol mg	241	63

En esas ocasiones en que el antojo de chocolate no puede ser negado, esta natilla oscura y sustanciosa hará las delicias incluso del adicto más exigente a este dulce. Además, ¡la receta tiene más o menos el 70 por ciento menos de grasa que la versión original! ¿Cuál es el secreto? Recurre a la cocoa en polvo, con sólo un toquecito de chocolate en barra, y a la leche descremada en lugar de la entera, además de reducir la cantidad de huevos. Las especias y los condimentos se encargan del resto.

1½	tazas de leche descremada	6	cucharadas de azúcar
1	raja (rama) de canela (de 3"/8 cm de largo)	3	cucharadas de cocoa en polvo sin azúcar
1	trozo de vaina de vainilla (de 3" de largo), cortado a la mitad a lo largo, o 1 cucharadita de extracto de vainilla	1½	cucharadas de maicena
		1	huevo + 1 clara de huevo, levemente batidos
2	tiras de cáscara de naranja	½	onza (14 g) de chocolate sin azúcar, picado en trozos
4	clavos de olor enteros	1	cucharada de mantequilla sin sal
¼	cucharadita de semilla de anís triturada		

Ponga la leche, la raja de canela, la vaina o el extracto de vainilla, la cáscara de naranja, los clavos, la semilla de anís y 2 cucharadas de azúcar a fuego mediano en una cacerola mediana. Deje que rompa a hervir, revolviendo con frecuencia. Quite la cacerola del fuego. Deje reposar durante 10 minutos.

Ponga las 4 cucharadas restantes de azúcar, la cocoa y la maicena en un tazón (recipiente) mediano y bata a mano. Cuele el huevo y la clara de huevo dentro de la mezcla de la cocoa y bata hasta mezclar. Sin dejar de batir, cuele la mezcla de la leche dentro de la del huevo en un chorro delgado y constante.

Regrese la mezcla a la cacerola y póngala a fuego mediano-alto. Deje que rompa a hervir, batiendo constantemente. Agregue el chocolate picado sin dejar de batir. Baje el fuego a mediano y hierva durante unos 4 minutos, hasta que la mezcla espese. Quite la cacerola del fuego, agregue la mantequilla y bata.

Reparta la mezcla en flaneras o compoteras. Deje enfriar a temperatura ambiente. Ponga en el refrigerador de 3 a 4 horas, hasta que se enfríe bien.

Para 4 porciones

Consejo de cocina

✦ Es posible reducir aún más el contenido de grasa de esta natilla omitiendo la mantequilla. Sin ésta, cada porción tiene sólo 177 calorías, 4.5 gramos de grasa total y 1.6 gramos de grasa saturada.

NATILLA

Varios países

Vistazo nutricional	Antes	Después
Por porción		
Calorías	208	143
Grasa total g	11.1	4.3
Grasa saturada g	5.3	2.3
Colesterol mg	233	63

*P*ara muchos latinos, sin duda no hay postre que más les recuerde la cocina de abuelita que la natilla, *un sencillo pudín de leche. Aligeré la receta original usando menos huevos. El sabor no sufre por ello, gracias a los aromas de la canela, el anís y el limón.*

1½	tazas de leche descremada		¼	cucharadita de semilla de anís triturada
1	raja (rama) de canela (de 3"/8 cm de largo)		¼	taza de azúcar
1	trozo de vaina de vainilla (de 3" de largo), cortado a la mitad a lo largo, o 1 cucharadita de extracto de vainilla		1½	cucharadas de maicena
			1	huevo + 1 clara de huevo, levemente batidos
2	tiras de cáscara de naranja		1	cucharada de mantequilla sin sal
2	tiras de cáscara de limón			Canela molida (opcional)

Ponga la leche, la raja de canela, la vaina o el extracto de vainilla, la cáscara de naranja y de limón, la semilla de anís y 1 cucharada de azúcar a fuego mediano en una cacerola mediana. Deje que rompa a hervir, revolviendo con frecuencia. Quite la cacerola del fuego. Deje reposar durante 10 minutos.

Ponga las 3 cucharadas restantes de azúcar y la maicena en un tazón (recipiente) mediano y bata a mano. Cuele el huevo y la clara de huevo dentro de la mezcla del azúcar y bata hasta mezclar. Sin dejar de batir, cuele la mezcla de la leche dentro de la del huevo en un chorro delgado y constante.

Regrese la mezcla a la cacerola y póngala a fuego mediano-alto. Deje que rompa a hervir, batiendo constantemente. Baje el fuego a mediano y hierva durante unos 2 minutos, hasta que la mezcla espese. Quite la cacerola del fuego, agregue la mantequilla y bata.

Reparta la mezcla en 4 flaneras o compoteras. Deje enfriar a temperatura ambiente. Ponga en el refrigerador de 3 a 4 horas, hasta que enfríe bien. Espolvoree levemente con canela molida (si la está usando) antes de servir.

Para 4 porciones

Variaciones regionales

Natilla puertorriqueña: Sustituya la cáscara de limón y de naranja por cáscara de limón verde (lima).

Natilla mexicana: Sustituya el azúcar blanca por piloncillo o azúcar morena.

ARROZ CON LECHE

Varios países

Vistazo nutricional	Antes	Después
Por porción		
Calorías	348	185
Grasa total g	15.4	0.2
Grasa saturada g	11.5	0.1
Colesterol mg	0	1

El *arroz con leche se disfruta en grande en todo el Caribe de habla hispana. Esta versión debe su consistencia increíblemente cremosa al tipo de arroz que se emplea: el arroz valenciano de grano corto, parecido al arroz Arborio italiano. (Los dos sirven por igual.) Busque el arroz valenciano en la sección internacional de la mayoría de los supermercados o en las tiendas de productos para la cocina latina. La leche condensada azucarada descremada y la leche evaporada descremada aligeran la receta original considerablemente.*

½ taza de pasas amarillas u oscuras

¼ taza de ron ligero o 1 cucharadita de extracto de ron + ¼ taza de agua

1 taza de arroz valenciano (tipo Valencia) o de arroz Arborio, lavado hasta que el chorro de agua salga limpio

1 raja (rama) de canela (de 3"/8 cm de largo)

1 trozo de vaina de vainilla (de 3" de largo), cortado a la mitad a lo largo, o 1 cucharadita de extracto de vainilla

3 tazas de agua

1 taza de leche condensada azucarada sin grasa

1 taza de leche evaporada descremada

4–6 cucharadas de azúcar morena (mascabado) clara

1 cucharadita de cáscara de limón rallada

1 cucharadita de cáscara de naranja rallada

1 pizca de sal

Canela molida o nuez moscada rallada (opcional)

Ponga las pasas y el ron o extracto de ron y agua en un tazón (recipiente) pequeño y mezcle. Deje remojar durante unos 15 minutos, hasta que las pasas estén suaves.

Ponga el arroz, la raja de canela, la vaina o el extracto de vainilla y el agua a fuego alto en una cacerola grande. Deje que rompa a hervir, baje el fuego a mediano-lento y hierva durante 20 minutos, hasta que el arroz esté suave y se haya absorbido la mayor parte del líquido.

(continúa)

Agregue la leche condensada, la leche evaporada y las pasas con ron y revuelva. Hierva durante 10 minutos, hasta que el arroz esté muy suave y el líquido se haya absorbido parcialmente. Agregue 4 cucharadas de azúcar morena, la cáscara de limón y de naranja y la sal. Hierva durante 5 minutos. (El arroz parecerá bastante húmedo, pero se secará al enfriarse.) Pruebe y agregue más azúcar morena, si así lo desea.

Deje que el arroz se enfríe a temperatura ambiente. Tire la raja de canela y la vaina de vainilla (si la está usando). Ponga el arroz en 8 copas para martini o platos hondos. Ponga en el refrigerador hasta que enfríe. Espolvoree cada porción con canela o nuez moscada (si la está usando).

Para 8 porciones

Variaciones regionales

Arroz con leche a lo puertorriqueño: Sustituya la cáscara de limón y de naranja por 2 cucharaditas de cáscara de limón verde (lima) rallada.

Arroz de coco a lo brasileño: Sustituya la leche evaporada descremada por 1 taza de leche de coco ligera. Espolvoree cada porción con 1 cucharada de coco seco sin azúcar rallado y tostado.

TEMBLEQUE

Puerto Rico

Vistazo nutricional	Antes	Después
Por porción		
Calorías	465	189
Grasa total g	35.8	2.6
Grasa saturada g	31.7	0.1
Colesterol mg	0	2

El tembleque es uno de los postres más famosos de Puerto Rico. Debe su nombre al temblor que se apodera de este budín suave y traslúcido de coco cuando se sirve. La clave está en usar la cantidad suficiente de maicena para que espese un poco, pero sin pasarse. La tradición dicta que se emplee leche de coco, la cual contiene mucha grasa saturada. En esta versión baja en grasa, la leche descremada y la leche condensada azucarada descremada colaboran para dar cuerpo al postre, mientras que varios derivados del coco —agua, leche de coco ligera y licor de coco— aportan el sabor. Sirva el tembleque con Salsa de mango (página 359) para darle un toquecito adicional de sabor y color.

3	cocos maduros (color café)	¼	cucharadita de sal
1½–2	tazas de leche descremada	1	cucharada de ron con sabor a coco o ½ cucharadita de extracto de ron
6	cucharadas de maicena		
1	taza de leche de coco ligera	1	cucharada de agua de azahar o licor de naranja (opcional) (vea el Consejo de cocina)
1	taza de leche condensada azucarada sin grasa		
3	tiras de cáscara de limón		

Rocíe un molde para hornear de 9" × 6" (23 cm × 15 cm) o 8 flaneras o cazuelas pequeñas con aceite antiadherente en aerosol.

Saque los huequitos a los cocos con un destornillador. Escurra el agua de coco en una taza de medir de 4 tazas. (Debería tener más o menos 1½ tazas de agua de coco.) Agregue leche descremada suficiente para sumar 3 tazas.

Ponga la maicena en una cacerola mediana y pesada. Agregue ½ taza de la mezcla de leche y coco y bata muy bien. Agregue la leche de coco, la leche condensada, la cáscara de limón y sal y bata. Sin dejar de batir, ponga la cacerola a fuego alto y deje que rompa a hervir. Baje el fuego a mediano y hierva durante unos 3 minutos, hasta que la mezcla esté muy espesa. Quite la cacerola del calor, agregue el ron de coco o extracto de ron y el agua de azahar o licor de naranja (si lo está usando) y bata. Saque y tire la cáscara de limón.

Vierta la mezcla en el molde, las flaneras o las cazuelas pequeñas ya preparadas. Deje enfriar a temperatura ambiente. Ponga en el refrigerador de 6 a 24 horas.

Pase la punta de un cuchillo por la orilla interior del molde o de cada flanera o cazuela pequeña. Voltee el molde sobre un platón extendido o voltee las flaneras o cazuelas pequeñas sobre platos individuales y sacuda con fuerza para desprender el tembleque. Si no se desprende fácilmente, sumerja el fondo del molde o de las flaneras o cazuelas pequeñas en una cacerola con agua hirviendo durante unos 15 segundos y vuelva a intentarlo.

Para 8 porciones

Consejo de cocina

✦ El agua de azahar es opcional, pero me encanta el sutil aroma floral que agrega al tembleque. Este es un truco que le aprendí a una experta en los secretos de la cocina puertorriqueña, Carmen Aboy Valldejuli. Busque el agua de azahar en tiendas de productos para la cocina latina y del Medio Oriente.

GELATINA DE LECHE

México

Vistazo nutricional	Antes	Después
Por porción		
Calorías	363	289
Grasa total g	8.8	0.4
Grasa saturada g	5.3	0
Colesterol mg	33	3

Si le gusta la gelatina de fruta, le encantarán estas gelatinas de leche deliciosas y distintas de las acostumbradas gelatinas de agua. En las calles de la ciudad de México se venden miles todos los días. Por lo común se preparan con moldes de diseños elaborados, pero unas flaneras normales sirven por igual. La salsa de fresa de esta receta se sale un poco de la tradición, pero convierte en algo especial el sencillo alimento ofrecido por aquellos vendedores ambulantes mexicanos.

¼	taza de pasas oscuras		2	tiras de cáscara de limón
¼	taza de pasas amarillas		2	tiras de cáscara de naranja
1¾	tazas de agua caliente		1	cucharadita de extracto de vainilla
3	cucharadas de agua fría		1½	cucharadita de extracto de almendra
1½	sobres de gelatina sin sabor		2	pintas (760 g) de fresas, limpias
1	lata de 14 onzas (420 ml) de leche condensada azucarada sin grasa		3–4	cucharadas de jugo de lima (limón verde)
1	raja (rama) de canela (de 3"/8 cm de largo)		3–4	cucharadas de miel

Rocíe 6 flaneras o potecitos pequeños con aceite antiadherente en aerosol.

Mezcle las pasas oscuras y amarillas y el agua caliente en una cacerola grande. Deje remojar durante unos 15 minutos, hasta que estén suaves.

Mientras tanto, ponga el agua fría en una taza de medir y espolvoree la gelatina encima. Deje reposar hasta que se hidrate (unos 10 minutos).

Agregue la leche condensada, la raja (rama) de canela y las cáscaras de limón y de naranja a la cacerola con las pasas. Hierva a fuego mediano-alto durante unos 2 minutos, hasta que la leche esté a punto de hervir. Quite del fuego, agregue la gelatina y los extractos de vainilla y de almendra y bata a mano. Tire la raja de canela y las cáscaras de limón y de naranja.

Pase la mezcla a un tazón (recipiente) grande y deje enfriar a temperatura ambiente. Ponga el tazón encima de otro tazón grande lleno de hielo. Revuelva la mezcla con una espátula hasta que comience a cuajar. Reparta las flaneras o cazuelas pequeñas ya preparadas. Ponga en el refrigerador de 6 a 12 horas, hasta que cuaje por completo.

Deje aparte 6 fresas enteras. Ponga las fresas restantes, 3 cucharadas de jugo de lima y 3 cucharadas de miel en un procesador de alimentos o licuadora (batidora) y muela bien. Pruebe y agregue más jugo de lima y miel, si así lo desea.

Vierta un poco de salsa de fresa en 6 platos para postre. Pase la punta de un cuchillo por la orilla interior de cada flanera o cazuela pequeña. Invierta cada una encima de una espátula de metal y sacuda con fuerza para desprender la gelatina. (Si la gelatina no se desprende, sumerja el fondo de la flanera o de la cazuela pequeña en una cacerola con agua hirviendo durante unos 15 segundos e inténtelo de nuevo.) Ponga una gelatina en el centro de cada plato y remate con una fresa.

Para 6 porciones

Consejos de cocina

✦ Para un toque más extravagante, corte una serie de rebanadas delgadas paralelas en cada una de las 6 fresas enteras de la parte de abajo casi hasta la del rabo, sin atravesarlas por completo. Apriete la fresa para abanicar las rebanadas.

✦ La gelatina se revuelve encima del hielo hasta que empiece a cuajar para ayudar a distribuir las pasas de manera uniforme.

DULCE DE LECHE

Varios países

Vistazo nutricional	Antes	Después
Por porción		
Calorías	318	280
Grasa total g	8.6	0
Grasa saturada g	5.5	0
Colesterol mg	34	4

Este dulce latinoamericano sin duda es uno de los más populares. Se le encuentra desde el extremo norte de la América de habla hispana, Cuba y México, hasta Argentina y Chile en el sur. Es tan fácil de preparar que las instrucciones casi no merecen llamarse "receta". Sin embargo, ningún panorama general de la gastronomía latina estaría completo sin esta delicia. La forma más sencilla de preparar el dulce de leche es poniendo a hervir (y a hervir y a hervir) una lata de leche condensada azucarada. En los días de antaño, este proceso resultaba en un caramelo rico pero alto en grasa, la cual sumaba casi 9 gramos por porción. Gracias al advenimiento de la leche condensada azucarada descremada, es posible preparar un dulce de leche que no contiene grasa y que tiene sólo una cantidad moderada de calorías.

1 **lata de 14 onzas (420 ml) de leche condensada azucarada descremada**

Ponga la lata de leche en un tazón (recipiente) mediano. Cubra con agua caliente y deje reposar durante unos 10 minutos, hasta que la etiqueta se suelte. Raspe para desprender la etiqueta por completo y tire.

Ponga la lata de leche en una cacerola grande. Cubra con agua suficiente para que la lata quede 5" (13 cm) debajo de la superficie del líquido. Deje que rompa a hervir a fuego alto. Baje el fuego a mediano y hierva durante 2 horas. Agregue agua según sea necesario para mantener cubierta la lata. (También es posible cocinar la lata durante 25 minutos en una olla de presión/olla exprés.)

Saque la lata con unas pinzas y deje enfriar a temperatura ambiente. Abra la lata. Reparta el contenido entre 4 tazones pequeños.

Para 4 porciones

Consejo de cocina

Me gusta servir el dulce de leche encima de plátanos amarillos (guineos, bananas), yogur congelado o las dos cosas. A los mexicanos les gusta el dulce de leche con crepas.

HELADO DE MANGO

Puerto Rico

Vistazo nutricional	Antes	Después
Por porción		
Calorías	721	118
Grasa total g	32.8	0.3
Grasa saturada g	18.3	0.1
Colesterol mg	364	0

Los sorbetes y los helados de frutas son una parte imprescindible de la vida en Puerto Rico. El clima cálido y las suculentas frutas tropicales de la región convierten los postres fríos en una delicia particularmente refrescante. A fin de reducir la grasa y las calorías, disminuí la cantidad de azúcar de la receta tradicional y sustituí la crema rica en grasa por leche condensada azucarada sin grasa. El sabor puede variarse cambiando el mango por fresas, lechosa (fruta bomba, papaya), piña, mamey o guanábana.

2–3	mangos maduros	½	taza de leche condensada azucarada sin grasa
1½	tazas de agua		
4–6	cucharadas de azúcar	2–3	cucharadas de jugo de limón verde (lima)

Pele los mangos y desprenda la pulpa de los huesos. Muela la pulpa en un procesador de alimentos o licuadora (batidora). Debería dar unas 2 tazas de puré de mango.

Ponga el agua, 4 cucharadas de azúcar y la leche condensada a fuego alto en una cacerola mediana y pesada. Deje que rompa a hervir y hierva durante 5 minutos, hasta que el azúcar se haya disuelto por completo y la mezcla adquiera la consistencia de un almíbar (sirope). Quite la cacerola del fuego y deje enfriar a temperatura ambiente. Agregue el puré de mango y 2 cucharadas de jugo de limón verde. Pruebe y agregue más azúcar o jugo de limón verde, si así lo desea.

Pase la mezcla a una máquina para helados y congele de acuerdo con las instrucciones del fabricante.

Para 4 porciones

Consejos de cocina

✦ Use sus sentidos del olfato y del tacto al comprar mangos. (La fruta debe ceder levemente al tacto y estar muy aromática.) Algunas variedades permanecen verdes incluso cuando ya están maduros. Además, si tiene la piel sensible, use guantes de plástico al tocar los mangos, puesto que algunas personas son alérgicas al líquido que contiene la cáscara.

Si no tiene una máquina para helados, pase la mezcla a un tazón (recipiente) de metal mediano. Tape y congele durante 2 horas, hasta que el helado esté sólido. A fin de romper los cristales de hielo, bata el helado o ráspelo con un tenedor de vez en cuando durante este tiempo.

TORTA CREMOSA DE QUESO Y GUAYABA

Estados Unidos

Vistazo nutricional	Antes	Después
Por porción		
Calorías	474	234
Grasa total g	35	9.5
Grasa saturada g	21.1	5.4
Colesterol mg	228	61

Esta receta presenta un clásico latino en una novedosa variación contemporánea. La guayaba y el queso se combinan con frecuencia en Latinoamérica, ya sea como relleno para empanadas en el Caribe de habla hispana o como postre —sin mayor preparación— en toda Sudamérica. Lo salado del queso constituye un contrapunto perfecto para lo dulce de la guayaba. Ningún amante del pastel de queso podrá resistirse a este postre.

16 onzas (448 g) de requesón bajo en grasa (1%)

16 onzas de queso crema bajo en grasa (1%), a temperatura ambiente

10 onzas (280 g) de pasta de guayaba (vea el Consejo de cocina)

¾ taza de azúcar

2 huevos + 4 claras de huevo o 1 taza de sustituto líquido de huevo

¼ taza de jugo de limón

1 cucharada de cáscara de limón rallada

1 cucharada de extracto de vainilla

Pizca de sal

Ponga una rejilla en el tercio inferior del horno. Precaliente el horno a 350°F (178°C). Rocíe un molde redondo de lados desprendibles de 8" (20 cm) de diámetro con aceite antiadherente en aerosol. Envuelva el fondo y los costados del molde por fuera con papel aluminio. Ponga a hervir 4 tazas de agua.

Muela el requesón en un procesador de alimentos de 2 a 3 minutos, desprendiendo de vez en cuando el requesón que se pegue en los lados del procesador, hasta que esté muy cremoso. Agregue el queso crema y la pasta de guayaba y muela bien. Agregue el azúcar y trabaje el procesador de alimentos hasta que se mezcle todo. Agregue los huevos y las claras de huevo o el sustituto de huevo, el jugo y la cáscara de limón, el extracto de vainilla y la sal y muela en el procesador de alimentos hasta que todo esté bien mezclado. Cuele la mezcla dentro del molde ya preparado. (El proceso de colar hará más cremosa la torta de queso.) Golpee el molde levemente varias veces sobre la superficie de trabajo para sacar las burbujas.

Coloque el molde dentro de una olla (charola) para asar más grande y vierta 1" (3 cm) de agua hirviendo en la olla para asar. Hornee la torta de queso durante unos 35 minutos, hasta que cuaje y un alambre (pincho) introducido en el centro de la masa salga limpio. (No se vaya a pasar en el tiempo de horneado; si lo hace, la torta saldrá aguada.) Pase a una rejilla (parrilla) de alambre. Deje enfriar a temperatura ambiente. Ponga en el refrigerador de 3 a 4 horas, hasta que enfríe.

Pase la punta de un cuchillo pequeño por la orilla interior del molde redondo. Quite los lados del molde. Corte la torta de queso en 10 rebanadas.

Para 10 porciones.

Consejos de cocina

✦ La pasta de guayaba se encuentra en las tiendas de productos para la cocina latina y en las secciones de fruta enlatada o internacional de algunos supermercados.

✦ Remate la torta de queso con fresas frescas para agregarle un toque de color y sabor. También puede hacerla más llamativa con un glaseado de jalea. Ponga ⅓ taza de jalea de guayaba o de pasa de Corinto y 3 a 4 cucharadas de jugo de limón a fuego mediano en una cacerola pequeña. Cocine, batiendo constantemente, hasta que la jalea se derrita. Si la mezcla está demasiado espesa, agregue un poco de agua. Cuele dentro de un tazón (recipiente) pequeño para eliminar los grumos de jalea que no quieran derretirse. Unte la jalea derretida suavemente sobre la torta de queso fría. Ponga en el refrigerador durante 30 minutos como mínimo o hasta un máximo de 3 días antes de servir.

✦ El contenido de grasa de la torta de queso disminuye más todavía, a 178 calorías y 1.6 gramos de grasa total, si usa queso crema sin grasa.

DULCE DE TRES LECHES

Nicaragua

Vistazo nutricional	Antes	Después
Por porción		
Calorías	607	399
Grasa total g	21.2	3.7
Grasa saturada g	12.1	1.9
Colesterol mg	200	51

El dulce de tres leches es el postre nacional de Nicaragua, aunque no se conoce sólo en ese país. También en México es muy popular cuando se trata de celebrar alguna ocasión especial. Esta creación espléndida se empapa con un almíbar preparado con tres tipos de leche distintos: fresca, evaporada y condensada azucarada. Reduje la grasa disminuyendo el número de huevos y la cantidad de mantequilla; además, usé leche sin grasa para el almíbar. La receta tal vez parezca un poco complicada, pero en realidad se limita a una serie de pasos sencillos. Definitivamente vale la pena invertir un poco de tiempo en su preparación. A mí me gusta el sabor a fruta tropical que le agrega el plátano amarillo, pero los tradicionalistas no lo incluirían.

(continúa)

TORTA (PANETELA)

- 3 cucharadas de pan rallado (molido) seco sin sazonar o de harina de trigo
- 2 huevos
- 4 claras de huevo
- ⅔ taza de azúcar
- 2 cucharaditas de extracto de vainilla
- 1 taza de harina pastelera, cernida dos veces
- 2 cucharadas de mantequilla sin sal, derretida
- 2 plátanos amarillos (opcional)
- 1 cucharadita de jugo de limón verde (lima) (opcional)

ALMÍBAR (SIROPE)

- 1 lata de 12 onzas (360 ml)) de leche evaporada descremada
- 1 lata de 14 onzas (420 ml) de leche condensada azucarada descremada
- ½ taza de leche descremada
- 2 cucharaditas de extracto de vainilla
- 1 cucharada de ron ligero o 3 gotas de extracto de ron
- 1 cucharada de licor de plátano o 3 gotas de extracto de plátano (opcional)

MERENGUE

- 1 taza de azúcar
- ½ cucharadita de crémor tártaro
- ½ taza de agua
- 3 claras de huevo

Para preparar la torta (panetela): Precaliente el horno a 350°F (178°C). Rocíe un molde redondo para pastel de 9" (23 cm) de diámetro con aceite antiadherente en aerosol y ponga en el congelador durante 5 minutos. Forre el fondo del molde con papel pergamino o papel encerado y rocíe con aceite antiadherente en aerosol. Espolvoree el molde con el pan rallado o la harina.

Ponga los huevos, las claras y el azúcar en un tazón (recipiente) grande y bata durante 10 minutos con un procesador de alimentos eléctrico, hasta que la mezcla esté muy espesa y espumosa. (Empiece a batir a velocidad lenta y auméntela poco a poco a mediana y luego a alta. La mezcla debe quedar de color amarillo pálido y del triple de su volumen original y desprenderse de las aspas levantadas en forma de un listón espeso y cremoso.) Agregue el extracto de vainilla y bata durante 10 segundos.

Cierna la harina dentro de la mezcla de huevo en tres etapas. Incorpore cada etapa cuidadosamente con una espátula de hule. Tome más o menos ½ taza de masa y bata a mano con la mantequilla derretida. Regrese al tazón e incorpore apenas lo suficiente para mezclar. (Incorpore con suavidad para evitar que se desinflen los huevos, lo cual impediría que esponjara el pan, sobre el que deben actuar como levadura.) Pase la masa al molde ya preparado.

Hornee durante 20 minutos, hasta que un palillo de dientes introducido en el centro de la masa salga seco. (La superficie del pan debe estar firme al tacto y los costados empezarán a desprenderse del molde.) Saque el molde del horno y deje enfriar un poco. Voltee el pan sobre una rejilla (parrilla) de alambre y dé unos leves golpes al molde para sacar la torta (panetela). Quite y tire el papel pergamino o papel encerado. Deje enfriar a temperatura ambiente. Si no está usando los plátanos, pique la parte de arriba de la torta varias veces con un tenedor.

Si está usando los plátanos, pélelos y píquelos en rodajas finas. Mezcle bien con jugo de limón verde para evitar que el plátano se ponga color café. Corte la torta a la mitad en forma horizontal con un cuchillo serrado. Ponga la mitad inferior de la torta, con la superficie cortada hacia arriba, sobre un platón extendido para pastel. Distribuya los plátanos sobre la mitad de la torta que se encuentra en el platón. Ponga la otra mitad de la torta encima, con la superficie cortada hacia abajo. Pique la parte de arriba de la torta varias veces con un tenedor.

Para preparar el almíbar (sirope): Ponga la leche evaporada, la leche condensada, la leche descremada, el extracto de vainilla, el ron o extracto de ron y el licor o extracto de plátano (si lo está usando) en un tazón (recipiente) grande. Bata a mano hasta mezclar todos los ingredientes. Vierta el almíbar sobre la torta. Recoja con una cuchara lo que se derrame sobre el plato y vuélvalo a poner encima de la torta, hasta que ésta lo haya absorbido todo.

Para preparar el merengue: Aparte 3 cucharadas de azúcar. Ponga el resto del azúcar, ¼ cucharadita del crémor tártaro y el agua a fuego alto en una cacerola mediana y pesada. Tape y cocine durante 2 minutos. Destape la cacerola y cocine durante unos 6 minutos, hasta que la mezcla llegue al punto conocido como "de bola suave". (Cuando una mezcla alcanza el punto de bola suave, un termómetro de repostería registra 239°F/115°C y una cucharada de la mezcla forma una bola suave y pegajosa al caer dentro de un tazón con agua fría.)

Ponga las claras de huevo y la ¼ cucharadita de crémor tártaro restante en un tazón mediano y bata para 4 a 6 minutos, hasta que se formen picos suaves. Agregue las 3 cucharadas restantes de azúcar y bata para 10 minutos, o a punto de turrón. Vierta la mezcla hirviente de azúcar poco a poco sobre las claras y bata hasta que se enfríe.

Para prepararla: Cubra la parte de encima y los costados de la torta con una gruesa capa de merengue, usando una espátula mojada. Ponga el pastel en el refrigerador durante 2 horas antes de servir.

Para 10 porciones

Consejos de cocina

✦ No se alarme si el fondo de su pastel sale mojado. ¡Lo hizo todo bien! El almíbar rico y cremoso debe filtrarse hasta el fondo del platón.

✦ La cubierta de clara de huevo de este pastel se conoce como merengue italiano. Según el Departamento de Agricultura de los Estados Unidos, es posible comer este tipo de merengue sin ningún riesgo para la salud porque las claras son "cocidas" por el almíbar hirviente de azúcar que se les vierte encima. La clara de huevo alcanza una temperatura de más de 160°F (71°C), lo cual basta para eliminar cualquier bacteria dañina.

POSTRE ALEGRÍA

Estados Unidos

Vistazo nutricional	Antes	Después
Por porción		
Calorías	440	271
Grasa total g	22.9	0.2
Grasa saturada g	7.5	0
Colesterol mg	74	0

Uno de los grandes desafíos de la cocina saludable es la creación de una sabrosa corteza para pasteles de fruta que no sea grasosa. Rick Bayless, un gurú de la cocina mexicana en los Estados Unidos (dueño de los restaurantes Frontera Grill y Topolobampo en Chicago y autor de dos libros de cocina mexicana muy aclamados), inventó una corteza ingeniosa y nutritiva que contiene menos de un gramo de grasa. ¿Su secreto? Una combinación de palomitas de amaranto con azúcar o miel hervida. El amaranto es un cereal pequeño que fue muy apreciado por los aztecas. (De hecho, lo estimaban tanto que los conquistadores españoles lo prohibieron en un intento por debilitar la cultura nativa.) Este cereal antiguo tiene la cualidad única de que revienta al igual que las palomitas de maíz. También lo puede comprar ya reventado en las empresas de ventas por catálogo enumeradas desde la página 80.

½	taza de azúcar morena oscura		3	tazas de yogur congelado sin grasa de vainilla
⅓	taza de azúcar		3	tazas de fruta picada en trozos o en rodajas (como fresa, plátano amarillo/guineo/banana, papaya [fruta bomba, lechosa], o mango)
1	cucharadita de jugo de limón verde (lima)			
½	taza de agua			
2½	tazas de amaranto reventado		6	ramitas de menta (hierbabuena)

Rocíe seis flaneras de 6 onzas (168 g) con aceite antiadherente en aerosol.

Ponga el azúcar morena, el azúcar, el jugo de limón verde y el agua a fuego alto en una cacerola grande. Tape la cacerola y cocine durante 3 minutos. Destape la cacerola y cocine durante unos 5 minutos, hasta que la mezcla llegue al punto conocido como "de la bola dura". (Cuando una mezcla de azúcar alcanza el punto de la bola dura, un termómetro de repostería registra 245°F/119°C y una cucharada de la mezcla forma una bola dura y brillosa al caer dentro de un tazón/recipiente con agua fría.) Quite la cacerola del fuego y agregue el amaranto, revolviendo con un cucharón de madera.

Pase la mezcla a las flaneras ya preparadas. Deje enfriar un poco. Apriete la mezcla de amaranto rápidamente contra el fondo y los costados de cada flanera, con el dorso del cucharón o con los dedos. (Trabaje rápidamente, ya que la mezcla se endurece al enfriarse.) Deje enfriar a temperatura ambiente. Saque las conchas de alegría de las flaneras. (También puede servir el postre dentro de éstas.)

Justo antes de servir, llene cada concha de alegría con ½ taza de yogur congelado. Remate cada porción con ½ taza de fruta y una ramita de menta.

Para 6 porciones.

Consejo de cocina

✦ Para reventar el amaranto, ponga 1 cucharada de semillas en una olla grande, profunda y seca. Agite la olla continuamente. Las semillas se reventarán en unos segundos. Páselas a un tazón y repita.

¡Rapidito!

ENSALADA DE FRUTAS

Varios países

Vistazo nutricional	Antes	Después
Por porción		
Calorías	269	159
Grasa total g	6	0.5
Grasa saturada g	5	0.1
Colesterol mg	0	0

Cada país latinoamericano cuenta con su versión de la ensalada de frutas. En esta combino las frutas tropicales del Caribe: mango, papaya, carambola y plátano manzano. Incluya las frutas tropicales que más le gusten. Cuando quiero darle una presentación elegante a esta ensalada, la sirvo en cáscaras de coco vacías. El agua de coco se conserva en el refrigerador durante 3 días como máximo y sirve para preparar la Sopa de hombre (página 150) o cualquiera de los postres de coco en este libro.

3	cocos maduros (color café)
3	cucharadas de miel
3	cucharadas de jugo de limón verde (lima)
2	cucharadas de ron con sabor a coco o 1 cucharadita de extracto de ron (opcional)
2	cucharadas de jengibre cristalizado picado
2	carambolas, peladas y picadas en rodajas finas

1	mango, pelado, deshuesado y picado
1	papaya (fruta bomba, lechosa), pelada, sin semilla y picada
1	naranja o mandarina, pelada, cortada o separada en gajos y sin semilla
2	plátanos manzanos, pelados y picados en rodajas finas
6	ramitas de menta (hierbabuena)

Abra los ojos de los cocos con un desarmador. Escurra el agua de coco en un tazón (recipiente). (Debería de tener más o menos 1½ tazas de agua de coco.) Guarde para otro uso, si así lo desea. Parta los cocos a la mitad con una cuchilla de carnicero sobre una tabla para picar (vea el Consejo de cocina). Lave las cáscaras de coco y ponga aparte.

(continúa)

Ponga el jugo de limón verde, la miel, el ron o el extracto de ron (si lo está usando) y el jengibre en un tazón grande y bata. Ponga aparte 6 rodajas de carambola. Agregue la carambola restante, el mango, la papaya, la naranja o mandarina y el plátano manzano al tazón y mezcle.

Ponga las cáscaras de coco en tazones grandes llenos de hielo triturado para sostenerlas. Llene las cáscaras con la ensalada de frutas y adorne cada una con una rodaja de carambola y una ramita de menta.

Para 6 porciones

Consejo de cocina

✦ Para partir una cáscara de coco a la mitad, golpéela repetidas veces con el lomo de una cuchilla de carnicero a lo largo de una línea imaginaria que da la vuelta al coco. Entre 10 y 20 golpes ligeros deben bastar para que la cáscara se abra en dos mitades perfectas.

BUÑUELOS

México

Vistazo nutricional	Antes	Después
Por porción (1 buñuelo)		
Calorías	259	225
Grasa total g	17.6	5.4
Grasa saturada g	2.9	2.2
Colesterol mg	12	8

Los buñuelos son una de las glorias de la repostería mexicana. Estos delgados discos de pasta frita y crujiente se espolvorean con semilla de anís, canela, azúcar y miel. La versión baja en grasa que presento en esta receta utiliza tortillas de harina de trigo que se hornean en lugar de freírse en grandes cantidades de aceite. Una pequeña cantidad de aceite le da un rico sabor sin agregar más que una fracción de la grasa original. ¡Lo mejor de todo es que estos buñuelos bajos en grasa quedan listos en unos cuantos minutos!

4	tortillas de harina de trigo sin grasa (con un diámetro de 8"/20 cm)
1	cucharada de mantequilla o manteca, derretida
¼	taza de azúcar

1	cucharada de canela molida
1	cucharadita de semilla de anís triturada
2	cucharadas de miel

Precaliente el horno a 400°F (206°C).

Ponga las tortillas sobre una bandeja de hornear grande. Unte las tortillas levemente por encima con mantequilla o manteca.

Ponga el azúcar, la canela y la semilla de anís en un tazón (recipiente) pequeño. Espolvoree cada tortilla con 1 cucharada de esta mezcla.

Hornee las tortillas durante 5 minutos, hasta que estén crujientes. (Vigílelas con atención, para que no se quemen.) Pase a una rejilla (parrilla) de alambre y deje enfriar un poco. Justo antes de servir, esparza la miel sobre las tortillas.

Para 4 buñuelos

CABALLEROS POBRES

México

Vistazo nutricional	Antes	Después
Por porción		
Calorías	360	208
Grasa total g	9.8	0.9
Grasa saturada g	3.7	0.2
Colesterol mg	80	0

*E*ste postre mexicano se conoce por dos nombres, "caballeros pobres" o "capirotada", pero el que siempre me ha gustado más es el primero. Se trata de una especie de pan tostado a la francesa (en inglés, French toast) frito con mucho aceite que luego se sirve bañado con un aromático almíbar de especias. A fin de preparar una versión que el corazón pueda disfrutar en la misma medida que el paladar, uso clara de huevo en lugar de la yema para preparar la pasta y "frío" el pan al horno, no con aceite. La cantidad de grasa ahorrada es impresionante, pues la nueva versión contiene menos de 1 gramo de grasa por porción, en lugar de los 9.8 gramos originales.

1 taza de agua

½ taza de azúcar

3 cucharadas de piloncillo o de azúcar morena (mascabado) oscura

¼ taza de pasas

1 raja (rama) de canela (de 3"/8 cm de largo)

4 clavos de olor enteros

2 tiras de cáscara de limón

3 claras de huevo o ⅓ taza de sustituto líquido de huevo

½ taza de leche descremada

3 cucharadas de vino dulce, como Marsala o Málaga (vea el Consejo de cocina) o dos cucharadas de leche descremada.

½ cucharadita de extracto de vainilla

¼ cucharadita de extracto de almendra

¼ cucharadita de canela molida

6 rebanadas (1"/3 cm de grueso) de pan francés (*baguette*) del día anterior

Ponga el agua, el azúcar, el piloncillo o azúcar morena, las pasas, la rama de canela, los clavos y la cáscara de limón a fuego alto en una cacerola mediana. Deje que rompa a hervir. Baje el fuego a mediano y hierva durante 5 minutos, hasta que el azúcar se haya disuelto y la mezcla espese levemente. Vierta en un tazón (reci-

(continúa)

piente) grande y poco profundo. Deje enfriar a temperatura ambiente. Ponga el almíbar (sirope) en el refrigerador durante 2 horas, hasta que enfríe.

Ponga las claras o el sustituto de huevo, la leche, el vino, los extractos de vainilla y de almendra y la canela molida en otro tazón grande y poco profundo. Agregue las rebanadas de pan y deje que se empapen de 10 a 15 minutos, volteándolas de vez en cuando.

Precaliente el horno a 400°F (206°C). Rocíe una bandeja de hornear antiadherente con aceite antiadherente en aerosol.

Acomode las rebanadas de pan sobre la bandeja de hornear ya preparada. Rocíelas por encima con aceite antiadherente en aerosol. Hornee durante unos 10 minutos por lado, hasta que estén doradas y crujientes. Pase el pan a una rejilla (parrilla) de alambre para que enfríe.

Pase las rebanadas de pan al tazón con el almíbar. Deje empapar durante 30 minutos, volteando una o dos veces.

Pase 1 rebanada a un platón hondo pequeño y poco profundo y vierta encima un poco de almíbar y unas cuantas pasas. Repita con las demás rebanadas.

Para 6 porciones

DULCE DE TOMATE

República Dominicana

Vistazo nutricional	Antes	Después
Por porción (más o menos 2 mitades de tomate y 2¹/₂ cucharadas de almíbar)		
Calorías	235	186
Grasa total g	0.4	0.4
Grasa saturada g	0.1	0.1
Colesterol mg	0	0

La idea de servir tomates como postre tal vez parezca algo extraña a primera vista. No obstante, los botánicos nos informarían que el tomate es una fruta, no un vegetal. Lo saben muy bien en la República Dominicana, donde los tomates en almíbar son un postre muy común. Tradicionalmente, el dulce de tomate se sirve con rebanadas de queso fresco o de queso crema bajo en grasa. El característico sabor levemente salado del queso resalta lo dulce del tomate. También lo puede servir con yogur congelado. Seleccione tomates firmes que no estén demasiado maduros.

2	rajas (ramas) de canela (de 3"/8 cm de largo cada una)	4	tiras de cáscara de naranja
1	trozo de vaina de vainilla (de 3" de largo), cortado a la mitad a lo largo, o 1 cucharadita de extracto de vainilla	1	anís estrellado
		2	tazas de azúcar
		2	tazas de agua
		1	taza de pasas
4	clavos de olor enteros	2	libras (896 g) de tomates italianos pequeños y firmes, cortados a la mitad horizontalmente
4	moras (bayas) enteras de pimienta de Jamaica (*allspice*)		

Ponga las rajas de canela, la vaina de vainilla, los clavos, la pimienta de Jamaica, la cáscara de naranja y el anís estrellado en una bolsa hecha de estopilla (bambula) y amarre. Ponga el azúcar, el agua, las pasas y la bolsa de tela a fuego alto en una cacerola grande y pesada. Deje que rompa a hervir, baje el fuego a mediano y agregue los tomates. Hierva durante unos 10 minutos, hasta que estén suaves pero no reblandecidos. Saque y tire la bolsa de tela. Si está usando extracto de vainilla en lugar de vainilla entera, agréguelo al almíbar después de haber tirado la bolsa de las especias.

Ponga los tomates calientes y el almíbar en 3 frascos calientes para conservas de 1 pinta (237 ml) cada uno, previamente esterilizados con agua hirviendo. Deje ¼" (6 mm) de espacio encima de los tomates. Limpie las bocas de los frascos y cierre las tapas. Ponga los frascos boca abajo durante 5 minutos. Ponga otra vez boca arriba y deje enfriar a temperatura ambiente. Guarde en el refrigerador. Una vez abierto el frasco, los tomates se conservan en el refrigerador durante 2 semanas como máximo.

Para 12 porciones (3 pintas/711 ml)

Consejo de cocina

✦ Si no encuentra anís estrellado entero cerca de donde vive, puede omitirlo de la receta.

CASQUITOS DE GUAYABA EN ALMÍBAR

Varios países

Vistazo nutricional	Antes	Después
Por porción ³/₄ taza.		
Calorías	925	622
Grasa total g	3	2.3
Grasa saturada g	0.8	0.6
Colesterol mg	0	0

El aroma sugerente y el perfumado sabor de la guayaba nos recuerdan los limones y plátanos amarillos, las fresas y la miel. Nunca se espera uno la enorme cantidad de diminutas y durísimas semillas que contiene su fragante pulpa. Hace siglos, los cocineros del Caribe de habla hispana concibieron una ingeniosa forma de disfrutar la guayaba: cocinaron el casco exterior en almíbar y convirtieron la pulpa llena de semillas en una jalea. Siempre que preparo la guayaba hago las dos cosas (vea la Jalea de guayaba en la página 405). Estos casquitos se convierten en obsequios navideños muy especiales.

6	libras (3 kg) de guayaba madura sin cáscaras	2	rajas (ramas) de canela (de 3" cm de largo cada una)
2	limones	6	clavos de olor enteros
6	tazas de agua	6	moras (bayas) enteras de pimienta de Jamaica (*allspice*)
3–4	tazas de azúcar		
1	trozo de vaina de vainilla (de 3"/8 cm de largo), cortado a la mitad a lo largo		

Lave las guayabas muy bien y pele cada una con un pelador de papas o cuchillo de pelar. Guarde la cáscara. Parta cada guayaba a la mitad a lo largo y saque la semilla con un decorador de frutas o cuchara. Deben de quedar casquitos de ¼" (6 mm) de grueso. (Guarde la cáscara y la semilla para la Jalea de guayaba en la página 405.)

Corte la cáscara de 1 limón en tiras con un pelador de papas. Parta ambos limones a la mitad y exprima el jugo dentro de una cacerola grande y pesada. Agregue el agua, 3 tazas de azúcar, la cáscara y el jugo de limón, la vaina de vainilla, la raja de canela, los clavos y la pimienta de Jamaica. Deje que rompa a hervir a fuego alto. Baje el fuego a mediano-lento y agregue los casquitos de guayaba. Hierva de 8 a 10 minutos, hasta que los casquitos estén muy suaves. Retire la espuma que suba a la superficie durante el proceso. Pruebe y agregue más azúcar, si así lo desea.

Ponga los casquitos calientes de guayaba y el almíbar en 4 frascos calientes para conservas de 8 onzas (240 ml) cada uno, previamente esterilizados con agua hirviendo. Deje ¼" (6 mm) de espacio encima de los casquitos. Limpie las bocas de los frascos y cierre las tapas. Ponga los frascos boca abajo durante 5 minutos. Ponga otra vez boca arriba y deje enfriar a temperatura ambiente. Guarde en el refrigerador. Una vez abierto el frasco, los casquitos se conservan en el refrigerador durante 2 semanas como máximo.

Para 4 tazas

Consejo de cocina

✦ La tradición dicta servir los casquitos de guayaba con rebanadas delgadas de queso fresco o de queso crema bajo en grasa. La idea es que el sabor salado del queso complemente lo dulce de la guayaba. Los casquitos de guayaba también sirven como un acompañamiento deliciosamente novedoso para el yogur congelado.

JALEA DE GUAYABA

Cuba; Puerto Rico;
República Dominicana

Vistazo nutricional	Antes	Después
Por porción (2 cucharadas)		
Calorías	88	41
Grasa total g	0.2	0
Grasa saturada g	0.4	0
Colesterol mg	0	0

Las guayabas se encuentran en las tiendas de productos para la cocina latina y en los supermercados grandes. Por lo común se venden duras y verdes. Deje que maduren en una bolsa de papel cerrada a temperatura ambiente. Una guayaba madura emana un intenso aroma y se siente suave al tacto, pero no reblandecida.

6	libras (3 kg) de guayaba madura		1	raja (rama) de canela (de 3"/8 cm de largo)
5	tazas de agua		4	clavos de olor enteros
1–1½	tazas de azúcar		2	cucharaditas de cáscara de limón rallada
1	trozo de vaina de vainilla (de 2"/5 cm de largo), cortado a la mitad a lo largo			

Lave las guayabas muy bien y pele cada una con un pelador de papas o cuchillo de pelar. Guarde la cáscara. Pique cada guayaba a la mitad a lo largo y saque las semillas con un decorador de frutas o cuchara. (Deben de quedar casquitos de ¼"/6 mm de grueso. Guárdelos para los Casquitos de guayaba en almíbar en la página 404.)

Ponga la cáscara y semilla de guayaba y la pulpa que haya sacado a fuego alto en una cacerola grande y pesada. Deje que rompa a hervir, baje el fuego a mediano y hierva sin tapar durante 10 minutos, hasta que la cáscara esté muy suave. Quite la cacerola del fuego y deje enfriar un poco.

(continúa)

Pase la mezcla a una licuadora (batidora) o procesador de alimentos y muela. Limpie la cacerola con unas toallas de papel (servitoallas). Usando un colador (coladera) fino o un colador forrado con varias capas de estopilla (bambula), pase el puré de guayaba por éste para que se vierta de nuevo en la cacerola. Apriete el puré con una espátula de hule o el dorso de un cucharón de madera para extraerle la mayor cantidad posible de líquido. (Debe sacar de 5½ a 6 tazas de puré colado.)

Agregue 1 taza de azúcar, la vaina de vainilla, la raja de canela, los clavos y la cáscara de limón y revuelva. Hierva durante 20 minutos, revolviendo con frecuencia, hasta que la jalea (mermelada) esté espesa y concentrada. Pruebe y agregue más azúcar, si así lo desea.

Ponga la jalea caliente en 4 frascos calientes para conservas de 8 onzas (240 ml) cada uno, previamente esterilizados con agua hirviendo. Deje ¼" de espacio encima de la jalea. Limpie las bocas de los frascos y cierre las tapas. Ponga los frascos boca abajo durante 5 minutos. Ponga otra vez boca arriba y deje enfriar a temperatura ambiente. Guarde a temperatura ambiente durante 3 meses como máximo. Una vez abierto el frasco, la jalea se conserva en el refrigerador durante 2 semanas como máximo.

Para 4 tazas.

SUPERALIMENTO LATINO: LA GUAYABA

Por más dulce que sea para nosotros, la guayaba no es así con las enfermedades —de hecho, es la enemiga mortal de éstas. Investigaciones muestran que esta fruta tropical ayuda a protegernos de los resfriados (catarros) e incluso es posible que prevenga enfermedades como el cáncer y las enfermedades cardíacas.

Cada guayaba contiene unos 5 gramos de fibra, la cual ayuda a proteger contra el cáncer del colon y el alto nivel de azúcar asociado con la diabetes. Es posible que esa cantidad de fibra, sumada al considerable contenido de vitamina A de la fruta, disminuya el riesgo de sufrir ciertos tipos de úlceras. Al menos eso es lo que indica un estudio. Además, las guayabas son excelentes en la lucha contra el colesterol y su desagradable costumbre de endurecer las arterias. En la India, algunos investigadores compararon los niveles de colesterol de un grupo de personas que comían guayabas diariamente con otras que no las consumían. Descubrieron que 12 semanas después los consumidores de guayabas mostraban una reducción del 10 por ciento en su nivel total de colesterol, así como una baja del 8 por ciento en su nivel de triglicéridos (que son las grasas sanguíneas que posiblemente contribuyan a provocar enfermedades del corazón) y un incremento del 8 por ciento en el colesterol saludable HDL.

¿Le interesa protegerse contra los resfriados o la gripe invernales? Según los investigadores, la guayaba quizá fortalezca al sistema inmunológico en la lucha contra las infecciones. Una sola pieza de esta fruta contiene 165 miligramos de vitamina C, cantidad que equivale al 275 por ciento del Valor Diario y al triple de la vitamina C que contiene una naranja. Otro gran beneficio adicional es que esa inyección impresionante de vitamina C posiblemente baje el riesgo de contraer cáncer.

La mayoría de los grandes supermercados la venden. Si desea romper su rutina nutricional, puede agarrar unas cuantas la próxima vez que pase por la sección de frutas y verduras.

JALEA DE BANANA

Guatemala

Vistazo nutricional	Antes	Después
Por porción (2 cucharadas)		
Calorías	130	82
Grasa total g	0.2	0.2
Grasa saturada g	0.1	0.1
Colesterol mg	0	0

Esta jalea es una intrigante delicia. Los cítricos y las especias dulces resaltan el sabor tropical de las bananas. Cuando se acerca el fin de año me gusta preparar una cantidad considerable y ponerla en frascos bonitos como regalo.

6	bananas (plátanos amarillos, guineos) maduras (vea el Consejo de cocina)
1¼	tazas de jugo de naranja
¼	taza de jugo de limón verde (lima)
1½–2	tazas de azúcar
1	raja (rama) de canela (de 3"/8 cm de largo)
1	trozo de vaina de vainilla (de 3" cm de largo), cortado a la mitad a lo largo
1	pizca de sal

Pele los plátanos y píquelos en rodajas finas. Ponga el plátano, los jugos de naranja y de limón verde, 1½ tazas de azúcar, la raja de canela, la vaina de vainilla y sal a fuego alto en una cacerola grande y pesada. Deje que rompa a hervir. Baje el fuego a mediano-lento y hierva sin tapar durante 30 minutos, revolviendo con frecuencia, hasta que la jalea espese. Pruebe y agregue más azúcar, si así lo desea.

Ponga la jalea caliente en 4 frascos calientes para conservas de 6 onzas (180 ml) cada uno, previamente esterilizados con agua hirviendo. Deje ¼" (6 mm) de espacio encima de la jalea. Limpie las bocas de los frascos y cierre las tapas. Ponga los frascos boca abajo durante 5 minutos. Ponga otra vez boca arriba y deje enfriar a temperatura ambiente. Guarde en el refrigerador. Una vez abierto el frasco, la jalea se conserva en el refrigerador durante 3 semanas como máximo.

Para 3 tazas

Consejo de cocina

✦ El plátano que más me gusta usar para esta jalea es el plátano manzano.

BONIATILLO

Cuba

Vistazo nutricional	Antes	Después
Por porción (2 cucharadas)		
Calorías	192	96
Grasa total g	0.1	0.1
Grasa saturada g	0	0
Colesterol mg	0	0

Hay una confusión con respecto a los términos 'batata' y 'boniato' en las cocinas latinoamericanas. La vianda caribeña de color rosado se llama 'boniato' en Cuba pero se llama 'batata' en Puerto Rico y en la República Dominicana. Al mismo tiempo, algunos hispanos le llaman batatas a las viandas largas y anaranjadas conocidas en México y en algunas partes de Sudamérica como camotes y en inglés como sweet potatoes. *Bueno, aquí quiero aclarar que estamos usando los boniatos/batatas del Caribe, las cuales se pueden encontrar bajo cualquiera de esos nombres en las tiendas hispanas. Y a pesar de la confusión de nombres, lo más importante es que el rico sabor de este postre sí es inconfundible. Si por casualidad no encuentra los boniatos/batatas, usted puede cambiarlos por los* sweet potatoes. *Sólo debe disminuir la cantidad de azúcar a 1–1½ tazas.*

1	limón
4	tazas de agua
1½	libras (672 g) de boniato (batata), pelado y picado fino
1½–2	tazas de azúcar
1	raja (rama) de canela (de 3"/8 cm de largo)
1	trozo de vaina de vainilla (de 3" de largo), cortado a la mitad a lo largo
4	clavos de olor enteros
4	moras (bayas) enteras de pimienta de Jamaica (*allspice*)

Quite 5 tiras de 2" × ½" (5 cm × 1 cm) cada una de la cáscara del limón con un pelador de papas y ponga en una cacerola grande. Exprima el jugo de limón dentro de la cacerola. Agregue el agua, el boniato, 1½ tazas de azúcar, la raja de canela, la vaina de vainilla, los clavos y la pimienta de Jamaica.

Deje que rompa a hervir a fuego alto. Baje el fuego a mediano-lento y hierva sin tapar durante unos 30 minutos, hasta que la jalea adquiera la consistencia del helado suave. Retire la espuma que suba a la superficie mientras se cocina la jalea.

El boniato debe desintegrarse hasta formar un puré grumoso. Aplaste con el dorso de un cucharón de madera, de ser necesario. Pruebe y agregue más azúcar, si así lo desea.

Ponga la jalea caliente en 4 frascos calientes para conservas de 8 onzas (240 ml) cada uno, previamente esterilizados con agua hirviendo. Deje ¼" (6 mm) de espacio encima de la jalea. Limpie las bocas de los frascos y cierre las tapas.

(continúa)

Ponga los frascos boca abajo durante 5 minutos. Ponga otra vez boca arriba y deje enfriar a temperatura ambiente. Guarde en el refrigerador. Una vez abierto el frasco, la jalea se conserva en el refrigerador durante 1 semana como máximo.

Para 4 tazas

Consejo de cocina

✦ Los cubanos muchas veces sirven esta jalea como postre. Ponga en platos hondos o compoteras y vierta encima un poco de leche descremada o de leche evaporada descremada. También puede servir la jalea encima de yogur congelado.

SUPERALIMENTO LATINO: LA BATATA DULCE

Esta vianda larga y anaranjada, también conocida como camote en México y Sudamérica y como *sweet potato* o *yam* en inglés, se puede preparar en muchas formas y aparte de su sabor, aporta muchos antioxidantes, que son nuestros pequeños pero formidables aliados microscópicos.

La batata dulce es un tubérculo originario del continente americano. Es buena para nuestra salud porque muchas enfermedades son fomentadas por ciertas moléculas de oxígeno conocidas como "radicales libres". Los radicales libres atacan a las células sanas del cuerpo, y eso nos hace correr el riesgo de sufrir las enfermedades del corazón, las cataratas, el cáncer y tal vez hasta el mismo proceso de envejecimiento. Los antioxidantes como las vitaminas C y E y la betacaroteno, por su parte, detienen a los radicales libres antes de que logren cumplir con su malvada misión.

De acuerdo con un estudio realizado con más de 1,500 hombres en Chicago, es posible que todo ese potencial antioxidante y toda esa fuerza en la lucha contra las enfermedades se traduzcan, a final de cuentas, en una vida más larga. Los investigadores encargados de dicho estudio observaron que los hombres que aumentaban su consumo diario de vitamina C y de betacaroteno en la cantidad que se encuentra en poco más de una taza de batata dulce disminuían casi en un tercio el riesgo de morir de cáncer o de una enfermedad del corazón.

El folato es otro supernutriente encontrado en la batata dulce. Media taza del tubérculo proporciona más o menos el 6 por ciento de los 400 microgramos que se requieren todos los días. El folato ayuda a bajar el nivel del aminoácido homocistina, cuya presencia en grandes cantidades puede resultar peligrosa para el corazón, según lo han demostrado varias investigaciones.

Si le gustan las papas al horno, pruebe una batata dulce al horno. Saben un poco más dulces, pero a la mayoría de las personas les encantan con un poco de mantequilla, algo de almíbar (sirope) de arce (*maple*) o una pizca de canela. O bien saboree una delicia del Caribe de habla hispana, el Boniatillo (página 409).

BEBIDAS

De todas las culturas del mundo, la latinoamericana merece el premio de la creatividad en lo que se refiere a las diversas maneras que ha encontrado para saciar la sed. Considere el Agua de horchata (página 422), una bebida de arroz, almendras y canela que se disfruta en toda Centroamérica y México. Es cremosa y refrescante y tiene muy poca grasa. El Quáker (página 423), por su parte, es un suave néctar procedente de Ecuador, que se prepara con jugo de piña (ananá), zanahoria y avena. El Champurrado (página 417) se sirve a la hora del desayuno en México; su ingeniosa combinación de chocolate y harina de maíz da energía por muchas horas. ¡Y qué decir del licuado (batido)! Esta rica y espumosa mezcla de fruta y leche admite una infinidad de variaciones. Su consistencia se parece un poco a la de las malteadas estadounidenses, pero su contenido de grasa es muchísimo menor, ya que la lista de ingredientes no incluye el helado. Un licuado (batido) particularmente sustancioso, el de trigo (página 421), es un excelente desayuno líquido e incluso sirve como comida ligera y rápida para esos días ajetreados.

La bebida más legendaria de toda Latinoamérica quizá sea el Chocolate mexicano (página 415), un legado de los aztecas. Dese el lujo de iniciar el día con esta bebida caliente y sus aromas a vainilla, almendra y canela. Es muy fácil reducir el alto contenido de grasa de la versión tradicional usando leche descremada y cocoa en polvo en lugar de leche entera y chocolate en barra. Un toque de arrurruz o maicena espesa el chocolate de manera deliciosa sin agregar nada de grasa.

Para los días de fiesta está la Sangrita (página 431), un jugo de tomate con especias que se saborea a la hora del cóctel. Y en este fin de año no vaya a perder la oportunidad de brindar con Coquito puertorriqueño (página 426), un exquisito brebaje de coco.

Rústicas o sofisticadas, también las bebidas latinoamericanas combinan salud con sazón debido a su fundamento de granos y frutas o vegetales frescos. Sólo es necesario agregar una pequeña cantidad de azúcar. La dulzura natural de la canela y otras especies se encarga de lo demás.

RECETAS

TÉ DE LIMONCILLO

Cuba

Vistazo nutricional	Antes	Después
Por porción		
Calorías	212	212
Grasa total g	0	0
Grasa saturada g	0	0
Colesterol mg	0	0

Mi amiga Elida Proenza es una extraordinaria cocinera cubana. Sin embargo, el sabor y el valor nutritivo no es lo único que le interesa de los alimentos. Al igual que muchas latinas, también se fija en sus propiedades medicinales. Cuando algún miembro de la familia tiene gripe o un resfriado (catarro), por ejemplo, siempre prepara este té de limoncillo por sus efectos calmantes.

4   tallos de limoncillo (hierba luisa, *lemongrass*)

5   tazas de agua

Jugo de 1 limón

3–4   cucharadas de miel

    Corte las raíces y las hojas de los tallos de té de limoncillo. Pique los tallos finos. Ponga el té de limoncillo y el agua a fuego mediano en una olla grande. Hierva durante 20 minutos, hasta que el sabor del limoncillo esté muy concentrado.

    Agregue el jugo de limón y 3 cucharadas de miel y revuelva. Pruebe y agregue más miel, si así lo desea. Cuele el té y sirva en tazas grandes.

Para 4 porciones

¡Rapidito!

CHOCOLATE MEXICANO

México

Vistazo nutricional	Antes	Después
Por porción (1 taza)		
Calorías	440	291
Grasa total g	33.1	2.8
Grasa saturada g	20.4	0.3
Colesterol mg	61	6

El exquisito chocolate caliente servido en el estado mexicano de Oaxaca es espeso y espumoso, aromático y dulce. Los consumidores oaxaqueños de esta bebida son tan exigentes que mandan moler sus semillas de cacao y especias por orden especial a las tiendas locales. Si quiere, usted puede hacer como los oxaqueños y tomar esta bebida por la mañana en vez de el café. A fin de reducir el contenido en grasa saturada (y el tiempo de preparación), uso cocoa en polvo en lugar de chocolate en barra. Una mezcla de leche descremada y de leche evaporada descremada reproduce la cremosa espesura del original, mientras que las especias y los extractos dulces acentúan el sabor.

½ taza de leche descremada

½ taza de leche evaporada descremada

1½ cucharadas de cocoa (cacao) en polvo sin azúcar

1–2 cucharadas de azúcar

¼ cucharadita de canela molida

1 pizca de clavo de olor molido

½ cucharadita de extracto de vainilla

3 gotas de extracto de almendra

Ponga la leche y la leche evaporada a calentar a fuego mediano-alto en una cacerola pequeña y pesada, revolviendo constantemente. Deje que rompa a hervir.

En un tazón (recipiente) pequeño, bata a mano la cocoa, 1 cucharada de azúcar, la canela y el clavo. Agregue la leche caliente a la mezcla de cocoa y bata. Regrese a la cacerola. Deje que rompa a hervir, batiendo constantemente. Cocine durante 1 minuto, hasta que el chocolate esté espeso y espumoso. Pruebe y agregue más azúcar, si así lo desea.

Vierta el chocolate caliente en una taza grande, agregue los extractos de vainilla y de almendra y revuelva.

Para 1 taza

Consejo de cocina

✦ Tradicionalmente, el chocolate mexicano se prepara en una olla para café de metal y se bate con un molinillo especial de madera, tallado en intrincadas formas y bellamente pintado.

SUPERALIMENTO LATINO: EL CHOCOLATE

Los científicos por fin han confirmado algo que debe agradar mucho a los golosos: resulta que el chocolate no sólo sabe bien, sino que también nos hace bien (en moderación, desde luego).

Originario de Latinoamérica, el chocolate es una buena fuente de cobre, un oligoelemento esencial para el cuerpo. El Departamento de Agricultura de los Estados Unidos recomienda que se consuman 2 miligramos diarios de este lustroso mineral anaranjado a fin de asegurar un estado de salud óptimo. No obstante, varias encuestas demuestran que la mayoría de las personas por lo común sólo ingieren la mitad de dicha cantidad. La falta de cobre obstaculiza el buen funcionamiento del sistema inmunológico. Por si fuera poco, algunos expertos creen que las mujeres que no cumplen con el consumo recomendado de cobre corren un mayor riesgo de sufrir osteoporosis.

Tomando esto en cuenta, prepárese el paladar, porque 2 cucharadas de cocoa (cacao) en polvo o en almíbar (sirope) de chocolate aportan el 10 y el 15 por ciento del Valor Diario de este importante mineral, y prácticamente sin grasa. Como si con eso no bastara para convencer a cualquiera de saborear una rica taza de chocolate mexicano caliente por la mañana, el chocolate también contiene fenoles, los mismos compuestos antioxidantes que dan al vino tinto su poder en el combate contra las enfermedades cardíacas. Los fenoles impiden que el colesterol LDL malo se oxide, y esa oxidación, según los científicos, es el primer paso hacia la acumulación de placa en las arterias.

Sin embargo, a pesar de todas estas ventajas, el chocolate en barra no deja de ser un alimento alto en grasa y azúcar. Cámbielo por cocoa en polvo y almíbar de chocolate, según lo recomienda el Dr. Héctor Balcazar, profesor adjunto de nutrición comunitaria y salud pública en el Departamento de Recursos para la Familia y Desarrollo Humano así como miembro del cuerpo docente asociado al Centro de Investigaciones Hispanas de la Universidad Estatal de Arizona en Tempe. Estos alimentos prácticamente no contienen grasa y ofrecen los mismos saludables beneficios que el chocolate en barra. Y en esos momentos en que nada pueda reemplazar el chocolate en barra, consúmalo con moderación.

CHAMPURRADO

México

Vistazo nutricional	Antes	Después
Por porción (1 taza)		
Calorías	201	135
Grasa total g	6	2.1
Grasa saturada g	2.6	0.2
Colesterol mg	16	2

Acuda a cualquier mercado de la ciudad de México por la mañana y encontrará vendedores que se dedican a servir grandes tazas de champurrado y atole humeantes, sacado de ollas gigantescas. El atole se aromatiza con especias (vea la variación), mientras que el encanto del champurrado radica en el chocolate. Su muy sustanciosa consistencia se debe a un ingrediente en el que muchos tal vez no pensaríamos a la hora de preparar una bebida: masa de harina de maíz. Me parece que esta sencilla bebida puede ser nuestra mejor arma cuando tenemos que luchar con esas mañanas frías del invierno.

2	cucharadas de masa de harina de maíz
2	cucharadas de cocoa (cacao) en polvo sin azúcar
2–3	cucharadas de piloncillo (vea la página 76) o de azúcar morena (mascabado) oscura
½	cucharadita de canela molida
¼	cucharadita de semilla de anís, triturada
1	taza de agua
1	taza de leche descremada

Bata a mano en una cacerola mediana la masa de harina de maíz, la cocoa en polvo, el piloncillo o azúcar, la canela y la semilla de anís. Agregue ¼ taza de agua y bata hasta obtener una pasta espesa. Agregue el agua restante y la leche y bata.

Ponga la cacerola a fuego mediano y deje que rompa a hervir, batiendo constantemente. Baje el fuego a mediano-lento y hierva durante unos 5 minutos, batiendo de vez en cuando, hasta que esté espeso y se hayan mezclado bien todos los sabores. Pruebe y agregue más piloncillo o azúcar, si así lo desea.

Para 2 tazas

Variación

Atole: Omita la cocoa en polvo. Agregue 1 cucharadita de extracto de vainilla, ¼ cucharadita de pimienta de Jamaica (*allspice*) molida y ⅛ cucharadita de clavo de olor molido.

¡Rapidito!

PINOLILLO

Nicaragua

Vistazo nutricional	Antes	Después
Por porción (1 taza)		
Calorías	253	178
Grasa total g	11.8	2
Grasa saturada g	7.0	0.2
Colesterol mg	16	2

El pinolillo es un licuado (batido) nicaragüense. Su combinación de leche, chocolate y harina de maíz lo hace muy nutritivo, además de que sacia el hambre. Los dos últimos ingredientes son originarios del Nuevo Mundo, lo cual parece indicar que este licuado se saboreaba mucho antes de que llegaran los españoles.

2	cucharadas de harina de maíz	¼	cucharadita de pimienta de Jamaica (*allspice*) molida
2	cucharadas de cocoa (cacao) en polvo sin azúcar	1	pizca de clavo de olor molido
3	cucharadas de azúcar o miel	1	taza de leche descremada
¼	cucharadita de canela molida	1	taza de agua fría

Ponga a calentar a fuego mediano una sartén pequeña. Agregue la harina de maíz. Caliente durante unos 2 minutos, revolviendo constantemente, hasta que quede levemente tostada. Pase a una licuadora (batidora). Agregue la cocoa en polvo, el azúcar o la miel, la canela, la pimienta de Jamaica, el clavo, la leche y el agua. Muela hasta que quede espumoso.

Para 2 tazas

LICUADO DE MANGO Y PLÁTANO

Varios países

Vistazo nutricional	Antes	Después
Por porción		
Calorías	231	176
Grasa total g	2.2	0.6
Grasa saturada g	1.2	0.2
Colesterol mg	7	1

Los licuados (batidos) son bebidas refrescantes muy fáciles de preparar: se echa un poco de fruta, hielo y leche condensada azucarada a la licuadora ¡y listo! Son mucho más saludables que las malteadas estadounidenses, porque su ingrediente principal es la fruta, no el helado. La rica espesura es producto de la leche condensada azucarada. El acento tropical de este licuado en particular es producto del mango y el plátano. El plátano manzano es el que yo prefiero para esta receta. Búsquelo en las tiendas de productos para la cocina latina.

½   taza de mango maduro picado

½   taza de plátano manzano picado

1   cucharada de leche condensada azucarada sin grasa

1–2   cucharaditas de jugo de limón verde (lima)

1   taza de hielo triturado

2–3   cucharadas de agua (opcional)

Azúcar

Ponga el mango, el plátano manzano, la leche condensada, 1 cucharadita de jugo de limón verde y el hielo en una licuadora (batidora). Muela bien. Si el licuado queda demasiado espeso, agregue el agua. Pruebe y agregue más jugo de limón verde y un poco de azúcar, si así lo desea.

Para 1 porción

LICUADO DE FRESAS Y PIÑA

Varios países

Vistazo nutricional	Antes	Después
Por porción		
Calorías	195	140
Grasa total g	2.3	0.7
Grasa saturada g	1.1	0
Colesterol mg	7	1

Una rica variación sobre la conocida mezcla de fresas y plátanos.

½ taza de fresa picada

½ taza de piña (ananá) picada

3 cucharadas de jugo de piña

1 cucharada de leche condensada azucarada descremada

1 cucharadita de jugo de limón verde (lima)

1 taza de hielo triturado

Ponga la fresa, la piña, el jugo de piña, la leche condensada, el jugo de limón verde y el hielo en una licuadora (batidora). Muela bien.

Para 1 porción

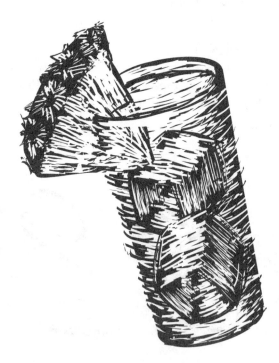

¡Rapidito!

LICUADO DE TRIGO

Cuba

Vistazo nutricional	Antes	Después
Por porción		
Calorías	293	207
Grasa total g	5.9	0.4
Grasa saturada g	3.6	0.1
Colesterol mg	23	3

Este licuado (batido) muy especial se convierte en un excelente desayuno líquido para esos días llenos de quehaceres. El trigo inflado proporciona los carbohidratos complejos necesarios para tener mucha energía durante todo el día.

1   taza de trigo inflado
½   taza de leche descremada
½   taza de hielo triturado
1   cucharada de leche condensada azucarada sin grasa

1   cucharada de miel
1   pizca de sal

Ponga el trigo inflado, la leche, el hielo, la leche condensada, la miel y sal en una licuadora (batidora). Muela bien.

Para 1 porción

AGUA DE HORCHATA

México

Vistazo nutricional	Antes	Después
Por porción (1 taza)		
Calorías	480	136
Grasa total g	26	0.3
Grasa saturada g	2.5	0.1
Colesterol mg	0	0

El agua de horchata es una de las bebidas más refrescantes del mundo. Parece leche, pero se prepara con arroz y especias. Es perfecta para las personas cuyo cuerpo no tolera la leche o que prefieren evitarla. Además, es baja en grasa por naturaleza. A fin de ahorrar calorías, reduje la cantidad de azúcar y sustituí las almendras por extracto de almendra.

½	taza de arroz blanco crudo	3–4	cucharadas de azúcar o miel
2	tiras de cáscara de naranja (de 2"/5 cm de largo cada una)	4½	tazas de agua
2	rajas (ramas) de canela	½	cucharadita de extracto de vainilla
3	clavos de olor enteros molidos	½	cucharadita de extracto de almendra
3	moras (bayas) enteras de pimienta de Jamaica (*allspice*)		

Ponga el arroz, la cáscara de naranja, las rajas de canela, el clavo, las moras de pimienta de Jamaica, 3 cucharadas de azúcar o miel y el agua en un tazón (recipiente) grande. Deje reposar durante más o menos 1½ horas en el refrigerador, hasta que el arroz esté suave. Pase a una licuadora (batidora) o procesador de alimentos y muela bien.

Pase la mezcla por un colador (coladera) forrado con estopilla (bambula) o con toallas de papel (servitoallas), colocado encima de un jarro. Agregue los extractos de vainilla y de almendra y revuelva. Pruebe y agregue más azúcar o miel, si así lo desea. Ponga en el refrigerador durante por lo menos 4 horas y hasta 4 días como máximo.

Para 4 tazas

Variación

Agua de horchata con fruta: Agregue 1 taza de melón picado o molido al agua de horchata. También puede darle un toque de color agregando moras frescas, gajos de naranja o cualquier otra fruta picada.

QUÁKER

Ecuador

Este brebaje espeso, rico y sustancioso es el rey de los néctares de fruta. El nombre constituye un homenaje al fabricante de su ingrediente principal, la avena. El Quáker pertenece a una extensa familia de bebidas dulces sin alcohol basadas en granos, las cuales incluyen el Agua de horchata mexicana (página 422). En Ecuador, se prepara con una fruta sudamericana llamada naranjilla. La naranja sirve como un sustituto adecuado y muy fácil de encontrar en los Estados Unidos. Otro cambio a la receta tradicional es que yo sustituyo el azúcar que normalmente se usa por miel, para reducir las calorías.

1	naranja	5–7	cucharadas de miel
½	taza de avena de cocción rápida	1	raja (rama) de canela (de 3"/8 cm de largo)
2	zanahorias, picadas	5	tazas de agua
1½	tazas de piña (ananá) fresca o de lata picada (con su jugo)		

Pele la naranja sacando tiras de 2" × ½" (5 cm × 1 cm) con un pelador de papas. Ponga las tiras de cáscara en una cacerola grande. Pique la naranja a la mitad y exprímala dentro de la cacerola. Agregue la avena, la zanahoria, la piña (con su jugo), 5 cucharadas de miel, la raja de canela y el agua. Ponga a fuego alto y deje que rompa a hervir. Hierva durante unos 10 minutos, hasta que la avena esté muy suave. Quite del fuego y deje enfriar durante 5 minutos.

Saque y tire la raja de canela y la cáscara de naranja. Pase la mezcla a una licuadora (batidora) y muela. Cuele con un colador (coladera) fino colocado encima de un jarro. Ponga en el refrigerador durante por lo menos 4 horas o hasta 3 días como máximo.

Para 4 porciones

CHICHEME A LA CHORRERA

Panamá

Vistazo nutricional	Antes	Después
Por porción (1 1/3 tazas)		
Calorías	266	209
Grasa total g	8.9	1.3
Grasa saturada g	4.9	0.3
Colesterol mg	29	3

Esta bebida llena de crujientes pedacitos de maíz es una especialidad de este país sudamericano. Chorrera es un pueblo que queda unas 35 millas de la ciudad de Panamá. El chicheme es como una comida y una bebida a la vez, porque el maíz queda en el fondo del vaso y uno típicamente se bebe un poco y después se come un poco del maíz con una cuchara. El maíz ideal para esta receta es el amarillo trillado, un maíz seco sin cáscara. Se consigue en tiendas de productos para la cocina latina y en muchos supermercados. También es posible preparar el chicheme con maíz descascarado de lata, el cual se llama hominy *en inglés y que se encuentra en la sección internacional de la mayoría de los super-mercados grandes. Si va a usar el maíz seco, empiece a preparar la receta con un día de anticipación.*

½	taza de maíz amarillo descascarado seco o de maíz descascarado (*hominy*) de lata escurrido
4	tazas de agua
1	raja (rama) de canela (de 3"/8 cm de largo)

1	lata de 14 onzas (420 ml) de leche evaporada descremada
4–6	cucharadas de azúcar
1	cucharadita de extracto de vainilla
½–¾	cucharadita de nuez moscada molida

Ponga el maíz en un tazón (recipiente) pequeño con 1 taza de agua. Tape y deje remojar en el refrigerador durante 6 horas o toda la noche. Al día siguiente, ponga el maíz y el agua en que se remojó, las 3 tazas restantes de agua y la raja de canela en una cacerola grande y pesada. (Si está usando maíz descascarado de lata escurrido, simplemente ponga el maíz en una cacerola grande y pesada con 4 tazas de agua y la raja de canela.)

Ponga la cacerola a fuego alto y deje que rompa a hervir. Baje el fuego a mediano, tape la cacerola sin cerrarla por completo y hierva durante unos 30 minutos, hasta que el maíz esté suave. Saque y tire la raja de canela. Agregue la leche evaporada y 4 cucharadas de azúcar. Hierva durante 5 minutos. Quite del fuego y deje enfriar a temperatura ambiente. Ponga en el refrigerador durante por lo menos 4 horas y hasta 3 días como máximo.

Agregue el extracto de vainilla y ½ cucharadita de nuez moscada y revuelva. Pruebe y agregue más azúcar y nuez moscada, si así lo desea. Sirva en vasos altos con cubos de hielo.

Para 4 porciones

GARAPIÑA

Cuba

Vistazo nutricional	Antes	Después
Por porción (1 taza)		
Calorías	75	43
Grasa total g	0.1	0.1
Saturated fat g	0	0
Colesterol mg	0	0

Esta receta es para las personas que no soportan el desperdicio en la cocina. La bebida, conocida en México como "tepache" y en El Salvador como "chicha", se prepara con la cáscara de una piña fresca. El tiempo de trabajo efectivo no suma más que unos cuantos minutos. Luego la cáscara de piña se deja remojando durante varios días, hasta que el agua se llena de un refrescante sabor ácido y dulce a la vez. La receta es baja en grasa por naturaleza. El jengibre y las especias acentúan el sabor de la piña y permiten reducir la cantidad de dulce (y el número de calorías).

Cáscara de 1 piña (ananá)

1 trozo de jengibre fresco (de 2"/5 cm de largo), picado en rodajas de ¼" (6 mm)

2 rajas (ramas) de canela (de 3"/8 cm de largo each)

2 clavos de olor enteros

8 tazas de agua

4–6 cucharadas de miel

Ponga la cáscara de piña, el jengibre, las rajas de canela y el agua en un frasco grande. Cierre el frasco con su tapa sin apretarla completamente. Deje remojar de 2 a 3 días a temperatura ambiente.

Cuele la mezcla dentro de un jarro y agregue 4 cucharadas de miel. Pruebe y agregue más miel, si así lo desea. Ponga en el refrigerador de 3 a 4 horas, hasta que esté bien frío.

Para 8 tazas

Variaciones regionales

Chicha guatemalteca: Sustituya la cáscara de piña por 4 tazas de una mezcla de fruta picada, como manzana, albaricoque (chabacano, damasco), cereza, melocotón (durazno) y membrillo.

Chicha venezolana: Agregue ½ taza de granos de maíz (elote) frescos o descongelados junto con la cáscara de piña (ananá).

COQUITO

Puerto Rico

Vistazo nutricional	Antes	Después
Por porción (²/₃ taza)		
Calorías	407	250
Grasa total g	22.6	3.2
Grasa saturada g	17.1	0.2
Colesterol mg	129	29

En *las fiestas del próximo fin de año, no se le olvide incluir esta tradicional bebida puertorriqueña en sus planes culinarios. La receta original debe su rico sabor y consistencia a la combinación de leche de coco y yemas de huevo. Esta versión baja en grasa reproduce todas esas cualidades del original con agua de coco (el líquido que contiene el coco), leche de coco ligera y leche condensada azucarada sin grasa. Un huevo es suficiente para igualar el sabor y la espesura del coquito original, pero puede omitirlo, si lo desea. Puede servir esta bebida en la cáscara del mismo coco para darle un llamativo toque festivo (y un saborcito adicional a coco). Si le sobra agua de coco, guárdela para preparar Tembleque (página 388).*

4	cocos maduros (color café)
1	lata de 14 onzas (420 ml) de leche condensada azucarada sin grasa
1	taza de leche de coco ligera
1	taza de ron ligero o 4 cucharaditas de extracto de ron + 1 taza de agua
½	cucharadita de canela molida
¾	cucharadita de nuez moscada molida
1	huevo, batido

Abra los ojos de los cocos con un destornillador. Cuele 1½ tazas de agua de coco dentro de una cacerola grande. Con una cuchilla de carnicero, parta los cocos a la mitad sobre una tabla para picar (vea el Consejo de cocina). Lave las cáscaras de coco y póngalas aparte.

Ponga la cacerola a calentar a fuego mediano. Agregue la leche condensada, la leche de coco, el ron o extracto de ron y agua, la canela, ½ cucharadita de nuez moscada, el huevo y bata. Cocine durante unos tres minutos, revolviendo con frecuencia con un cucharón de madera, hasta que la mezcla se pegue al dorso del cucharón en una capa gruesa. No permita que hierva, porque el huevo cuajará. Cuele la mezcla inmediatamente por un colador y dentro de un tazón (recipiente) mediano o un jarro. Deje enfriar a temperatura ambiente. Ponga en el refrigerador de 3 a 4 horas, hasta que esté bien frío.

Vierta en las cáscaras de coco o en copas para coquito (unas copitas muy pequeñas que parecen hueveras). Espolvoree cada porción con un poco de la nuez moscada restante.

Para 8 porciones (5⅓ tazas)

◆ Para partir una cáscara de coco a la mitad, golpéela repetidas veces con el lomo de una cuchilla de carnicero a lo largo de una línea imaginaria que da la vuelta al coco. Entre 10 y 20 golpes ligeros deben bastar para que la cáscara se abra en dos mitades perfectas.

¡Rapidito!

JUGO DE LULO

Colombia

Vistazo nutricional	Antes	Después
Por porción (1 taza)		
Calorías	168	139
Grasa total g	0.7	0.7
Grasa saturada g	0	0
Colesterol mg	0	0

La primera vez que probé esta refrescante bebida fue en un restaurante colombiano de Miami. El lulo, una exquisita fruta verde que se caracteriza por un leve sabor ácido parecido al de las moras, es el ingrediente tradicional. Sin embargo, resulta casi imposible de encontrar en los Estados Unidos. Por lo tanto, opté por el kiwi. El jugo de limón verde sirve para imitar la acidez del lulo. Es el néctar perfecto para reponer energías en un cálido día de verano.

2 kiwis, pelados	½ taza de hielo triturado
2–3 cucharaditas de jugo de limón verde (lima)	½ taza de agua fría
2–3 cucharaditas de azúcar o miel	

Ponga los kiwis, 2 cucharaditas de jugo de limón verde, 2 cucharaditas de azúcar o miel, el hielo triturado y el agua en una licuadora. Muela bien. La bebida debe quedar bastante ácida. Pruebe y agregue más jugo de limón verde y azúcar o miel, si así lo desea.

Para 1 porción (1 taza)

JUGO DE NARANJA Y ZANAHORIA

Varios países

Vistazo nutricional	Antes	Después
Por porción (1 taza)		
Calorías	105	105
Grasa total g	0.4	0.4
Grasa saturada g	0.1	0.1
Colesterol mg	0	0

No todas las bebidas latinoamericanas son tan dulces como los populares licuados o el Agua de horchata (página 422). Este jugo, por ejemplo, es una atracción fundamental de los puestos de jugos y las cafeterías de toda Centroamérica y el Caribe de habla hispana. Su sabor intensamente refrescante es el resultado de la combinación de jugos de naranja y de zanahoria recién exprimidos. A fin de ahorrar tiempo puede usar jugos embotellados (½ taza de cada uno).

1	naranja grande o 2 medianas	3	cubos de hielo
2	zanahorias, picadas en rodajas de ½" (1 cm)	½–¾	taza de agua

Exprima el jugo de la naranja o las naranjas. Ponga el jugo de naranja, la zanahoria, el hielo y ½ taza de agua en una licuadora (batidora). Muela bien. Si el jugo está demasiado espeso, agregue más agua. Cuele el jugo dentro de un vaso alto.

Para 1 taza

SUPERALIMENTO LATINO: LOS CÍTRICOS

En Latinoamérica, por el contrario, se sabe aprovechar plenamente el potencial de la naranja, el limón verde (lima) y el limón para animar el sabor de una gran variedad de alimentos, desde salsas y adobos hasta bebidas y postres. Este detalle no sólo consiente el paladar, sino que también implica grandes beneficios para la salud.

Los cítricos constituyen una fuente casi inmejorable de vitamina C. En su mayoría aportan mucho más que el Valor Diario recomendado. En su papel de antioxidante, una de las cosas que distinguen a la vitamina C es su capacidad de eliminar las dañinas moléculas de oxígeno conocidas como radicales libres. Estas moléculas "malas" saquean las células sanas de nuestro cuerpo y así allanan el camino para que nos ataquen las enfermedades cardíacas, el cáncer, las cataratas y otros males relacionados con la edad madura.

De acuerdo con ciertos investigadores de Boston, por otra parte, es posible que el consumo de grandes cantidades de la vitamina C proteja contra la pérdida de cartílagos relacionada con la osteoartritis. Un estudio llevado a cabo en Israel descubrió que la vitamina C quizá incluso ayude a despejar las vías respiratorias en algunas personas que padecen asma a causa del ejercicio.

Además de todo lo anterior, cuando usted pela y come una naranja entera también está disfrutando una buena fuente de fibra para su cuerpo. Cada naranja contiene más de tres gramos de fibra. La fibra soluble de los cítricos ayuda a bajar los niveles de colesterol del cuerpo, mientras que la insoluble contribuye a evitar el estreñimiento y posiblemente reduzca el peligro de contraer cáncer del colon. Para empezar a recibir estos beneficios, disfrute sus platos latinos favoritos con un chorrito de limón verde. O bien sustituya por el jugo de algún cítrico una parte del aceite en sus adobos y en los aliños (aderezos) para sus ensaladas.

JUGO DE ZANAHORIA, APIO Y REMOLACHA

México; El Salvador

Vistazo nutricional	Antes	Después
Por porción (1 taza)		
Calorías	77	77
Grasa total g	0.2	0.2
Grasa saturada g	0	0
Colesterol mg	0	0

El sabor de este colorido jugo es infinitamente superior al de los jugos de vegetales de lata. Además, su contenido de sodio es increíblemente bajo. Se lo recomiendo para empezar a entrar en acción por la mañana.

2	zanahorias, picadas en rodajas de ½" (1 cm)
2	tallos de apio, picados en rodajas de ½"
1–2	remolachas (unas 3 onzas/84 g), picados en rodajas de ½" (1 cm)
1–2	cucharadas de miel
¼	taza de jugo de remolacha/betabel (si está usando las de lata) o de agua
¾	taza de agua
3	cubos de hielo

Ponga la zanahoria, el apio, la remolacha, 1 cucharada de miel, el jugo de betabel o agua, el agua y el hielo en una licuadora (batidora). Muela bien. Pruebe y agregue más miel, si así lo desea. Cuele el jugo dentro de vasos altos.

Para 2 tazas

SANGRITA

México

Vistazo nutricional	Antes	Después
Por porción		
Calorías	18	18
Grasa total g	0.1	0.1
Grasa saturada g	0	0
Colesterol mg	0	0

En *México, muchas comidas arrancan con este jugo de tomate muy estimulante. Por lo común sirve para acompañar los entremeses y el tequila. La receta tradicional emplea jugo de lima, pero a mí me gusta el sabor agridulce del jugo de toronja fresco. Comience su próximo banquete mexicano con este cóctel sin alcohol.*

1	taza de jugo de tomate	2	cucharadas de granadina
1	taza de jugo de toronja (pomelo) o ½ taza de jugo de lima (limón verde)	1	cucharada de escabeche de chiles jalapeños encurtidos

Ponga el jugo de tomate, el jugo de toronja o de lima, la granadina y el escabeche en un jarro. Revuelva. Sirva en copitas de licor.

Para 8 porciones

CALDOS, CONDIMENTOS Y RECETAS BÁSICAS

En *Como agua para chocolate*, el best-séller de Laura Esquivel, la protagonista Tita aporta a la cocina una enorme pasión, además de dedicar una atención asombrosa a los detalles que convierten una buena comida en algo sublime.

El arte de Tita se funda en las recetas básicas. Las técnicas utilizadas para pelar la dura cáscara de los plátanos (plátanos machos), asar tomates, lavar mejillones, desgranar maíz (elote) o seleccionar los aguacates (paltas) en el grado justo de madurez: todas estas técnicas y un sinnúmero de otros detalles fundamentales son lo que hacen única a la cocina latinoamericana. No obstante, ¿quién tiene tiempo hoy en día como para dedicar horas a la preparación de *un solo ingrediente* antes de pasar a la receta principal?

Por fortuna para los cocineros modernos, contamos con refrigeradores y aparatos eléctricos que hacen la tarea más fácil y rápida. Se requiere muy poco esfuerzo para preparar varios buenos caldos en un fin de semana en casa o durante una noche tranquila cualquier otro día de la semana. Luego, simplemente se dejan enfriar y se congelan en porciones exactas para las recetas individuales. El caldo se descongela en cosa de minutos en el horno de microondas o en una cacerola tapada. También puede preparar grandes cantidades de tomates asados, chiles pelados y aceite de achiote (bija). Todo se conserva muy bien en el refrigerador por varios días. Guarde su vinagre de piña (ananá) o el vinagre casero de fruta que más le guste en el refrigerador, y así lo tendrá a la mano cuando se trate de dar un toque especial a platos sencillos de carne o aves asadas a la parrilla (a la barbacoa).

En un dos por tres contará con su selección de condimentos latinos como Sazón (página 438), una mezcla aromática de comino, granos de pimienta, orégano, ajo y sal, todo tostado y molido. Y se conserva durante meses en los estantes de su alacena. Con un poco de atención a estos detalles sencillos, seguro que usted se convertirá en uno de los mejores artistas de la gastronomía latina saludable.

RECETAS DE CALDOS

RECETAS DE CONDIMENTOS

RECETAS BÁSICAS

CALDO DE POLLO

Varios países

Vistazo nutricional	Antes	Después
Por porción (1 taza)		
Calorías	110	28
Grasa total g	2.2	0.2
Grasa saturada g	0.6	0
Colesterol mg	49	0

Un buen caldo de pollo es fundamental para las sublimes sopas, salsas y moles latinoamericanos. Además, puede usar la carne de pollo cocida que queda al final para preparar rellenos y platos de tortilla. La utilidad del caldo aumenta en una cocina que pone atención a la salud, pues se convierte en un excelente sustituto sin grasa para la manteca, el aceite e incluso la crema. (Yo uso caldo para suavizar las tortillas, en lugar de manteca.) Es posible reducir el contenido de grasa del caldo de pollo tradicional despellejando el pollo antes de hervirlo. Además, el caldo le saldrá muy limpio y transparente si de vez en cuando usted retira la espuma que se va formando en la superficie mientras hierve.

1	hoja de laurel	2	tallos de apio, picados en rodajas de 1"
2	clavos de olor enteros		
10	granos de pimienta negra	1	tomate, picado en cuartos
1	pollo (unas 3½ libras/2 kg) despellejado al que se ha quitado toda la grasa visible y lavado (vea el Consejo de cocina)	½	pimiento (ají, pimiento morrón) verde
		2	dientes de ajo, partidos a la mitad
1	cebolla mediana sin pelar, picada en cuartos	4	ramitas de cilantro o de perejil liso fresco
2	zanahorias, picadas en rodajas de 1" (3 cm)	12–14	tazas de agua

Amarre la hoja de laurel, los clavos y los granos de pimienta dentro de un pedazo de estopilla (bambula). También puede envolverlos muy bien con papel de aluminio y hacer unos huecos con un tenedor en el paquete resultante.

Ponga el paquete de especias, el pollo, la cebolla, la zanahoria, el apio, el tomate, el pimiento, el ajo, el cilantro o perejil y 12 de las tazas de agua a fuego alto en una olla para caldo grande. Deje que rompa a hervir y retire la espuma que suba a la superficie. Baje el fuego a lento y hierva sin tapar de 50 a 60 minutos, hasta que la carne del pollo se esté desprendiendo de los huesos y pierda su color rosado. Agregue el resto del agua durante el proceso de cocción según sea necesario para mantener sumergido el pollo. De vez en cuando retire la espuma de la superficie del caldo.

Cuele el caldo con un colador (coladera) fino dentro de un tazón (recipiente) grande, exprimiendo los ingredientes sólidos para extraer la mayor cantidad posible de líquido. (Si desea un caldo más transparente, cuélelo con toallas de papel/servitoallas o filtros para café.) Deje enfriar a temperatura ambiente. Pase el caldo a recipientes herméticos. Se conserva durante 5 días como máximo en el refrigerador y durante 3 meses como máximo en el congelador. Desprenda la carne del pollo de sus huesos y guarde para otro uso.

Para 8 tazas.

Consejos de cocina

✦ El caldo sale más magro todavía usando 2 libras (896 g) de pechuga de pollo deshuesada y despellejada.

✦ Me gusta congelar el caldo en recipientes de 1 y 2 tazas de capacidad, para siempre tener a la mano una porción medida.

CALDO DE PESCADO

Varios países

Vistazo nutricional	Antes	Después
Por porción (1 taza)		
Calorías	39	30
Grasa total g	2.3	0.3
Grasa saturada g	0.3	0
Colesterol mg	0	0

Un buen caldo de pescado es el ingrediente secreto de muchos guisos y sopas latinoamericanas. Cualquier pescado de carne blanca, no graso, sirve para preparar el caldo. Haga la prueba con pargo (chillo, huachinango), mero, bacalao fresco, hipogloso (halibut), merluza, o lubina. Entre más tipos de pescado use, más sustancioso saldrá el caldo. Es posible ahorrar usando esqueletos o cabezas de pescado. También puede emplear pescado en trozos para caldo o retazos de pescado.

2	libras (896 g) de esqueletos, retazos o cabezas de pescado blanco no graso de sabor delicado
1	cucharada de aceite de oliva
1	cebolla mediana, picada fina
½	pimiento (ají, pimiento morrón) rojo o verde, picado fino
4	cebollines, picados finos
1	tallo de apio, picado fino
1	diente de ajo, picado en trocitos
1	tomate, picado fino
2	hojas de laurel
2	ramitas de perejil liso fresco
2	ramitas de cilantro fresco
5	tazas de agua fría

Si está usando cabezas de pescado, quite las branquias (agallas). (Use guantes o un trapo de cocina para proteger sus dedos.) Lave el pescado muy bien para eliminar cualquier rastro de sangre. Pique los esqueletos en trozos de 3" (8 cm) con una cuchilla de carnicero.

Ponga el aceite a calentar a fuego mediano en una olla para caldo. Agregue la cebolla, el pimiento, el cebollín, el apio y el ajo y fría durante 5 minutos, hasta que

(continúa)

los vegetales estén suaves pero no doren. Agregue el tomate y fría durante 1 minuto. Agregue las hojas de laurel, el perejil, el cilantro y el pescado y fría durante 3 minutos. Agregue el agua. Deje que rompa a hervir a fuego alto y retire la espuma que suba a la superficie. Baje el fuego a mediano-lento y hierva sin tapar durante 20 minutos, hasta que se hayan mezclado bien todos los sabores. No cocine demasiado el caldo, para que no se ponga amargo.

Cuele el caldo con un colador (coladera) fino dentro de un tazón (recipiente) grande forrado de toallas de papel (servitoallas). Exprima los ingredientes sólidos con el dorso de una cuchara para extraer la mayor cantidad posible de líquido. Deje enfriar a temperatura ambiente. Pase el caldo a recipientes herméticos. Se conserva durante 3 días como máximo en el refrigerador y durante 3 meses como máximo en el congelador.

Para unas 4 tazas.

Consejo de cocina

✦ En un apuro puede usar jugo de almeja embotellado en lugar de caldo de pescado. No obstante, el jugo de almeja es bastante salado. Por lo tanto, si va a usar una cantidad grande (más de 1 taza) agregue 1 parte de agua por cada 2 partes de jugo de almeja.

✦ Me gusta congelar el caldo en recipientes de 1 y 2 tazas de capacidad, para tener siempre a la mano una porción medida.

CALDO VEGETAL

Varios países

Vistazo nutricional	Antes	Después
Por porción (1 taza)		
Calorías	21	21
Grasa total g	0.2	0.2
Grasa saturada g	0	0
Colesterol mg	0	0

Es posible usar casi cualquier vegetal para preparar caldo: tomates, mazorcas de maíz, calabacín, calabaza de invierno (winter squash), pimientos verdes, habichuelas verdes, champiñones o berzas. Todas son buenas opciones. Los vegetales de sabor fuerte, como la berenjena, el nabo y el repollo (col) deben usarse con moderación, puesto que pueden llegar a dominar el sabor del caldo. Evite la remolacha (betabel), que tiñe el caldo de rojo. Tampoco utilice espárragos ni alcachofas, porque le dan un sabor amargo. Me gusta esta receta en particular, que se convierte en un punto de partida excelente para sopas, caldos y salsas latinoamericanas.

8	tazas de vegetales picados o de retazos vegetales
1	cebolla grande sin pelar, picada en cuartos
2	zanahorias, picadas en rodajas de 1" (3 cm)
2	tallos de apio, picados en rodajas de 1"
2	tomates, picados en trozos de 1"

6	dientes de ajo sin pelar, partidos a la mitad
2	cucharadas de pasta de tomate
3	ramitas de perejil liso fresco
3	ramitas de cilantro fresco
12–14	tazas de agua
	Sal y pimienta negra molida

Ponga los vegetales picados o retazos vegetales, la cebolla, la zanahoria, el apio, el tomate, el ajo, la pasta de tomate, el perejil, el cilantro y el agua a fuego alto en una olla para caldo grande. Deje que rompa a hervir, baje el fuego a mediano-lento y hierva sin tapar durante 1 hora, hasta que se hayan mezclado bien todos los sabores. Agregue agua durante el proceso de cocción según sea necesario para mantener sumergidos los vegetales. Sazone con sal y pimienta.

Cuele el caldo con un colador (coladera) fino dentro de un tazón (recipiente) grande, exprimiendo los vegetales con el dorso de una cuchara a fin de extraer la mayor cantidad posible de líquido. Deje enfriar a temperatura ambiente. Pase el caldo a recipientes herméticos. Se conserva durante 5 días como máximo en el refrigerador y durante 3 meses como máximo en el congelador.

Para unas 8 tazas.

Consejos de cocina

✦ Si no tiene tiempo para preparar caldo vegetal, use caldo de lata. Busque una marca que sea baja en sodio. Algunas son mejores que otras, así que pruebe varias hasta encontrar una que lo convenza.

✦ Siempre que junto piel de cebolla, rabos de champiñón (hongo), puntas de habichuela verde (ejote, *green bean*) y otros retazos vegetales, los congelo en una bolsa de plástico resellable grande. La mayoría de los retazos se conservan congelados durante 3 meses como máximo. Los agrego al agua junto con los vegetales enteros cuando preparo caldo.

✦ Me gusta congelar el caldo en recipientes de 1 y 2 tazas de capacidad, para siempre tener a la mano una porción medida.

Variación

Caldo de vegetales asados: Se obtiene un caldo de sabor más sustancioso y un poco más dulce asando los vegetales antes de ponerlos a hervir. Mezcle los vegetales con 1 cucharada de aceite de oliva en una olla (charola) para asar grande. Hornee a 450°F (234°C) de 30 a 40 minutos. Siga los demás pasos según lo indica la receta.

¡Rapidito!

SAZÓN

Puerto Rico;
República Dominicana

Vistazo nutricional	Antes	Después
Por porción $^1/_2$ *cucharadita*		
Calorías	3	3
Grasa total g	0.1	0.1
Grasa saturada g	0	0
Colesterol mg	0	0

Esta sal fuertemente condimentada es indispensable en cualquier cocina puertorriqueña. Es muy fácil de preparar y más sana que la mayoría de las mezclas comerciales, pues no contiene nada de glutamato monosódico. Cuando se acerca la Navidad me gusta preparar grandes cantidades de sazón y regalarlo en frascos bonitos. Espolvoree sus carnes y mariscos favoritos con sazón antes de cocinarlos. O úselo en la mesa en lugar de la sal.

¼ taza de semilla de comino	¾ taza de sal
2 cucharadas de pimienta blanca en grano	¼ taza de ajo en polvo
2 cucharadas de pimienta negra en grano	¼ taza de orégano seco

Ponga la semilla de comino y los granos de pimienta blanca y negra en una sartén pequeña seca. Tueste durante 3 minutos a fuego mediano, hasta que las especias estén levemente tostadas y muy aromáticas. Pase a un tazón (recipiente) para que se enfríen.

Muela las especias tostadas en un molinillo de especias o en un mortero (molcajete) hasta obtener un polvo fino. Agregue la sal, el ajo en polvo y el orégano y revuelva. Guarde el sazón en recipientes herméticos en un sitio fresco y oscuro. Se conserva durante 6 meses como máximo.

Para 2 tazas

VINAGRE DE PIÑA

México

Vistazo nutricional	Antes	Después
Por porción ¹/₂ taza		
Calorías	30	30
Grasa total g	0.1	0.1
Grasa saturada g	0	0
Colesterol mg	0	0

Los vinagres de fruta gozan de gran popularidad en México y Centroamérica. Por lo general son más suaves y dulces y tienen más sabor que el vinagre blanco. Úselos para agregar un toque de sabor a los alimentos en la mesa. También los puede agregar al adobo en lugar del vinagre blanco. Cuando preparo este vinagre para regalo, me gusta ensartar trozos de piña en alambres y meter un alambre en cada botella de vinagre. (También incluyo unos cuantos chiles en cada alambre para darle un toque de color.) Busque botellas decorativas en las tiendas de productos para el hogar.

1	piña (ananá) madura, pelada, sin centro y picada en trozos de 1" (3 cm)	
8	chiles serranos o chiles jalapeños rojos pequeños	
12–13	tazas de vinagre blanco	

Ensarte 6 trozos de piña y 2 chiles en cada uno de los cuatro alambres (pinchos) de bambú de 8" (20 cm). Alterne los ingredientes para mejorar la presentación.

Lave con agua hirviendo 4 botellas atractivas con una capacidad de 3½ tazas y una boca de por lo menos 1" (3 cm) de diámetro (para que quepan los alambres). Cuidadosamente introduzca 1 alambre en cada botella. Llene la botella con vinagre. Cierre muy bien y deje remojar durante por lo menos 3 días antes de usar. Guarde en un sitio fresco y oscuro. El vinagre se conserva durante 3 meses como máximo, siempre y cuando los trozos de piña estén sumergidos.

Para 14 tazas (incluyendo la piña)

Consejo de cocina

✦ Los mejores resultados se obtienen con una piña (ananá) muy madura y jugosa. Use la piña que le sobre para preparar Tacos al pastor (página 237).

ACEITE DE ACHIOTE

Varios países

Vistazo nutricional	Antes	Después
Por porción (1 cucharadita)		
Calorías	39	49
Grasa total g	4.3	5.3
Grasa saturada g	1.7	0.4
Colesterol mg	4	0

El *achiote es una semilla dura color de óxido que tiene un sabor a tierra, casi con un dejo mineral. Originaria de Centroamérica, se usa en toda la cuenca del Caribe por su sabor y como colorante vegetal natural. (En muchos casos sustituye el azafrán, a un precio mucho menor.) El Arroz con pollo (página 298) y el Asopao de mariscos (página 210) sufrirían una palidez mortecina sin este ingrediente esencial. En los días de antaño, el "aceite" de achiote se preparaba con manteca derretida. La versión más moderna (y sana) que presento a continuación recurre al aceite de canola.*

1	taza de aceite de *canola*
½	taza de semilla de achiote (bija)

Ponga el aceite a calentar a fuego mediano en una cacerola mediana y pesada. Agregue la semilla de achiote y fría durante 3 minutos, hasta que el aceite adquiera un color dorado rojizo y la semilla comience a crepitar. Tenga cuidado de no cocer demasiado el aceite, para evitar que tenga un sabor amargo. Quite la cacerola del fuego y cuele el aceite dentro de un tazón (recipiente) mediano resistente al calor. Deje enfriar.

Pase el aceite a un frasco de vidrio limpio. Cierre muy bien y guarde en el refrigerador durante 3 meses como máximo.

Para 1 taza

AGUA DE TAMARINDO

Puerto Rico

Vistazo nutricional	Antes	Después
Por porción (2 cucharadas)		
Calorías	68	68
Grasa total g	0.1	0.1
Grasa saturada g	0.1	0.1
Colesterol mg	0	0

El tamarindo tiene un agradable sabor agridulce que hace pensar en ciruelas pasas con jugo de limón verde (lima). Su nombre proviene del árabe tamr hindi, *que literalmente significa "dátil de la India". En los Estados Unidos es posible encontrar la vaina entera del tamarindo, arqueada y de color canela oscuro, en las regiones que cuentan con una gran comunidad latina o hindú. Si no la consigue, busque pulpa pelada de tamarindo, la cual se vende en paquetes de plástico en las tiendas de productos para la cocina latina y algunos supermercados. La pulpa es fibrosa y está llena de semillas, por lo cual muchas veces se muele con agua hirviendo para facilitar su empleo en la cocina. También es posible comprar puré de tamarindo en las tiendas de productos para la cocina latina y algunos supermercados.*

8 onzas (224 g) de vaina de tamarindo (de 8 a 10 vainas) o de pulpa de tamarindo pelado

1½ tazas de agua caliente

Pele las vainas de tamarindo con un cuchillo de pelar. Rompa la pulpa en trozos de 1" (3 cm) y ponga en una licuadora (batidora). Agregue 1 taza de agua caliente. Deje reposar durante 5 minutos, hasta que el tamarindo esté suave.

Muela en forma intermitente a velocidad lenta, de 15 a 20 segundos cada vez, hasta obtener un espeso líquido color café. (No muela el tamarindo demasiado para no romper las semillas.) Pase por un colador (coladera) colocado encima de un tazón (recipiente); apriete y raspe el fondo del colador firmemente con un cucharón de madera a fin de extraer los jugos de la pulpa. Tire las semillas.

Regrese la pulpa que quedó en el colador a la licuadora (batidora) y agregue la ½ taza restante de agua caliente. Vuelva a moler en forma intermitente a velocidad lenta. Pase la mezcla por el colador, apretándolo firmemente para extraer los jugos y guárdelo en un recipiente hermético.

El agua de tamarindo del tazón se conservará en el refrigerador durante 5 días como máximo o en el congelador durante varios meses.

Para más o menos 1 taza

Consejo de cocina

✦ Me gusta congelar el agua de tamarindo en charolas de plástico para cubos de hielo, a fin de siempre tener a la mano porciones medidas.

¡Rapidito!

CREMA AGRIA AL COMINO

Estados Unidos

Vistazo nutricional	Antes	Después
Por porción (1 cucharada)		
Calorías	31	9
Grasa total g	3	.03
Grasa saturada g	1.9	0
Colesterol mg	6	0

Una de las características más distintivas de los chefs *latinos modernos es la habilidad artística que desarrollan con la botella de plástico usada como manga. La llenan de salsas en vivos colores, que luego exprimen en forma de llamativas líneas onduladas o quebradas a fin de decorar todo desde sopas hasta ensaladas y platos principales. Esta crema agria al comino va muy bien con los platos de frijoles y la carne de cerdo. (Busque botellas de plástico que sirvan de manga, como las que en los restaurantes se usan para la catsup (ketchup), en supermercados y tiendas de artículos para la cocina.)*

1 taza de crema agria sin grasa o baja en grasa	Sal y pimienta negra o blanca molida
1 cucharadita de comino molido	

Ponga la crema agria y el comino en un tazón (recipiente) pequeño. Bata a mano para mezclar bien. Sazone con sal y pimienta negra o blanca. Bata para mezclar. Pase a una botella de plástico que sirva de manga. Ponga la botella cabeza abajo y apriétela suavemente para trazar líneas decorativas de crema agria.

Para 1 taza

¡Rapidito!

CÓMO ASAR Y PELAR UN CHILE

Vistazo nutricional	Antes	Después
Por porción (1 chile)		
Calorías	60	60
Grasa total g	0.3	0.3
Grasa saturada g	0	0
Colesterol g	0	0

Muchas recetas mexicanas piden chiles pelados. Hay dos formas de hacerlo: el chile se fríe con mucho aceite para aflojar la piel o bien se asa directamente sobre la llama del quemador, en el asador del horno o en la parrilla. La segunda técnica tiene dos ventajas: evita la grasa y agrega un exquisito sabor ahumado y levemente dulce a los chiles. Los dos tipos de chile que con mayor frecuencia se tuestan y pelan son los poblanos y los chiles de Nuevo México. Los chiles más pequeños se tuestan en un comal.

1   chile poblano o 1 chile de Nuevo
    México o 1 pimiento (ají, pimiento
    morrón) verde (use guantes de
    plástico al manipular los chiles)

PARA TOSTAR UN CHILE:

En el quemador de la estufa: Precaliente un quemador eléctrico o prenda un quemador de gas a fuego alto. Ponga los chiles o pimientos verdes directamente sobre el quemador. Tueste de 6 a 8 minutos, volteando con unas pinzas, hasta que estén bien tostados y negros por todas partes.

En el asador (broiler) del horno: Ponga una parrilla en la posición más alta del asador. Precaliente el asador del horno. Ponga los chiles o pimientos verdes debajo del asador. Tueste de 6 a 8 minutos, volteando con unas pinzas, hasta que estén bien tostados y negros por todas partes.

A la parrilla: Precaliente la parrilla a fuego alto. Ponga los chiles o pimientos verdes en la parrilla. Tueste de 10 a 12 minutos, volteando con unas pinzas, hasta que estén bien tostados y negros por todas partes.

PARA PELAR UN CHILE ASADO:

Sin importar el método que use para asar los chiles, una vez que la piel de estos esté bien tostada y negra, ponga los chiles o pimientos verdes en una bolsa de papel y cierre, o envuélvalos con una toalla de papel (servitoalla) mojada, o colóquelos en un tazón (recipiente) y tape con envoltura autoadherente de plástico. Deje reposar durante 15 minutos, para que suden y se afloje la piel. Cuando se hayan enfriado lo suficiente para tocarlos, raspe con un cuchillo de pelar o los dedos para desprender lo más posible de la piel y tire ésta. No se preocupe si quedan unos pedacitos de piel tostada. Agregarán un agradable sabor ahumado. Saque y tire la semilla y las venas. Pique la carne en tiras largas y delgadas o en trozos.

Un chile o pimiento grande pelado y sin semilla (5 onzas/140 g) rinde más o menos ⅔ taza de trozos picados

Consejo de cocina

✦ En México, las tiras de chile poblano asado y pelado se llaman "rajas" y se usan como adorno con una gran variedad de platos.

CÓMO ASAR, PELAR Y QUITARLE LAS SEMILLAS A UN TOMATE

Vistazo nutricional	Antes	Después
Por porción (1 tomate)		
Calorías	26	26
Grasa total g	0.4	0.4
Grasa saturada g	0.1	0.1
Colesterol mg	0	0

El tomate es un vegetal originario del Nuevo Mundo. Tiene sentido, pues, que ocupe un lugar tan destacado en la gastronomía latinoamericana. A los mexicanos les encanta asar los tomates para darles un rico sabor ahumado. Los cocineros sudamericanos, por su parte, muchas veces pelan los tomates después de sumergirlos en agua hirviendo.

1   tomate

PARA ASAR UN TOMATE:

En la sartén: Ponga un comal o una sartén seca a calentar a fuego mediano-alto hasta que esté muy caliente. Agregue los tomates y ase de 6 a 8 minutos, volteando con unas pinzas, hasta que doren y se cubran de ampollas.

En el quemador de la estufa: Precaliente un quemador eléctrico o prenda un quemador de gas a fuego alto. Ensarte el tomate con un tenedor para trinchar. Ase en la llama de gas (o sobre el quemador eléctrico) de 6 a 8 minutos, dando vueltas con el tenedor, hasta que el tomate dore y se cubra de ampollas por todas partes.

En el asador (broiler) *del horno:* Ponga una parrilla en la posición más alta del asador. Precaliente el asador del horno. Saque el centro a los tomates y córtelos a la mitad a lo largo. Ponga sobre una bandeja de hornear o en una olla (charola) para asar y ase durante unos 6 a 8 minutos, hasta que doren y se cubran de ampollas por encima.

A la parrilla: Precaliente la parrilla a fuego alto. Ponga los tomates sobre la parrilla. Ase de 8 a 10 minutos, volteando con unas pinzas, hasta que doren y se cubran de ampollas por todas partes.

PARA PELAR UN TOMATE ASADO:

Sin importar el método que use para asar un tomate, una vez que la piel de este esté dorada y cubierta de ampollas, páselo a un plato. Cuando se haya enfriado lo suficiente para tocarlo, raspe con un cuchillo de pelar o los dedos para desprender lo más posible de la piel. No se preocupe si quedan unos pedacitos de piel tostada. Agregarán un agradable sabor ahumado.

PARA PELAR UN TOMATE FRESCO:

Saque el centro al tomate con la punta de un cuchillo de pelar y corte una X poco profunda en el otro extremo del tomate. Sumerja en agua hirviendo de 15 a 60 segundos. (Entre más maduro el tomate, menos tiempo requiere.) Pase a un plato. Cuando se haya enfriado lo suficiente para tocarlo, desprenda la piel en anchas tiras con los dedos y tírela.

PARA QUITAR LAS SEMILLAS A UN TOMATE FRESCO:

Corte el tomate a la mitad en forma horizontal. Encima de un colador (coladera) colocado sobre un tazón (recipiente), sostenga una mitad del tomate en la palma de la mano con la superficie cortada hacia abajo. Exprima el tomate suavemente, dándole vueltas en la palma de la mano, mientras usa los dedos de la otra mano para extraer las semillas, las membranas y el jugo. Pase las membranas por el colador con el dorso de una cuchara para extraerles el jugo. Guarde el jugo de tomate que se acumule en el tazón para salsas, sopas o para beber. Tire las semillas. Pique el tomate.

Un tomate grande pelado y sin semilla (8 onzas/224 g) rinde más o menos ¾ taza de tomate picado

CÓMO PELAR Y DESHUESAR UN AGUACATE

Vistazo nutricional	Antes	Después
Por porción (1 aguacate)		
Calorías	306	306
Grasa total g	30	30
Grasa saturada g	4.5	4.5
Colesterol mg	0	0

Los aguacates son el ingrediente principal del Guacamole mexicano (página 92) y de la Guasacaca venezolana (página 369). También aparecen como guarnición muy socorrida al lado de otros muchos platos latinos. Aquí presento varias maneras de pelar y deshuesar un aguacate en forma rápida y fácil.

1   aguacate (palta)

PARA DESHUESAR UN AGUACATE:

Corte el aguacate a la mitad a lo largo con un cuchillo afilado, llegue hasta el hueso y a corte a todo su alrededor. (Mueva el cuchillo en forma circular.) Haga girar las mitades en direcciones opuestas. El aguacate se partirá en dos mitades y el hueso quedará pegado en una de ellas. Introduzca el cuchillo en el hueso del aguacate. Haga girar el hueso y sáquelo del aguacate. Tire.

PARA PELAR UN AGUACATE:

Primer método: Para obtener mitades completas, cubos o rebanadas largas y delgadas de aguacate, realice 4 ó 5 cortes poco profundos en la cáscara desde un extremo del aguacate hasta el otro. Utilice la punta del cuchillo para levantar una punta de cáscara. Retire cada tira de cáscara con suavidad y tire. Use o pique el aguacate según sea necesario.

Segundo método: Para sacar aguacate en cubos, corte a la mitad y deshuese tal como se describió arriba. Con la punta de un cuchillo de pelar corte la pulpa en cuadros sin atravesar la cáscara. Use una cuchara para sacar el aguacate de su cáscara. Se separará en cubos perfectos.

Tercer método: Para obtener aguacate machacado, corte a la mitad y deshuese tal como se describió arriba. Use una cuchara para sacar el aguacate de la cáscara.

Para 1 aguacate pelado y deshuesado

Consejos de cocina

✦ Cuando compre aguacates, asegúrese de que estén maduros. Deben estar suaves y ceder al tacto. Para madurar un aguacate, guárdelo en una bolsa de papel hasta 5 días, o hasta que esté suave al tacto.

◆ Un aguacate recién cortado se pone prieto muy pronto. A fin de evitar esto en los cubos de aguacate, esparza con jugo de limón verde (lima).

◆ El aguacate de Florida tiene un contenido de grasa más bajo que el aguacate de California (*Haas*) más común. Yo prefiero el sabor y la textura del de California. Sin embargo, en el de Florida el contenido de grasa baja a 15 gramos por pieza.

CÓMO PELAR UN PLÁTANO

Varios países

Vistazo nutricional	Antes	Después
Por porción (1 plátano)		
Calorías	218	218
Grasa total g	0.7	0.7
Grasa saturada g	0.3	0.3
Colesterol mg	0	0

Un plátano tal vez se parezca al plátano amarillo, pero la primera gran diferencia se descubre a la hora de pelarlo. Me he lastimado la uña del pulgar varias veces al intentarlo. Ésta es una manera fácil de pelar un plátano verde.

1 plátano (plátano macho) verde

Corte las puntas del plátano. Realice 3 ó 4 cortes a todo lo largo del plátano, atravesando apenas la cáscara. Coloque el plátano en un tazón (recipiente), cubra con agua tibia y deje remojar durante 10 minutos. Meta el pulgar cuidadosamente por los cortes realizados y con suavidad desprenda la cáscara del plátano. Ahora está listo para picar en rodajas y cocinar.

Para 1 plátano (plátano macho) verde pelado

CÓMO DESGRANAR UNA MAZORCA DE MAÍZ

Vistazo nutricional	Antes	Después
Por porción $^1/_2$ *taza*		
Calorías	67	67
Grasa total g	0.1	0.1
Grasa saturada g	0	0
Colesterol mg	0	0

Para el cocinero interesado en cuestiones de salud además de sabor, el maíz fresco resulta particularmente útil. Los granos de maíz (elote) molidos pueden sustituir la manteca, el aceite o la mantequilla en un sinnúmero de platos de harina de maíz, desde las Hallacas (página 222) y la Sopa paraguaya (página 226) hasta los Tamales mexicanos (página 216) y cubanos (página 218). Muchas de las recetas de este libro piden granos frescos de maíz y aquí presento una técnica sencilla para desgranar la mazorca. Cuando compre maíz fresco, acuérdese de separar las hojas externas un poco para revisar los granos. Deben estar jugosos y firmes.

1 **mazorca de maíz (elote) fresca, sin hojas**

Ponga la mazorca de maíz sobre una superficie de trabajo. Con un cuchillo grande de *chef* realice cortes a lo largo de la mazorca para desprender los granos, dándole 4 × 5 vueltas.

Para más o menos ½ taza de granos

Consejo de cocina

✦ Para cocinar ½ taza de granos frescos de maíz (elote), póngalos en una olla con ¼ taza de agua hirviendo y un poco de sal. Cocine durante unos 5 minutos, hasta que estén suaves.

CÓMO COCINAR EL PULPO

Vistazo nutricional	Antes	Después
Por porción		
Calorías	156	156
Grasa total g	1.9	1.9
Grasa saturada g	0.4	0.4
Colesterol mg	82	82

El pulpo se disfruta mucho en ambas costas de Sudamérica, donde se sirve en ceviches, sopas, guisos y platos con arroz. Cuando lo busque en la tienda, lo más probable es que ya esté limpio y que se venda congelado. La primera parte de la receta indica cómo limpiar un pulpo. Si lo compra ya limpio, empiece por la segunda parte, las instrucciones para cocinarlo.

1	pulpo (fresco o congelado) descongelado (3 libras/1.35 kg)	6	dientes de ajo, pelados
1	hoja de laurel	6	granos de pimienta negra
1	cebolla, picada en cuartos	1	cucharada de sal
1	clavo de olor entero	12	tazas de agua

Voltee el pulpo con lo de adentro para fuera, como un calcetín (media). Corte el pico y la boca, así como los sacos de vísceras y de tinta. Lave bien bajo el chorro del agua fría y vuelva otra vez al derecho.

Sujete la hoja de laurel en uno de los cuartos de cebolla con el clavo. Ponga la cebolla, el ajo, los granos de pimienta, la sal y el agua en una olla grande a fuego alto. Deje que rompa a hervir.

Sujete el pulpo con unas pinzas y sumérjalo en el agua hirviendo durante 10 segundos. Saque y deje enfriar durante 1 minuto. Sumerja el pulpo otra vez en el agua durante 10 segundos, saque y deje enfriar. (Este proceso lo hace más tierno.) Baje el fuego a mediano. Ponga el pulpo en el agua y hierva durante más o menos 1 hora, hasta que esté suave. Escurra y deje enfriar.

Quite la membrana morada que cubre el pulpo, si la hay. (Es comestible, pero no resulta agradable a la vista.)

Para 1 pulpo cocido: da más o menos 16 porciones

Consejo de cocina

✦ El pulpo por lo común se come junto con otros mariscos, en guisos (estofados), por ejemplo. Vea la Mariscada en la página 290 o el Caucau de mariscos en la página 294.

¡Rapidito!

CÓMO LIMPIAR Y COCINAR EL CALAMAR

Vistazo nutricional	Antes	Después
Por porción		
Calorías	104	104
Grasa total g	1.5	1.5
Grasa saturada g	0.4	0.4
Colesterol mg	264	264

La variedad de mariscos saboreados en Latinoamérica es tan grande que sería difícil establecer un orden de preferencias. Sin embargo, un fuerte contendiente por el primer lugar definitivamente sería el calamar. También en los Estados Unidos su popularidad está creciendo a grandes pasos. La mayor parte del calamar vendido en los Estados Unidos ya viene limpio. Por si el que usted compró no lo está, incluyo aquí unas sencillas instrucciones para limpiar y cocinarlo en casa.

(continúa)

1 libra (448 g) de calamar (de 5 a 6 enteros)

PARA LIMPIAR EL CALAMAR:

Corte los tentáculos justo arriba de los ojos. Apriete la base de los tentáculos para desprender el pico o boca. (Tiene el aspecto de un garbanzo de plástico transparente.) Tire las mandíbulas. Guarde los tentáculos.

Sostenga el cuerpo por la cola y ráspelo a lo largo en dirección hacia la cabeza con el lomo de un cuchillo. Voltee el calamar y vuelva a raspar. Jale la cabeza para separarla del cuerpo. (Las entrañas deberían de salir junto con la cabeza.) Saque las entrañas que queden con una cuchara pequeña.

Atraviese con el cuchillo la púa o pluma transparente que sobresale del cuerpo del calamar del lado de la cabeza. Jale el cuerpo para separarlo, la púa debería desprenderse con facilidad. Tire la púa. Con los dedos separe y tire la piel rojiza que haya sobre el cuerpo o los tentáculos. Lave el cuerpo por dentro y por fuera con agua fría. Corte en aros.

PARA COCINAR EL CALAMAR:

Cocine durante menos de 2 minutos o más de 20 minutos para obtener un calamar muy suave. Emplee cualquier método de cocción suave y breve cuando lo cocina durante menos de 2 minutos; lo puede sofreír, por ejemplo. O bien utilice métodos de cocción prolongada y lenta; es posible cocinarlo en agua a fuego lento o primero con un poco de aceite y luego con agua en una olla cerrada. Cuando el calamar se cocina durante un lapso intermedio de tiempo (más de 2 minutos y menos de 20 minutos) tiende a ponerse chicloso.

Para 1 libra (448 g) de calamar cocido

Consejo de cocina

✦ Cuando la misma cantidad de calamar se prepara en la freidora, no sofrito ni cocido en agua a fuego lento, el contenido de grasa por cada calamar entero se dispara a 34 gramos.

¡Rapidito!

CÓMO PREPARAR ALMEJAS Y MEJILLONES

Vistazo nutricional	Antes	Después
Por porción		
Calorías	96	96
Grasa total g	1.8	1.8
Grasa saturada g	0.1	0.1
Colesterol mg	51	51

Todos los mariscos son muy populares en México y el resto de Latinoamérica; entre ellos, también las almejas y los mejillones. Cuando los compre, escoja los más pequeños que pueda encontrar. Son los más tiernos y sabrosos. La mayoría de las conchas deben estar cerradas. Si alguna está abierta, debe cerrar al pegarle ligeramente con la punta del dedo. Muchas veces no tienen ningún aroma, lo cual está bien. En caso de que lo tengan, deben oler a salado (como el mar), no a pescado. Guarde las almejas y los mejillones en una bolsa no completamente cerrada al fondo del estante más frío de su refrigerador. Esto es importante, porque si la bolsa se cierra herméticamente los moluscos se sofocan. No los conserve por más de 24 horas después de comprados; de preferencia, úselos el mismo día.

8   onzas (224 g) de almeja

8   onzas de mejillón

Revise las almejas y los mejillones y tire los que tengan las conchas quebradas o conchas abiertas que no cierren al darles un ligero golpe con el dedo. Lave las conchas muy bien con un cepillo de cerdas duras bajo el chorro del agua fría, a fin de retirar toda la arena o tierra que contengan.

Es posible que los mejillones tengan un mechón de hilos negros en la charnela (el sitio en el que se unen las dos mitades de la concha). Saque los hilos con unas pinzas o pellízquelos entre el pulgar y la hoja de un cuchillo de pelar y jale. Tire los hilos.

Los mariscos ya están preparados para cocinarse al vapor o en un guiso (estofado).

Para 1 libra (448 g) de almejas y mejillones limpios

ÍNDICE DE RECETAS

Nota: Las páginas subrayadas indican que el texto aparece en un recuadro. Las páginas en letra *cursiva* se refieren a tablas. Las páginas en letra **negrita** se refieren a una fotografía.

ÍNDICE ANALÍTICO

Nota: Las páginas <u>subrayadas</u> indican que el texto aparece en un recuadro. Las páginas en letra *cursiva* se refieren a tablas. Las páginas en letra **negrita** se refieren a una ilustración.

análisis nutricional, 63
contenido proteínico, 36
lisina y metionina en, 36
palomitas de, 398
América precolombina, alimentos, civilizaciones y cocinas en, 33–34
América. *Véase también* Pobladores originales de, animales originarios de, 34
frutas, nueces y vegetales originarios de, 33–34
Aminoácido homocistina, y el corazón, 411
Antioxidantes. *Véase* betacaroteno, Vitamina C y E, 36
para prevenir la oxidación de la grasa, 36
y el cáncer, 22
Antojitos. *Véase* Entremeses
Arándano agrio. También arándano rojo, 63
Arándano, 63
Arroz Arborio. *Véase* arroz valenciano, 210, 387
Arroz valenciano, 211, 387
usos del, 210
Arroz y frijoles, ventajas para la salud de, 178
Arrurruz. También maizena, 412
Arveja. *Véase* Chícharos, 63
Asador vertical, sustitutos del, 237
Asador
sustituto de la parrilla, 327
Asar
a la parrilla. También a la barbacoa, 50, 63
al horno, 63
Asignación Dietética Recomendada, y la población latina actual, 9
Asociación del Corazón de los Estados Unidos, 4, 14, 18, 49
Astillas de madera aromática, 52
de mezquite, 52
de roble, 52
modo de usarlas, 52
sustitutas de la leña en la parrilla, 52
Aztecas, 33–34
Azúcar
alternativas saludables del, 48
consecuencias del consumo de, 48
desventajas de la sucrosa en el, 49
efectos del azúcar en
dentadura, 48
diabetes, 48
triglicéridos, 48
en sodas (refrescos), 48

en la dieta latinoamericana, 48
reducción del, 48
sustitutos del, 48

B

Bacalao, 108
Banquete. También cena, <u>249</u>, <u>381</u>
Barbacoa, origen de, 34
Batata dulce. También camote, *sweet potato*, 38, 63
antioxidantes en, 411
fibra en, 411
folato en, 411
en la prevención del cáncer y las enfermedades cardíacas, 411
Bebidas y postres
calorías vacías en, 43
Berzas. También bretón, col, posarno, repollo, tallo, 63
Betacaroteno y vitamina A, efectos en la prevención de enfermedades, 23
Bistec. También bife, churrasco, biftec, 63
reducción de la grasa en, 319
Boniato.
contenido vitamínico, 63
Bretón. *Véase* Berzas, 64

C

Cacao, 38
Cacerola. También cazuela, olla, 64
Cachucha. *Véase* Ají dulce, 66–67
Calabacín. También calabacita, hoco, zambo, zapallo italiano, 64
Calabaza. También abinca, abóbora, ahuyama, alcayota, bulé, calabaza de Castilla, chibché, huicoy, vitoria, zapallo, 31, 64
en la dieta latinoamericana, 23
betacaroteno y vitamina A en, 23
tipos de, 38
amarilla, 38
de invierno (*winter squash*), 36
contenido vitamínico, 36
Caldo
reducción del sodio en, 46
sustituto de la grasa, 46

Frutas y vegetales
 contenido vitamínico, 7
 fibra en, 7
 en la prevención del cáncer, 7
Frutas, vegetales y granos integrales
 recomendación dietética, 15
Frutas
 sustituto del azúcar, 48
 ventajas de la fructosa contenida en, 49

G

Gallina de Guinea. También pintada, 296
Garbanzos criollos, proteínas en, 145
Gastronomía
 centroamericana, 26
  y la cocina del Caribe de habla hispana, 26
  y la cocina mexicana, 26
 indígena, 37
 latina. También gastronomía latinoamericana, 26
 latinoamericana. *Véase* cocinas
 mexicana, cubana y brasileña, 21, 39, 43
Glaseado de jalea, 395
Glosario, 31, 62
Granos
 integrales. *Véase* legumbres, 6
 recomendación dietética, 15
Granos. *Véase* legumbres, 6
 contenido vitamínico, 6
 análisis nutricional, 6
 en la prevención del cáncer, 6
Grasa dietética
 reducción de la, 43, 44, 47, 50, 53–55, 57, 59, 60
 efectos en las enfermedades cardíacas, 6
Grasa
 hidrogenada, 16
  recomendación dietética, 16
 insaturada, 7
  ventajas de, 7
  y el sobrepeso, 7
 monoinsaturada, 15
  recomendación dietética, 15
  y las enfermedades cardíacas, 8
 poliinsaturada, 15
  recomendación dietética, 15

saturada, 13
 análisis del consumo entre latinos, 13
 efectos en enfermedades cardíacas, 14
 y el colesterol, 14
 y las enfermedades cardíacas, 37
Grasas culinarias, selección de, 40, 57
Grasas líquidas
 ventajas de, 12
 y las grasas sólidas, 12
Guacamole, 92
 reducción de la grasa en, 92
Guajolote. *Véase* pavo, 296
Guascas, sustitutos de, 72
Guayaba. *Véase también* pasta de, 395
 contenido de fibra, 407
 efectos en, 407
  cáncer, 407
  colesterol, 407
  enfermedades cardíacas, 407
  sistema inmunológico, 407
 vitaminas en la, 407
Guiso. También estofado, 72
 reducción de la grasa en, 320

H

Habas blancas.
 definición, 73
Habas. También frijoles (habichuelas)
 fava
 definición, 73
 selección de, 164
Habichuelas verdes.
 definición, 73
Habichuelas. *Véase* Frijoles, 72
Harina de *mandioca*, 327
 origen, 34
 utilización, 34
Helado, recomendación diaria, 12
 reducción de la grasa en, 393
Hipertensión arterial,causas de, 13
 incidencia en la población latina, 18
Hominy. También maíz pozolero. *Véase* maíz
 enlatado, 208
Horno, 38
Huachinango. También pargo, chillo
 sustitutos del, 261